KB176496

중국 조선어 방언 텍스트 총서 ①

의주(심양)지역어 텍스트
평안북도 ①

┃中國國家社科基金一般項目(13BYY131)階段性研究成果 (중국 국가 사회과학기금 일반프로젝트 (13BYY131) 중간 연구성과)

┃南京大學"985"項目自助 (남경대학 "985"프로젝트 지원을 받아 수행됨.)

┃江蘇高校優勢學科建設工程自助 (강소대학교 우세학과 건설 프로젝트 지원을 받아 수행됨.)

중국 조선어 방언 텍스트 총서 ①

의주(심양)지역어 텍스트

평안북도 ①

이금화

역락

‖ '중국 조선어 방언 텍스트 총서' 간행사 ‖

어릴 적, 평양 출신인 어머니의 말과 경주 출신인 아버지의 말이 많이 다른 것을 느꼈고, 중학교를 타지에서 다니면서 말의 차이가 거리와 비례해서 커지는 것을 느꼈다. 연변에서 대학을 다닐 때에는 말의 차이로 인해 동기들 사이에 웃지 못할 에피소드가 많이 있었다. 이러한 말의 차이는 어간, 어미, 억양에서 주로 느껴졌고 그럴 때마다 호기심과 흥미가 커져갔다. 필자는 바로 이런 호기심과 흥미로 인해 그 후 방언연구의 길을 걷게 되었고 방언으로부터 우리 고유의 문화와 전통의 흔적을 찾는 재미에 푹 빠질 수 있었다.

필자가 본격적으로 방언조사를 시작한 것은 2001년 경주 방언에 대한 석사논문을 쓸 때로서, 벌써 13년 전의 일이다. 이 기간 동안 한・중 양국의 많은 지역을 돌며 방언조사를 하면서 느꼈던 것은 묵묵히 고향을 지키며 살아오신 어르신들의 따뜻함과 넉넉함이었다. 만약 어르신들의 배려와 가르침이 없었다면 이 일을 계속 하지 못했을 수도 있을 것이며 감칠맛 나는 우리말이 아쉽게 많이 사라졌을 수도 있을 것이다.

1900년대 전후 조선반도 각지에서 중국 동북 3성으로 이주한 조선족들은, 이주 초기에 자신의 원 방언을 그대로 사용하다가 중화인민공화국 수립 후 정착지 여러 곳에 조선족 학교가 설립되면서 북한의 표준어인 문화어를 기반으로 만들어진 조선어(중국 조선어 표준어)를 배웠다. 이로 인해 이주 시의 조선어 원 방언화자들이 점차 줄어들게 되었다. 더욱이 1970대 말 경제개방 정책으로 도시화가 진행되면서 조선족 집단

거주지가 급격히 공동화되고 해체되기 시작하였으며 그와 함께 조선족 학교의 폐교가 계속되면서 조선어 방언의 전승과 조선어의 지속적인 발전이 어렵게 되었다. 또한 '공적인 업무는 공용어인 한어(漢語) 사용'이 당연시되어 있는데다가 한어가 서툰 경우 여러 불이익을 당함에 따라 이민 3세대들은 조선어 학습을 포기하는 상황도 나타나고 있다.

그나마 다행인 것은 조선족이 대규모로 모여 사는 전통적인 농촌 지역과 집거 지역에서는 아직까지 조선어의 원형이 다소 유지되고 있다. 1970년대 초반만 해도 전통적인 조선족 집거 지역에서는 대가족이 한 집에서 살며 아이들은 부모와 이웃 사람들의 말을 들으면서 그 지역의 말을 배웠다. 그러므로 그 시기에는 이주 초기에 사용했던 원 방언을 그대로 사용하였으며 동질성을 유지할 수 있었다. 같은 방언을 쓰는 사람들은 공통된 언어구조에 이끌려 공통된 정신과 생각을 가지게 되고 이를 바탕으로 고유한 문화를 창조한다. 그러므로 한 지역의 방언은 이를 사용해온 사람들의 오랜 경험과 지혜를 고스란히 담고 있고 조상으로부터 전승된 사고의 축적물이라는 점에서 그 지역의 고유한 역사가 숨 쉬고 얼이 스며있는 무형문화재로서의 가치를 지닌다. 하지만 조선족 농촌 공동체가 점차 공동화되거나 해체됨으로 인해 오랫동안 전승되어 온 토박이 농촌 방언들이 이미 많이 소멸되게 되었으며 앞으로 10년이 지나면 농촌 지역의 전통적인 고유 어휘와 표현들이 대부분 소멸하게 될 것이다. 이런 상황에서 이 기간에 우리가 최우선적으로 해야 할 것은 그들 토박이 노년층의 방언들을 최대로 수집하여 보존하는 일이다.

'중국 조선어 방언 텍스트 총서'는 중국으로 이주해 온 평안도, 함경도, 경상도, 충청도, 전라도 등의 여러 방언 사용 지역 중 대표적인 집거 지역을 12곳 가량 선정하여 간행할 계획이다. 중국으로 이주하여 살고 있는 모든 조선족 거주 지역을 돌며 조사하고 기록할 수 있으면 좋겠지만 불가능한 상황이기에 가능한 한 집거 지역을 우선적으로 조사하고자 한다. 이런 이유로 첫 조사 지역을 평안도 화자가 가장 집중된 심양 지역을 선정했으며 이하도 모두 그 방언의 대표적인 집거 지역을 선정할 계획이다. 본 총서의 각 권은 모두 4단으로 구성할 것이다. 제1단은 방언의 음성에 대한 한글 자모 표기이고, 제2단은 제1단에 제시된 방언의 음성에 대한 국제 음성기호(IPA)와 보충 기호 표기이며, 제3단은 제1단의 음성형에 대한 어간과 어미의 분철 표기이다. 그리고 마지막 제4단은 제3단의 표기 내용에 대한 표준 한국어 대역이다. 이것은 독자들에게 이 텍스트가 가장 좋은 연구 자료가 되고 독자들이 그 내용을 가장 분명하게 이해할 수 있게 하기 위한 것이다. 그 외에도 이해하기 어려운 단어나 언어학적인 설명이 필요한 부분에는 주(註)를 달 것이다.

그러므로 이 방언 텍스트는 현대 조선어의 보존이라는 역사적 의의 외에, 조사 지역의 어휘는 물론이고 음운과 문법의 특징을 이해할 수 있을 뿐 아니라 담화 연구의 자료로서도 요긴하게 이용할 수 있을 것이다. 또한 자연어로서의 조선어에 대한 사고의 폭을 넓힐 수 있게 해줄 것이다.

필자가 감히 '중국 조선어 방언 텍스트 총서'라는 야심찬 계획을 세울수 있었던 것은 전적으로 지도교수인 최명옥 선생님의 덕분이다. 선생님께서 동경대학 근무 시에 일본 국립국어연구소를 방문하시어 거기 소장되어 있는 엄청난 양의 방언자료집과 방언 텍스트를 보고 받으신 충격을 말씀해주시던 모습이 아직도 기억에 생생하다. 선생님께서 방언자료의 중요성을 그토록 강조하시지 않으셨다면 필자는 자료 조사 작업을 게을리 하였을 것이기에 지금의 많은 조사 자료를 수집할 수 없었을 것이고 이런 방대한 일을 감히 상상도 못했을 것이다. 최명옥 선생님께 진심으로 감사드린다. 그리고 상업성이 전혀 없음에도 불구하고 역사적이고도 학술적인 가치를 인식하여 이 총서 간행의 제의를 선뜻 받아들여주신 이대현 사장님께도 진심으로 감사드린다.

2014년 12월 12일
중국 난징에서 이금화 씀

‖ 서문 ‖

　이 책은 중국 요녕성 심양시 우훙구 우훙가도 훙기대촌(遼寧省 瀋陽市 于洪區 于洪街道 紅旗台村)에 거주하시는 임명란 할머님의 평북 의주 방언 구술발화를 녹취하여 전사한 것이다. 우선 바쁜 일상을 모두 뒤로 하시고 싫은 기색 없이 친절하게 3년 연속 적극적으로 조사에 응해주신 임명란 할머님께 깊은 감사를 드린다. 할머님은 평안북도 의주군 고관면 하단동(義州郡 古館面 下端洞)에서 태어나 8세 때 중국 심양으로 이주하였다가 22세 때 결혼식을 시댁이 있는 고향마을에 가서 올리고 두어 달간 생활하다가 다시 심양으로 와서 60여 년간 줄곧 심양의 평안도 사람 집거 지역에서 지냈다. 중국 전 지역의 조선어 방언을 일일이 조사하여 기록할 수 있었으면 좋겠지만 어차피 그럴 수 없는 상황이기에, 가능한 한 조선족이 가장 집중적으로 모여 살고 있는 지역을 우선적으로 조사할 필요가 있다고 생각된다. 이런 이유로 평안도 사람 집거 지역의 하나인 심양이 우선 선정되었다.

　잘 알려진 것처럼 의주군은 평안북도 북서쪽의 행정구역으로, 북쪽은 압록강을 사이에 두고 중국과 접경하고 있어 반도의 서북쪽 관문 역할을 한다. 1117년 의주방어사가 두어졌고 명·청대의 조선의 사절들이 이곳에서 압록강을 건넜으며 1907년부터 한동안 평안북도의 도청소재지였다. 그 후 1905년에 경의선이 개통되고 1911년에 압록강에 압록강 철교가 가설되면서 철도 교통이 발달한 신의주에 지역 중심지로서의 지위를 넘겨주게 되었다. 고관면은 의주군의 중앙에 위치한 면인데, 인구는 약 12,000명으로 전 의주군의 약 10%를 차지한다. 주로 농업을 하고 양잠업을 부업으로 하기에 제보자의 구술발화에도 양잠업에 관한 내용이 꽤 나온다.

우홍구는 심양시의 서북쪽에 있는데 동쪽은 철서구(鐵西區)와 황고구(黃姑區) 두 중심구와 인접해 있고 서쪽은 신민시(新民市)와 인접해 있으며 남쪽은 소가둔(蘇家屯)과 마주하고 있고 북쪽은 심북신구(瀋北新區)와 잇닿아 있다. 우홍구의 총 인구는 약 63만 명이고 조선족 인구는 18,000명으로 약 3%를 차지한다(2010년 통계). 이들 조선족은 주로 대흥 조선족향(大興 朝鮮族鄉)에 집거하고 있으며, 홍기대촌을 비롯한 인근 마을에 잡거하고 있다. 사료에 따르면 일찍이 1906년에 이미 김시순(金時順) 등 조선인 세 가족이 이곳으로 이주하여 논을 개간하기 시작하였고 1908년엔 다섯 가족이, 1912년엔 또 다른 세 가족이 이 일대로 이주해 와서 논을 개간함으로써 이 지역 논농사의 주역이 되었다고 한다. 그 후 1931년 만주사변 후 일본의 침략 하에 반도의 더욱 많은 조선인들이 이곳으로 이주해 와서 논을 개간하면서 이곳은 점차 조선인들의 집거구가 되었으며 중화인민공화국 행정 개편에 따라 1962년에 설립된 대흥공사가 1983년 대흥 조선족향으로 승격되었다.

이 책을 내기까지 적극적인 도움을 주신 임명란 할머님은 1926년 출생으로 2005년 녹음 당시에는 80세이며 현재는 89세임에도 매우 정정하시다. 이 책에 반영된 구술발화에는 제보자의 성장 과정, 여행, 자식 사랑, 힘겨운 인생살이, 뒤늦게 이루어진 사랑, 특별한 자식 교육 등 개인 사와 결혼, 임신, 출산, 회갑, 제사 등 인생 전반이 담겨 있고, 논농사, 밭농사와 같은 생업 활동과 방과 가구, 부엌살림, 밑반찬 만드는 비법 등 거주 생활과 관련된 내용들이 담겨 있어 언어뿐 아니라 생활상까지 그대로 반영되어 있다.

이 책에 수록된 구술발화 자료는 필자가 일찍이 박사과정(2003~ 2005년) 기간에 조사한 자료 중 3시간 분량을 뽑은 것이다. 구술발화 자료는 조사 지역 토박이들이 자연스럽게 구술하는 발음과 내용을 그대로 전사하였다. 따라서 이 구술 자료는 심양－의주 방언의 어휘는 물론이고 음운과 문법적인 특징을 이해할 수 있을 뿐 아니라 담화 연구의 자료로서도 요긴하게 이용할 수 있을 것이다. 또한 이후 지속될 평안북도 기타 지역의 구술 자료와 함께 평안북도 방언 전체의 말하기 방식을 이해하는 데는 물론 더 나아가 중국의 조선어 방언 전반을 이해하는 데 유용할 것이다. 그 밖에 구술 발화 속에 담긴 제보자의 인생 역정은, 우리 민족이 간고한 시절 겪어야 했던 유량의 역사도 사실적으로 보여 줄 수 있을 것이다. 이 텍스트가 한국어 연구자와 한국어학 강의 담당자들에게, 그리고 대학원 과정에서 한국어학을 전공하려는 학생들에게 조금이나마 도움이 될 수 있기를 바란다.

방언을 조사하고 전사하는 데는 엄청난 시간과 노력이 필요하다. 이런 고되고 험난한 작업을 수행할 수 있도록 늘 채찍질해주신 최명옥 선생님이 계시지 않았다면 이 책은 세상에 나오지 못했을 것이다. 박사과정 시작부터 방언을 조사하는 일, 조사된 자료를 한글 자모와 국제음성기호로 전사하는 일, 그리고 독자들이 텍스트 내용을 분명하게 이해할 수 있도록 표준 한국어로 대역하는 일, 그 결과물을 책으로 엮어 내는 일 모두 선생님의 가르침이 없었다면 어느 것 하나 온전히 해내지 못했을 것이다. 선생님은 게으름을 피울 수 없도록 이 제자에게 늘 부지런하다는 칭찬을 해 주셨기에, 솔직히 실망시켜 드릴 것이 두려워 나 스스로를 채찍하고 격려하는 일을 멈출 수 없었다. 선생님께 진심으로 감사의 말씀을 올린다.

끝으로 이 책의 간행을 흔쾌히 수락하여 주신 이대현 사장님과 까다롭고도 힘든 과정을 거쳐서 훌륭한 책으로 만들어 주신 이소희 대리님을 비롯한 편집부 여러분들께 깊은 감사의 말씀을 올리고 싶다. 아울러 이 책의 교정을 도와준 박옥순 교수님(남경정보직업기술대학)과 이화자 선생님(상해외국어대학교 대학원 박사과정)께도 진심으로 감사를 드린다.

2014년 12월 12일
이금화 씀

‖ 차 례 ‖

1 이 텍스트는 모두 4단으로 구성된다. 제1단은 지역어의 음성을 한글 자모로 표기한 것이며 제2단은 제1단에 제시된 지역어의 음성을 국제음성기호(I.P.A) 와 보충 기호로 표기한 것이다. 그리고 제3단은 제1단의 음성형에 대한 기저 형을 어간과 어미로 분철하여 표기한 것이며 제4단은 제3단의 표기 내용을 표준어로 대역한 것이다.

2 이 지역어는 8개의 단(單)모음소 /이(i)/, /에(e)/, /애(ɛ)/, /으(ɯ)/, /어(ʌ)/, /우 (u)/, /오(o)/, /아(a)/를 가진다.

3 이 텍스트에 사용되는 국제음성 기호와 그에 대한 한글 자모 음가를 ( ) 속에 표시하면 다음과 같다.
   ① 모음 : i(이), e(에), ɛ(애), ɯ(으), ʌ(어), u(우), o(오), a(아)
   ② 자음 : ⓐ 무성음 : p(ㅂ), p'(ㅃ), pʰ(ㅍ), t(ㅌ), t'(ㄸ), tʰ(ㅌ), s(ㅅ), s'(ㅆ), tɕ
      (ㅈ), tɕ'(ㅉ), tɕʰ(ㅊ), k(ㄱ), k'(ㄲ), kʰ(ㅋ), h(ㅎ)
      ⓑ 유성음 : b('ㅂ/p'의 유성음), d('ㄷ/t'의 유성음), ɾ(초성의 'ㄹ'),
      l(종성의 'ㄹ'), dz('ㅈ/tɕ'의 유성음), g('ㄱ/k'의 유성음), ɦ('ㅎ/h'
      의 유성음)
      ⓒ 비음 : m(ㅁ), n(ㄴ), ŋ(종성의 'ㅇ')
      ⓓ 구개음 : ɕ('ㅅ/s'의 구개음), ç('ㅎ/h'의 구개음)
   ③ 활음 : j('얘[이+아]'의 '이'), w('와[오+아]'의 '오')

		양순음		치경음		경구개음		연구개음		성문음	
		무성	유성	무성	유성	무성	유성	무성	유성	무성	유성
파열음	평	ㅂ(p)	b	ㄷ(t)	d			ㄱ(k)	g	ʔ	
	경	ㅃ(p')		ㄸ(t')				ㄲ(k')			
	격	ㅍ(pʰ)		ㅌ(tʰ)				ㅋ(kʰ)			
마찰음	평			ㅅ(s)		(š)ɕç		(x)	(ɣ)	ㅎ(h)	(ɦ)
	경			ㅆ(s')		ɕ'		(χ ʍ)			
파찰음	평					ㅈ(tɕ)	dz				
	경					ㅉ(tɕ')					
	격					ㅊ(tɕʰ)					
비음		ㅁ(m)		ㄴ(n)				ŋ			
유음	탄설음			ㄹ(ɾ)							
	설측음			ㄹ(l)							
활음							j		w		
š(=ʃ), č(=ʧ), ǰ(=ʤ), č'(=ʧ'), čʰ(=ʧʰ)											

4 기호나 약호는 다음과 같다.
   제=제보자, 조=조사자

제보자 임명란 林明蘭

인적사항	1926년 6월 29일생, 女, 2005년 녹음 당시 80세, 호랑이띠, 무학, 농업
출 생 지	평안북도 의주군 고관면 하단동(義州郡 古館面 下端洞)
선대거주지	평안북도 의주군 고관면 하단동(義州郡 古館面 下端洞)
제보자가 중국으로 이주한 시기	1933년(제보자 이주시 나이 8살)
조 사 지	중국 요녕성 심양시 우홍구 우홍가로 홍기태촌 (中國 遼寧省 瀋陽市 于洪區 于洪街道 紅旗台村)
조 사 일	제1차 2003년 12월 25~30일, 제2차 2005년 11월 15~21일
조사장소	제보자의 집
내 용	중국으로 이주 전, 후의 일상생활들을 생생하게 증언한 구술내용

어려운 나의 동년

조 할머님, 할머님께서 사시던 마으레 대해 좀 이야기 해주세요.
halmʌnim, halmʌnimk'esʌ saɕidʌn maɯɾe tɕhiɛ tɕom ijagi hɛdzusejo.

▶ 할머님, 할머님께서 사시던 마을에 대해 좀 이야기 해주세요.

제 조선서? 여기서 살덩 거는 그 오가왕,[1] 오가왕에서 사란띠요 머.
tɕosʌnsʌ? jʌgisʌ saldʌŋ gʌnɯn kɯ ogawaŋ, ogawaŋesʌ saɾatt'ijo mʌ.

조선서? 여기서 살던 거는 그 오가왕, 오가왕에서 살앗디요 머.

▶ 조선에서? 여기에서 살던 곳은 그 오가왕, 오가왕에서 살았지요 뭐.

제 사라개지구 나 여기 야덜쌀 대ː개지구 여 오가왕에 왇꺼덩요.
saɾagɛdzigu na jʌgi jadʌls'al tɛːgɛdzigu jʌ ogawaŋe watk'ʌdʌŋjo.

살아개지구 나 여기 야덟살 대어개지구 여 오가왕에 왓거던요.

▶ 살다가 내가 여덟 살이 되어서 여기 오가왕에 왔거던요.

제 오가왕에 완는데 친척뜰두 업띠. 기니깐 골란핻띠머요.
ogawaŋe wannɯnde tɕhintɕhʌkt'ɯldu ʌpt'i. kinik'an kollanɦiɛtt'imʌjo.

오가왕에 왓는데 친척들두 없디. 기니깐 곤란햇디머요.

▶ 오가왕에 왔는데 친척들도 없지. 그러니까 곤란했지요.

제 골란해개지구 머 친척뜰 인는데 차자와서두
kollanɦiɛgɛdzigu mʌ tɕhintɕhʌkt'ɯl innɯnde tɕhadzawasʌdu

곤란해개지구 머 친척들 잇는데 찾아왓어두

▶ 곤란해서 뭐 친척들이 있는 곳에 찾아왔어도

---

1 오가황(吳家荒)은 요녕성 심양시 우홍구 대흥향(瀋陽市于洪區大興鄉)에 속하는 지명인데 제보자 할머님
은 [오가왕]으로 발음.

제 우리가 잘 싸라야 다 친척뜰두 조아허디.

uriga ʨal s'araja ta ʨʰinʨʰʌkt'ɯldu ʨoafʌdi.

우리가 잘 쌀아야 다 친척들두 좋아허디.

▶ 우리가 잘 살아야 다 친척들도 좋아하지.

제 친척뜰두 우리가 몯:쌀구 오니까니 머.

ʨʰinʨʰʌkt'ɯldu uriga mo : ts'algu onik'ani mʌ.

친척들두 우리가 못쌀구 오니까니 머.

▶ 친척들도 우리가 못살고 오니까 뭐.

제 정말 보따리만 개구 왇띠요 머.

ʨʌŋmal pot'ariman kɛgu watt'ijo mʌ.

정말 보따리만 개구 왓디요 머.

▶ 정말 보따리만 갖고 왔지요 뭐.

제 우리 남동생허구, 남동생 고거 네 살 나구,

uri namdoŋseŋɦʌgu, namdoŋseŋ kogʌ ne sal nagu,

우리 남동생허구, 남동생 고거 네 살 나구,

▶ 우리 남동생하고, 남동생 그 애 네 살 나고,

제 나는 야덜쌀 나서두 아주 머얼 몰랃띠요 머.

nanɯn jadʌls'al nasʌdu aʥu mʌʌl mollatt'ijo mʌ.

나는 야덜쌀 낫어두 아주 머얼 몰랏디요 머.

▶ 나는 여덟 살 났어도 너무 뭘 몰랐지요 뭐.

제 기:고 오가왕에서 사라개지구, 지븐 또 어더개구 사랃찌요 머.

ki : go ogawaŋesʌ saragɛʥigu, ʨibɯn t'o ʌdʌgɛgu saratʨ'ijo mʌ.

기:고 오가왕에서 살아개지구, 집은 또 얻어개구 살앗지요 머.

▶ 그리고 오가왕에서 살고, 집은 또 얻어서 살았지요 뭐.

제 긴데 우리 아바지가 또 여기 와개지구.

kinde uri abaʥiga t'o jʌgi wagɛʥigu.

20

긴데 우리 아바지가 또 여기 와개지구.
▶ 그런데 우리 아버지가 또 여기 와서.

제 중구게 온 그 이드매가 그 이티 댄 대메.
ʨuŋguge on kɯ idɯmɛga kɯ itʰi tɛn tɛme.
중국에 온 그 이듬해가 그 이티 댄 댐에.
▶ 중국에 온 그 이듬해인가 그 이태 된 다음에.

제 이티 댄 대메 우리 아바지가 또 벵중에 아랃따오. 벵두 또 더러운 벵이라오.
itʰi tɛn tɛme uri abadziga t'o peŋdzuŋe aratt'ao. peŋdu t'o tʌrʌun peŋirao.
이티 댄 댐에 우리 아바지가 또 벵중에 앓앗다오. 벵두 또 더러운 벵이라오.
▶ 이태 된 다음에 우리 아버지가 또 병으로 앓았다오. 병도 또 더러운 병이라오.

제 그거 정신 좀 나빠개지구 그런 벵 걸리개지구 고생 마이 해시요.
kɯgʌ ʨʌŋɕin ʨom nap'agɛdzigu kɯrʌn peŋ kʌlligɛdzigu kosɛŋ mai hɛɕijo.
그거 정신 좀 나빠개지구 그런 벵 걸리개지구 고생 많이 햇이요.
▶ 그거 정신이 좀 나빠서, 그런 병에 걸려서 고생 많이 했어요.

제 기링거 그 벵 걸레개지구 또 머 정말 굳뚜 허구,
kiriŋʌ kɯ peŋ kʌllegɛdzigu t'o mʌ ʨʌŋmal kutt'u hʌgu,
기린거 그 벵 걸레개지구 또 머 정말 굿두 허구,
▶ 그런 거 그 병에 걸려서 또 뭐 정말 굿도 하고,

제 구리케 해개지구 고테시요. 우리 아바지.
kurikʰe hɛgɛdzigu kotʰeɕijo. uri abadzi.
구렇게 해개지구 고텟이요. 우리 아바지.
▶ 그렇게 해서 고쳤어요. 우리 아버지.

제 고테개지구 기대멘 농어베 드러개지구 농새핻띠요 머 내내.

kotʰegɛdʑigu kidɛmen noŋʌbe tɯɾʌgɛdʑigu noŋsɛɦɛtt'ijo mʌ nɛnɛ.

고테개지구 기댐엔 농업에 드러개지구 농새햇디요 머 내내.

▶ 고친 후 그 다음에는 농업에 들어가서 농사했지요 뭐 계속.

제 내가 열쌀 나서보탐 밥 해시요. 우리 엄마, 아바지, 나.

nɛga jʌls'al nasʌbotʰam pap hɛɕijo. uɾi ʌmma, abadʑi, na.

내가 열 살 나서보탐 밥 햇이요. 우리 엄마, 아바지, 나.

▶ 제가 열 살 되면서부터 밥을 했어요. 우리 엄마, 아버지, 나.

밑반찬 만드는 비법

조 할머님, 믿빤차는 어떵거 해 드셛꼬 어떠케 하시는지에 대해 이야기 좀 해주
세요.

halmʌnim, mitp'antɕʰanɯn ʌt'ʌŋgʌ hɛ tɯɕjʌtk'o ʌt'ʌkʰe haɕinɯndzie tɕʰɛ

ijagi tɕom hɛdzusejo.

▶ 할머님, 밑반찬은 어떤 것을 해 드셨고 어떻게 하시는지에 대해 이야
기 좀 해주세요.

제 그 젇 땅 : 거는 그 미돌, 미돌²(蜜蚪魚) 고거 쌘 : 마르게 씨처서 써러개지구.

kɯ tɕʌt t'a : ŋgʌnɯn kɯ midol, midol kogʌ s'ɛ : nmaɾɯge ɕ'itɕʰʌsʌ

s'ʌɾʌgɛdzigu.

그 젇 땅 : 거는 그 미돌, 미돌 고거 쌘 : 마르게 씿어서 썰어개지구.

▶ 그 젇 담그는 것은 그 오징어, 오징어 그것을 깨끗하게 씻은 후 썰어서.

제 거기에다가 꼬치까루, 마늘, 아지노모도,³ 사탕까루, 팡이, 무우 니쿠⋯⋯

kʌgiedaga k'otɕʰik'aru, manul, adzinomodo, satʰaŋk'aru, pʰaŋi, muu, nikʰu⋯⋯

거기에다가 꼬치까루, 마늘, 아지노모도, 사탕까루, 팡이, 무우 닣
구⋯⋯

▶ 거기에다 고춧가루, 마늘, 미음, 사탕가루, 파, 무를 넣고⋯⋯

(할머님께서 말씀 도중 갑자기 조사자가 덮고 있는 이불을 보면서)

제 와? 그걷뚜 안 더펃떵거대서 축축허갇따.

wa? kɯgʌtt'u an tʌpʰʌtt'ʌŋgʌdɛsʌ tɕʰuktɕʰukʰʌgatt'a.

와? 그것두 안 덮엇던 거 대서 축축허갓다.

▶ 왜? 그것도 덮지 않던 것이어서 축축하겠다.

---

2 '미돌'은 '호레기'에 대한 중국어 미도우위(蜜蚪魚)를 말함.
3 '아지노모도'는 일본어로 조미료 '미원'(味元)을 말함.

조 괜찬씀니다. 정말 괜찬씀니다.

kwɛntɕʰansʼɯmnida. tɕʌŋmal kwɛntɕʰansʼɯmnida.

▶ 괜찮습니다. 정말 괜찮습니다.

제 그리개지구 양너므루 이 : 케 잘 : 버물러개지구.

kɯrigedʑigu jaŋnʌmɯru i : kʰe tɕa : l pʌmullʌgedʑigu.

그리개지구 양념으루 이 : 케 잘 : 버물러개지구.

▶ 그런 후 양념으로 이렇게 잘 버무려서.

제 단데기에다 착 다마나앋따가 머그머 그거, 또 우리 아들 그거 잘 머거.

tandegieda tɕʰak tamanaattʼaga mʌgɯmʌ kɯgʌ, tʼo uri adɯl kɯgʌ tɕal mʌgʌ.

단데기에다 착 담아나앗다가 먹으머 그거, 또 우리 아들 그거 잘 먹어.

▶ 단지에다 착 담아 놓았다가 먹으면 그거, 또 우리 아들이 그것을 잘 먹어.

조 여기 인는 아들 마리예요?

jʌgi innɯn adɯl marijejo?

▶ 여기 있는 아들 말이에요?

제 우리 이거 아들 잘 머거. 엄매, 쩍허먼 엄매,

uri igʌ adɯl tɕal mʌgʌ. ʌmmɛ, tɕʼʌkhʌmʌn ʌmmɛ,

우리 이거 아들 잘 먹어. 엄매, 쩍허먼 엄매,

▶ 우리 아들이 잘 먹어. 엄마, 걸핏하면 엄마,

제 그거 좀 해달라, 해달라 길디 머.

kɯgʌ tɕom hɛdalla, hɛdalla kildi mʌ.

그거 좀 해달라, 해달라 길디 머.

▶ 그거 좀 해달라고, 해달라고 그러지 뭐.

조 미돌위요?

midolüjo?

▶ 미돌위요?

제 미돌, 미돌, 미돌 읻따나? 고 다리개레 이렁거 오중어.
　　midol, midol, midol itt'ana? ko taɾigɛɾe iɾʌŋgʌ odzuɲʌ.
　　미돌, 미돌, 미돌 잇닳아? 고 다리개레 이런거 오중어.
▶ 오징어, 오징어, 오징어 있잖니? 그 다리가 이런 오징어.

제 오중어다 기래두 대구 미돌위다 기래두 대.
　　odzuɲʌda kiɾɛdu tɛgu midolüda kiɾɛdu tɛ.
　　오중어다 기래두 대구 미돌위다 기래두 대.
▶ 오징어라고 그래도 되고 미돌위라 그래도 돼.

제 기 : 케서 젇 땅구먼 마시서 그 : 뚜.
　　ki : kʰesʌ tɕʌt t'aŋgumʌn maɕisʌ kɯ : t'u.
　　기 : 케서 젓 땅구먼 맛잇어 그 : 뚜.
▶ 그렇게 해서 젓을 담그면 맛있어 그것도.

조 지금도 그걸 하세요?
　　tɕigɯmdo kɯgʌt hasejo?
▶ 지금도 그것을 하세요?

제 지끔 야:레 업스니까니⁴ 몯해 먹띠 머. 야레 이시야 해먹띠.
　　tɕik'ɯm ja:ɾe ʌpsɯnik'ani mothe mʌkt'i mʌ. jaɾe iɕija hɛmʌkt'i.
　　지끔 야:레 없으니까니 못해 먹디 머. 야레 잇이야 해먹디.
▶ 지금 애가(=아들이) 없으니까 못해 먹지 뭐. 애가 있어야 해 먹지.

제 그 : 뚜 비싸. 항그네 치뤄니야. 해먹께 안 대.
　　kɯ : t'u pis'a. haŋgɯne tɕʰiɾwʌnija. hɛmʌkk'e an tɛ.
　　그것두 비싸. 한 근에 칠 원이야. 해먹게 안 대.
▶ 그것도 비싸. 한 근에 칠 원이야. 해먹게 되지 않아.

---

4 원칙적으로 파열음 'ㅂ'뒤에선 무조건 경음화가 일어나지만은 여기서는 제보자가 휴지를 두고 발음하기
　에 경음화가 나타나지 않았음.

조 할머니믄 그걸 조아하세요?

halmʌnimɯn kɯgʌt tɕoaɦasejo?

▶ 할머님은 그것 좋아하세요?

제 나, 나는 머 이스먼 먹꾸 읍스먼 마는데,

na, nanɯn mʌ isɯmʌn mʌkk'u ʌpsɯmʌn manɯnde,

나, 나는 머 잇으면 먹구 없으면 마는데,

▶ 나, 나는 뭐 있으면 먹고 없으면 마는데,

제 우리 아 : 는 그 이때마담 그 안 해주먼 좀 해달라 길디 머.

uri a : nɯn kɯ it'ɛmadam kɯ an ɦɛdzumʌn tɕom ɦɛdalla kildi mʌ.

우리 아 : 는 그 이때마담 그 안 해주먼 좀 해달라 길디 머.

▶ 우리 애(아들)는 가끔 그것을 안 해주면 좀 해달라고 그러지 뭐.

제 해달라 해서 기 : 케 먹꾸 해서 해주디.

ɦɛdalla ɦɛsʌ ki : kʰe mʌkk'u ɦɛsʌ ɦɛdzudi.

해달라 해서 기 : 케 먹구 해서 해주디.

▶ 해달라고 하고 그렇게 잘 먹고 하여 해주지.

제 새우두 새우, 띠거 무레서 건디는 새우

sɛudu sɛu, t'igʌ muresʌ kʌndinɯn sɛu

새우두 새우, 띠거 물에서 건디는 새우

▶ 새우도 새우, 저거 물에서 건지는 새우

제 요막씩 헝거, 고곧뚜 쌘 : 마르게 시처서

jomakɕ'ik hʌŋgʌ, kogott'u s'ɛ : nmarɯge ɕitɕʰʌsʌ

요막씩 헌 거, 고곳두 쌘 : 마르게 싫어서

▶ 이만큼 한 것, 그것도 깨끗하게 씻어서

제 잘 : 골라개구 쌘 : 마르게 시처서 소고메다 절켜나얃따

tɕa : l kollagɛgu s'ɛ : nmarɯge ɕitɕʰʌsʌ sogomeda tɕʌlkʰjʌnaatt'a

잘 : 골라개구 쌘 : 마르게 싫어서 소곰에다 절켜 낳앗다

26

▶ 잘 골라서 깨끗하게 씻어서 소금에다 절여 놓았다가

제 머그무 그걷뚜 마시서.
mʌgɯmu kɯgʌtt'u maɕisʌ.
먹으무 그것두 맛잇어.
▶ 먹으면 그것도 맛있어.

조 그리고 다른 거슨 업써써요?
kɯrigo tarɯn kʌsɯn ʌps'ʌs'ʌjo?
▶ 그리고 다른 것은 없었어요?

제 그걷뚜 마싣꾸 머 거이두 절 땅ː가 먹꾸.
kɯgʌtt'u maɕitk'u mʌ kʌidu tɕʌt t'aː ŋga mʌkk'u.
그것두 맛잇구 머 거이두 젓 땅ː가 먹구.
▶ 그것도 맛있고 뭐 게도 젓 담가서 먹고.

조 '거이'요?
'kʌi'jo?
▶ '거이'요?

제 '거이', '거이'보구 머이가? 이거 발 이ː케 기ː가능거.
'kʌi', 'kʌi'bogu mʌiga? igʌ pal iː kʰe kiː ganɯŋgʌ.
'거이', '거이'보구 머이가? 이거 발 이ː케 기ː가는 거.
▶ '게', '게'보고 뭐라던가? 이거 발 이렇게 기어가는 것.

조 게를 말하시능가요?
kerɯl malɦaɕinɯŋgajo?
▶ 게를 말하시는가요?

제 우리는 거이라 기래, 그 보구 거이. 그걷뚜 절 땅ː가서 먹꾸 그저 기래.
urinɯn kʌira, kirɛ kɯ pogu kʌi. kɯgʌtt'u tɕʌt t'aː ŋgasʌ mʌkk'u kɯdzʌ kirɛ.

우리는 거이라 기래, 그 보구 거이. 그것두 첫 땅: 가서 먹구 그저 기래.

▶ 우리는 '게'라 그래, 그거 보고 '게'. 그것도 첫 담가서 먹고 그저 그래.

조 그거슨 여기에 마나요?

kɯgʌsɯn jʌgie manajo?

▶ 그것은 여기에 많아요?

제 업: 서, 그거 한 마리에, 항그네 얼망가 허면, 항그네 멱깨 오르네?

ʌ: psʌ, kɯgʌ han marie, haŋgɯne ʌlmaŋga hʌmʌn, haŋgɯne mjʌkk'ɛ orɯne?

없: 어, 그거 한 마리에, 한 근에 얼만가 허면, 한 근에 몇 개 오르네?

▶ 없어, 그거 한 마리에 한 근에 얼만가 하면, 한 근에 몇 개 오르니?

제 항그네 십치뤄니야. 몯 싸머거, 몯 싸머거.

haŋgɯne ɕiptɕʰirwʌnija. mot s'amʌgʌ, mot s'amʌgʌ.

한 근에 십칠 원이야. 못 싸먹어, 못 싸먹어.

▶ 한 근에 십칠 원이야. 못 사먹어, 못 사먹어.

조 그 간장에 담가 멍능거 간장게장이라고 그래요. 중구게서도 마니 머거요?

kɯ kandʑaŋe tamga mʌŋnɯŋgʌ kandʑaŋgedʑaɲirago kɯrɛjo. tɕuŋgugesʌdo mani mʌgʌjo?

▶ 그 간장에 담가 먹는 것을 간장게장이라고 그래요. 중국에서도 많이 먹어요?

제 마니 머거, 마싣띠. 저 딴동⁵에 유람 갇따가 오멘서 유람 가먼 고거 머이야?

mani mʌgʌ, maɕitt'i. tɕʌ t'andoŋe juram katt'aga omensʌ juram kamʌn kogʌ mʌija?

많이 먹어, 맛잇디. 저 딴동에 유람 갓다가 오멘서 유람 가먼 고거 머이야?

▶ 많이 먹어, 맛있지. 저 단동에 유람 갔다가 오면서 유람 가면 그 것이

---

5 딴동은 요녕성의 지명 단동(丹東)을 말함.

뭐던가?

제 바다 서 : 메두 가보구 다 가받띠 머. 가보구 올찌게 거이 팔더라.
　　pada sʌ : medu kabogu ta kabatt'i mʌ. kabogu oltɕ'ige kʌi pʰaldʌɾa.
　　바다 섬 : 에두 가보구 다 가밧디 머. 가보구 올직에 거이 팔더라.
▶ 바다 섬에도 가보고 다 가봤지 뭐. 가보고 돌아올 적에 게 팔더라.

제 긴데 거기서 오워니야 항그네, 그거 한 열끈 사다가 젇 땅 : 가 머거보구.
　　kinde kʌgisʌ owʌnija haŋgɯne, kɯgʌ han jʌlk'ɯn sadaga tɕʌt t'a : ŋga
　　mʌgʌbogu.
　　긴데 거기서 오 원이야 한 근에, 그거 한 열 근 사다가 젓 땅 : 가 먹
　　어보구.
▶ 그런데 그곳에서 오 원이야 한 근에, 그것을 한 열 근 사다가 젓 담가
　　서 먹어보고

잊을 수 없는 여행

제 장너네두 우리 유람 갇떵거야.
tɕaɲnʌnedu uɾi juɾam katt'ʌŋɡʌja.
작년에두 우리 유람 갓던거야.
▶ 작년에도 우리 유람을 갔던거야.

제 저 판지느루⁶ 해서 머이야 판지느루 해서 그 섬 무슨 서미가?
tɕʌ pʰandʑinɯɾu hɛsʌ mʌija pʰandʑinɯɾu hɛsʌ kɯ sʌm musɯn sʌmiga?
저 판진으루 해서 머이야 판진으루 해서 그 섬 무슨 섬이가?
▶ 저 판진으로 해서 무엇이던가 판진으로 해서 그 섬 무슨 섬이더라?

제 아이구, 판지느루 해서 그 섬 인는데 그거?
aigu, pʰandʑinɯɾu hɛsʌ kɯ sʌm innɯnde kɯɡʌ?
아이구, 판진으루 해서 그 섬 잇는데 그거?
▶ 아이고, 판진으로 해서 그 섬이 있는데 그것?

조 대련⁷쪼그로 나가셔써요?
tɕɛɾʌntɕ'ogɯɾo nagaɕjʌs'ʌjo?
▶ 대련쪽으로 나가셨어요?

제 대련 건너문 몬 나가디. 판진, 판지느루 해서 니갇띠.
tɕɛɾʌn kʌnnʌmun mon nagadi. pʰandʑin, pʰandʑinɯɾu hɛsʌ nagatt'i.
대련 건너문 못 나가디. 판진, 판진으루 해서 나갓디.
▶ 대련 건너면 못 나가지. 판진, 판진으로 해서 나갔지.

---

6 판진(盤錦)은 요녕성의 지명.
7 대련(大連)은 요녕성의 지명.

조 산해과니나[8] 진황도로요?[9]

sanɦɛgwanina ʨinɦwaŋdorojo?

▶ 산해관이나 진황도로요?

제 오, 글루 마자. 그러커구 천지니가?[10] 거기에 그거 읻띠?

o, kɯllu madʑa. kɯrʌkʰʌgu ʨʰʌndʑiniga? kʌgie kɯgʌ itt'i?

오, 글루 맞아. 그러커구 천진이가? 거기에 그거 잇디?

▶ 오, 그곳으로 맞아. 그리고 천진이던가? 그곳에 그것이 있지?

제 말리성성 이서. 말리성성, 부꼉 가기 저네.

mallisʌŋsʌŋ isʌ. mallisʌŋsʌŋ, puk'jʌŋ kagi ʨʌne.

만리성성 잇어. 만리성성, 북경 가기 전에.

▶ 만리장성이 있어. 만리장성, 북경(베이징) 가기 전에.

조 그럼 산해과네 가싱거예요?

kɯrʌm sanɦɛgwane kaɕiŋgʌjejo?

▶ 그럼 산해관에 가신 거예요?

제 오, 산해관, 말리성성 거기에 우리 올라갇떵거야.

o, sanɦɛgwan, mallisʌŋsʌŋ kʌgie uɾi ollagatt'ʌŋgʌja.

오, 산해관, 만리성성 거기에 우리 올라갓던 거야.

▶ 오, 산해관, 만리장성 거기에 우리 올라갔던 거야.

조 아, 그곧까지 올라가셔써요?

a, kɯgotk'adʑi ollagaɕjʌs'ʌjo?

▶ 아, 그곳까지 올라가셨어요?

제 사람들 한 사심 명 간는데, 늘근 사람들 한 사심 명 간는데

saɾamdɯl han saɕim mjʌŋ kannɯnde, nɯlgɯn saɾamdɯl han saɕim

---

mjʌŋ kannɯnde

사람들 한 사십 명 갓는데, 늙은 사람들 한 사십 명 갓는데

▶ 사람들이 한 사십 명 갔는데, 늙은 사람들이 한 사십 명 갔는데

제 말리성성 올라가능건 나허구 노친네 딱 두리야.

mallisʌŋsʌŋ ollaganɯŋgʌn nafiʌgu notɕʰinne t'ak turija.

만리성성 올라가는건 나허구 노친네 딱 둘이야.

▶ 만리장성에 올라간 건 나하고 다른 노친 딱 둘이야.

제 절문 사람드리야 다 올라갇띠.

tɕʌlmun saramdɯrija ta ollagatt'i.

젊은 사람들이야 다 올라갓디.

▶ 젊은 사람들이야 다 올라갔지.

제 긴데 나허구 노친네 딱 두리 올라 갇떵거야.

kinde nafiʌgu notɕʰinne t'ak turi olla katt'ʌŋgʌja.

긴데 나허구 노친네 딱 둘이 올라 갓던 거야.

▶ 그런데 나와 다른 노친 하나 딱 둘이 올라갔던 것이야.

제 기께 기껃 구경 잘 해서. 그러커구 머이야? 머슨 사니라 길더라?

kik'e kik'ʌt kugʌŋ tɕal hɛsʌ. kɯɾʌkʰʌgu mʌija? mʌsɯn saniɾa kildʌɾa?

기께 기껏 구경 잘 햇어. 그러커구 머이야? 머슨 산이라 길더라?

▶ 그래 기껏 구경 잘 했어. 그리고 뭐야? 뭔 산이라 하던가?

제 그 바다, 무슨 허이도[11]라 길덩가?

kɯ pada, musɯn hʌidoɾa kildʌŋga?

그 바다, 무슨 허이도라 길던가?

▶ 그 바다, 무슨 허이도라 하던가?

제 거기서두 하루 자며서 그 바다, 섬 그 섬 건너갇띠 머.

---

11 허이도(黑島)는 요녕성의 유명한 관광지.

kʌgisʌdu haɾu tɕamjʌsʌ kɯ pada, sʌm kɯ sʌm kʌnnʌgattʼi mʌ.

거기서두 하루 자며서 그 바다, 섬 그 섬 건너갓디 머.

▶ 그곳에서도 하루 자면서 그 바다, 섬 그 섬으로 건너갔지 뭐.

여행 중 발생한 사고

제 아이구, 거기서들 임석뜰 잘몬 머거서 또 설싸해서 벵워네 가구.

aigu, kʌgisʌdɯl imsʌkt'ɯl tɕalmon mʌgʌsʌ t'o sʌls'afiɛsʌ peŋwʌne kagu.

아이구, 거기서들 임석들 잘못 먹어서 또 설사해서 벵원에 가구.

▶ 아이고, 그곳에서 음식들을 잘못 먹고 설사해서 병원에 가고.

제 긴데 난 이 머글래니까 마리야 첟 이베 막 벤한 냄새가 나더라우.

kinde nan i mʌgɯllɛnik'a marija tɕʰʌt ibe mak penfian nɛmsɛga nadʌrau.

긴데 난 이 먹을래니까 말이야 첫 입에 막 벤한 냄새가 나더라우.

▶ 그런데 나는 먹으려고 하니까 말이야 첫 입에 막 변한 냄새가 나더라오.

제 그 이 : 케 찔게 한 : 상 해 난 : 는데 머, 머야간 바다고긴 다 날 : 띠 머.

kɯ i : kʰe tɕ'ilge ha : n saŋ hɛ na : nnɯnde mʌ, mʌjagan padagogin ta na : tt'i mʌ.

그 이 : 케 찔게 한 : 상 해 낳앗는데 머, 머야간 바다고긴 다 낳앗디 머.

▶ 그 이렇게 반찬을 한 상 해놓았는데 하여간 바다고기는 다 놓았지 뭐.

제 긴데 첟 숟까레 막 몬 먹깓떠라우 어케?

kinde tɕʰʌt sutk'are mak mon mʌkk'att'ʌrau ʌkʰe?

긴데 첫 숟갈에 막 못 먹갓더라우 어케?

▶ 그런데 첫 숟가락에 막 먹지 못하겠더라고 어쩐지?

제 기 : 서 안 머걷띠 머. 안 먹꾸 멀 머건나 하먼 달걜꾹 고고 머걷띠.

ki : sʌ an mʌgʌtt'i mʌ. an mʌkk'u mʌl mʌgʌnna hamʌn talgɛlk'uk kogo mʌgʌtt'i.

기 : 서 안 먹엇디 머. 안 먹구 멀 먹엇나 하먼 달걜국 고고 먹엇디.

▶ 그래서 안 먹었지 뭐. 안 먹고 뭘 먹었나 하면 달걀국 그거 먹었지.

제 고고 해서 밥 항공기 먹꾸 물러안젇띠.

　kogo hɛsʌ pap haŋgoŋgi mʌkk'u mullʌandʑʌtt'i.

　고고 해서 밥 한 공기 먹구 물러앉었디.

▷ 그거 해서 밥을 한 공기 먹고 물러앉았지.

제 너네 사람드른 머 정신업시 먹떠니, 그 사람들 다 설싸허구

　nʌne saramdɯrɯn mʌ tɕʌŋɕinʌpɕi mʌkt'ʌni, kɯ saramdɯl ta sʌls'afiʌgu

　너네 사람들은 머 정신없이 먹더니, 그 사람들 다 설사허구

▷ 다른 사람들은 뭐 정신없이 먹더니, 그 사람들 다 설사하고

제 병워네 가서 띠류[12](滴流) 막꾸 그러커구 와서.

　pjʌŋwʌne kasʌ t'irju makk'u kɯrʌkʰʌgu wasʌ.

　병원에 가서 띠류 맞구 그러커구 왔어.

▷ 병원에 가서 링거 주사 맞고 그렇게 하고 왔어.

조 나쁜 사람드리네요, 노인분들만 가셛따고 안 조응 걸로 해드런능가 봐요?

　nap'ɯn saramdɯrinejo, noinbundɯlman kaɕʌtt'ago an tɕoɯŋ gʌllo
　hɛdɯrjʌnnɯŋga pwajo?

▷ 나쁜 사람들이네요, 노인들만 가셨다고 안 좋은 걸로 해드렸는가 봐
　요?

제 아마 그런 모낭이야,

　ama kɯrʌn monaŋija,

　아마 그런 모낭이야,

▷ 아마 그런 모양이야,

제 그거 이 생센 끄레두 베케 가서 검사허구 끄리야 댄대.

　kɯgʌ i sɛŋsen k'ɯredu pekʰe kasʌ kʌmsafiʌgu k'ɯrija tɛndɛ.

　그거 이 생센 끓에두 벽에 가서 검사허구 끓이야 댄대.

▷ 그거 이 생선을 끓여도 부엌에 가서 검사하고 끓여야 된대.

---

12 띠류(滴流)는 '링거'를 뜻하는 중국어.

조 네, 그럼씀니다.

ne, kɯɾʌts'ɯmnida.

▶ 네, 그렇습니다.

제 긴데 우리 거틍 걷뜨리야 머 머이가 노인 회장들두 가서두 머.

kinde uɾi kʌtʰɯŋ gʌtt'ɯɾija mʌ mʌiga noin hödʑaŋdɯldu kasʌdu mʌ.

긴데 우리 겉은 것들이야 머 머이가 노인 회장들두 갓어두 머.

▶ 그런데 우리 같은 사람들이야 뭐 노인 회장들도 갔어도 뭐.

제 그 사람들두 그저 조응거 해주갇꺼니 하구 가마이 이섣띠 머, 노인 회장.

kɯ saramdɯldu kɯdʑʌ ʨoɯŋgʌ hɛdʑugatk'ʌni hagu kamai isʌtt'i mʌ, noin hödʑaŋ.

그 사람들두 그저 좋은 것 해주갓거니 하구 가마이 잇엇디 머, 노인 회장.

▶ 그 사람들도 그저 좋은 것을 해주겠거니 하고 가만히 있었지 뭐, 노인 회장도.

조 회장은 연세가 어떠케 되셔써요?

hödʑaŋɯn jʌnsega ʌt'ʌkʰe töɕʌs'ʌjo?

▶ 회장은 연세가 어떻게 되셨어요?

제 칠씹, 한 칠씹 너머서.

ʨʰilɕ'ip, han ʨʰilɕ'ip nʌmʌsʌ.

칠십, 한 칠십 넘엇어.

▶ 칠십, 한 칠십 넘었어.

조 그럼 연세가 모두 만네요?

kɯɾʌm jʌnsega modu mannejo?

▶ 그럼 연세가 모두 많네요?

제 기니까 다 깔받깓띠 머.

kinik'a ta k'albatk'att'i mʌ.

기니까 다 깔밧갓디 머.

▶ 그러니까 다 깔봤겠지 뭐.

제 기 : 케 먹꾸서 한 여라문 사람 페난, 페난해서 완는데.

ki : kʰe mʌkk'usʌ han jʌramun saram penan, penanɦɛsʌ wannɯnde.

기 : 케 먹구서 한 여라문 사람 펜안, 펜안해서 왓는데.

▶ 그렇게 먹고 한 여럿 사람들은 괜찮아서 왔는데.

제 그 사람들 또 와서, 지베 와서 또 달렌 바닫띠 머.

kɯ saramdɯl t'o wasʌ, tɕibe wasʌ t'o tallen padatt'i mʌ.

그 사람들 또 와서, 집에 와서 또 단렌 받앗디 머.

▶ 그 사람들 또 와서, 집에 와서 또 아팠지 뭐.

조 할머니믄 괜차느셔써요?

halmʌnimɯn kwɛntɕʰanɯɕʌs'ʌjo?

▶ 할머님은 괜찮으셨어요?

제 난 아무치두 아나서. 안 머거시니까니.

nan amutɕʰidu anasʌ. an mʌɡʌɕinik'ani.

난 아무치두 안앗어. 안 먹엇이니까니.

▶ 나는 아무렇지도 않았어. 안 먹었으니까.

제 첟 숟까레 기세 베라게 냄새가 나더라우.

tɕʰʌt sutk'are kise peraɡe nɛmsɛɡa nadʌrau.

첫 숟갈에 기세 베라게 냄새가 나더라우.

▶ 첫 숟가락에 글쎄 별나게 냄새가 나더라오.

조 그럼 할머님께서 말씀하실꺼죠? 이상한 냄새가 난다고요?

kɯrʌm halmʌnimk'esʌ mals'ɯmɦaɕilk'ʌdʑo? isaŋɦan nɛmsɛɡa nandagojo?

▶ 그럼 할머님께서 말씀하실거죠? 이상한 냄새가 난다고요?

제 머 마싣께들 머그멘서 마싣따, 마싣따 하는데

mʌ maɕitk'edɯl mʌgɯmensʌ maɕitt'a, maɕitt'a hanɯnde
머 맛잇게들 먹으몐서 맛잇다, 맛잇다 하는데
▶ 뭐 맛있게 먹으면서 맛있다, 맛있다고 하는데

제 멀 뚱뻴나게 머야 괜히 마시 머쌘하다 길간네?
mʌl t'oŋp'elnage mʌja kwɛnɕi maɕi mʌs'anɦada kilganne?
멀 뚱벨나게 머야 괜히 맛이 머쌘하다 길간네?
▶ 유별나게 뭐 괜히 맛이 이상하다고 그러겠니?

제 기래서 내 읻따가, 그 노친네 한나가 기래.
kirɛsʌ nɛ itt'aga, kɯ notɕʰinne hannaga kirɛ.
기래서 내 잇다가, 그 노친네 한나가 기래.
▶ 그래서 내 있는데, 그 노친 하나가 그래.

제 '미니 할 : 매, 요거 좀 잡싸보라요'
'mini ha : lmɛ, jogʌ ʨom ʨaps'aborajo'
'민이 할 : 매, 요거 좀 잡사보라요'
▶ '민이 할머니, 요것 좀 드셔보세요'

제 기 : 서 '야, 그걸 머글레니까니 와 이 : 케 냄새레 베래다'
ki : sʌ 'ja, kɯgʌl mʌgɯllenik'ani wa i : kʰe nɛmsɛre perɛda'
기 : 서 '야, 그걸 먹을레니까니 와 이 : 케 냄새레 베래다.'
▶ 그래서 '이봐, 그걸 먹으려니까 왜 이렇게 냄새가 이상하다.'

제 '딱 벤행거 걷띠 안네? 너네?' 기니까니
't'ak penɦiɛŋʌ kʌtt'i anne? nʌne?' kinik'ani
'딱 벤핸거 겉디 않네? 너네?' 기니까니
▶ '딱 변한 것 같지 않니? 너희들은?' 그러니까

제 '기세, 마슨 벤행거 몰라두 머 마슨 이시요.' 기래.
'kise, masɯn penɦiɛŋʌ molladu mʌ masɯn iɕijo.' kilɛ.
'기세, 맛은 벤핸거 몰라두 머 맛은 잇이요.' 기래.

38

▶ '글쎄, 맛은 변 한 것은 몰라도 뭐 맛은 있어요.' 그래.

조 처음 드셔보니까 월래 다 이 마시겐따고 생각하셛껜쪼?
　　tɕʰʌɯm tɯɕʌbonik'a wʌllɛ ta i maɕigett'ago sɛŋgakhaɕʌtk'ettɕ'jo?
▶ 처음 드셔보니까 원래 다 이 맛이겠다고 생각하셨겠죠?

제 '기래? 기세 난 와긴디 딴데 쩨까치레 앙 간다.'
　　'kiɾɛ? kise nan wagindi t'ande tɕ'ek'atɕʰiɾe aŋ kanda.'
　　'기래? 기세 난 와긴디 딴데 쩨까치레 안 간다.'
▶ '그래? 글쎄 나는 왜 그러는지 다른 곳에 젓가락이 안 간다.'

제 기래먼서 그저 밥 항공기하구,
　　kiɾɛmʌnsʌ kɯdʑʌ pap haŋgoŋgiɦagu,
　　기래먼서 그저 밥 한 공기하구,
▶ 그러면서 그저 밥 한 공기하고,

제 그 달갤꾹, 팡이 두구 끄링거 이만한 사바레 디리왇떠라.
　　kɯ talgɛlk'uk, paŋi tugu k'ɯɾiŋʌ imanɦan sabaɾe tiɾiwatt'ʌɾa.
　　그 달갤국, 팡이 두구 끓인거 이만한 사발에 딜이왔더라.
▶ 그 달걀국, 파 넣고 끓인 것을 이만한 사발에 들여왔더라.

제 기래서 그거 해서 그저 머 밥 항공기 먹꾸 왇띠 머.
　　kiɾɛsʌ kɯgʌ ɦesʌ kɯdʑʌ mʌ pap haŋgoŋgi mʌkk'u watt'i mʌ.
　　기래서 그거 해서 그저 머 밥 한 공기 먹구 왔디 머.
▶ 그래서 그거 해서 그저 뭐 밥 한 공기를 먹고 왔지 뭐.

제 긴데 쪼끔 이스니까니, 머 오후에 자니까니 머 여기서
　　kinde tɕ'ok'ɯm isɯnik'ani, mʌ oɦue tɕanik'ani mʌ jʌgisʌ
　　긴데 쪼끔 잇으니까니, 머 오후에 자니까니 머 여기서
▶ 그런데 조금 있으니까, 뭐 오후에 자다나니 뭐 여기서

제 '야, 너 무슨 약 엄네? 약 엄네, 엄네?' 기래.

'ja, nʌ musɰn jak ʌmne? jak ʌmne, ʌmne?' kirɛ.

'야, 너 무슨 약 없네? 약 없네, 없네?' 기래.

▶ '야, 너 무슨 약이 없니? 약이 없니, 없니?' 그래.

제 으사두 딸라간는데 또 야글 앙 개구 갇띠, 싸쯔[13](傻子)가튼 아새끼들.

ɰsadu t'allagannɰnde t'o jagɰl aŋ gɛgu katt'i s'atɕ'ɰ(mʌdzʌri)gatʰɰn asɛk'idɰl.

으사두 딸라갓는데 또 약을 안 개구 갓디, 싸즈걸은 아새끼들.

▶ 의사도 따라갔는데 또 약을 안 갖고 갔지, 머저리 같은 자식들.

조 그럼 의사가 가치 갇따능거시 뭐예요?

kɰrʌm ɰisaga katɕʰi katt'anɰŋɡʌɕi mwʌjejo?

▶ 그럼 의사가 같이 갔다는 것이 뭐예요?

제 으사 가스먼 멀 허네? 약뚜 앙 개구 가구.

ɰsa kasɰmʌn mʌl hʌne? jakt'u aŋ gɛgu kagu.

으사 갓으면 멀 허네? 약두 안 개구 가구.

▶ 의사가 갔으면 뭘 하니? 약도 안 가져가고.

제 기래개주구 또 으사보구 머이라 또 꾸지람 허더라, 꾸지람 허거스먼 허구.

kirɛɡedzugu t'o ɰsabogu mʌira t'o k'udziram hʌdʌra, k'udziram hʌɡʌsɰmʌn hʌɡu.

기래개주구 또 으사보구 머이라 또 꾸지람 허더라, 꾸지람 허것으면 허구.

▶ 그래서 또 의사보고 뭐라고 또 꾸지람 하더라, 꾸지람을 하겠으면 하고.

조 가치 간 의사는 점씀니까?

katɕʰi kan ɰisanɰn tɕʌms'ɰmnik'a?

▶ 같이 간 의사는 젊습니까?

---

13 싸즈(傻子)는 '머저리'를 뜻하는 중국어.

제 청녀니디 머. 댕기능게 또 얼마나 힘드네?

t͡ɕʰʌŋɲʌnidi mʌ. tɛŋginɯŋge t'o ʌlmana çimdɯne?

청년이디 머. 댕기는게 또 얼마나 힘드네?

▶ 청년이지 뭐. 다니는 것이 또 얼마나 힘드니?

제 그 차 한번 타능거 얼마나 불펜하구.

kɯ t͡ɕʰa hanbʌn tʰanɯŋgʌ ʌlmana pulpʰenhʌgu.

그 차 한번 타는 거 얼마나 불펜하구.

▶ 그 차 한번 타는 것 또한 얼마나 불편하고.

제 기 : 케 거기 가개지구 막 임석뜰 먹꾸 띠류 막꾸 기 : 케 지랄들 허구.

ki : kʰe kʌgi kagɛd͡ʑigu mak imsʌkt'ɯl mʌkk'u t'irju makk'u ki : kʰe t͡ɕiraldɯl hʌgu.

기 : 케 거기 가개지구 막 임석들 먹구 띠류 맞구 기 : 케 지랄들 허구.

▶ 그렇게 거기 가서 막 음식을 (잘못) 먹고 링거를 맞고 그렇게 야단을 하고.

제 여기 와개지구두 기 : 케 아파서들 기래서.

jʌgi wagɛd͡ʑigudu ki : kʰe apʰasʌdɯl kirɛsʌ.

여기 와개지구두 기 : 케 아파서들 기랫어.

▶ 여기 와서도 그렇게 아파하고 그랬어.

조 절믄 사라믄 한 분도 안 따라 가써요?

t͡ɕʌlmɯn saramɯn han pundo an t'ara kas'ʌjo?

▶ 젊은 사람은 한 분도 안 따라 갔어요?

제 절문 사람들, 기래야 오십, 한 오십 너문¹⁴ 사람들 멛 싸람 딸라갇띠.

t͡ɕʌlmun saramdɯl, kirɛja oɕip, han oɕip nʌmun saramdɯl met s'aram t'allagatt'i.

젊은 사람들, 기래야 오십, 한 오십 넘은 사람들 몇 사람 딸라갓디.

---

14 너문 : 양순음 뒤에서 'ㅡ'가 원순모음화 되어 'ㅜ'로 되었음.

▶ 젊은 사람들, 그래 봤자 오십, 한 오십 넘은 사람들이 몇 사람 따라 갔지.

조 그분드리 절믄 사람드리예요?
kɯbundɯri tɕʌlmun saramdɯrijejo?
▶ 그분들이 젊은 사람들이에요?

제 그거이 절문 사람드리야.
kɯgʌi tɕʌlmun saramdɯrija.
그거이 젊은 사람들이야.
▶ 그분들이 젊은 사람들이야.

조 한 삼, 사십때인 분드른 업써써요?
han sam, saɕipt'ɛin pundɯrɯn ʌpsʌs'ʌjo?
▶ 한 삼, 사십대인 분들은 없었어요?

제 업 : 서, 그런 사람들 앙 가서.
ʌ : psʌ, kɯrʌn saramdɯl aŋ gasʌ.
없 : 어, 그런 사람들 안 갓어.
▶ 없어, 그런 사람들은 안 갔어.

조 대대에 채김자부니 한 사라미라도 따라 가야지 안능가요?
tɛdɛe tɕʰɛgimdzabuni han saramirado t'ara gajadzi annuŋgajo?
▶ 대대의 책임자분이 한 사람이라도 따라 가야지 않는가요?

제 그 으사 한나 기리게 차저 왇띠.
kɯ ɯsa hanna kirige tɕʰadzʌ watt'i.
그 으사 한나 기리게 찾어 왔디.
▶ 그 의사 한 분 그래서 찾아 왔지.

조 어디에서 차자써요?
ʌdiesʌ tɕʰadzas'ʌjo?

▣ 어디에서 찾았어요?

㉄ 으사, 요 여기 우리 대대 으사 한나 갇띠.
ɯsa, jo jʌgi uri tɛdɛ ɯsa hanna katt'i.
으사, 요 여기 우리 대대 으사 한나 갓디.
▣ 의사, 여기 우리 대대의 의사 한 분이 갔지.

㉄ 그걷뚜 진째 으사 아니구 호사레 딸라 갇띠.
kɯgʌtt'u tɕintɕ'ɛ ɯsa anigu hosare t'alla katt'i.
그것두 진째 으사 아니구 호사레 딸라 갓디.
▣ 그것도 진짜 의사가 아니고 간호사가 따라 갔지.

㉄ 호사 간는데 기세 또 야글 앙 개구 와개지구 어이구?
hosa kannɯnde kise t'o jagɯl aŋ gɛgu wagɛdzigu ʌigu?
호사 갓는데 기세 또 약을 안 개구 와개지구 어이구?
▣ 간호사가 갔는데 글쎄 또 약을 안 가지고 가서 아이고?

㉄ 난 거 : 가서 머글라구, 설싸 혹씨 그 머 설싸하나 해서 야글 사갇따우.
nan kʌ : kasʌ mʌgɯllagu, sʌls'a hokɕ'i kɯ mʌ sʌls'afiana hɛsʌ jagɯl sagatt'au.
난 거 : 가서 먹을라구, 설사 혹시 그 머 설사하나 해서 약을 사갓다우.
▣ 나는 그곳에 가서 먹으려고, 설사 혹시 뭐 설사라도 할까봐 약을 사 갔었다오.

㉄ 개이느루 기침야게 설싸약 사 강거 다 줃 : 띠 머.
kɛinɯru kitɕʰimjage sʌls'ajak sa kaŋgʌ ta tɕu : tt'i mʌ.
개인으루 기침약에 설사약 사 간거 다 줏 : 디 머.
▣ 개인으로 기침약에 설사약을 사 간 것 다 주었지 뭐.

㉄ 다 주서. 안 대더라 걷 : 뚜 쎄니까니.
ta tɕusʌ. an tɛdʌra kʌ : tt'u s'enik'ani.
다 줏어. 안 대더라 그것두 쎄니까니.

▶ 다 줬어. 안 되더라 그것도 심하니까

제 임석 먹꾸 기 : 케, 너느 설싸 아니구

imsʌk mʌkk'u ki : kʰe, nʌnɯ sʌls'a anigu

임석 먹구 기 : 케, 너느 설사 아니구

▶ 음식을 먹고 그렇게, 여느 설사가 아니고

제 그 임석 먹꾸 설싸하니까니 그거 말 안 듣떠라.

kɯ imsʌk mʌkk'u sʌls'ahanik'ani kɯgʌ mal an tɯtt'ʌɾa.

그 임석 먹구 설사하니까니 그거 말 안 듣더라.

▶ 그 음식을 먹고 설사하니까 그거 말 안 듣더라.

제 가서 띠류 마즈니까 젠창 말 든능거.

kasʌ t'irju madzɯnik'a tɕentɕʰaŋ mal tɯnnɯŋgʌ.

가서 띠류 맞으니까 젠창 말 듣는거.

▶ 가서 링거 맞으니까 바로 말을 듣는 것.

조 그래서 월래 계획뽀다 일쩡이 하루 느저저서 와써요? 그후 구경은 잘 하지 몯하셛껜네요?

kɯɾɛsʌ wʌllɛ kjeɦökp'oda iltɕ'ʌɲi haru nɯdzʌdzʌsʌ was'ʌjo? kɯɦu kugjʌŋɯn tɕal hadzi mothaɕjʌtk'ennejo?

▶ 그래서 원래 계획보다 일정이 하루 늦어져서 왔어요? 그후 구경은 잘 하지 못하셨겠네요?

제 구겅허구 오는 기레 기 : 케 댇띠.

kugʌŋɦʌgu onɯn kiɾe ki : kʰe tɛtt'i.

구경허구 오는 길에 기 : 케 댓디.

▶ 구경하고 오는 길에 그렇게 됐지.

제 가개지구 젠창 그러먼 구경두 몯하디.

kagɛdzigu tɕentɕʰaŋ kɯɾʌmʌn kugʌŋdu mothadi.

가개지구 젠창 그러먼 구경두 못하디.

▶ 가서 바로 그랬으면 구경도 못하지.

제 기리게 말리성성꺼지 올라갇떵거 아니야?
kirige mallisʌŋsʌŋk'ʌdzi ollagatt'ʌŋʌ anija?
기리게 만리성성꺼지 올라갓던 거 아니야?
▶ 그랬기에 만리장성까지 올라갔던 것이 아니니?

제 노친네 한나하구 나하구 딱 두리라우.
notᶜʰinne hannahagu nafiagu t'ak turirau.
노친네 한나하구 나하구 딱 둘이라우.
▶ 노친 한명 하고 나하고 딱 둘이라오.

제 너느 사람드른 올라가다 다 내레갇때.
nʌnɯ saramdɯrɯn ollagada ta nɛlegatt'ɛ.
너느 사람들은 올라가다 다 내레갓대.
▶ 여느 사람들은 올라가다가 다 내려갔다고 해.

제 우리는 그저 우리 그 머잉가 하먼 그거 타구 올라갇따우.
urinɯn kɯdzʌ uri kɯ mʌiŋga hamʌn kɯgʌ tʰagu ollagatt'au.
우리는 그저 우리 그 머인가 하먼 그거 타구 올라갓다우.
▶ 우리는 그저 우리 그 뭔가 하면 그것 타고 올라갔다오.

제 그 차, 그 덩기루 쭉 올라가능거.
kɯ tᶜʰa, kɯ tʌŋgiru tɕ'uk ollaganɯŋgʌ.
그 차, 그 던기루 쭉 올라가는거.
▶ 그 차, 그 전기로 죽 올라가는 것.

제 고고 타구두 꼭뚜마리에까지 올라가능거 수ː타 머ː러.
kogo tʰagudu k'okt'umariek'adzi ollaganɯŋgʌ suːtʰa mʌ ː ɾʌ.
고고 타구두 꼭두마리에까지 올라가는 거 수ː타 멀ː어.
▶ 그것을 타고도 꼭대기까지 올라가는 것이 아주 멀어.

제 고고 타구 절바니야, 고고 타구 가능거는 절바니야.

kogo tʰagu tɕʌlbanija, kogo tʰagu kanɯŋɡʌnɯn tɕʌlbanija.

고고 타구 절반이야, 고고 타구 가는 거는 절반이야.

▶ 그거타고 절반이야, 그거타고 가는 것은 절반이야.

제 그러커구도 얼마나 올라간네?

kɯrʌkʰʌgudo ʌlmana ollaganne?

그러커구도 얼마나 올라간네?

▶ 그리고 나서도 얼마나 올라갔니?

제 호 : 지해서 막 마즈마게 할락할락 허멘서두 꼭뚜마리꺼지 올라가서.

ho : dʑiɦɛsʌ mak madʑɯmage hallakhallak hʌmensʌdu k'okt'umarik'ʌdʑi ollagasʌ.

호 : 지해서 막 마즈막에 할락할락 허멘서두 꼭두마리꺼지 올라갓어.

▶ 힘들어서 막 마지막에 할딱할딱 하면서도 꼭대기까지 올라갔어.

제 거기 가서 사진, 절문 사람드리 또 사진 배케주데.

kʌgi kasʌ sadʑin, tɕʌlmun saramdɯri t'o sadʑin pɛkʰedʑude.

거기 가서 사진, 젊은 사람들이 또 사진 백혜 주데.

▶ 거기에 가서 사진, 젊은 사람들이 또 사진 찍어 주데.

제 기 : 서 기넴사지니라구.

ki:sʌ kinemsadʑiniragu.

기 : 서 기넴사진이라구.

▶ 거기 기념사진이라고.

제 여기꺼지 올라옹거 얼마나 혼난나 하멘서

jʌgik'ʌdʑi ollaoŋɡʌ ʌlmana honnanna hamensʌ

여기꺼지 올라온거 얼마나 혼난나 하멘서

▶ 여기까지 올라온 것이 얼마나 힘들었나 하면서

제 사진 띠거주서 사진꺼지 다 이서.

46

sadzin t'igʌdzusʌ sadzink'ʌdzi ta isʌ.

사진 떠어주서 사진꺼지 다 잇어.

▶ 사진 찍어줘서 사진까지 다 있어.

조 누가 찌거주셔써요?

nuga tɕ'igʌdzuɕjʌs'ʌjo?

▶ 누가 찍어주셨어요?

제 그 청년드리, 좀 절문 사람드리 개구 강거 읻따나.

kɯ tɕʰʌɲnʌndɯri, tɕom tɕʌlmum saramdɯri kɛgu kaŋʌ itt'ana.

그 청년들이, 좀 젊은 사람들이 개구 간 거 잇닿아.

▶ 그 청년들이, 좀 젊은 사람들이 가지고 간 것이 있잖아.

제 우리 간 사람들 중 절문 사람드리 사징기 개강거 띠거주서.

uri kan saramdɯl tɕuŋ tɕʌlmun saramdɯri sadziŋgi kɛgaŋʌ t'igʌdzusʌ.

우리 간 사람들 중 젊은 사람들이 사징기 개간 거 떠어줏어.

▶ 우리 간 사람들 중 젊은 사람들이 사진기 가지고 간 것으로 찍어 줬어.

제 저네들두 가티 기래서 그 띡꾸, 그러커구 그 머야?

tɕʌnedɯldu katʰi kirɛsʌ kɯ t'ikk'u, kɯrʌkʰʌgu kɯ mʌja?

저네들두 같이 기래서 그 띡구, 그러커구 그 머야?

▶ 저네들도 같이 그래서 그 찍고, 그리고 그 뭐야?

제 그 절람관, 그거 막 정말 막 끔찍허디.

kɯ tɕʌllamgwan, kɯgʌ mak tɕʌŋmal mak k'ɯmtɕ'ikhʌdi.

그 전람관, 그거 막 정말 막 끔찍허디.

▶ 그 전시관, 그것이 막 정말 막 끔찍하지.

제 정말 진 : 째거티 사라미구, 진 : 째거티 쌈 : 해. 그걷뚜 디리다보구.

tɕʌŋmal tɕi : ntɕ'ɛgʌtʰi saramigu, tɕi : ntɕ'ɛgʌtʰi s'a : mɦɛ. kɯgʌtt'u tiridabogu.

정말 진 : 째겉이 사람이구, 진 : 째겉이 쌈 : 해. 그것두 딜이다보구.

▶ 정말 진짜 사람 같고, 진짜 같이 싸움을 해. 그것도 들여다보고.

조 할머님, 구경 잘 하션네요?

halmʌnim, kugjʌŋ ʨal haʨʌnnejo?

▶ 할머님, 구경 잘 하셨네요?

제 음, 잘 해서. 기리커구 왇띠 머. 나흘, 사흘마네 오능 거 머.

ɯm, ʨal hɛsʌ. kiɾikʰʌgu watt'i mʌ. nafiɯl, safiɯlmane onɯŋ gʌ mʌ.

음, 잘 햇어. 기릏거구 왓디 머. 나흘, 사흘만에 오는 거 머.

▶ 음, 잘 했어. 그렇게 하고 왔지 뭐. 나흘, 사흘 만에 오는 것 뭐.

부담스러운 경비

조 오래는 또 어디에 가신대요?
orɛnɯn t'o ʌdie kaɕindejo?
▶ 올해는 또 어디에 가신대요?

제 오 : 랜 간대는 소리 업 : 서. 오 : 랜 머 여기 간다 길더니 안 딸라가서.
o : rɛn kandɛnɯn sori ʌ : psʌ. o : rɛn mʌ jʌgi kanda kildʌni an t'allagasʌ.
올핸 간대는 소리 없 : 어. 올핸 머 여기 간다 길더니 안 딸라갓어.
▶ 올해는 간다는 말이 없어. 올해는 뭐 여기 간다고 그러던데 안 따라
갔어.

제 그걷뚜 도니 얼마나 마니 나가네?
kɯgʌtt'u toni ʌlmana mani nagane?
그것두 돈이 얼마나 많이 나가네?
▶ 그것도 돈이 얼마나 많이 나가니?

조 한번 가면 얼마씩 나감니까?
hanbʌn kamjʌn ʌlmaɕ'ik nagamnik'a?
▶ 한번 가면 얼마씩 나갑니까?

제 몓 빼 권 나가, 기래서 앙 가서.
mjʌt p'ɛ kwʌn naga, kirɛsʌ aŋ gasʌ.
몇 백 원 나가, 기래서 안 갓어.
▶ 몇 백 원 나가, 그래서 안 갔어.

제 이버네는 어데 간나 하면
ibʌnenɯn ʌde kanna hamʌn

이번에는 어데 갓나 하면
▶ 이번에는 어디에 갔는가 하면

[제] 그 머야 딴동에 머 어니메야? 그 금강산, 어니메 금강산 읻때.
kɯ mʌja t'andoŋe mʌ ʌnimeja? kɯ kɯmgaŋsan, ʌnime kɯmgaŋsan itt'ɛ.
그 머야 딴동에 머 어니메야? 그 금강산, 어니메 금강산 잇대.
▶ 그 뭐야 단동에 뭐 어느 곳이야? 그 금강산, 어디에 금강산이 있대.

[조] 아, 봉황산? 봉성에 인는 사늘 말하시능가요?
a, poŋɦwaŋsan? poŋsʌŋe innɯn sanɯl malɦaɕinɯŋgajo?
▶ 아, 봉황산? 봉성에 있는 산을 말하시는가요?

[제] 오, 고기 머 간다 기능거 나는 앙 가서.
o, kogi mʌ kanda kinɯŋgʌ nanɯn aŋ gasʌ.
오, 고기 머 간다 기는거 나는 안 갓어.
▶ 오, 거기 뭐 간다고 그러는 것을 나는 안 갔어.

[조] 가시지 그러셔써요?
kaɕidzi kɯrʌɕjʌs'ʌjo?
▶ 가시지 그러셨어요?

[제] 아니 돈두 막 얼마나 다러나네? 그거 막 한번 가는 걷뚜.
ani tondu mak ʌlmana tarʌnane? kɯgʌ mak hanbʌn kanɯn kʌtt'u.
아니 돈두 막 얼마나 달어나네? 그거 막 한번 가는 것두.
▶ 아니 돈도 막 얼마나 달아나니? 그것 막 한번 가는 것도.

[제] 안 쓴다 안 쓴다 해두 마니 써.
an s'ɯnda an s'ɯnda ɦedu mani s'ʌ.
안 쓴다 안 쓴다 해두 많이 써.
▶ 안 쓴다 안 쓴다고 해도 많이 써.

[조] 한번 가시면 얼마씩 써요?

hanbʌn kaɕimjʌn ʌlmaɕ'ik s'ʌjo?

▶ 한번 가시면 얼마씩 써요?

제| 아니, 지비서야 멀 쓰네? 구경 가개지구 마리야.

ani, ɕibisʌja mʌl s'ɯne? kugʌŋ kagɛdzigu maɾija.

아니, 집이서야 멀 쓰네? 구경 가개지구 말이야.

▶ 아니, 집에서야 뭘 쓰니? 구경 가서 말이야.

제| 그저게 가개지구 한 육 빼 권 썰 : 띠.

kɯdzʌge kagɛdzigu han juk p'ɛ kwʌn s'ʌ : t'i.

그적에 가개지구 한 육 백 원 썻 : 디.

▶ 그때 가서 한 육 백 원 썼지.

조| 물건 좀 사오셔써요?

mulgʌn ʨom saoɕjʌs'ʌjo?

▶ 물건 좀 사오셨어요?

제| 머글꺼 좀 사오구, 그 또 아이드리 간다구 또 돈 줄 : 딴네?

mʌgɯlk'ʌ ʨom saogu, kɯ t'o aidɯri kandagu t'o ton ʨu : t'anne?

먹을 거 좀 사오구, 그 또 아이들이 간다구 또 돈 줏 : 닪네?

▶ 먹을 것 좀 사오고, 그 또 아이들이 간다고 또 돈을 주었잖니?

제| 기니까니 그 또 바닥까에 가면 또 생물바끈 더 인네?

kinik'ani kɯ t'o padakk'ae kamʌn t'o sɛŋmulbak'ɯn tʌ inne?

기니까니 그 또 바닷가에 가면 또 생물밖은 더 잇네?

▶ 그러니까 그 또 바닷가에 가면 또 생물밖에 더 있니?

제| 기 : 서 고기 한 마리씩 사줌 : 띠.

ki : sʌ kogi han maɾiɕ'ik sadzu : t'i.

기 : 서 고기 한 마리씩 사줏 : 디.

▶ 그래서 고기 한 마리씩 사주었지.

제 아페 짐나니 한나, 우리 손네 딸 그거 한나,

apʰe tɕimnani hanna, uri sonne t'al kɯgʌ hanna,

앞의 집난이 한나, 우리 손네 딸 그거 한나,

▶ 앞의 딸 한 마리, 우리 손녀 딸 그애 한 마리,

제 기 : 케 그걷뚜 한마리씩 사다 줃 : 띠 머.

ki : kʰe kɯgʌtt'u hanmariɕ'ik sada tɕu : tt'i mʌ.

기 : 케 그것두 한 마리씩 사다 주엇 : 디 머.

▶ 그렇게 그것도 한 마리씩 사다 주었지 뭐.

제 갈찌게 또 머 사머거라구 돈 줘서. 긴데 어떠케 기낭 오네?

kaltɕ'ige t'o mʌ samʌgʌragu ton tɕwʌsʌ. kinde ʌt'ʌkʰe kinaŋ one?

갈직에 또 머 사먹어라구 돈 줫어. 긴데 어떻게 기낭 오네?

▶ 갈 때 또 뭐 사먹어라고 돈을 줬어. 그런데 어떻게 그냥 오니?

조 아, 괜차나요. 딸드린데 무슨 그러케 사양하심니까?

a, kwɛntɕʰanajo, t'aldɯrinde musɯn kɯrʌkʰe sajaŋɦaɕimnik'a?

▶ 아, 괜찮아요. 딸들인데 무슨 그렇게 사양하십니까?

제 기래두 앙 기래. 기래두 그 : 뜰 좀……

kiredu aŋ gire. kiredu kɯ : t'ɯl tɕom……

기래두 안 기래. 기래두 그것들 좀……

▶ 그래도 안 그래. 그래도 그네들 좀……

조 손녀따른 누구예요?

sonnjʌt'arɯn nugujejo?

▶ 손녀딸은 누구예요?

제 우리 미렁이 외손네 딸, 3중에 선생노릍 허능 거.

uri mirʌŋi ösonne t'al, 3dzuŋe sʌnseŋnorɯt hʌnɯŋ gʌ.

우리 미렁이 외손네 딸, 3중에 선생노릇 허는 거.

▶ 우리 미령이 외손녀 딸, 3중에서 선생 하는 것.

제 그거 익꾸 머 업 : 띠 머. 우리 남동생 한나 익꾸.
kɯɡʌ ikk'u mʌ ʌ : pt'i mʌ. uri namdoŋsɛŋ hanna ikk'u.
그거 잇구 머 없 : 디 머. 우리 남동생 한나 잇구.
▶ 그 애 있고 뭐 없지 뭐. 우리 남동생이 하나 더 있고.

제 기래 고기 우리 한나 머그니 그리케 네 마리.
kirɛ kogi uri hanna mʌɡɯni kɯrikʰe ne mari.
기래 고기 우리 한나 먹으니 그렇게 네 마리.
▶ 그래 고기 우리도 하나 먹으니 그렇게 네 마리.

제 네 마리 비싸. 그 항그네 얼망가 하먼 팔십,
ne mari pis'a, kɯ haŋɡɯne ʌlmaŋga hamʌn pʰalɕip,
네 마리 비싸. 그 한 근에 얼만가 하먼 팔십,
▶ 네 마리 비싸. 그 한 근에 얼마인가 하면 팔십,

제 파뤄닝가 항그네 파뤈.
parwʌniŋga haŋɡɯne pʰarwʌn.
팔원인가 한 근에 팔 원.
▶ 팔원인가 한 근에 팔 원.

조 네 마리에 얼마 주고 사오셔써요?
ne marie ʌlma tɕugo saoɕʌs'ʌjo?
▶ 네 마리에 얼마 주고 사오셨어요?

제 항그네 기니까니 파뤄닌데 그 네마리에 닥 : 끄니야 닥 : 끈.
haŋɡɯne kinik'ani pʰarwʌninde kɯ nemarie ta : kk'ɯnija ta : kk'ɯn.
한 근에 기니까니 팔 원인데 그 네 마리에 닷 : 근이야 닷 : 근.
▶ 한 근에 그러니까 팔 원인데 그 네 마리에 닷 근이야 닷 근.

제 기두 얼마 커지두 아나. 기래 닥끄니야 네마리에.
kidu ʌlma kʰʌdzidu ana. kirɛ takk'ɯnija nemarie.
기두 얼마 커지두 않아. 기래 닷 근이야 네 마리에.

▶ 그래도 얼마 크지도 않아. 그래 닷 근이야 네 마리에.

조 그러지 마시라고 앙 그래요?
kɯɾʌdzi maɕirago aŋ gɯɾɛjo?
▶ 그러지 마시라고 안 그래요?

제 기래기 이 자가두 그저 이거 기녀므루 머그라 그레면서 갣따줟띠.
kiɾɛgi i ʨagadu kɯdzʌ igʌ kinjʌmɯɾu mʌgɯɾa kɯɾɛmʌnsʌ kɛtt'adzutt'i.
기래기 이 작아두 그저 이거 기념으루 먹으라 그레면서 갰다줏디.
▶ 그래서 이것 작지만 그저 이것 기념으로 먹으라고 그러면서 갖다 줬지.

제 엄매 왇따구들 와서 기래서 기녀므루 머그라먼서
ʌmmɛ watt'agudɯl wasʌ kiɾɛsʌ kinjʌmɯɾu mʌgɯɾamʌnsʌ
엄매 왓다구들 와서 기래서 기념으루 먹으라면서
▶ 엄마 왔다고 와서 그래서 기념으로 먹으라면서

제 한나씩 주먼 또 마싣따구 기래.
hannaɕ'ik ʨumʌn t'o maɕitt'agu kiɾɛ.
한나씩 주먼 또 맛잇다구 기래.
▶ 하나씩 주면 또 맛있다고 그래.

조 그런데 뭐 하시는데 육빼 권씩 써써요?
kɯɾʌnde mwʌ haɕinɯnde jukp'ɛ kwʌnɕ'ik s'ʌs'ʌjo?
▶ 그런데 뭐 하시는데 육백 원씩 썼어요?

제 가능거 차삐, 차삐두 다 읻띠.
kanɯŋgʌ ʨʰap'i, ʨʰap'idu ta itt'i.
가는거 차삐, 차삐두 다 잇디.
▶ 가는 것 차비, 차비도 다 있지.

조 여기 노인조에서 다 주능거 아니예요?
jʌgi noindzoesʌ ta ʨunɯŋgʌ anijejo?

▶ 여기 노인협회에서 다 주는 것이 아니에요?

제 주능거 그저 고거 머야? 고 겡비 얼마씩 쪼꼼씩 주디 안 주.

ʨunɯŋgʌ kɯdʑʌ kogʌ mʌja? ko keŋbi ʌlmaʨ'ik ʨ'ok'omʨ'ik ʨɯdi an ʨu.

주는거 그저 고거 머야? 고 겡비 얼마씩 쪼꼼씩 주디 안 주.

▶ 주는 것이 그저 그거 뭐야? 그 경비 얼마씩 조금씩 주지 안 줘.

제 기 : 케 마니 안 주. 사람들 마니 가니까니.

ki : kʰe mani an ʨu. saramdɯl mani kanik'ani.

기 : 케 많이 안 주. 사람들 많이 가니까니.

▶ 그렇게 많이 안 줘. 사람들이 많이 가니까.

제 기커구 또 멀 좀 사먹꾸 그저.

kikʰʌgu t'o mʌl ʨom samʌkk'u kɯdʑʌ.

기커구 또 멀 좀 사먹구 그저.

▶ 그리고 또 뭘 좀 사먹고 그저.

제 나가서 또 개이느루 사머거서.

nagasʌ t'o kɛinɯru samʌgʌsʌ.

나가서 또 개인으루 사먹엇어.

▶ 나가서 또 개인으로 사먹었어.

제 식땅에 디리가니깐 막 임서기 막 먹꾸퍼디 아나, 기 : 서 나가서 머거서.

ɕikt'aŋe tiriganik'ʌn mak imsʌgi mak mʌkk'upʰʌdi ana, ki : sʌ nʌgasʌ mʌgʌsʌ.

식당에 딜이가니깐 막 임석이 막 먹구퍼디 않아, 기 : 서 나가서 먹엇어.

▶ 식당에 들어가니까 막 음식이 막 먹고 싶지 않아, 그래서 나가서 먹었어.

제 나가서야 한번 멍능거, 한번 멍능거 팔시붜니더라.

nagasʌja hanbʌn mʌŋnɯŋgʌ, hanbʌn mʌŋnɯŋgʌ pʰalɕibwʌnidʌra.

나가서야 한번 먹는거, 한번 먹는거 팔십 원이더라.

▶ 나가서 한번 먹는 것이, 한번 먹는 것이 팔십 원이더라.

조 혼자서 마리예요?
　hondʑasʌ marijejo?
▶ 혼자서 말이에요?

제 함자서 팔시 붠씩 머거서.
　hamdʑasʌ pʰalɕi bwʌnɕ'ik mʌgʌsʌ.
　함자서 팔십 원씩 먹엇어.
▶ 혼자서 팔십 원씩 먹었어.

제 꼬지[15](高級)루 머그니까니, 좀 옹기메, 다들 기래, 동무들끼리.
　k'odʑiɾu mʌgɯnik'ani, tɕom oŋgime, tadɯl kiɾɛ, toŋmudɯlk'iɾi.
　꼬지루 먹으니까니, 좀 온 김에, 다들 기래, 동무들끼리.
▶ 고급으로 먹으니까, 좀 온 김에, 다들 그래, 동무들끼리.

제 동무드리 기래. '옹기메 좀 마신능거 먹짜.'
　toŋmudɯri kiɾɛ. 'oŋgime tɕom matɕinnɯŋgʌ mʌktɕ'a.'
　동무들이 기래. '온 김에 좀 맛잇는거 먹자.'
▶ 동무들이 그래. '온 김에 좀 맛있는 것을 먹자.'

제 이렁거 머 마신능거 지베 가머 사멍네?
　iɾʌŋgʌ mʌ matɕinnɯŋgʌ tɕibe kamʌ samʌŋne?
　이런거 머 맛잇는 거 집에 가머 사먹네?
▶ 이런 것 뭐 맛있는 것을 집에 가면 사먹게 되니?

제 몬 사멍는대. 기 : 서 한번 멍는데 팔시붠씩 디리가더라야.
　mot samʌŋnɯndɛ. ki : sʌ hanbʌn mʌŋnɯnde pʰalɕibwʌnɕ'ik tiɾigadʌraja.
　못 사먹는대. 기 : 서 한번 먹는데 팔십 원씩 딜이가더라야.
▶ 못 사먹는대. 그래서 한번 먹는데 팔십 원씩 들어가더라.

---

15 '꼬지'(高級)는 '고급'을 뜻하는 중국어.

제 그 다 한사람 내. 다 집테루 안 먹꾸 집테루

kɯ ta hansaɾam nɛ. ta ʨiptʰeɾu an mʌkk'u ʨiptʰeɾu

그 다 한사람 내. 다 집테루 안 먹구 집테루

▶ 그 다 혼자서 내. 다 집단으로 안 먹고 집단으로

제 안 머거두 도는 다 고거 푸러야대단네?

an mʌgʌdu tonɯn ta kogʌ pʰuɾʌjadɛdanne?

안 먹어두 돈은 다 고거 풀어야대닳네?

▶ 안 먹어도 돈은 다 그것을 분담해야잖니?

조 그러케 드셔써요?

kɯɾʌkʰe tɯɕʌs'ʌjo?

▶ 그렇게 드셨어요?

박해진 인심

제 먼데 가니까니 막 박 : 해, 막 사람드리 박 : 해.

mʌnde kanik'ani mak pa ː khɛ, mak saɾamdɯɾi pa ː khɛ.

먼데 가니까니 막 박 : 해, 막 사람들이 박 : 해.

▶ 먼 곳에 가니 막 인심이 박해져, 막 사람들이 박해져.

제 박해개지구 정말 삥골[16](氷棍) 한고치 사서 노나 먹께 안 대더라.

pakhɛgɛdzigu tɕʌŋmal p'iŋgol hangotɕhi sasʌ nona mʌkk'e an tɛdʌɾa.

박해개지구 정말 삥골 한고치 사서 노나 먹게 안 대더라.

▶ 박해서 정말 아이스케이크 하나도 사서 나누어 먹게 안 되더라.

제 아무 사라미나 다 기래. 나 또 사서 놈 줄레머 그 한 사람만 주간?

amu saɾamina ta kiɾɛ. na t'o sasʌ nom tɕulɾemʌ kɯ han saɾamman tɕugan?

아무 사람이나 다 기래. 나 또 사서 놈 줄레머 그 한 사람만 주간?

▶ 아무 사람이나 다 그래. 나도 또 사서 남 주려면 그 한 사람만 주겠니?

제 그 사람들두 또 머 나 사줄레머 또 한사람만 주네?

kɯ saɾamdɯldu t'o mʌ na sadzulɾemʌ t'o hansaɾamman tɕune?

그 사람들두 또 머 나 사줄레머 또 한사람만 주네?

▶ 그 사람들도 또 뭐 나를 사주려면 또 한사람만 줄 수 있니?

제 기니까느 아야 그저 머 업 : 서.

kinik'anɯ aja kɯdzʌ mʌ ʌ ː psʌ.

기나까느 아야 그저 머 없 : 어.

---

16 '삥골(氷棍)'은 '아이스케이크'를 뜻하는 중국어.

▶ 그러니까 아예 그저 뭐 없어.

제 사탕두 한나 몬 노나 머거.

sathaŋdu hanna mon nona mʌgʌ.

사탕두 한나 못 노나 먹어.

▶ 사탕도 하나 못 나누어 먹어.

제 차까네서 물 사 멍는걷뚜 다 안 줄라 그래. 다 지가끔 사먹띠.

tɕhak'anesʌ mul sa mʌŋnɯŋgʌtt'u ta an tɕulla kɯɾɛ. ta tɕigak'ɯm samʌkt'i.

찻간에서 물 사 먹는 것두 다 안 줄라 그래. 다 지가끔 사먹디.

▶ 찻간에서 물을 사 먹는 것도 다 안 주려고 그래. 다 제각기 사 먹지.

제 아, 박 : 해. 그거보면 정말 누구 물 한 숟깔두 안 미기갇떠라.

a, pa : khɛ. kɯgʌbomʌn tɕʌŋmal nugu mul han sutk'aldu an migigatt'ʌra.

아, 박 : 해. 그거보면 정말 누구 물 한 숟갈두 안 믹이갓더라.

▶ 아, 박해. 그거 보면 정말 누구 물 한 숟가락도 안 먹이겠더라.

제 참 박 : 해.

tɕham pa : khɛ.

참 박 : 해.

▶ 참 박해.

제 그런 데: 가서 인씸 쓰능거 업 : 서.

kɯɾʌn te: kasʌ inɕ'im s'ɯnɯŋgʌ ʌ : psʌ.

그런 데: 가서 인씸 쓰는거 없 : 어.

▶ 그런 곳에 가서 인심 쓰는 것이 없어.

조 모두 자식뜨리 주신 용똔이다 보니 갇꼬 가신 도니 한정되어서 그러켄쬬?

modu tɕaɕikt'ɯɾi tɕuɕin joŋt'onida poni katk'o kaɕin toni handzʌŋdöʌsʌ kɯɾʌkhett'ɕjo?

▶ 모두 자식들이 주신 용돈이다 보니 갖고 가신 돈이 한정되어서 그렇겠죠?

제 그러게, 기니까니 아야 안 주.
kɯrʌge, kinik'ani aja an tɕu.
그러게, 기니까니 아야 안 주.
▶ 그래, 그러니까 아예 안 줘.

조 그러시능 거시 어떠케 보면 더 조을 쑤도 이써요.
kɯrʌɕinɯŋ ɡʌɕi ʌt'ʌkʰe pomjʌn tʌ tɕoɯl s'udo is'ʌjo.
▶ 그러시는 것이 어떻게 보면 더 좋을 수도 있어요.

제 오, 그거이 도킨 도아.
o, kɯɡʌi tokʰin toa.
오, 그거이 돟긴 돟아.
▶ 오, 그것이 좋긴 좋아.

제 그 보라, 한나 어더멍는데
kɯ pora, hanna ʌdʌmʌŋnɯnde
그 보라, 한나 얻어먹는데
▶ 그 봐라, 하나 얻어먹는데

제 그 사람 사주야대구 또 그 사람만 주게 대간?
kɯ saram satɕujadɛɡu t'o kɯ saramman tɕuge tɛgan?
그 사람 사주야대구 또 그 사람만 주게 대간?
▶ 그 사람 사줘야 하고 또 그 사람만 줄 수 있겠니?

제 기니깐 더 도터라 머, 허긴 도아. 그거 갣따 마시라.[17]
kinik'an tʌ totʰʌra mʌ, hʌgin toa. kɯɡʌ kɛt'a maɕira.
기니깐 더 돟더라 머, 허긴 돟아. 그거 갯다 마시라.
▶ 그러니깐 더 좋더라 뭐, 하긴 좋아. 그것 가져다 마시라.

조 아니요. 이 물 마시면 됩니다. 무리 모메 가장 졷씀니다.

---

17 할머님께서 갑자기 어제 사다 올린 야쿠르트 생각이 나셔서 야쿠르트를 가져다 마시라는 말임.

anijo. i mul maɕimjʌn tömnida. muɾi mome kadzaŋ tɕots'ɯmnida.

▶ 아니요. 이 물을 마시면 됩니다. 물이 몸에 가장 좋습니다.

제 이거 끄린 무리야. 박 : 해, 놀레 가면 너나 할 껃 업시 박 : 해.

igʌ k'ɯɾin muɾija. pa : khɛ, nolle kamʌn nʌna hal k'ʌt ʌpɕi pa : khɛ.

이거 끓인 물이야. 박 : 해, 놀레 가면 너나 할 것 없이 박 : 해.

▶ 이것은 끓인 물이야. 박해, 놀러 가면 너나 할 것 없이 박해.

조 그러니 한 열 명가량씩 가면 가장 조아요.

kɯɾʌni han jʌl mjʌŋgaɾjaŋɕ'ik kamʌn katɕaŋ tɕoajo.

▶ 그러니 한 열 명가량씩 가면 가장 좋아요.

제 기니까니 노인조서 머 한나씩 사서 주먼 멍는데.

kinik'ani noindzosʌ mʌ hannaɕ'ik sasʌ tɕumʌn mʌŋnɯnde

기니까니 노인조서 머 한나씩 사서 주먼 먹는데.

▶ 그러니까 노인협회에서 뭐 하나씩 사주면 먹는데.

제 노인조서두 안 사조, 안 사조.

noindzosʌdu an sadzo, an sadzo.

노인조서두 안 사조, 안 사조.

▶ 노인협회에서도 안 사줘, 안 사줘.

조 공짜로 사주시면 드시겐는데?

koŋtɕ'aɾo sadzuɕimjʌn tɯɕigennɯnde?

▶ 공짜로 사주시면 드시겠는데?

제 오, 공꺼로 사주먼 먹띠,

o, koŋk'ʌɾo sadzumʌn mʌkt'i,

오, 공꺼로 사주먼 먹디,

▶ 오, 공짜로 사주면 먹지,

제 멍는걷뚜 머 저 멍는걷뚜 기쎄 바들바들 떨멘서 멍는데 머.

mʌŋnɯŋʌtt'u mʌ ʨʌ mʌŋnɯŋʌtt'u kis'e padɯlbadɯl t'ʌlmensʌ mʌŋnɯnde mʌ.

먹는 것두 머 저 먹는 것두 기쎄 바들바들 떨멘서 먹는데 머.

▶ 먹는 것도 뭐 자신이 먹는 것도 글쎄 바들바들 떨면서 먹는데 뭐.

조 할머님도 그러셔써요?

halmʌnimdo kɯɾʌɕjʌs'ʌjo?

▶ 할머님도 그러셨어요?

제 놈 그리니까니 가티 다 그래 대디.

nom kɯɾinik'ani katʰi ta kɯɾɛ tedi.

놈 그리니까니 같이 다 그래 대디.

▶ 남이 그러니까 같이 다 그렇게 되지.

조 할머님도 그럼 가치 그러셔써요?

halmʌnimdo kɯɾʌm katɕʰi kɯɾʌɕjʌs'ʌjo?

▶ 할머님도 그럼 같이 그러셨어요?

제 고럼, 가티 딸라가디.

koɾʌm, katʰi t'allagadi.

고럼, 같이 딸라가디.

▶ 그럼, 같이 따라가지.

여행 경비 내역

할머니미 육빼권 쓰셔쓰면 다른 할머님들도 거이 그러케 쓰셛껜네요?

halmʌnimi jukp'ɛkwʌn s'ɯɕʌs'ɯmjʌn taɾɯn halmʌnimdɯldo kʌi kɯɾʌkʰe s'ɯɕʌtk'ennejo?

할머님이 육백 원 쓰셨으면 다른 할머님들도 거의 그렇게 쓰셨겠네요?

절문 사람들 더 썯띠. 절문 사람들 술 먹띠,

tɕʌlmun saɾamdɯl tʌ s'ʌtt'i. tɕʌlmun saɾamdɯl sul mʌkt'i,

젊은 사람들 더 썻디. 젊은 사람들 술 먹디,

젊은 사람들은 더 썼지. 젊은 사람들은 술 먹지,

머, 멀 먹띠 허니까니.

mʌ, mʌl mʌkt'i hʌnik'ani.

머, 멀 먹디 허니까니.

뭐, 뭘 먹지 하니까.

이박사미린데 그래도 꽤 쓰셔네요?

ibaksamiɾinde kɯɾɛdo k'wɛ s'ɯɕʌnnejo?

이박 삼일인데 그래도 꽤 쓰셨네요?

기구 그 또 머 입썽두 그저 반반항거 입께 대먼

kigu kɯ t'o mʌ ips'ʌŋdu kɯdzʌ panbanɦaŋɡʌ ipk'e tɛmʌn

기구 그 또 머 입성두 그저 반반한거 입게 대면

그리고 그 또 뭐 옷도 그저 괜찮은 것을 입게 되면

놈 안 임능거 입께 대먼

nom an imnɯŋɡʌ ipk'e tɛmʌn

의주(심양)지역어 텍스트 평안북도 ①

63

놈 안 입는거 입게 대면
▷ 남이 안 입는 것 입게 되면

제 고곧또 사고파 한나씩 사입꾸 기니까니 돈 퍽해.
kogott'o sagopa hannaɛ'ik saipk'u kinik'ani ton pʌkhɛ.
고곳도 사고파 한나씩 사입구 기니까니 돈 퍽해.
▷ 그것도 사고 싶어 하나씩 사 입고 그러니까 돈이 헤퍼.

제 딴똥에 가서는 안 써서, 누구나 다 안 써.
t'ant'oŋe kasʌnɯn an s'ʌsʌ, nuguna ta an s'ʌ.
딴똥에 가서는 안 썻어, 누구나 다 안 써.
▷ 단동에 가서는 안 썼어, 누구나 다 안 써.

제 긴데 그거 이버네 거기 가개지구 그저 시당에랑 가니까니
kinde kɯgʌ ibʌne kʌgi kagɛdzigu kɯdzʌ ɕidaŋeraŋ kanik'ani
긴데 그거 이번에 거기 가개지구 그저 시당에랑 가니까니
▷ 그런데 그거 이번에 거기 가서 그저 시장에 가니까

제 머이 누네 드능걷뜨리 만티 머, 기니깐 돈 더 썯띠.
mʌi nune tɯnɯŋgʌtt'ɯri manthi mʌ, kinik'an ton tʌ s'ʌtt'i.
머이 눈에 드는 것들이 많디 머, 기니깐 돈 더 썻디.
▷ 뭐가 눈에 드는 것들이 많지 뭐, 그러니까 돈을 더 썼지.

조 할머님도 누네 드시능거시 마느셔써요?
halmʌnimdo nune tɯɕinɯŋgʌɕi manɯɕʌs'ʌjo?
▷ 할머님도 눈에 드시는 것이 많으셨어요?

제 오, 마나. 안 사서 길디 마나.
o, mana. an sasʌ, kildi mana.
오, 많아. 안 사서 길디 많아.
▷ 오, 많아. 안 사서 그렇지 많아.

64

여행경비 후원

조 할머님 여행 가실 때 누가 돈 주셔써요?

halmʌnim jʌɕeŋ kaɕil tʼɛ nuga ton tɕuɕjʌsʼʌjo?

▶ 할머님 여행 가실 때 누가 돈을 주셨어요?

제 아페 짐나니두 이배권 주구, 또 우리 손네딸두 이배꿔니구.

apʰe tɕimnanidu ibɛgwʌn tɕugu, tʼo uri sonnetʼaldu ibɛgwʌnigu.

앞의 집난이도 이백원 주구, 또 우리 손네딸두 이백원이구.

▶ 앞의 딸도 이백 원 주고, 또 우리 손녀딸도 이백 원이고

제 그러커구 우리 아드리 또 이배권 주구.

kuɾʌkʰʌgu uri aduri tʼo ibɛgwʌn tɕugu.

그러커구 우리 아들이 또 이백원 주구.

▶ 그리고 우리 아들이 또 이백 원 주고.

조 다 쓰고 오셔써요?

ta sʼɯgo oɕjʌsʼʌjo?

▶ 다 쓰고 오셨어요?

제 좀 냉겨 왇띠, 기케구 와서 다 썯따 기랟띠. 나마 와서. 좀.

tɕom nɛŋgjʌ wattʼi, kikʰegu wasʌ ta sʼattʼa kiɾɛttʼi. nama wasʌ. tɕom.

좀 냄겨 왓디, 기케구 와서 다 썻다 기랫디. 남아 왓어. 좀.

▶ 좀 남겨 왔지, 그리고 와서는 다 썼다고 그랬지. 남겨 왔어. 좀.

조 자근 따른 안 주셔써요?

tɕagɯn tʼarɯn an tɕuɕjʌsʼʌjo?

▶ 작은 딸은 안 주셨어요?

제 자근 따른 항국 나가 이시니까니 몯 줃띠.

ʨagɯn t'arɯn haŋguk naga iɕinik'ani mot ʨutt'i.

작은 딸은 한국 나가 잇이니까니 못 줏디.

▶ 작은 딸은 한국에 나가 있으니까 못 줬지.

조 아, 항국 나가셛따가 지금 드러와 계시능거예요?

a, haŋguk nagaɕjʌtt'aga ʨigɯm tɯrʌwa kjeɕinɯŋgʌjejo?

▶ 아, 한국 나가셨다가 지금 들어와 계시는 거예요?

제 고:롬, 지끔 왇띠.

ko:rom, ʨik'ɯm watt'i.

고:롬, 지끔 왓디.

▶ 그럼, 지금 왔지.

조 또 나가신대요?

t'o nagaɕindɛjo?

▶ 또 나가신대요?

제 또 나가갇따 길데. 또 가.

t'o nagagatt'a kilde. t'o ka.

또 나가갓다 길데. 또 가.

▶ 또 나가겠다고 그러데. 또 가.

자식들의 생활

조 자근 따른 머 하셔써요?

ᵗɕagɯn t'arɯn mwʌ haɕjʌs'ʌjo?

▶ 작은 딸은 뭐 하셨어요?

제 자근 딸, 명넝가[18] 그 농업싸[19](農業社)에 이섣떵거디.

ᵗɕagɯn t'al, mjʌŋnʌŋga kɯ noŋʌps'ae isʌtt'ʌŋʌdi.

작은 딸, 명넝가 그 농업사에 잇엇던거디.

▶ 작은 딸은 명렴가의 그 농장에 있었던 거지.

조 거기 농업싸에는 어떠케 드러가셔써요?

kʌgi noŋʌps'aenɯn ʌt'ʌkʰe tɯrʌgaɕjʌs'ʌjo?

▶ 거기 농장에는 어떻게 들어가셨어요?

제 농업싸, 볼래 농업싸 읻떵건데 머.

noŋʌps'a, pollɛ noŋʌps'a itt'ʌŋʌndemʌ.

농업사, 본래 농업사 잇던건데 머.

▶ 농장, 원래 농장에 있었던 거야 뭐.

제 읻떵건데 다 벌파네 집뜰 직꾸 거기서 농새랑 허구 기랜는데

itt'ʌŋʌnde ta pʌlpʰane ᵗɕipt'ɯl ᵗɕikk'u kʌgisʌ noŋsɛraŋ hʌgu kirɛnnɯnde

잇던건데 다 벌판에 집들 짓구 거기서 농새랑 허구 기랫는데

▶ 있었는데 벌판에 다 집을 짓고 거기서 농사를 하고 그랬었는데

제 땅이 다 이거 그 머이가 국까에로 다 너머 갇딴네.

---

18 명렴가(明廉街)는 심양시 황고구(皇姑區)에 속하는 지명인데 제보자 할머님은 [명넝가]로 발음.
19 농업사(農業社)란 토지를 비롯한 생산 수단을 통합하고 공동 노동에 기초하여 농업 생산을 하는 사회주의적 집단 경영의 농장으로 토지 소유권은 국가에 있음.

t'aɲi ta igʌ kɯ mʌiga kukk'aero ta nʌmʌ katt'anne.

땅이 다 이거 그 머이가 국가에로 다 넘어 갓닪네.

▶ 땅이 다 이거 그 뭐인가 국가로 다 넘어갔잖니.

제 공장 직꾸 멀 직꾸 허니 땅이 업 : 서서 농새 몯허디 머.

koŋdzaŋ ʨikk'u mʌl ʨikk'u hʌni t'aɲi ʌ : ps'ʌsʌ noŋsɛ mothʌdi mʌ.

공장 짓구 멀 짓구 허니 땅이 없 : 어서 농새 못허디 머.

▶ 공장 짓고 뭘 짓고 하니 땅이 없어서 농사를 못 짓지 뭐.

제 농새 몯허구 자근 딸 항구게 시집 갇딴네.

noŋsɛ mothʌgu ʨagɯn t'al haŋguge ʨiʥip katt'anne.

농새 못허구 작은 딸 한국에 시집 갓닪네.

▶ 농사 못 짓고 작은 딸은 한국에 시집갔잖니.

제 기 : 서 항구게 나가서 사넌마네 완나?

ki : sʌ haŋguge nagasʌ sanʌnmane wanna?

기 : 서 한국에 나가서 사년만에 왔나?

▶ 그래서 한국에 나갔다가 사 년만에 왔는가?

조 그럼 사위는 뭘 하심니까? 자근 사위요?

kɯrʌm saünɯn mwʌl haʨimnik'a? ʨagɯn saüjo?

▶ 그럼 사위는 뭘 하십니까? 작은 사위요?

제 자근 사우는 내내 항국 갇따 왇띠 머.

ʨagɯn saunɯn nɛnɛ haŋguk katt'a watt'i mʌ.

작은 사우는 내내 한국 갓다 왓디 머.

▶ 작은 사위는 계속 한국에 있다 왔지 뭐.

제 걷 : 뚜 다 농어비디 머 농업싸라미디 머.

kʌ : tt'u ta noŋʌbidi mʌ noŋʌps'aramidi mʌ.

것 : 두 다 농업이디 머 농업사람이디 머.

▶ 그 사람도 다 농업에 종사하는 사람이지 뭐.

조 아, 가치 갇따 가치 오싱거예요?

　a, katɕʰi katt'a katɕʰi oɕiŋʌjejo?

▶ 아, 같이 갔다 같이 오신 거예요?

제 고:롬, 가티 갇따 가티 와서.

　ko:rom, katʰi katt'a katʰi wasʌ.

　고:롬, 같이 갓다 같이 왔어.

▶ 그럼, 같이 갔다 같이 왔어.

조 자근 딸 항국 어디에 시집갇때요?

　tɕagɯn t'al haŋguk ʌdie ɕidzipkatt'ɛjo?

▶ 작은 딸은 한국 어디에 시집갔대요?

제 손네딸? 난 몰라. 항국 어니멘디?

　sonnet'al? nan molla. haŋguk ʌnimendi?

　손네딸? 난 몰라. 한국 어니멘디?

▶ 손녀딸? 나는 몰라. 한국 어디인지?

조 또 나가신대요?

　t'o nagaɕindɛjo?

▶ 또 나가신대요?

제 우리 짐나니? 또 한번, 한번 또 갇따오야 이럽때문.

　uri tɕimnani? t'o hanbʌn, hanbʌn t'o katt'aoja irʌpt'ɛmun.

　우리 집난이? 또 한번, 한번 또 갓다오야 일없대문.

▶ 우리 딸? 또 한번, 한번 또 갔다 와야 괜찮다면서.

제 고:롬 맘 : 대루 댕긴대문, 한번 더 갇따 오먼.

　ko:rom ma : mdɛru teŋgindɛmun, hanbʌn tʌ katt'a omʌn.

　고:롬 맘 : 대루 댕긴대문, 한번 더 갓다 오먼.

▶ 그럼 마음대로 다닌다면서, 한번(만) 더 갔다 오먼.

제 불버부루 가 이섿따오.

　　pulbʌburu ka isʌtt'ao.

　　불법으루 가 잇엇다오.

　▶ 불법으로 가 있었어요.

조 그럼, 이제 시내에다 집 사셔써요?

　　kɯrʌm, idʑe ɕinɛeda tɕip saɕjʌs'ʌjo?

　▶ 그럼, 이제 시내에다 집을 사셨어요?

제 집 사서. 가서 버러개지구 층찝 조응거 사서 짱씨[20](裝修) 잘 허구 읻딴네?

　　tɕip sasʌ, kasʌ pʌrʌgɛdʑigu tɕʰɯŋtɕ'ip tɕoɯŋgʌ sasʌ tɕ'aŋɕ'i tɕal hʌgu itt' anne?

　　집 샀어, 가서 벌어개지구 층집 좋은거 사서 짱씨 잘 허구 잇닪네?

　▶ 집 샀어, 가서 벌어서 층집 좋은 것을 사서 실내 장식을 잘 하였잖니?

조 새 지베 드러가셔써요?

　　sɛ tɕibe tɯrʌgaɕjʌs'ʌjo?

　▶ 새 집에 들어가셨어요?

제 오, 디리가서. 우리 사우는 멘제 왇띠 머 멘제.

　　o, tirigasʌ. uri sauɯn mendʑe watt'i mʌ mendʑe.

　　오, 딜이 갓어. 우리 사우는 멘제 왓디 머 멘제.

　▶ 오, 들어 갔어. 우리 사위는 먼저 왔지 뭐, 먼저.

조 언제쯤 오셔써요?

　　ʌndʑetɕ'ɯm oɕjʌs'ʌjo?

　▶ 언제쯤 오셨어요?

제 기지게 머 누월 쪼순 와슬꺼다. 누월. 와개지구 집 짱씨허구.

　　kidʑige mʌ nuwʌl tɕ'osun wasɯlk'ʌda. nuwʌl. wagɛdʑigu tɕip tɕ'aŋɕ'ifʌgu.

　　기직에 머 누월 쪼순 왓을거다. 누월. 와개지구 집 짱씨허구.

---

20 '짱씨'는 '실내 장식,'을 뜻하는 중국어 좡슈(裝飾[zhuangxiu])를 말함.

▶ 그때 뭐 유월 초순에 왔을 거다. 유월. 와서 집 실내 장식을 하고.

제 우리 짐나니는 다 가티 완는데 상해 가구,
uri ʨimnaninɯn ta katʰi wannɯnde saɲɦɛ kagu,
우리 집난이는 다 같이 왓는데 상해 가구,
▶ 우리 딸은 같이 왔는데 상하이로 가고,

제 막 이리랑 너무 해서 힘드니까니
mak iriraŋ nʌmu hɛsʌ çimdɯnik'ani
막 일이랑 너무 해서 힘드니까니
▶ 막 일을 너무 하여 힘들어서

제 상해에 큰 딸레 지비, 저네 큰 딸레 상해 읻따나.
saɲɦɛe kʰɯn t'alle ʨibi, ʨʌle kʰɯn t'alle saɲɦɛ itt'ana.
상해의 큰 딸네 집이, 저네 큰 딸네 상해 잇닿아.
▶ 상하이의 큰 딸네 집에, 자기 큰 딸이 상하이에 있잖아.

조 큰 따리 상해 이써요?
kʰɯn t'ari saɲɦɛ is'ʌjo?
▶ 큰 딸이 상하이에 있어요?

제 오, 상해 이스니까니 상해에서 멛딸 놀다 와서.
o, saɲɦɛ isɯnik'ani saɲɦɛesʌ mett'al nolda wasʌ,
오, 상해 잇으니까니 상해에서 몇달 놀다 왔어.
▶ 오, 상하이에 있으니까 상하이에서 몇 달 놀다 왔어.

제 딸레 지베서, 딸두 잘 산다우.
t'alle ʨibesʌ, t'aldu ʨal sandau.
딸네 집에서, 딸두 잘 산다우.
▶ 딸네 집에서, 딸도 잘 산다오.

제 일보네 가서 잘 : 버러서. 한족싸람 아니가 사우레? 또 기 : 케 잘 사라, 두리서.

ilbone kasʌ tɕa:l pʌɾʌsʌ. hantɕoks'ram aniga sauɾe? t'o ki:kʰe tɕal
saɾa, tuɾisʌ.

일본에 가서 잘 : 벌어서. 한족싸람 아니가 사우레? 또 기 : 케 잘 살
아, 둘이서.

▶ 일본에 가서 잘 벌어서. 한족사람이 아니니 사위가? 또 그렇게 잘 살
아, 둘이서.

제 돈 마니 버러 개와서 상해 집 조응거 사개구

ton mani pʌɾʌ kɛwasʌ saɲɦe tɕip tɕoɯŋgʌ sagɛgu

돈 많이 벌어 개와서 상해 집 좋은 거 사개구

▶ 돈 많이 벌어 가져 와서 상하이에 좋은 집을 사서

제 쌍씨(裝修) 잘 허구 잘 살단네?

tɕ'aɲɕ'i tɕal hʌgu tɕal saldanne?

쌍씨 잘 허구 잘 살닪네?

▶ 실내 장식을 잘 하고 잘 살잖니?

제 기 : 서 딸레 지베 내내 이서서.

ki:sʌ t'alne tɕibe nɛnɛ isʌsʌ.

기 : 서 딸네 집에 내내 잇엇어.

▶ 그래서 딸네 집에 계속 있었어.

제 기커구 딸레 지베 읻따가 지비 이거 쌍씨(裝修) 다 허구 가 : 레 왇띠 머.

kikʰʌgu t'alne tɕibe itt'aga tɕibi igʌ tɕ'aɲɕ'i ta hʌgu ka:ɾe watt'i mʌ.

기커구 딸네 집에 잇다가 집이 이거 쌍씨 다 허구 가 : 레 왓디 머.

▶ 그리고 딸네 집에 있다가 이 집의 실내 장식이 다 끝나고 개(딸)가 왔
지 뭐.

할머님의 자식 사랑

조 할머님, 어느 따니미 가장 조으세요?

halmʌnim, ʌnɯ t'animi kadzaŋ ʨoɯsejo?

▶ 할머님, 어느 따님이 가장 좋으세요?

제 가태, 딸드른 우리 딸드른 다 마으미 그저 다.

katʰɛ, t'aldɯrɯn uɾi t'aldɯrɯn ta maɯmi kɯdzʌ ta.

같애, 딸들은 우리 딸들은 다 마음이 그저 다.

▶ 같아, 딸들은 우리 딸들은 다 마음이 그저 다.

조 둘 다 엄마를 마니 생각하심니까?

tul ta ʌmmarɯl mani sɛŋgakhaɕimnik'a?

▶ 둘 다 엄마를 많이 생각하십니까?

제 긴데 우리 큰 따른 암 : 만 엄매 줄레두 돈 어니메,

kinde uɾi kʰɯn t'aɾɯn a : mman ʌmmɛ ʨulledu ton ʌnime,

긴데 우리 큰 딸은 암 : 만 엄매 줄레두 돈 어니메,

▶ 그런데 우리 큰 딸은 아무리 엄마 주려고 해도 돈이 어디에,

제 아무데나 앙 갇따 왇따우.

amudena aŋ gatt'a watt'au.

아무데나 안 갓다 왓다우.

▶ 아무 곳도 안 갔다 왔다오.

제 외구게 앙 갇따 왇따우, 두리 다. 기니까니 머 암 : 만 주구파두 그, 그 저……

öguge aŋ gatt'a watt'au, turi ta. kinik'ani mʌ a : mman ʨugupʰadu kɯ, kɯdzʌ……

외국에 안 갓다 왓다우, 둘이 다. 기니까니 머 암 : 만 주구파두 그, 그 저……

▶ 외국에 안 갔다 왔다오. 둘이 다. 그러니까 뭐 아무리 주고 싶어도 그, 그저……

제 기래두 그저 어니메, 어니메 간대문 안 빠데, 더 주.

kirɛdu kɯdzʌ ʌnime, ʌnime kandɛmun an p'ade, tʌ tɕu.

기래두 그저 어니메, 어니메 간대문 안 빠데, 더 주.

▶ 그래도 그저 어디에, 어디에 간다면 안 빠져, 더 줘.

조 그래도 큰 따니미 겨테 이써서 자주 왇따 갇따 해서 조으시죠?

kɯredo kʰɯn t'animi kjʌtʰe is'ʌsʌ tɕadzu watt'a katt'a hesʌ tɕoɯɕidzjo?

▶ 그래도 큰 따님이 곁에 있어서 자주 왔다 갔다 해서 좋으시죠?

제 고 : 롬, 거기 왇따 갇따, 또 안 오먼 전화 허디 머.

ko:rom, kʌgi watt'a katt'a, t'o an omʌn tɕʌnɦwa hʌdi mʌ.

고 : 롬, 거기 왔다 갓다, 또 안 오면 전화 허디 머.

▶ 그럼, 거기에 왔다 갔다 하고 또 안 오면 전화 하지 뭐.

제 그 야네 그 삼층이디 머, 삼층 올라갈레먼 막 좀 쉳 : 따 올라가야대.

kɯ jane kɯ samtɕʰɯŋidi mʌ, samtɕʰɯŋ ollagallemʌn mak tɕom sü : tt'a ollagajadɛ.

그 야네 그 삼층이디 머, 삼층 올라갈레먼 막 좀 쉬었다 올라가야대.

▶ 그 야네 집이 삼층인데, 삼층까지 올라가려면 막 좀 쉬었다 올라가야 해.

제 올라가기 힘드러. 기래서 내가 층찌부루 앙 갈라 기래. 힘드러, 올라가기.

ollagagi çimdɯrʌ. kirɛsʌ nega tɕʰɯŋtɕ'iburu aŋ galla kirɛ. çimdɯrʌ, ollagagi.

올라가기 힘들어. 기래서 내가 층집으루 안 갈라 기래. 힘들어, 올라 가기.

▶ 올라가기 힘들어. 그래서 내가 층집으로 안 가려고 그래. 힘들어, 올

라가기.

제 기래두 그 손네딸이 이실 찌게는, 고손네디 머.
kirɛdu kɯ sonnet'ari iɕil tɕ'igenɯn, gosonnedi mʌ.
기래두 그 손네딸이 잇일 직에는, 고손네디 머.
▶ 그래도 그 손녀딸이 있을 때는, 증손녀지 뭐.

제 고고 와 이실 찌게는 고고 보구파서
kogo wa iɕil tɕ'igenɯn kogo poguphasʌ
고고 와 잇일 직에는 고고 보구파서
▶ 그 애가 와 있을 때는 그 애가 보고 싶어서

제 하루 힘드러두 하루 한번씩 가군 핸는데
haru çimdɯrʌdu haru hanbʌnɕ'ik kagun hɛnnɯnde
하루 힘들어두 하루 한번씩 가군 햇는데
▶ 힘들어도 하루에 한 번씩 가곤 했는데

제 그거 간대메보탐 앙 가. 가게 대디 아나.
kɯgʌ kandɛmebotham aŋ ga. kage tɛdi ana.
그거 간댐에보탐 안 가. 가게 대디 않아.
▶ 그 애가 간 다음부터는 안 가. 가게 되지 않아.

제 고고 또 전화 오먼 한 : 매 기래. 우리 고 마당에 깡내이 싱걷따우.
kogo t'o tɕʌnɦwa omʌn ha : nmɛ kirɛ. uri ko madaŋe k'aŋnei ɕiŋgʌtt'au.
고고 또 전화 오먼 한 : 매 기래. 우리 고 마당에 깡내이 심걷다우.
▶ 그 애가 또 전화 오면 할머니 그래. 우리 그 마당에 강냉이 심었다오.

제 한 : 매 깡내이, 깡내이 기래서 또 깡내이 따개구 올라가구 그저 그거 머거라구.
ha : nmɛ k'aŋnei, k'aŋnei kirɛsʌ t'o k'aŋnei t'agegu ollagagu kɯdzʌ
kɯgʌ mʌgʌragu.
한 : 매 깡내이, 깡내이 기래서 또 깡내이 따개구 올라가구 그저 그거
먹어라구.

▶ 할머니 강냉이, 강냉이 그래서 또 강냉이 따서 올라가고 그저 그 애 가 먹어라고.

제 깡내이 한 대이삭씩 따다주먼 그저 마신따구
k'aŋnɛi han tɕɛisakʼik tʼadadʑumʌn kɯdʑʌ maɕittʼagu
깡내이 한 대이삭씩 따다주먼 그저 맛잇다구
▶ 강냉이 한 댓 이삭씩 따다 주면 그저 맛있다고

제 깡내이를 잘 머거 고고.
k'aŋnɛiɾɯl tɕal mʌgʌ kogo.
깡내이를 잘 먹어 고고.
▶ 강냉이를 잘 먹어 그 애.

제 요즈메는 그거 업스니까 가기 안 대.
jodʑɯmenɯn kɯgʌ ʌpsɯnikʼa kagi an tɛ.
요즘에는 그거 없으니까 가기 안 대.
▶ 요즘에는 그 애 없으니까 안 가게 돼.

조 그 애 오래 가써요? 언제 가써요?
kɯ ɛ oɾɛ kasʼʌjo? ʌndʑe kasʼʌjo?
▶ 그 애는 올해 갔어요? 언제 갔어요?

제 이제 머 멛딸 안 대서.
idʑe mʌ mettʼal an tɛsʌ.
이제 머 몇달 안 댓어.
▶ 이제 뭐 몇 달이 안 됐어.

조 엄마가 와서 데리고 가써요?
ʌmmaga wasʌ teɾigo kasʼʌjo?
▶ 엄마가 와서 데리고 갔어요?

제 저 엄매레 와서 데리구 가서. 저 엄매레 막 보구파개지구.

76

tɕʌ ʌmmɛre wasʌ teɾigu kasʌ. tɕʌ ʌmmɛre mak pogupʰagɛdʑigu.

저 엄매레 와서 데리구 갔어. 저 엄매레 막 보구파개지구.

▶ 애기 엄마가 와서 데리고 갔어. 애기 엄마가 막 보고 싶어 해서.

제 사진 배케 완는데, 가개지구 사진 배켄는데.

sadʑin pɛkʰe wannɯnde, kagɛdʑigu sadʑin pɛkʰennɯnde.

사진 백혜 왓는데, 가개지구 사진 백헨는데.

▶ 사진 찍어 왔는데, 가서 사진 찍었는데.

제 막 얼마나 더 고와디간? 아 : 레.

mak ʌlmana tʌ kowadigan? a : ɾe.

막 얼마나 더 고와디간? 아 : 레.

▶ 막 얼마나 더 예뻐졌는지? 애가.

조 손녀가 그러케 예뻐요?

sonnjʌga kɯɾʌkʰe jep'ʌjo?

▶ 손녀가 그렇게 예뻐요?

제 오, 기 : 케 고와. 제 새끼 나아서 길러문 머 한번 고와서 앙 기랜는데

o, ki : kʰe kowa. tɕe sɛk'i naasʌ killʌmun mʌ hanbʌn kowasʌ aŋ giɾennɯnde

오, 기 : 케 고와. 제 새끼 낳아서 길러문 머 한번 고와서 안 기랫는데

▶ 오, 그렇게 예뻐. 자기 아이 낳아서 키울 때는 뭐 한번 예뻐서 안 그 랬는데

제 이제 이대메 지내보라요. 손주거티 고웅거 업 : 시요.

idʑe idɛme tɕineboɾajo. sondʑugʌtʰi kouŋgʌ ʌ : psijo.

이제 이댐에 지내보라요. 손주겉이 고운거 없 : 이요.

▶ 이후에 지내보세요. 손자같이 예쁜 것이 없어요.

조 모두 그러타고 하시더라고요.

modu kɯɾʌtʰago haɕidʌɾagojo.

▶ 모두 그렇다고 하시더라고요.

제 제 새끼 나아서 길러먼 이걷뜰 머 한번,

ʨe sɛk'i naasʌ killʌmʌn igʌtt'ɯl mʌ hanbʌn,

제 새끼 낳아서 길러먼 이것들 머 한번,

▶ 자기 새끼를 낳아서 키울 때는 이 애들을 뭐 한번,

제 생활 골란허니까니 곱따구 한번 앙꾸 몯허디.

sɛɲɦwal kollanɦʌnik'ani kopt'agu hanbʌn aŋk'u mothʌdi.

생활 곤란허니까니 곱다구 한번 안구 못허디.

▶ 생활이 곤란하니까 예쁘다고 한번 안아주고 못했지.

제 곱따구 한번 아나보디두 몯하구 기 : 케 길러시요, 이걷뜰.

kopt'agu hanbʌn anabodidu mothagu ki : kʰe killʌsijo, igʌtt'ɯl.

곱다구 한번 안아보디두 못하구 기 : 케 길럿이요, 이것들.

▶ 예쁘다고 한번 안아보지도 못하고 그렇게 키웠어요 아이들을.

제 골란허니까니 기링거, 그저 에이구……

kollanɦʌnik'ani kiriŋgʌ, kɯdzʌ eigu……

곤란허니까니 기린 거, 그저 에이구……

▶ 곤란하니까 그런 거, 그저 아이고……

제 기래두 그저 다 절루 길러나서 시집, 당개 다 갇딴네?

kiredu kɯdzʌ ta ʨʌllu killʌnasʌ ɕidzip, taŋgɛ ta katt'anne?

기래두 그저 다 절루 길러나서 시집, 당개 다 갓닪네?

▶ 그래도 그저 다 스스로 커서 시집, 장가 다 갔잖니?

할머님의 성공적인 삶

조 할머님 인생은 그래도 성공인 세밈니다.

halmʌnim insɛŋɯn kɯɾɛdo sʌŋgoɲin semimnida.

▶ 할머님 인생은 그래도 성공인 셈입니다.

제 고:롬, 성공이디. 나 딴 사람 어더가스먼 머 어더린디 알간?

koːrom, sʌŋgoɲidi. na t'an saram ʌdʌgasɯmʌn mʌ ʌdʌrindi algan?

고:롬, 성공이디. 나 딴 사람 얻어갓으면 머 어더린디 알간?

▶ 그럼, 성공이지. 내가 다른 사람 얻어 갔으면 뭐 어떤지 알겠니?

제 어리케 댄는디 모르디, 아이들 다 어리케 댄는디 모르디 머.

ʌrikʰe tɛnnɯndi moɾɯdi, aidɯl ta ʌrikʰe tɛnnɯndi moɾɯdi mʌ.

어리케 댓는디 모르디, 아이들 다 어리케 댓는디 모르디 머.

▶ 어떻게 됐는지 모르지, 아이들이 다 어떻게 됐는지 모르지 뭐.

제 아무래두 그 아 : 서이개나 다라강 거 페난허간? 몯 페난허디 앙 기래?

amɯredu kɯ aː sʌigena taragaŋ gʌ pʰenanɦʌgan? mot pʰenanɦʌdi aŋ girɛ?

아무래두 그 아 : 서이개나 달아간 거 페난허간? 못 페난허디 안 기래?

▶ 아무래도 그 애 셋이나 데리고 간 것이 편안하겠니? 못하지 편안하지 안 그래?

조 할머니믄 비록 좀 고생하셔써도 오래 계시니까 늑께라도 이런 복, 자식뜨리 잘 사는 모스블 볼 쑤 인네요.

halmʌnimɯn piɾok tɕom kosɛŋɦaɕʌs'ʌdo oɾɛ kjeɕinik'a nɯkk'eɾado iɾʌn pok, tɕaɕikt'ɯri tɕal sanɯn mosɯbɯl pol s'u innejo.

▶ 할머님은 비록 좀 고생하셨어도 오래 계시니까 늦게라도 이런 복, 자식들이 잘 사는 모습을 볼 수 있네요.

제 오, 보근 보기야. 보니까니 내께는 보기야.

o, pogɯn pogija. ponik'ani nɛk'enɯn pogija.

오, 복은 복이야. 보니까니 내께는 복이야.

▶ 오, 복은 복이야. 보니까 나에게는 복이야.

제 그 혹씨 정말 절머개지구 남자한테 정말 빠데개지구

kɯ hokɛ'i tɕʌŋmal tɕʌlmʌgedzigu namdzaɦantʰe tɕʌŋmal p'adegɛdzigu

그 혹시 정말 젊어개지구 남자한테 정말 빠데개지구

▶ 그 만약 정말 젊어서 남자한테 정말 빠져서

제 아새끼들 머 생각뚜 안 허구 어더가먼 이걷뜰 다 어리케 댄는디 몰라?

asɛk'idɯl mʌ sɛŋgakt'u an hʌgu ʌdʌgamʌn igʌtt'ɯl ta ʌrikʰe tɛnnɯndi molla?

아새끼들 머 생각두 안 허구 얻어가먼 이것들 다 어리케 댓는디 몰라?

▶ 아이들을 뭐 생각도 안 하고 얻어 갔으면 이 아이들이 다 어떻게 됐는지 모르지?

제 앙 기래요? 암 : 만 저 머 예펜네 어더갈라구 각써 스리 다 해두

aŋ girɛjo? a : mman tɕʌ mʌ jepʰenne ʌdʌgalragu kaks'ʌ sɯri ta hɛdu

안 기래요? 암 : 만 저 머 예펜네 얻어갈라구 각서 스리 다 해두

▶ 그렇지 않아요? 아무리 저 뭐 여자 얻어 가려고 각서 쓰고 다 해도

제 어리케 댈띠 모른다구, 아이들 마니 데리구 가문.

ʌrikʰe tɛlt'i morɯndagu, aidɯl mani terigu kamun.

어리케 댈디 모른다구, 아이들 많이 데리구 가문.

▶ 어떻게 될지 모른다고, 아이들을 많이 데리고 가면.

제 페난허디 안티. 함자 몸 강거가 앙 갇띠 머.

pʰenanɦʌdi antʰi. hamdza mom kaŋgʌga aŋ gatt'i mʌ.

펜안허디 않다. 함자 몸 간 거가 안 같디 머.

▶ 편안하지 않지. 혼자 간 것과 안 같지 뭐.

조 자식뜨리 좀 힘들게는 컨찌만 심쩌그로는 상처 받찌 앙코 엄마 믿꾸 잘 클
쑤 이썯쬬?

tɕaɕikt'ɯri tɕom çimdɯlgenɯn kʰʌtt'ɛ'iman ɕimtɕ'ʌgɯronɯn saŋtɕʰʌ
pattɕ'i aŋkʰo ʌmma mitk'u tɕal kʰɯl s'u is'ʌttɕ'jo?

▶ 자식들이 좀 힘들게는 컸지만 심적으로는 상처 받지 않고 엄마 믿고
잘 클 수 있었죠?

제 고:롬, 어디케 대:껀 암:만 머글꺼 업따 해두

ko:rom, ʌdikʰe tɛ:k'ʌn a:mman mʌgɯlk'ʌ ʌpt'a hɛdu

고:롬, 어디케 대얻건 암:만 먹을거 없다 해두

▶ 그럼, 어떻게 되었건 아무리 먹을 것이 없다 해도

제 내 이베 안 디리가구두 이걷뜰 배부리 메기니까니.

nɛ ibe an tirigagudu igʌtt'ɯl pɛburi meginik'ani.

내 입에 안 딜이가구두 이것들 배부리 멕이니까니.

▶ 내 입에 안 들어가고도 이 애들 배불리 먹이니까.

지독한 가난

제 어이구, 고 중 멍는 해, 정말 소대[21]서 탈곡허먼서

ʌigu, ko tɕuŋ mʌŋnɯn hɛ, tɕʌŋmal sodɛsʌ tʰalgokhʌmʌnsʌ

어이구, 고 죽 먹는 해, 정말 소대서 탈곡허먼서

▶ 어이구, 그 죽 먹는 해, 정말 조합에서 탈곡하면서

제 베 안 채는 사라미 업떠라우.

pe an tɕʰenɯn sarami ʌpt'ʌrau.

베 안 채는 사람이 없더라우.

▶ 벼를 훔치지 않는 사람이 없더라오.

제 난 또 식땅에서 밥 핻따우. 밥 허니까니 도적찔 몯허디 머.

nan t'o ɕikt'aŋesʌ pap hɛtt'au. pap hʌnik'ani todʑʌktɕ'il mothʌdi mʌ.

난 또 식당에서 밥 했다우. 밥 허니까니 도적질 못허디 머.

▶ 나는 또 식당에서 밥을 했다오. 밥을 하니까 도둑질을 못하지 뭐.

제 놈드른 다 도적찔해서 아이들 밥 마니 메기는데 막 소기 상해.

nomdɯrɯn ta todʑʌktɕ'ilhɛsʌ aidɯl pap mani meginɯnde mak sogi saŋɦɛ.

놈들은 다 도적질해서 아이들 밥 많이 멕이는데 막 속이 상해.

▶ 남들은 다 도둑질해서 아이들을 밥 많이 먹이는데 막 속이 상해.

조 왜 도둑찔 몯태써요? 밥 하시는데?

wɛ toduktɕ'il mottʰɛs'ʌjo? pap haɕinɯnde?

▶ 왜 도둑질을 못했어요? 밥 하시는데?

---

21 소대는 한국 시골마을의 '동'과 같은 가장 작은 행정구역 단위.

제 식땅에서 밥 허니. 식땅에 우리 집테루 허니까니 집테식땅이라우.
ɕiktʼaɲesʌ pap hʌni. ɕiktʼaɲe uɾi ʨipthᵊɾu hʌnikʼani ʨipthᵊɕiktʼaɲiɾau.

식당에서 밥 허니. 식당에 우리 집테루 허니까니 집테식당이라우.

▶ 식당에서 밥을 하니. 식당에서 우리 집단으로 하니까 집체식당이라오.

제 거기서 밥 허니까니, 나가서 탈곡허는 사라믄 베들 다 채다 먹딴네?
kʌgisʌ pap hʌnikʼani, nagasʌ thalgokhʌnɯn saɾamɯn pedɯl ta ʨheda
mʌktʼanne?

거기서 밥 허니까니, 나가서 탈곡허는 사람은 베들 다 채다 먹닪네?

▶ 거기에서 밥을 하니까, 나가서 탈곡하는 사람은 벼를 다 훔쳐 먹잖니?

제 기 : 가 난 식땅 베 : 케서 밥 허니까니 몯 채 먹띠.
ki : ga nan ɕiktʼaŋ pe : khesʌ pap hʌnikʼani mot ʨhɛ mʌktʼi.

기 : 가 난 식당 벡 : 에서 밥 허니까니 못 채 먹디.

▶ 그런데 나는 식당 부엌에서 밥을 하니까 못 훔쳐 먹지.

조 훔칠 기회가 업써션네요?
humʨhil kifiöga ʌpsʼʌɕʌnnejo?

▶ 훔칠 기회가 없으셨네요?

제 업 : 띠, 기래서 하루는 콩 뛰딘다 기래.
ʌ : ptʼi, kiɾɛsʌ haɾunɯn khoŋ tʼüdinda kiɾɛ.

없 : 디, 기래서 하루는 콩 뛰딘다 기래.

▶ 없지, 그래서 하루는 콩을 두드린다고 그래.

제 사람드리 다 몯 머거서, 아이드리 얼구리 다 부성부성 해시요.
saɾamdɯɾi ta mon mʌgʌsʌ, aidɯɾi ʌlguɾi ta pusʌŋbusʌŋ hɛɕijo.

사람들이 다 못 먹어서, 아이들이 얼굴이 다 부성부성 햇이요.

▶ 사람들이 다 못 먹어서, 아이들의 얼굴이 다 부석부석 했어요.

제 콩 머그먼 또 이 붕 : 거이 다 내레 안는다오 기래.
khoŋ mʌgɯmʌn tʼo i pu : ŋgʌi ta nɛɾe annɯndao kiɾɛ.

콩 먹으면 또 이 부운거이 다 내레 앉는다오 기래.
▶ 콩을 먹으면 또 이 부은 것이 다 내려간다고 그래.

조 콩을 어떠케 머그면 되죠?
kʰoŋɯl ʌtʼʌkʰe mʌgɯmjʌn tödzjo?
▶ 콩을 어떻게 먹으면 되죠?

제 살마 먹띠요. 살마 머그문 분능거 내레간다 길데.
salma mʌktʼijo. salma mʌgɯmun punnɯŋɡʌ nɛɾeganda kilde.
삶아 먹디요. 삶아 먹으문 붓는거 내레간다 길데.
▶ 삶아 먹지요. 삶아 먹으면 부은 것이 내려간다고 그러데.

제 아이들두 다 하루에, 하루에 항그늘 멍는데
aidɯldu ta haɾue, haɾue haŋɡɯnɯl mʌŋnɯnde
아이들두 다 하루에, 하루에 한 근을 먹는데
▶ 아이들도 다 하루에, 하루에 한 근을 먹는데

제 항그네 빠량²²(八兩)인데 서이서 빠량개지구 대우?
haŋɡɯne pʼaɾjaŋinde sʌisʌ pʼaɾjaŋɡɛdzigu tɛu?
한근에 빠량인데 서이서 빠량개지구 대우?
▶ 한 근에 여덟 냥인데 셋이서 여덟 냥으로 되오?

조 그때 배급 내주어써요?
kɯtʼɛ pɛgɯp nɛtɕuʌsʼʌjo?
▶ 그때 배급 내주었어요?

제 고:롬, 양식 그거 중 멍능거 포지 준다구 포지.
koːɾom, jaŋɕik kɯɡʌ tɕuŋ mʌŋnɯŋɡʌ pʰodzi tɕundagu pʰodzi.
고:롬, 양식 그거 죽 먹는 거 포지 준다구 포지.
▶ 그럼, 양식 그거 죽을 먹는 표를 준다고 표.

---

22 '빠량'은 '여덟 냥'을 뜻하는 중국어 '바량'(八兩)을 말함.

제 일량(一兩)이먼 일량(一兩), 두구니먼 두군.

illjaŋimʌn illjaŋ, tugunimʌn tugun.

일 량이먼 일 량, 두 군이먼 두 군.

▶ 한 냥이면 한 냥, 두 근이면 두 근.

제 이 : 케 두구니먼 두군 주구 어느날꺼지 머그라구 긴다우.

i : kʰe tugunimʌn tugun tɕugu ʌnɯnalkʼʌdzi mʌgɯragu kindau.

이 : 케 두 군이면 두 군 주구 어느날꺼지 먹으라구 긴다우.

▶ 이렇게 두 근이면 두 근 주고 어느날까지 먹으라고 그런다오.

제 기니까니 항끼에 일량, 죽 일량바끈 안 도라가요.

kinikʼani haŋkʼie illjaŋ, tɕuk illjaŋbakʼɯn an toragajo.

기니까니 한 끼에 일 량, 죽 일 량밖은 안 돌아가요.

▶ 그러니 한 끼에 한 냥, 죽 한 냥밖에 안 돌아가요.

제 얼마나 골란핸나 보라우. 기런데 나는 식땅에서 암 : 만 안 멍는다 해두

ʌlmana kollanɦenna porau. kirʌnde nanɯn ɕiktʼaŋesʌ a : mman an mʌŋnɯnda ɦedu

얼마나 곤란했나 보라우. 기런데 나는 식당에서 암 : 만 안 먹는다 해두

▶ 얼마나 곤란했나 보오. 그런데 나는 식당에서 아무리 안 먹는다 해도

제 그저 바까이 거틍거 그 무레 푸러개지구, 화시권드리 또 너이라우.

kɯdzʌ pakʼai kʌtʰɯŋgʌ kɯ mure pʰurʌɡedzigu, hwaɕigwʌndɯri tʼo nʌirau.

그저 바까이 겉은 거 그 물에 풀어개지구, 화식원들이 또 너이라우.

▶ 그저 누룽지 같은 것, 그 물에 불려서, 식당 종업원들이 또 넷이라오.

제 사람드리 마느니까니, 화시권드리 너인데

saramdɯri manɯnikʼani, hwaɕigwʌndɯri nʌinde

사람들이 많으니까니, 화식원들이 너인데

▶ 사람들이 많으니까, 식당 종업원들이 넷인데

제 그저 너이씩, 바까이 그걷뚜 또 낭표[23](糧票) 주구야 머거시요.
kɯdzʌ nʌiɕ'ik, pak'ai kɯgʌtt'u t'o naŋpʰjo tɕuguja mʌgʌɕijo.
그저 너이씩, 바까이 그것두 또 낭표 주구야 먹엇이요.
▶ 그저 넷이서, 누룽지 그것도 또 양표를 주고서야 먹었어요.

제 머, 그저 어더멍네?
mʌ, kɯdzʌ ʌdʌmʌŋne?
머, 그저 얻어먹네?
▶ 뭐, 그저 얻어먹니?

제 기리도 또 식땅에 안 드러와 인는 사람드른
kirito t'o ɕikt'aŋe an tɯrʌwa innɯn saɾamdɯrɯn
기리도 또 식당에 안 들어와 잇는 사람들은
▶ 그래도 또 식당에 안 들어와 있는 사람들은

제 '식땅에 인는 이미네들 밥 채 머거서 사리 번번허게 진다'
'ɕikt'aŋe innɯn iminedɯl pap tɕʰɛ mʌgʌsʌ sari pʌnbʌnɦʌge tɕinda'
'식당에 잇는 이미네들 밥 채 먹어서 살이 번번허게 진다'
▶ '식당에 있는 여자들은 밥을 훔쳐 먹어서 살이 유들유들하게 진다'

제 머 이따 소리 다 듣띠 머. 채 먹띠두 몯하는데.
mʌ it'a sori ta tɯtt'i mʌ. tɕʰɛ mʌkt'idu mothanɯnde.
머 이따 소리 다 듣디 머. 채 먹디두 못하는데.
▶ 뭐 이러한 소리를 다 듣지 뭐. 훔쳐 먹지도 못하는데.

조 식땅에서 더 드시는 거슨 사실 아닝가요?
ɕikt'aŋesʌ tʌ tɯɕinɯn kʌsɯn saɕil aniŋgajo?
▶ 식당에서 더 드시는 것은 사실이 아닌가요?

제 마니 먹낀? 그저 밥 짜그면 까말티바끈 몯 멍는다우.

---

23 양표(糧票)란 계획경제시대에 양식이나 기름, 술 등을 공급받을 수 있도록 정해져 있는 표.

mani mʌkk'in? kɯdzʌ pap tɕ'agɯmʌn k'amalthibak'ɯn mot mʌŋnɯndau.

많이 먹긴? 그저 밥 짝으면 까말티밖은 못 먹는다우.

▶ 많이 먹긴? 그저 밥이 적으면 누룽지밖에 못 먹는다오.

조 아, 그래요?

a, kɯrɛjo?

▶ 아, 그래요?

제 어리케 되면 그저 이 그 숟짜 맏차서 허게 대면

ʌrikhe tömʌn kɯdzʌ i kɯ suttɕ'a mattɕhasʌ hʌge tɛmʌn

어리케 되면 그저 이 그 숫자 맞차서 허게 대면

▶ 어떻게 되어 그저 이 그 숫자에 맞추어서 하게 되면

제 머 더 구²⁴에서 머이 내레오덩가,

mʌ tʌ kuesʌ mʌi nɛreodʌŋga,

머 더 구에서 머이 내레오던가,

▶ 뭐 저 구에서 누가 내려오던가,

제 공사²⁵서 또 내레오덩가 허면 조선싸람네 식땅에 다 와서 머거요.

koŋsasʌ t'o nɛreodʌŋga hʌmʌn tɕosʌns'aramne ɕikt'aŋe ta wasʌ mʌgʌjo.

공사서 또 내레오던가 허면 조선싸람네 식당에 다 와서 먹어요.

▶ 공사에서 또 내려오던가 하면 조선족사람의 식당에 다 와서 먹어요.

조 깨끋하다고요?

k'ɛk'ɯthadagojo?

▶ 깨끗하다고요?

제 응, 기 : 케 다 머그니까니 사람숟짜 더 붇께 대면 바비 모자라디 머.

ɯŋ, ki : khe ta mʌgɯnik'ani saramsuttɕ'a tʌ putk'e tɛmʌn pabi modzaradi
mʌ.

---

24 구(區)는 한국의 구청에 해당하는 행정구역 단위.
25 공사(公社)는 한국의 면에 해당하는 행정구역 단위인데 지금은 모두 향(鄕)으로 변했음.

응, 기케 다 먹으니까니 사람숫자 더 붙게 대면 밥이 모자라디 머.
▶ 응, 그렇게 다 먹으니까 사람 숫자 더 붙게 되면 밥이 모자라지 뭐.

제 기리케 막 그러구 지비 와 보면 막

kiɾikʰe mak kɯɾʌgu ʨibi wa pomʌn mak

기렇게 막 그러구 집이 와 보면 막

▶ 그렇게 막 하고 집에 와 보면 막

제 아이들 궁게 쥐기능거 걱꾸, 막 그저 다 부성부성 해.

aidɯl kuŋge ʨüginɯŋgʌ kʌkkʼu, mak kɯdzʌ ta pusʌŋbusʌŋ hɛ.

아이들 굼게 쥑이는 거 겉구, 막 그저 다 부성부성 해.

▶ 아이들을 굶겨 죽이는 것 같고, 막 그저 다 부석부석 해.

서투른 도둑질 솜씨

제 기 : 서 하루는 콩을 뛰딘다 그래서 머이 이거

　　ki : sʌ haɾunɯn kʰoŋɯl t'üdinda kɯɾɛsʌ mʌi igʌ

　　기 : 서 하루는 콩을 뛰딘다 기래서 머이 이거

▶ 그래서 하루는 콩을 두드린다고 그래서 뭐 이거

제 콩 뛰딜먼 나가서 콩을 좀 채야대갇따허구.

　　kʰoŋ t'üdilmʌn nagasʌ kʰoŋɯl tɕom tɕʰɛjadɛgatt'aɦʌgu.

　　콩 뛰딜먼 나가서 콩을 좀 채야대갓다허구.

▶ 콩을 두드리면 나가서 콩을 좀 훔쳐야겠다하고.

제 나두 버버리장갑²⁶ 크게 기웓띠 머.

　　nadu pʌbʌɾidzaŋgap kʰɯge kiwʌtt'i mʌ.

　　나두 버버리장갑 크게 기웠디 머.

▶ 나도 벙어리장갑 크게 기웠지 뭐.

제 버버리장갑 그거 크게 허구 모가지에 떡 걸구 나가니깐.

　　pʌbʌɾidzaŋgap kɯgʌ kʰɯge ɦʌgu mogadzie t'ʌk kʌlgu naganik'an.

　　버버리장갑 그거 크게 허구 모가지에 떡 걸구 나가니깐.

▶ 벙어리장갑을 그거 크게 하고 목에 떡 걸고 나가니까.

제 딱 공사, 그 공사 쓰짠장²⁷(是站長)이래능거 그거 맏따 들레서.

　　t'ak koŋsa, kɯ koŋsa s'ɯtɕ'andzaɲiɾɛnɯŋgʌ kɯgʌ matt'a tɯllesʌ.

　　딱 공사, 그 공사 쓰짠장이래는거 그거 맞다 들렛어.

---

²⁶ 벙어리장갑은 손의 추위를 막기 위해 솜을 넣고 만든 것인데 엄지손가락만 따로 가르고 나머지 네 손가
락은 함께 끼게 되어 있는 장갑. 장갑안의 공간이 상대적으로 커서 그 안에 일정량의 물건을 둘 수 있
있으며 일반적으로 끈으로 장갑의 양쪽을 이어서 목에 걸고 다니기에 건사하기 편리함.

²⁷ 쓰짠장(是站長)은 성씨가 시(是)씨인 서기 즉 '시서기'를 뜻하는 중국어.

▶ 딱 공사, 그 공사 시서기라는 그 사람과 맞다 들렸어.

제 나보구 '너 아네 밥 허는데 어리케 나완네?' 나보구 기래.
nabogu 'nʌ ane pap hʌnɯnde ʌrikʰe nawanne?' nabogu kirɛ.
나보구 '너 안에 밥 허는데 어리케 나왔네?' 나보구 기래.
▶ 나보고 '너 안에 밥을 하는데 어떻게 나왔나?' 나보고 그래.

제 기래서 '밥 허레 나와스먼 머 묻허네 머?'
kirɛsʌ 'pap hʌre nawasɯmʌn mʌ mothʌne mʌ?'
기래서 '밥 허레 나왔으면 머 못허네 머?'
▶ 그래서 '밥을 하러 나왔으면 뭐 못하는가 뭐?'

제 '밥 다 허구 시간외루 나완따' 기니까.
'pap ta hʌgu ɕiganöru nawatt'a' kinik'a.
'밥 다 허구 시간외루 나왔다' 기니까.
▶ '밥을 다 하고 시간 외에 나왔다' 그러니까.

제 '너 멀 채레 나완꾸나.' 알디 머 걷 : 뜨리, '멀 채레 나완띠?'
'nʌ mʌl tɕʰɛre nawatk'una.' aldimʌ kʌ : tt'ɯri, 'mʌl tɕʰɛre nawatt'i?'
'너 멀 채레 나왔구나.' 알디 머 그것들이, '멀 채레 나왔디?'
▶ '너 뭘 훔치러 나왔구나.' 알지 뭐 그분들이, '뭘 훔치러 나왔지?'

제 기래서 '채긴 머이 익께 채간네? 보라우'.
kirɛsʌ 'tɕʰegin mʌi ikk'e tɕʰeganne? poɾau'.
기래서 '채긴 머이 잇게 채갓네? 보라우'.
▶ 그래서 '훔치긴 뭘 있게 훔치겠는가? 보라오'.

제 아이구, 정말 보머 어케네? 기니까니 그 사람드리 우야 누늘 가마줟띠.
aigu, tɕʌŋmal pomʌ ʌkʰene? kinik'ani kɯ saramdɯri uja nunɯl
kamadʑwʌtt'i.
아이구, 정말 보머 어케네? 기니까니 그 사람들이 우야 눈을 감아줫디.
▶ 아이고, 정말 보면 어떻게 하니? 그러니까 그 사람들이 일부러 눈을

90

감아줬지.

제 버버리 장가베 콩을 잔뜩 두개 다 씨리니쿠 모가지에 떡 걸구.
　pʌbʌri tɕaŋgabe kʰoŋɯl tɕant'ɯk tugɛ ta ɕ'irinikʰu mogadʑie t'ʌk kʌlgu.
　버버리 장갑에 콩을 잔뜩 두개 다 썰이넣구 모가지에 떡 걸구.
▶ 벙어리장갑 양쪽 두 개에 다 콩을 잔뜩 쓸어 넣고 목에 떡 걸고.

조 모게 머 어떠케 거러셔써요?
　moge mwʌ ʌt'ʌkʰe kʌrʌɕjʌs'ʌjo?
▶ 목에 뭐 어떻게 걸어셨어요?

제 이 : 케, 그 장갑 버버리 장갑 그 낀 읻따나.
　i : kʰe, kɯ tɕaŋgap pʌbʌri tɕaŋgap kɯ k'in itt'ana.
　이 : 케, 그 장갑 버버리 장갑 그 낀 잇닿아.
▶ 이렇게, 그 장갑 벙어리장갑에 그 끈이 있잖니?

조 아, 끄늘 모게 거러셔써요?
　a, k'ɯnɯl moge kʌrʌɕjʌs'ʌjo?
▶ 아, 끈을 목에 걸어셨어요?

제 오, 모게 거럳떠머. 콩은 지갑,[28]
　o, moge kʌrʌtt'imʌ. kʰoŋɯn tɕigap,
　오, 목에 걸엇디 머. 콩은 지갑,
▶ 오, 목에 걸었지 뭐. 콩은 장갑,

제 그 장갑 아나게 콩드른 가뜩허게 씨리니쿠.
　kɯ tɕaŋgap anage kʰoŋdɯrɯn kat'ɯkhʌge ɕ'irinikʰu.
　그 장갑 아낙에 콩들은 가뜩허게 썰이넣구.
▶ 그 장갑 안에 콩은 가득 쓸어 넣고.

제 긴데 떵 만낻띠 머. 아이, 가스미 덜러렁 해.

---
28 이 지역에서는 '장갑'을 '지갑'으로 말하고 '지갑'은 보통 '돈지갑'으로 말한다고 함.

kinde t'ʌŋ mannett'i mʌ. ai, kasɯmi tʌllʌɾʌŋ hɛ.

긴데 떵 만냈디 머. 아이, 가슴이 덜러렁 해.

▶ 그런데 떡 만났지 뭐. 아이고, 가슴이 덜컥 해.

제 야단낟꾸나 핻떠니 눈 가마조, 그 사람드리.

jadannatk'una hɛtt'ʌni nun kamaʣo, kɯ saɾamdɯɾi.

야단낫구나 햇더니 눈 감아 조, 그 사람들이.

▶ 큰일 났구나 했더니 눈 감아 줘, 그 사람들이.

제 그면서 '멀 해레 나완네?'

kɯmjʌnsʌ 'mʌl hɛɾe nawanne?'

그면서 '멀 해레 나왓네?'

▶ 그러면서 '뭘 하러 나왔니?'

제 나보구 기래서 '멀해레 나오긴 멀해레 나와?'

nabogu kiɾɛsʌ 'mʌlhɛɾe naogin mʌlhɛɾe nawa?'

나보구 기래서 '멀 해레 나오긴 멀 해레 나와?'

▶ 나보고 그래서 '뭘 하러 나오긴 뭘 하러 나와?'

제 '설거지 다 허구 이럽써서, 머이유쓸디 꿔라이라[29](沒事儿, 過來了)' 기니까니

'sʌlgʌʣi ta hʌgu ilʌps'ʌsʌ, mʌijus'ɯldi k'wʌɾaiɾa' kinik'ani

'설거지 다 허구 일없어서, 머이유쓸디 꿔라이라' 기니까니

▶ '설거지 다 하고 일이 없어서, 일이 없어서 나왔다'고 하니까

제 아, 쓰마?[30](啊, 是吗?) 기리멘서 보써 그 지갑, 지가베 콩 닝ː거 다 알리디 머.

a, s'ɯma? kiɾimensʌ pos'ʌ kɯ ʨigap, ʨigabe kʰoŋ ni ː ŋʌ ta allidi mʌ.

아, 쓰마? 기리멘서 보써 그 지갑, 지갑에 콩 넣은거 다 알리디 머.

▶ 아, 그래요? 그러면서 벌써 그 장갑, 장갑에 콩 넣은 것이 다 알리지 뭐.

---

29 '머이유쓸디 꿔라이라'는 '일이 없어서 왔다'를 뜻하는 중국어 '머이슬, 꿔라이'(沒事儿, 過來了)를 말함.
30 '아, 쓰마?'(啊, 是吗?)는 '아, 그래요?'를 뜻하는 중국어.

제 와 모르간네?

wa moɾɯganne?

와 모르갓네?

▶ 왜 모르겠니?

제 '지베 가네?' 기래서 '어, 집 간다' 기랟띠.

'tɕibe kane?' kiɾɛsʌ 'ʌ, tɕip kanda' kiɾɛtt'i.

'집에 가네?' 기래서 '어, 집 간다' 기랫디.

▶ '집에 가니?' 그래서 '오, 집으로 간다'고 그랬지.

제 그거 갣따가 아이들 저네들,

kɯgʌ kɛtt'aga aidɯl tɕʌnedɯl,

그거 갯다가 아이들 저네들,

▶ 그것을 가져다가 아이들 저 애들,

제 우리 이거 짐나니가 쪼꼬마해서두 멀 잘 해시요.

uri igʌ tɕimnaniga tɕ'ok'omafiɛsʌdu mʌl tɕal hɛɕijo.

우리 이거 집난이가 쪼꼬마해서두 멀 잘 햇이요.

▶ 우리 이 딸이 어려서도 뭘 잘 했어요.

조 일찍 철 드러서 그러켄찌요?

iltɕ'ik tɕʰʌl tɯɾʌsʌ kɯɾʌkʰettɕ'ijo?

▶ 일찍 철이 들어서 그렇겠지요?

제 오, '야, 너 멀 해 머글레먼 이걸루 멀 해 머거라' 길먼서

o, 'ja, nʌ mʌl hɛ mʌgɯllemʌn igʌllu mʌl hɛ mʌgʌra' kilmʌnsʌ

오, '야, 너 멀 해 먹을레먼 이걸루 멀 해 먹어라' 길먼서

▶ 오, '야, 너 뭘 해서 먹으려면 이것으로 뭘 해서 먹어라' 하면서

제 '비지 해 먹꾸파' 허먼 '오, 비지 해 머그라' 해구.

'pidʑi hɛ mʌkk'upʰa' hʌmʌn 'o, pidʑi hɛ mʌgɯra' hɛgu.

'비지 해 먹구파' 허먼 '오, 비지 해 먹으라' 해구.

▷ '콩비지를 해 먹고 싶어' 하면 '오, 콩비지를 해 먹으라' 하고.

제 콩 당가개지구 걷 : 뜨리 우리 자근 딸하구 우리 아들하구 서이 아니가?
khoŋ taŋgagɛdzigu kʌ : tt'ɯri uri tɕagɯn t'alɦagu uri adɯlɦagu sʌi aniga?
콩 당가개지구 그것들이 우리 작은 딸하구 우리 아들하구 서이 아니가?
▷ 콩 담가서 그 애들이 우리 작은 딸하고 우리 아들하고 셋이 아니니?

제 난 식땅에서 밥 허니까니. 걷 : 뜰 서이서 비지,
nan ɕikt'aŋesʌ pap hʌnik'ani. kʌ : tt'ɯl sʌisʌ pidzi,
난 식당에서 밥 허니까니. 그것들 서이서 비지,
▷ 나는 식당에서 밥을 하니까. 그 애들 셋이서 콩비지,

제 비지 해머그니까니 그저 젠창 내려가요.
pidzi hɛmʌgɯnik'ani kɯdzʌ tɕentɕʰaŋ nɛrjʌgajo.
비지 해먹으니까니 그저 젠창 내려가요.
▷ 콩비지 해먹으니까 그저 바로 내려가요.

제 붕 : 거, 부성부성헝거 젠창 내려가.
pu : ŋʌ, pusʌŋbusʌŋɦʌŋʌ tɕentɕʰaŋ nɛrjʌga.
부은거, 부성부성헌 거 젠창 내려가.
▷ 부은 것, 부석부석한 것이 바로 내려가.

조 너무 몬 머거서 그렁가요?
nʌmu mon mʌgʌsʌ kɯrʌŋgajo?
▷ 너무 못 먹어서 그런가요?

제 몬 머거서 길디 머. 고 쪼꼬마씩 헝 걷뜰
mon mʌgʌsʌ kildi mʌ. ko tɕ'ok'omaɕ'ik hʌŋ gʌtt'ɯl
못 먹어서 길디 머. 고 쪼꼬마씩 헌 것들
▷ 못 먹어서 그렇지 뭐. 그 어린 것들이

제 한참 머글껀데 죽 일량개지구 대요?

hantɕʰam mʌgɯlkʼʌnde tɕuk illjaŋgɛdzigu tɛjo?

한참 먹을건데 죽 일량개지구 대요?

▶ 한참 먹을 나이인데 죽 한 냥으로 돼요?

제 죽 일량 쪼꼬만 사바레 한 사발.

tɕuk illjaŋ tɕʼokʼoman sabaɾe han sabal.

죽 일량 쪼꼬만 사발에 한 사발.

▶ 죽 한 냥이면 자그마한 사발에 한 사발.

조 그거스로 너무 배 골타가 콩비지 머그니 죽 내려갇께써요?

kɯgʌsɯɾo nʌmu pɛ koltʰaga kʰoŋbidzi mʌgɯni tɕuk nɛɾjʌgatkʼesʼʌjo?

▶ 그것으로 너무 배를 곯다가 콩비지 먹으니 죽 내려갔겠어요?

제 고:롬, 쭉 내리갇띠. 말두 몯해요.

koːrom, tɕʼuk nɛɾigattʼi. maldu mothejo.

고:롬, 쭉 내리갓디. 말두 못해요.

▶ 그럼, 죽 내려갔지. 말도 못해요.

흉년의 기억

제 기지겐 막 다 쥐기능거 거튼데 아이들 다 쥐기능거 거태.

kidzigen mak ta tɕüginɯŋɢʌ kʌtʰɯnde aidɯl ta tɕüginɯŋɢʌ kʌtʰɛ.

기직엔 막 다 쥑이는 거 겉은데 아이들 다 쥑이는 거 겉애.

▶ 그때는 막 다 죽이는 것 같은데, 아이들을 다 죽이는 것 같아.

제 기래서 나두 막 그저 식땅에서 밥 허구 그저, 그 식땅 화시권들 서이 아니야?

kiɾesʌ nadu mak kɯdzʌ ɕikt'aŋesʌ pap hʌgu kɯdzʌ, kɯ ɕikt'aŋ hwaɕigwʌndɯl sʌi anija?

기래서 나두 막 그저 식당에서 밥 허구 그저, 그 식당 화식원들 서이 아니야?

▶ 그래서 나도 막 그저 식당에서 밥 하고 그저, 그 식당 종업원들이 셋 아니니?

제 어 너이, 우리두 막 베 채레 나갇떵거야요. 아이들 궁게 쥐기갇따구.

ʌ nʌi, uridu mak pe tɕʰɛre nagatt'ʌŋɢʌjajo. aidɯl kuŋge tɕügigatt'agu.

어 너이, 우리두 막 베 채레 나갓던거야요. 아이들 굶게 쥑이갓다구.

▶ 어 넷, 우리도 막 벼 훔치러 나갔던 거예요. 아이들을 굶겨 죽이겠다고.

제 식땅에서 머 허게 대면 놈들 막 기 : 케 채다 머거두 몯 채다 머거서.

ɕikt'aŋesʌ mʌ hʌge tɛmʌn nomdɯl mak ki : kʰe tɕʰɛda mʌgʌdu mot tɕʰɛda mʌgʌsʌ.

식당에서 머 허게 대면 놈들 막 기 : 케 채다 먹어두 못 채다 먹엇어.

▶ 식당에서 하게 되면 남들은 그렇게 훔쳐 먹어도 못 훔쳐 먹었어.

제 기 : 서 '야, 우리야 여기 읻따간 아이들 다 궁게 쥐기갇따'.

ki : sʌ 'ja, urija jʌgi itt'agan aidɯl ta kuŋge tɕügigatt'a'.

기 : 서 '야, 우리야 여기 잇다간 아이들 다 굶게 쥑이갓다.'

▷ 그래서 '야, 우리야 여기에 있다가는 아이들을 다 굶겨 죽이겠다.'

제 '우리두 나가서 채야디 안 대갇따'. 허구 강거디.

'uridu nagasʌ tɕʰejadi an tɛgatt'a'. hʌgu kaŋɡʌdi.

'우리두 나가서 채야디 안 대갓다'. 허구 간거디.

▷ '우리도 나가서 훔쳐야지 안 되겠다'. 하고 간 것이지.

조 식땅에서 남드레게 바블 좀 조금씩 주고 조금씩 갇꼬 가지 모태요?

ɕikt'aŋesʌ namdɯrege pabɯl tɕom tɕoɡɯmɕ'ik tɕuɡo tɕoɡɯmɕ'ik katkʰo
kadʑi motʰejo?

▷ 식당에서 남들에게 밥을 좀 조금씩 주고 조금씩 갖고 가지 못해요?

제 몯 채가. 그거 밥 다물찌게 막 눈드리

mot tɕʰega. kɯɡʌ pap tamultɕ'ige mak nundɯri

못 채가. 그거 밥 담을직에 막 눈들이

▷ 못 훔쳐 가. 그거 밥을 담을 때 막 눈들이

제 시뻐래서 다 보구 가매레 비야대요.

ɕip'ʌrɛsʌ ta poɡu kamɛre pijadejo.

시뻘해서 다 보구 가매레 비야대요.

▷ 벌게서 다 보고 가마솥이 비어야 해요.

제 그 딱딱 머 얼마머 얼마, 얼마씩 그 사단네? 멍는 사람드리.

kɯ t'akt'ak mʌ ʌlmamʌ ʌlma, ʌlmaɕ'ik kɯ sadanne? mʌŋnɯn saramdɯri.

그 딱딱 머 얼마먼 얼마, 얼마씩 그 사닪네? 먹는 사람들이.

▷ 그 딱 뭘 얼마면 얼마, 얼마씩 그 사잖니? 먹는 사람들이.

제 그저 막 우리들 멍능거 거태서 막 무서워.

kɯdʑʌ mak uridɯl mʌŋnɯŋɡʌ kʌtʰesʌ mak musʌwʌ.

그저 막 우리들 먹는 거 겉애서 막 무서워.

▷ 그저 막 우리들이 먹는 것 같아서 막 무서워.

제 막 사람 자바머글꺼 거태.

mak saram tɕabamʌgɯlkʼʌ kʌtʰɛ.

막 사람 잡아먹을 거 겉애.

▶ 막 사람 잡아먹을 것 같아.

조 그래요, 사라미 가난하고 그러면 더 살벌해지는 버비예요?

kɯɾejo, saɾami kananɦago kɯɾʌmjʌn tʌ salbʌlɦɛdzinɯn pʌbijejo?

▶ 그래요, 사람이 가난하고 그러면 더 살벌해지는 법이에요?

제 기리개지구 머 우리 안 채머거두 막

kiɾigɛdzigu mʌ uɾi an tɕʰɛmʌgʌdu mak

기리개지구 머 우리 안 채먹어두 막

▶ 그래서 뭐 우리가 안 훔쳐 먹어도 막

제 채머걷따는 소리 듣꾸두 그저 가마이 이시야디 머 어커네?

tɕʰɛmʌgʌttʼanɯn soɾi tɯtkʼudu kɯdzʌ kamai iɕijadi mʌ ʌkʰʌne?

채먹엇다는 소리 듣구두 그저 가마이 잇이야디 머 어커네?

▶ 훔쳐 먹었다는 소리 듣고도 그저 가만히 있어야지 뭐 어떡하니?

제 안 채머거두 안 채멍는대 : 머 그 사람드리 고디 든네?

an tɕʰɛmʌgʌdu an tɕʰɛmʌŋnɯndɛ : mʌ kɯ saɾamdɯɾi kodi tɯnne?

안 채먹어두 안 채먹는대 : 머 그 사람들이 곧이 든네?

▶ 안 훔쳐 먹어도 안 훔쳐 먹는다 하면 그 사람들이 뭐 곧이 듣니?

제 우리 그 화시권 노친네 한나 긴 : 다.

uɾi kɯ hwaɕigwʌn notɕʰinne hanna ki : nda.

우리 그 화식원 노친네 한나 긴 : 다.

▶ 우리 그 종업원 노친 한명이 그런다.

제 '야, 너네 머 안 먹꾸 암 : 만허먼 머 가네드리, 가 : 드리 안 머걷따 기네?'

'ja, nʌne mʌ an mʌkkʼu ammanɦʌmʌn mʌ kanedɯɾi, ka : dɯɾi an mʌkʌttʼa kine?'

'야, 너네 머 안 먹구 암 : 만허먼 가네들이, 가 : 들이 안 먹엇다 기네?'
▶ '야, 너희들이 뭐 안 먹고 아무리 해도 그 사람들이 안 먹었다고 하니?'

제 '먹짜. 먹꾸나 욕 스 : 컨 어더먹짜.' 정말 그리케 말허디 머.
'mʌktɕ'a. mʌkk'una jok sɯ : kʰʌn ʌdʌmʌktɕ'a.' tɕʌŋmal kɯrikʰe malfiʌdi mʌ.
'먹자. 먹구나 욕 스 : 컨 얻어먹자.' 정말 그렇게 말허디 머.
▶ '먹자. 먹고나 욕 실컷 얻어먹자.' 정말 그렇게 말하지 뭐.

제 '아야, 우리만 배부르게? 나는 이 또 우리만 배부르게 머그머 어커간네?'
'aja, uriman pɛburɯge? nanɯn i t'o uriman pɛburɯge mʌgɯmʌ ʌkʰʌganne?'
'아야, 우리만 배부르게? 나는 이 또 우리만 배부르게 먹으머 어커갓네?'
▶ '아야, 우리만 배부르게? 나는 또 우리만 배부르게 먹으면 어떻게 되겠니?'

제 '일 허러 나가서 일 꽝꽝 무겁께 일허는 사람들 배 골른데' 기 : 서.
'il hʌrʌ nagasʌ il k'waŋk'waŋ mugʌpk'e ilfiʌnɯn saramdɯl pɛ kollɯnde' ki : sʌ.
'일 허러 나가서 일 꽝꽝 무겁게 일허는 사람들 배 곯는데' 기 : 서.
▶ '일을 하러 나가서 일을 꽝꽝 힘들게 하는 사람들이 배를 곯는데' 그래서

제 그 무장[31](木匠) 한나 언제나 그 지비
kɯ mudzʌŋ hanna ʌndzena kɯ tɕibi
그 무장 한나 언제나 그 집이
▶ 그 목수 한 명이, 언제나 그 집이

제 그 사람 식꾸레 마느니까니 몯 어더먹띠 머.
kɯ saram ɕikk'ure manɯnik'ani mot ʌdʌmʌkt'i mʌ.
그 사람 식구레 많으니까니 못 얻어먹디 머.

---

31 '무장'은 '목수'를 뜻하는 중국어 '무장'(木匠)을 말함.

▶ 그 사람은 식구가 많으니까 못 얻어먹지 뭐.

제 몯 어더머거서 우리 언제나 바꽈이 글거서 몰 : 래 주군 해서.

mot ʌdʌmʌgʌsʌ uri ʌndzena pak'wai kɯlgʌsʌ mo : llɛ tɕugun hɛsʌ.

못 얻어먹어서 우리 언제나 바꽈이 긁어서 몰 : 래 주군 했어.

▶ 못 얻어먹어서 우리가 언제나 누룽지를 긁어서 몰래 주곤 했어.

제 그 사람 무장.

kɯ saram mudzaŋ.

그 사람 무장.

▶ 그 사람 목수.

제 소대 와서 이거 무장 일 하능 거 목쑤 일 하능 거 마리다.

sodɛ wasʌ igʌ mudzaŋ il hanɯŋ gʌ moks'u il hanɯŋ gʌ marida.

소대 와서 이거 무장 일 하는 거 목수 일 하는 거 말이다.

▶ 소대에 와서 이거 목수 일을 하는 것, 목수 일을 하는 것 말이다.

제 기 : 서 그 사람 오라구 기리문 그 사람 막 조아서 길디 머.

ki : sʌ kɯ saram oragu kirimun kɯ saram mak tɕoasʌ kildi mʌ.

기 : 서 그 사람 오라구 기리문 그 사람 막 좋아서 길디 머.

▶ 그래서 그 사람보고 오라고 그러면 그 사람이 막 좋아서 그러지 뭐.

제 막 바꽈이 이리케 벌떡가매[32]라니까 바꽈이두 마니 부터.

mak pak'wai irikʰe pʌlt'ʌkgamɛranik'a pak'waidu mani putʰʌ.

막 바꽈이 이렇게 벌떡가매라니까 바꽈이두 많이 붙어.

▶ 막 누룽지 이렇게 큰 가마솥에 하니까 누룽지도 많이 붙어.

제 기 : 서 이 : 케 글거서 '이거락또 좀 잡쑤라요.'

ki : sʌ i : kʰe kɯlgʌsʌ 'igʌrakt'o tɕom tɕaps'urajo.'

기 : 서 이 : 케 긁어서 '이거락도 좀 잡수라요.'

---

32 일반적으로 매 가정마다 있는 중국식 아주 큰 가마솥 임. 밥을 지을 뿐만 아니라 반찬도 하고 만두도 삶고 다용도로 사용함.

▶ 그래서 이렇게 '긁어서 이것이라도 좀 잡수세요.'

제 기니까니 '아이구, 이 : 케 주니까니 얼마나 고맙쏘, 얼마나 고맙쏘.' 길더라.

kinik'ani 'aigu, i : kʰe tɕunik'ani ʌlmana komaps'o, ʌlmana komaps'o.' kildʌra.

기니까니 '아이구, 이 : 케 주니까니 얼마나 고맙소, 얼마나 고맙소.' 길더라.

▶ 그러니까 '아이고, 이렇게 주니까 얼마나 고맙소, 얼마나 고맙소.' 그러더라.

조 그게 면 년도예요? 그러케 흉녀닐 때가 면 년도예요?

kɯge mjʌn njʌndojejo? kɯrʌkʰe çjuŋnjʌnil t'ɛga mjʌn njʌndojejo?

▶ 그게 몇 년도예요? 그렇게 흉년일 때가 몇 년도예요?

제 그제가 멘넨도가? 집테화 대어슬 찌게야.

kɯdzega mennendoga? tɕiptʰeɦwa tɛʌsɯl tɕ'igeja.

그제가 멫넨도가? 집테화 대엇을 직에야.

▶ 그때가 몇 년도인가? 집단화 되었을 때야.

조 그럼 저도 태여 난 후인데요?

kɯrʌm tɕado tʰejʌ nan huindejo?

▶ 그럼 저도 태어난 후인데요?

제 오, 뗀펀떡, 깡낭쒸기루 뗀펀떡뚜 다 해머거시요?

o, t'enpʰʌnt'ʌk, k'aŋnaŋs'ögiru t'enpʰʌnt'ʌkt'u ta hemʌgʌɕijo?

오, 뗀펀떡, 깡낭쒸기루 뗀펀떡두 다 해먹엇이요?

▶ 오, 강냉이떡, 강냉이 송이로 강냉이떡도 다 해먹었어요.

제 뗀펀떡 우리 그지겐 식땅이 다 황[33](黃) 댇띠 머.

t'enpʰʌnt'ʌk uri kɯdzigen ɕikt'aɲi ta hwaŋ tɛtt'i mʌ.

---

[33] '황'(黃)은 '폐업하다'를 뜻하는 중국어.

뗀펀떡 우리 그직엔 식당이 다 황댓디 머.

▶ 강냉이떡 우리 그때는 식당이 다 문 닫았지 뭐.

제 머글꺼 바르니까니 다 쌀 쪼꼬미락뚜 쌀 타서 쌀 타개구 가서.

mʌgɯlkʼʌ parɯnikʼani ta sʼal tɕʼokʼomirakt'u sʼal tʰasʌ sʼal tʰagɛgu gasʌ.

먹을거 바르니까니 다 쌀 쪼꼼이락두 쌀 타서 쌀 타개구 갓어.

▶ 먹을 것이 긴장하니까 다 쌀을 조금이라도 쌀을 타서 쌀을 타갔어.

제 지비서 죽 끄레 먹깠따구. 시래기랑 두구 끄레 먹깠따구.

tɕibisʌ tɕuk kʼɯre mʌkkʼattʼagu. ɕirɛgiraŋ tugu kʼɯre mʌkkʼattʼagu.

집이서 죽 끓에 먹갓다구. 시래기랑 두구 끓에 먹갓다구.

▶ 집에서 죽을 끓여 먹겠다고. 시래기랑 두고 끓여 먹겠다고.

제 쌀두 다 타가니까니 식땅이 황 댄띠.

sʼaldu ta tʰaganikʼani ɕiktʼaŋi hwaŋ tɛtʼi.

쌀두 다 타가니까니 식당이 황 댓디.

▶ 쌀도 다 타가니까 식당이 문을 닫았지.

제 기대멘 깡낭쐬기 바 : 개지구 뗀펀떡, 그걷뚜 업 : 서서 몯 먹까시요.

kidemen kʼaŋnaŋsʼögi pa : gɛdzigu tʼenpʰʌntʼʌk, kɯgʌttʼu ʌ : psʌsʌ mot mʌkkʼaɕijo.

기댐엔 깡낭쐬기 밯아개지구 뗀펀떡, 그것두 없 : 어서 못 먹갓이요.

▶ 그 다음에는 강냉이 송이를 빻아서 강냉이 떡, 그것도 없어서 못 먹었어요.

조 뗀펀떠기 어떵거예요? 혹시 따빙즈(大餠子)라고 하능 거가요?

tʼenpʰʌntʼʌgi ʌtʼʌŋgʌjejo? hokɕi tʼabiŋdzɯrago hanɯŋ gʌŋgajo?

▶ 뗀펀떡이 어떤 거예요? 혹시 강냉이떡을 말씀하시는가요?

제 다뼹즈, 그거 깡낭쐬기 바 : 개지구

tapʼiŋdzɯ, kɯgʌ kʼaŋnaŋsʼögi pa : gɛdzigu

다뼹즈, 그거 깡낭쐬기 밯아개지구

▶ 강냉이떡, 그것 강냉이 송이를 빻아서

조 가마소테다 딱 부치면 그 누룽지 분능 걸 말씀하시능가요?

kamasotʰeda t'ak putɕʰimjʌn kɯ nurundzi punnɯŋ gʌl mals'ɯmɦaɕinɯŋgajo?

▶ 가마솥에다 딱 부치면 그 누룽지 붙는 걸 말씀하시는가요?

제 누러허디 머, 누러허구 기니까니 뗀퍼니[34]래능 거이

nurʌɦʌdimʌ, nurʌɦʌgu kinik'ani t'enpʰʌniɾɛnɯŋ gʌi

누러허디 머, 누러허구 기니까니 뗀펀이래는 거이

▶ 누렇지 뭐, 누렇고 그러니까 뗀펀이라는 것은

제 나달 안 디리가구 깡낭쐬기 바 : 개지구 떡 헝거라우.

nadal an tirigagu k'aŋnaŋs'gi pa : gɛdzigu t'ʌk hʌŋgʌrau.

낟알 안 딜이가구 깡낭쐬기 밯아개지구 떡 헌거라우.

▶ 낟알이 안 들어가고 강냉이 송이를 빻아서 떡을 한 것이라오.

제 잰물루 쌔 : 해게 해개지구, 그걷뚜요 얼마씩 도라가는줄 아라?

tɕɛnmullu s'ɛ : ɦɛge hɛgɛdzigu, kɯgʌtt'ujo ʌlmaɕ'ik toraganɯndzul ara?

잿물루 쌔 : 해게 해개지구, 그것두요 얼마씩 돌아가는줄 알아?

▶ 잿물로 새하얗게 하고, 그것도요 얼마씩 돌아가는 줄 알아?

제 한 사라메 요막씩바끈 안 도라가요.

han sarame jomakɕ'ikpak'ɯn an toragajo.

한 사람에 요막씩밖은 안 돌아가요.

▶ 한 사람에 요만큼밖에 안 돌아가요.

제 그걷뚜 또 일 해는 사람 부[35](補)해주능거야.

kɯgʌtt'u t'o il ɦɛnɯn saram puɦɛdzunɯŋgʌja.

그것두 또 일 해는 사람 부해주는거야.

---

34 '뗀펀'(淀粉)은 '녹말'을 뜻하는 중국어.
35 '부'(補)는 '보충'을 뜻하는 중국어.

▶ 그것도 또 일 하는 사람에게 보충해주는 것이야.

제 일 해러 안 나가문 그걷뚜 몯 어더머거요.

il hɛɾʌ an nagamun kɯgʌttʼu mot ʌdʌmʌɡʌjo.

일 해러 안 나가문 그것두 못 얻어먹어요.

▶ 일 하러 안 나가면 그것도 못 얻어먹어요.

제 기 : 케 골란해시요, 여기.

ki : kʰe kollanɦɛɕijo, jʌgi.

기 : 케 곤란햇이요, 여기.

▶ 그렇게 곤란했어요, 여기.

제 기 : 서 하루 저낙 막 베 채레 나가서 우리 화시권들 베 채객꾸.

ki : sʌ haɾu tɕʌnak mak pe tɕʰɛɾe nagasʌ uri hwaɕigwʌndɯl pe tɕʰɛɡɛkkʼu.

기 : 서 하루 저낙 막 베 채레 나가서 우리 화식원들 베 채갯구.

▶ 그래서 하루 저녁 막 벼를 훔치러 나가서 우리 식당 종업원들이 벼 훔쳤어.

식당 종업원 선발 절차

조 식땅 종어뷘드른 어떠케 정해져써요? 어떠케 정해서 할머니미 종어뷔니 되셔써요?

ɕikt'aŋ tɕoŋʌbwandɯrɯn ʌt'ʌkʰe tɕaŋɦedzjʌs'ʌjo? ʌt'ʌkʰe tɕaŋɦesʌ halmʌnimi tɕoŋʌbwani töɕjʌs'ʌjo?

▶ 식당 종업원들은 어떻게 정해졌어요? 어떻게 정해서 할머님이 종업원이 되셨어요?

제 오, 이제 회 : 허멘서 누구누구 밥 허라구 뽑띠 머. 군중에서 뽑는다우.

o, idze hö : hʌmensʌ nugunugu pap hʌragu p'opt'i mʌ. kundzuŋesʌ p'omnɯndau.

오, 이제 회 : 허면서 누구누구 밥 허라구 뽑디 머. 군중에서 뽑는다우.

▶ 오, 이제 회의하면서 누구누구 밥을 하라고 뽑지 뭐. 군중에서 뽑는다오.

조 일 잘하시는 분들로요?

il tɕalɦaɕinɯn pundɯllojo?

▶ 일을 잘하시는 분들로요?

제 오, 다 임석 좀 허는 사람들 이 : 케 뽑는다우.

o, ta imsʌk tɕom hʌnɯn saramdɯl i : kʰe p'omnɯndau.

오, 다 임석 좀 허는 사람들 이 : 케 뽑는다우.

▶ 오, 다 음식을 좀 하는 사람들을 이렇게 뽑는다오.

제 군중에서 대회 여러개지구 군중에서 뽑는다우.

kundzuŋesʌ tɛɦö jʌrʌgɛdzigu kundzuŋesʌ p'omnɯndau.

군중에서 대회 열어개지구 군중에서 뽑는다우.

▶ 군중에서 대회를 열어서 군중들이 뽑는다오.

제 기리케개지구 식땅에 디가 밥 핻따우.

kiɾikʰegeʥigu ɕ'ikt'aɲe tiga pap hɛtt'au.

기렇게개지구 식당에 디가 밥 햇다우.

▶ 그렇게 되어서 식당에 들어가 밥 했다오.

가슴 철렁이었던 도둑질

제 기래개지구 베 채레 바ː메 나갇ᄄᆞᆫ네?

kirɛgɛdzigu pe tɕʰɛre paːme nagatt'anne?

기래개지구 베 채레 밤ː에 나갓닪네?

▶ 그래서 벼 훔치러 밤에 나갔잖니?

제 어능거이 알곡써긴디 머 시꺼멍거 아네? 마당에 부리야 쎋띠.

ʌnɯŋɡʌi algoks'ʌgindi mʌ ɕik'ʌmʌŋɡʌ ane? madaŋe purija s'ett'i.

어는거이 알곡석인디 머 시꺼먼 거 아네? 마당에 불이야 쎗디.

▶ 어느 것이 알곡식인지 뭐 시커먼 것이 아니? 마당에 불이야 켰지.

제 쎈는데 그 머 그 벤낟까리 인는데나 불 읻띠 데케네야 인네?

s'ennɯnde kɯ mʌ kɯ pennatk'ari innɯndena pul itt'i tekʰeneja inne?

쎗는데 그 머 그 벳낟가리 잇는데나 불 잇디 데케네야 잇네?

▶ 켰는데 그 뭐 그 볏 낟가리가 있는 데나 불이 있지 저쪽에야 있니?

제 벤 낟까리 엄는데는 불 업ː서.

pen natk'ari ʌmnɯndenɯn pul ʌː psʌ.

벳 낟가리 없는데는 불 없ː어.

▶ 벼 낟가리 없는 데는 불이 없어.

제 기ː서 살금살금 너이서 막 숨두 크게 몯 쉬구 살금살금 갇띠.

kiː sʌ salgɯmsalgɯm nʌisʌ mak sumdu kʰɯge mot süɡu salgɯmsalgɯm katt'i.

기ː서 살금살금 너이서 막 숨두 크게 못 쉬구 살금살금 갓디.

▶ 그래서 살금살금 넷이서 막 숨도 크게 못 쉬고 살금살금 갔지.

📄 간는데 마대 베 한 반 마대 다만는데, 깐청[36](看井 / 打更) 보는 사라미 나와서.

kannɯnde madɛ pe han pan madɛ tamannɯnde, k'antɕʰʌŋbonɯn saɾami

nawasʌ.

갓는데 마대 베 한 반 마대 담앗는데, 깐청보는 사람이 나왔어.

▶️ 갔는데 마대에 벼를 한 반 마대 담았는데, 망을 보는 사람이 나왔어.

📄 나와개지구 '아주마니드리 이거 이러먼 대갇소?'

nawagɛdzigu 'adzumanidɯɾi igʌ iɾʌmʌn tɛgatso?'

나와개지구 '아주마니들이 이거 이러먼 대갓소?'

▶️ 나와서 '아주머님들이 이것 이러면 되겠소?'

📄 '야, 안 이러먼 어더카네?'

'ja, an iɾʌmʌn ʌdʌkʰane?'

'야, 안 이러먼 어덕하네?'

▶️ '야, 이러지 않으면 어떡하니?'

📄 '아이들 다 굴머죽깓따, 굴머 쥐기갇따.' '넌 안 채다 멍네 머?'

'aidɯl ta kulmʌdzukk'att'a, kulmʌ tɕügigatt'a.' 'nʌn an tɕʰɛda mʌŋne mʌ?'

'아이들 다 굶어죽갓다, 굶어 쥐기갓다.' '넌 안 채다 먹네 머?'

▶️ '아이들 다 굶어죽겠다, 굶겨 죽이겠다.' '너는 안 훔쳐 먹니 뭐?'

📄 '넌 더 잘 채다 먹깍꾸나, 머 깐칭 보면서'

'nʌn tʌ tɕal tɕʰɛda mʌkk'akk'una, mʌ k'antɕʰiŋ pomʌnsʌ'

'넌 더 잘 채다 먹갓구나, 머 깐칭 보면서'

▶️ '너는 더 잘 훔쳐 먹겠구나, 뭐 망을 보면서'

📄 기니까니 아무 쏘리 몯해더라.

kinik'ani amu s'oɾi motʰɛdʌɾa.

기니까니 아무 쏘리 못해더라.

▶️ 그러니 아무 말을 못하더라.

---

36 '깐청'은 '망을 보는 것'을 뜻하는 중국어 '칸징'(看井/打更)을 말함.

제 '예, 아주마니들 개가먼서 무슨 쏘리 말라요.'

'je, adzumanidɯl kɛgamʌnsʌ musɯn s'ori mallajo.'

'예, 아주마니들 개가먼서 무슨 쏘리 말라요.'

▶ '예, 아주머님들 가져가면서 아무 말 마세요.'

제 '무슨 쏘리? 머 채 멍는 노미 무슨 쏘리 허가서? 그건 넘 매라우.'

'musɯn s'ori? mʌ tɕʰɛ mʌŋnɯn nomi musɯn s'ori hʌgasʌ? kɯgʌn nʌm mɛrau.'

'무슨 쏘리? 머 채 먹는 놈이 무슨 쏘리 허갓어? 그건 넘 매라우.'

▶ '무슨 말을? 뭘 훔쳐 먹는 사람이 무슨 말을 하겠어? 그건 걱정 말라.'

제 기 : 서 너이써, 그저게 너이들 다 이미네들 다 기운들 쓸찌기라우.

ki : sʌ nʌis'ʌ, kɯdzʌge nʌidɯl ta iminedɯl ta kiundɯl s'ultɕ'igirau.

기 : 서 너이써, 그적에 너이들 다 이미네들 다 기운들 쓸직이라우.

▶ 그래서 넷이서, 그때 넷이 다 여자들이지만 다 힘을 쓸 때라오.

제 기대메 베 청줄마대, 청줄마대 킁거 더 크단네? 그 청줄마대.

kidɛme pe tɕʰʌŋdzulmadɛ, tɕʰʌŋdzulmadɛ kʰɯŋgʌ tʌ kʰɯdanne? kɯ tɕʌŋdzulmadɛ.

기댐에 베 청줄마대, 청줄마대 큰거 더 크닪네? 그 청줄마대.

▶ 그 다음에 벼 청줄마대, 청줄마대로 된 것이 더 크잖니? 그 청줄마대.

제 거기 절반허구, 이걸 또 질레니까니 지간네?

kʌgi tɕʌlbanɦʌgu, igʌl t'o tɕillenik'ani tɕiganne?

거기 절반허구, 이걸 또 질레니까니 지간네?

▶ 거기에 절반을 채우고, 이것을 또 지려고 하니 질 수 있겠니?

제 기 : 서 깐청(看井 / 打更) 보는 사람보구 또

ki : sʌ k'antɕʰʌŋ ponɯn sarambogu t'o

기 : 서 깐청 보는 사람보구 또

▶ 그래서 망을 보는 사람보고 또

제 '여보, 우리들 이거 다 좀 질머 지워주.'

'jʌbo, uriduɯl igʌ ta tɕilmʌ tɕiwʌdzu.'

'여보, 우리들 이거 다 좀 짊어 지워주.'

▶ '여보, 이것을 우리에게 다 좀 짊어 줘.'

제 기니까니 '예!' 기래.

kinik'ani 'je!' kirɛ.

기니까니 '예!' 기래.

▶ 그러니까 '예!' 그래.

제 기 : 서 그저 닝큼 체들구 지구 그저 지부루 다라왙띠 머.

ki : sʌ kɯdzʌ niŋkʰɯm tɕʰeduɯlgu tɕigu kɯdzʌ tɕiburu tarawatt'i mʌ.

기 : 서 그저 닝큼 체들구 지구 그저 집우루 달아왓디 머.

▶ 그래서 그저 냉큼 쳐들어 지고 그저 집으로 달아 왔지 뭐.

조 그때 도중에 누구 만나면 어떠캐요?

kɯt'ɛ todzuŋe nugu mannamjʌn ʌt'ʌkʰɛjo?

▶ 그때 도중에 누구 만나면 어떡해요?

제 제 밤뚱인데 누구레 나와? 한나토 나오는 사람두 업 : 서.

tɕe pamt'uŋinde nugure nawa? hannatʰo naonɯn saramdu ʌ : psʌ.

제 밤둥인데 누구레 나와? 한나토 나오는 사람두 없 : 어.

▶ 한밤중인데 누가 나와? 하나도 나오는 사람도 없어.

제 기대메 나완는디 어딘디 몰라. 지베 갣따 노 : 니까 한시미 나와.

kideme nawannɯndi ʌdindi molla. tɕibe gɛtt'a no : nik'a haɲɕimi nawa.

기댐에 나왔는디 어딘디 몰라. 집에 갣다 놓으니까 한심이 나와.

▶ 그 다음에 나왔는지 어떤지 몰라. 집에 갖다 놓으니까 한숨이 나와.

제 기리케 해개지구 그걸 또 베 채다가 건새 헐 때레 또 어니메다 헐래?

kirikʰe hɛgedzigu kɯgʌl t'o pe tɕʰedaga kʌnsɛ hʌl t'ɛre t'o ʌnimeda

hʌllɛ?

110

기렇게 해개지구 그걸 또 베 채다가 건새 헐 때레 또 어니메다 헐래?
▷ 그렇게 해서 그걸 또 벼 훔쳐서 건사 할 때는 또 어디에다 할래?

제 기래서 기지게 그 우리 헌 농 이섣따우. 빼람 인는 딴스, 딴스 뒤에다가.
kirɛsʌ kidzige kɯ uri hʌn noŋ isʌtt'au. p'ɛram innɯn t'answ, t'answ
tüedaga.
기래서 기직에 그 우리 헌 농 잇엇다우. 빼람 잇는 딴스, 딴스 뒤에다가.
▷ 그래서 그때 그 우리 헌 농이 있었다오. 서랍이 있는 옷장, 옷장 뒤에
다가.

제 그 뒤에다가 마대 훌군훌군 해개지구 그 뒤에다 노쿠.
kɯ tüedaga madɛ hulgunɦulgun hɛgɛdzigu kɯ tüeda nokʰu.
그 뒤에다가 마대 훌군훌군 해개지구 그 뒤에다 놓구.
▷ 그 뒤에다가 마대를 헐렁헐렁하게 해서 그 뒤에다 놓고.

제 우리 그 큰 딸 보구 그저 이 베 쪼꼼씩 꺼내서 망에다 갈라.
uri kɯ kʰɯn t'al pogu kɯdzʌ i pe tɕ'ok'omɕ'ik k'ʌnɛsʌ maŋeda kalla.
우리 그 큰 딸 보구 그저 이 베 쪼꼼씩 꺼내서 망에다 갈라.
▷ 우리 그 큰 딸을 보고 그저 이 벼를 조금씩 꺼내서 망에다 갈라.

제 망에다 갈먼 대.
maŋeda kalmʌn tɛ.
망에다 갈먼 대.
▷ 망에다 갈면 돼.

제 망에다 갈먼 이 베 깍때기 쪽쪽, 쪽쪽 벡껴디디 머.
maŋeda kalmʌn i pe k'akt'ɛgi tɕ'oktɕ'ok, tɕ'oktɕ'ok pekk'iʌdidi mʌ.
망에다 갈먼 이 베 깍대기 쭉쭉, 쭉쭉 벳겨디디 머.
▷ 망에다 갈면 이 벼 깍지가 쭉쭉, 쪽쪽 벗겨지지 뭐.

조 아, 그래요?
a, kɯrɛjo?

▶ 아, 그래요?

㉐ 기리케 개주구락뚜 해 머거라 기랟띠. 기리케락뚜 밥 해 머그문 쌀 나달 아니가?

kirikʰe kɛʥugurakt'u hɛ mʌgʌra kirɛtt'i. kirikʰerakt'u pap hɛ mʌgɯmun s'al nadal aniga?

기렇게 개주구락두 해 먹어라 기랟디. 기렇게라두 밥 해 먹으문 쌀 날 알 아니가?

▶ 그렇게 해서라도 해 먹어라 그랬지. 그렇게라도 밥 해먹으면 쌀 낟알 아니니?

㉐ 이럽띠 머, 그저 바비 푸러디디 안티, 씨꺼머디 머.

irʌpt'i mʌ, kɯʣʌ pabi pʰurʌdidi antʰi, ɕ'ikʌmʌdi mʌ.

일없디 머, 그저 밥이 푸러디디 않디, 씨꺼머디 머.

▶ 괜찮지 뭐, 그저 밥이 윤기나지 않고 시꺼멓지 뭐.

㉐ 씨꺼머구 새구 배고파 중능거보다 나아.

ɕ'ikʌmʌgu sɛgu pɛgopʰa ʨuŋnɯŋʌboda naa.

씨꺼머구 새구 배고파 죽는거보다 나아.

▶ 시커멓고 말고 배고파 죽는 것보다 나아.

㉐ 내가 기레먼서 '기러커구 식땅 문 아페는 절때 오디 말라.'

nɛga kiremʌnsʌ 'kirʌkʰʌgu ɕikt'aŋ mun apʰenɯn ʨʌlt'ɛ odi malla.'

내가 기레먼서 '기러커구 식당 문 앞에는 절대 오디 말라.'

▶ 내가 그러면서 '그리고 식당 문 앞에는 절대 오지 말라.'

㉐ '오먼 나 너네들 멀 채 미긴다는 소리 든는다' 허니까니

'omʌn na nʌnedɯl mʌl ʨʰɛ migindanɯn sori tɯnnɯnda' hʌnik'ani

'오먼 나 너네들 멀 채 믹인다는 소리 듣는다' 허니까니

▶ '오먼 내가 너희들에게 뭘 훔쳐 먹인다는 말을 듣는다'고 하니까

㉐ 이걷뜰 지비서 그리케 콩 채옹거 기케서 죽뚜 끄레 먹꾸 걷 : 뜨리.

igʌtt'ɯl ʨibisʌ kɯrikʰe kʰoŋ ʨʰɛoŋʌ kikʰesʌ ʨukt'u k'ɯre mʌkk'u kʌ : tt'ɯri.

이것들 집이서 그렇게 콩 채온거 기케서 죽두 끓에 먹구 그것들이.

▶ 이 애들이 집에서 그렇게 콩 훔쳐 온 거로 그렇게 해서 죽도 끓여 먹고 그 애들이.

제 죽 식땅에서 타가기야 타가디, 고고 타가개지구 대네?

ʨuk ɕikt'aŋesʌ tʰagagija tʰagadi, kogo tʰagagɛʥigu tɛne?

죽 식당에서 타가기야 타가디, 고고 타가개지구 대네?

▶ 죽은 식당에서 타가기야 타가지, 그것만 타가서 되니?

제 거기에다가 쌀 쫌 보태서 끄리다가, 그 식땅에서 죽 타옹거.

kʌgiedaga s'al ʨ'om potʰesʌ k'ɯridaga, kɯ ɕikt'aŋesʌ ʨuk tʰaoŋʌ.

거기에다가 쌀 쫌 보태서 끓이다가, 그 식당에서 죽 타온거.

▶ 거기에다가 쌀을 좀 보태서 끓이다가, 그 식당에서 죽 타온 것으로.

제 어떤찌겐 또 그거 국 싸마 주기 멀뚝헝거 머.

ʌt'ʌnʨ'igen t'o kɯgʌ kuk s'ama ʨugi mʌlt'ukʰʌŋʌ mʌ.

어떤찍엔 또 그거 국 쌈아 죽이 멀뚝헌거 머.

▶ 어떤 때는 또 그것을 국 삼아 죽이 묽은 것이니 뭐.

제 국 싸마 먹꾸 그저 기리케 해서 아이들 다 살케서.

kuk s'ama mʌkk'u kɯʥʌ kirikʰe hʌsʌ aidɯl ta salkʰesʌ.

국 쌈아 먹구 그저 기렇게 해서 아이들 다 살켓어.

▶ 국 삼아 먹고 그저 그렇게 해서 아이들을 다 살렸어.

제 에이구, 도적찔 다 해시요. 안 허먼 어커나? 안 허먼 아이들 다 쥐기간는데?

eigu, toʥʌkʨ'il ta hɛɕijo. an hʌmʌn ʌkʰʌna? an hʌmʌn aidɯl ta ʨügigannɯnde?

에이구, 도적질 다 햇이요. 안 허먼 어커나? 안 허먼 아이들 다 쥑이 갓는데?

▶아이고, 도둑질을 다 했어요. 안 하면 어떻게 하니? 안 하면 아이들을 다 죽이겠는데?

조 다른 사람들도 다 그러하셨껜죠?
taruɯn saramdɯldo ta kɯrʌɦaɕjʌtkʼetɕʼjo?
▶다른 사람들도 다 그러하셨겠죠?

제 너나 할꺼 업따구 다. 야겅 보는 사람 내가
nʌna halkʼʌ ʌptʼagu ta. jagʌŋ ponɯn saram nɛga
너나 할거 없다구 다. 야겅 보는 사람 내가
▶너나 할 것이 없다구 다. 망을 보는 사람이 내가

제 기 : 케 말허니까니 찍소리두 몯해.
ki : kʰe malɦʌnikʼani tɕʼiksoridu motɦɛ.
기 : 케 말허니까니 찍소리두 못해.
▶그렇게 말하니까 찍소리도 못해.

조 그 사라믄 더 마니 훔쳐쓸껀데요?
kɯ saramɯn tʌ mani humtɕʰjʌsʼɯlkʼʌndejo?
▶그 사람은 더 많이 훔쳤을 건데요?

제 고:롬, 더 마니 채다 먹띠, 고:롬.
ko:rom, tʌ mani tɕʰeda mʌktʼi, ko:rom.
고:롬, 더 많이 채다 먹디, 고:롬.
▶그럼, 더 많이 훔치다 먹지, 그럼.

조 할머님, 물 좀 더 드릴까요?[37]
halmʌnim, mul tɕom tʌ tɯrilkʼajo?
▶할머님, 물 좀 더 드릴까요?

제 아니, 나 안 머거. 기리케 아이들 길러시요.

---

[37] 너무 말씀을 많이 하신 제보자 할머님께서 목이 갈리시기에 물을 마시라고 권하는 말임.

ani, na an mʌgʌ. kiɾikʰe aiduɯl killʌɕijo.

아니, 나 안 먹어. 기렇게 아이들 길럿이요.

▶ 아니, 난 안 먹어. 그렇게 아이들을 길렀어요.

[조] 그러니까 할머니미 대단하세요.

kuɯɾʌnik'a halmʌnimi tɛdanɦasejo.

▶ 그러니까 할머님이 대단하세요.

[제] 어이구, 고생두 말할꺼 업 : 서. 기리게 도적찔 다 해 받때니까니.

ʌigu, kosɛŋdu malɦalk'ʌ ʌ : psʌ. kiɾige todʑʌktɕ'il ta hɛ patt'ɛnik'ani.

어이구, 고생두 말할거 없 : 어. 기리게 도적질 다 해 밧대니까니.

▶ 아이고, 고생도 말할 것이 없어. 그러게 도둑질을 다 해 봤다니까.

[조] 하하, 그건 도적찔 아니예요. 생조늘 위해 할 쑤 업씨 선태칸 수다니예요.

haɦa, kuɯgʌn todʑʌktɕ'il anijejo. sɛŋdzonuɯl üɦɛ hal s'u ʌpɕ'i sʌntʰekʰan

sudanjiejo.

▶ 하하, 그건 도적질이 아니에요. 생존을 위해 할 수 없이 선택한 수단
이에요.

무서운 가난-손자를 개로 착각한 한 할머님

제 그지게는 다 막 사라. 그지겐 머 데기,
　　kɯdzigenɯn ta mak saɾa. kɯdzigen mʌ tegi,
　　그직에는 다 막 살아. 그직엔 머 데기,
　▶ 그때는 다 막 살아. 그때는 뭐 저기,

제 여기에서 그 이젠 걸 : 뜰 다 늘거서 주거서.
　　jʌgiesʌ kɯ idzen kʌ : tt'ɯl ta nɯlgʌsʌ tɕugʌsʌ.
　　여기에서 그 이젠 그것들 다 늙어서 죽엇어.
　▶ 여기에서 그 이제는 그 분들이 다 늙어서 죽었어.

제 그지게 나 : 마나개지구 그 어데, 범 엄매라구 기랜는데.
　　kɯdzige na: managɛdzigu kɯ ʌde, pʌm ʌmmɛɾagu kiɾennɯnde.
　　그직에 나 : 많아개지구 그 어데, 범 엄매라구 기랫는데.
　▶ 그때 나이 많아서 그 어디에, 호랑이 엄마라고 그랬는데.

제 고 아페 집짜리 인능거 우리, 노친 성은 몰라.
　　ko apʰe tɕiptɕ'aɾi innɯŋɡʌ uɾi, notɕʰin sʌŋɯn molla.
　　고 앞에 집자리 잇는 거 우리, 노친 성은 몰라.
　▶ 그 앞의 우리 집 자리에 있었는데, 할머니 성은 몰라.

제 긴데 기 노친네가 마리야 부를 드럳따 때터래요.
　　kinde ki notɕʰinnega maɾija puɾɯl tɯɾʌtt'a t'etʰʌɾejo.
　　긴데 기 노친네가 말이야 불을 들엇다 때터래요.
　▶ 그런데 그 할머니가 불을 기껏 때더래요.

제 기래서 대식꾜³⁸에서 '아니 이 노친네 부를 와 자꾸 땐노?'

116

kiresʌ tɛɕikk'joesʌ 'ani i noch^hinne puɾɯl wa tɕak'u t'ɛnno?'

기래서 대식교에서 '아니 이 노친네 불을 와 자꾸 땐노?'

▶ 그래서 대석교란 곳에서 '아니 이 할머니가 왜 불을 자꾸 때는가?' 물었더니

제 '개 자불라 기래, 개 자불라'.

'kɛ tɕabulla kiɾe, kɛ tɕabulla'.

'개 잡을라 기래, 개 잡을라'.

▶ '개 잡으려고 그래, 개 잡으려고'.

제 '아이, 개레 어니메 인네?'

'ai, kɛɾe ʌnime inne?'

'아이, 개레 어니메 잇네?'

▶ '아니, 개가 어디에 있나요?'

제 기니까니 '데 마당에 뛰도라 가능거 읻딴네?'

kinik'ani 'te madaŋe t'üdoɾa kanɯŋgʌ itt'anne?'

기니까니 '데 마당에 뛰돌아 가는거 잇닪네?'

▶ 그러니까 '저 마당에서 뛰어 돌아다니는 것이 있잖니?'

제 손주, 손주 손주 잡갇따구[39] 그 개라 그레먼서

sondʑu, sondʑu sondʑu tɕapgatt'agu kɯ kɛɾa kɯɾemʌnsʌ

손주, 손주 손주 잡갓다구 그 개라 그레먼서

▶ 손자, 손자 손자 잡겠다고 그 개라고 그러면서

제 나 : 마나개지구 기랟따 그레먼서 소문드리 나개지구.

na : managedʑigu kiɾett'a kɯɾemʌnsʌ somundɯɾi nagedʑigu.

나 : 많아개지구 기랫다 기래먼서 소문들이 나개지구.

▶ 나이 많아서 그랬다 그러면서 소문들이 나서.

---

38 대석교(大石橋)는 남쪽에 있는 도시명인데 제보자 할머님은 [대식교]로 발음.

39 원칙적으로 파열음 'ㅂ'뒤에선 무조건 경음화가 일어나지만은 여기서는 제보자가 휴지를 두고 발음하기에 경음화가 나타나지 않았음.

제 야, 누구네 어니메선 머 할:매레⁴⁰ 손주 자바먹깐따구

ja, nugune ʌnimesʌn mʌ ha : lmɛre sondzu tɕabamʌkk'att'agu

야, 누구네 어니메선 머 할:매레 손주 잡아먹갓다구

▶ 야, 누구네 어디에선 뭐 할머니가 손자를 잡아먹겠다고

제 개 삼는다구 물 끄렏때, 머 어더렏때.

kɛ samnɯndagu mul k'ɯrett'ɛ, mʌ ʌdʌrett'ɛ.

개 삶는다구 물 끓엣대, 머 어더렛대.

▶ 개 삶는다고 물을 끓였대, 뭐 어땠대.

제 그레먼서 마리 마니 도라가서.

kɯremʌnsʌ mari mani toragasʌ.

그레먼서 말이 많이 돌아갓어.

▶ 그러면서 말이 많이 돌아갔어.

조 왜요? 너무 배고파서 그러케 되싱 거예요?

wejo? nʌmu pɛgopʰasʌ kɯrʌkʰe tøɕiŋ gʌjejo?

▶ 왜요? 너무 배고파서 그렇게 되신 거예요?

제 고:롬, 너무 배고파서 손주레 개루 보엳띠, 나: 마느니까니.

ko:rom, nʌmu pɛgopʰasʌ sondzure kɛru pojʌtt'i, na : manɯnik'ani.

고:롬, 너무 배고파서 손주레 개루 보엿디, 나: 많으니까니.

▶ 그럼, 너무 배고파서 손자가 개로 보였지, 나이 많으니까.

조 얼마 저네 **에서도⁴¹ 사라미 사라믈 자바멍는다는 소리를 드런는데 너무 배가 고프면 사라므로 보이지 앙코 그러케 보이능가봐요.

ʌlma tɕʌne **esʌdo sarami saramɯl tɕabamʌŋnɯndanɯn sorirɯl tɯrʌnnɯnde nʌmu pɛga kopʰɯmjʌn saramɯro poidzi aŋkʰo kɯrʌkʰe poinɯŋgabwajo.

▶ 얼마 전에 **에서도 사람이 사람을 잡아먹는다는 소리를 들었는데 너

---

⁴⁰ 같은 어휘임에도 앞에서는 '한:매'라고도 하였고 여기서는 '할:매'라고 달리 발음하였음.

⁴¹ 여기에서 **는 구체적인 나라 명을 말할 수 없기에 '**'로 대체하였음.

무 배가 고프면 사람으로 보이지 않고 그렇게 보이는가 봐요.

제 오, 그런 모낭이야.

　　o, kɯɾʌn monaɲija.

　　오, 그런 모낭이야.

▶ 오, 그런 모양이야.

제 그레먼서 그 근체 노친네 그날 거기 가스니까니

　　kɯɾemʌnsʌ kɯ kɯntɕʰe notɕʰinne kɯnal kʌgi kasɯnik'ani

　　그레먼서 그 근체 노친네 그날 거기 갓으니까니

▶ 그러먼서 그 근처 할머니가 그날 그곳에 갔으니까

제 그 손주레 안 주걷띠.

　　kɯ sondzuɾe an tɕugʌtt'i.

　　그 손주레 안 죽엇디.

▶ 그 손자가 안 죽었지.

제 길디 아느먼 손주 더운 물 까매에 디리갈뻔 핻띠 머.

　　kildi anɯmʌn sondzu tʌun mul k'amɛe tiɾigalp'ʌn hɛtt'i mʌ.

　　길디 않으면 손주 더운 물 까매에 딜이갈뻔 햇디 머.

▶ 그렇지 않았으면 손자가 더운 물 가마솥에 들어갈 뻔 했지 뭐.

제 기리케 기랟따 길먼서, 굉장해서.

　　kiɾikʰe kiɾɛtt'a kilmʌnsʌ, köŋdzaŋɦesʌ.

　　기맇게 기랫다 길먼서, 굉장햇어.

▶ 그렇게 그랬다 하면서, 굉장했어.

제 기지겐 머 부모두 모르구, 자석뚜 모르구 기랟따 소문드리 굉장해서.

　　kidzigen mʌ pumodu moɾɯgu, tɕasʌkt'u moɾɯgu kiɾɛtt'a somundɯɾi

　　köŋdzaŋɦesʌ.

　　기직엔 머 부모두 모르구, 자석두 모르구 기랫다 소문들이 굉장햇어.

▶ 그때는 뭐 부모도 모르고, 자식도 모르고 그랬다며 소문들이 굉장했어.

제 배고푸니까니 환장허니까니 그리게 대가시요.
pɛgopʰunik'ani hwandʑaɲɦʌnik'ani kɯɾige tɛgaɕijo.

배고푸니까니 환장허니까니 그리게 대갓이요.

▶ 배고프니까 환장하니까 그렇게 되겠어요.

조 **에서도 약 심년 저네 그런 기아가 이썰짜나요?
**esʌdo jak ɕimnjʌn tɕʌne kɯɾʌn kiaga is'ʌtɕ'anajo?

▶ **에서도 약 십년 전에 그런 기아가 있었잖아요?

초롱에 담긴 죽

제 우리 동사미랑은 나 가니까니 이ː케 저네 뉘이드리 길더라.

uɾi toŋsamiɾaŋɯn na kanik'ani iː kʰe tɕʌne nüidɯɾi kildʌɾa.

우리 동삼이랑은 나 가니까니 이ː케 저네 뉘이들이 길더라.

▶ 우리 동삼이랑은 내가 가니까 이렇게 저 누이들이 그러더라.

제 에이구야, 이ː케 우리가 이거 배고푼 소리드리 이ː케 나오게 댇띠 머.

eiguja, iː kʰe uɾiga igʌ pɛgopʰun soɾidɯɾi iː kʰe naoge tɛtt'i mʌ.

에이구야, 이ː케 우리가 이거 배고푼 소리들이 이ː케 나오게 댓디 머.

▶ 어이구, 이렇게 우리가 이것 배 고픈 말들이 이렇게 나오게 됐지 뭐.

제 고 중 멍는 해 말 나오게 댇따우.

ko tɕuŋ mʌŋnɯn hɛ mal naoge tɛtt'au.

고 죽 먹는 해 말 나오게 댓다우.

▶ 그 죽 먹던 해 말이 나오게 됐다오.

제 주굴 이제 빠께쯔다 식꾸레 마느니까니 빠께쯔에다 타오디 머.

tɕugul idʑe p'ak'etɕ'ɯda ɕikk'uɾe manɯnik'ani p'ak'etɕ'ɯeda tʰaodi mʌ.

죽을 이제 빠께쯔다 식꾸레 많으니까니 빠께쯔에다 타오디 머.

▶ 죽을 이제 초롱에다 식구가 많으니까 초롱에다 타오지 뭐.

제 오가왕 이실찌게 우리 동사미네

ogawaŋ iɕiltɕ'ige uɾi toŋsamine

오가왕 잇일직에 우리 동삼이네

▶ 오가왕에 있을 때 우리 동삼이네

제 저 엄매레 죽 타다가 막 이ː케 그르세 두먼

tɕʌ ʌmmɛre tɕuk tʰadaga mak i : kʰe kɯrɯse tumʌn

저 엄매레 죽 타다가 막 이 : 케 그릇에 두면

▶ 저 엄마가 죽을 타다가 막 이렇게 그릇에 두면

제 빠께쯔에 그 껄쭉헝거 부턷띠 앙칸?

p'ak'etɕ'ɯe kɯ k'ʌltɕ'ukʰʌŋʌ putʰʌtt'i aŋkʰan?

빠께쯔에 그 껄쭉헌 거 붙엇디 않간?

▶ 초롱에 그 걸쭉한 것이 붙었지 않겠니?

제 이 : 케 홀트먼 껄쭉헝거 나오디 안네? 동사미는 머 배가 빵빵 기래두

i : kʰe hɯltʰumʌn k'ʌltɕ'ukʰʌŋʌ naodi anne? toŋsaminɯn mʌ pɛga p'ɛŋp'ɛŋ kiɾedu

이 : 케 훑으면 껄쭉헌 거 나오디 않네? 동삼이는 머 배가 빵빵 기래두

▶ 이렇게 훑으면 걸쭉한 것이 나오지 않니? 동삼이는 뭐 배가 똥똥 불러도

제 그 아드리라구 할배레 아이들, 손주들 다 배부르게 머긴는데두.

kɯ adɯriragu halbere aidɯl, sondzudɯl ta pɛbuɾɯge mʌginnɯndedu.

그 아들이라구 할배레 아이들, 손주들 다 배부르게 먹인는데두.

▶ 그 아들이라고 할아버지께서 아이들, 손자들을 다 배부르게 먹였는데도

제 배가 똥똥허구두 고거 엄매레 머글까바 엄매 멍능거,

pɛga t'oŋt'oŋɦʌgudu kogʌ ʌmmɛre mʌgɯlk'aba ʌmmɛ mʌŋnɯŋʌ,

배가 똥똥허구두 고거 엄매레 먹을가바 엄매 먹는거,

▶ 배가 똥똥하고도 그것을 엄마가 먹을까봐 엄마 먹는 것,

제 고거 달라허구 홀르륵 홀르륵 핻때는대 머.

kogʌ tallahʌgu hollɯɾɯk hollɯɾɯk hett'ɛnɯnde mʌ.

고거 달라허구 홀르륵 홀르륵 햇대는데 머.

▶ 그것을 달라하고 홀짝홀짝 다 먹었다는데 뭐.

오랜 인연

조 그럼 월래 여기 오가왕에서 살다가 다시 싸토자[42]로 가써요?
kɯɾʌm wʌllɛ jʌgi ogawaŋesʌ saldaga tɕɛi s'atʰodzaɾo kas'ʌjo?

▶ 그럼 원래 여기 오가왕에서 살다가 다시 싸토자로 갔어요?

제 고:롬, 싸토자 갇띠, 살 : 다가.
koːrom, s'atʰodza katt'i, sa : ldaga.

고:롬, 싸토자 갓디, 살 : 다가.

▶ 그럼, 싸토자로 갔지, 살다가.

조 왜 싸토자로 가셔써요?
wɛ s'atʰodzaɾo kaɕʌs'ʌjo?

▶ 왜 싸토자로 가셨어요?

제 기리게 고 문화대형명때무네
kirige ko munɦwadɛɕjʌŋmjʌŋt'ɛmune

기리게 고 문화대혁명 때문에

▶ 그러게 그 문화대혁명 때문에

제 할배가, 할배가 골란헌 사람들 잘 도와주구
halbɛga, halbɛga kollanɦʌn saɾamdɯl tɕal towadzugu

할배가, 할배가 곤란헌 사람들 잘 도와주구

▶ 할아버지께서 곤란한 사람들을 잘 도와주고

제 중국사람 또 볼래 본태배기구, 또 할배가 사라믈 잘 모시니까니.
tɕuŋguksaɾam t'o pollɛ pontʰɛbɛgigu, t'o halbɛga saɾamɯl tɕal moɕinik'ani.

---

42 싸토자(沙土子)는 요녕성의 지명.

중국사람 또 본래 본태배기구, 또 할배가 사람을 잘 모시니까니.

▶ 한족사람들은 또 본래 본토박이고, 할아버지께서 사람을 잘 모시니까.

제 이 : 케 너느 사라믄 돈 목꾸두 이 할배는 도늘 잘 꿘따우.

i : kʰe nʌnɯ saramɯn ton mokk'udu i halbɛnɯn tonɯl tɕal k'wʌtt'au.

이 : 케 너느 사람은 돈 못 꾸두 이 할배는 돈을 잘 꿧다우.

▶ 이렇게 여느 사람은 돈을 못 꿔도 이 할아버지는 돈을 잘 꿨다오.

제 잘 꿔서 엄는 사람 구해주군 핻따우. 앙 구해주머 다 굴머 죽띠 머.

tɕal k'wʌsʌ ʌmnɯn saram kuɦɛdzugun hɛtt'au. aŋ kuɦɛdzumʌ ta kulmʌ tɕukt'i mʌ.

잘 꿔서 없는 사람 구해주군 햇다우. 안 구해주머 다 굶어 죽디 머.

▶ 잘 꿔서 없는 사람을 구해주곤 했다오. 안 구해주었다면 다 굶어 죽지 뭐.

제 기먼서 중국사람들 제내 고리대, 고리대 읻따나?

kimʌnsʌ tɕuŋguksaramdɯl tɕɛnɛ koridɛ, koridɛ itt'ana?

기먼서 중국사람들 제내 고리대, 고리대 잇닿아?

▶ 그러면서 한족사람들 일부러 고리대, 고리대가 있잖아?

제 그거 돈 테 내서 어더먹띠두 몯허구.

kɯgʌ ton tʰe nɛsʌ ʌdʌmʌkt'idu mothʌgu.

그거 돈 테 내서 얻어먹디두 못허구.

▶ 그거 돈 고리대를 내서 얻어먹지도 못하고.

제 건 : 내서 골란헌 사람 자꾸만 와개지구 사정해서

kʌ : n nɛsʌ kollanɦʌn saram tɕak'uman wagɛdzigu sadzʌŋɦɛsʌ

건 : 내서 곤란헌 사람 자꾸만 와개지구 사정해서

▶ 그건 내서 곤란한 사람들이 자꾸만 와서 사정해서

제 좀 안 해주먼 우리 식꾸 다 굴머죽깓따구 기니까니 그걸 내주단네?

tɕom an hɛdzumʌn uri ɕikk'u ta kulmʌdzukk'att'agu kinik'ani kɯgʌl nɛdzudanne?

좀 안 해주면 우리 식구 다 굶어죽갓다구 기니까니 그걸 내주닪네?

▷ 좀 안 해주면 우리 식구가 다 굶어죽는다고 그러니까 그걸 대신 내주 잖니?

제 내주니까니 문화대형명 이러나니까니

nɛdzunik'ani munɦwadɛɕjʌŋmjʌŋ iɾʌnanik'ani

내주니까니 문화대혁명 일어나니까니

▷ 내주었는데 문화대혁명 일어나니까

제 고리대 내 : 머걷따구 이 : 케 뒤지버 자바개지구 뚜쩡43(斗爭)시키딴네, 할 배를.

koride nɛ : mʌgʌtt'agu i : kʰe tüdzibʌ tɕabagɛdzigu t'utɕ'ʌŋɛikʰit'anne, halbɛɾul.

고리대 내 : 먹엇다구 이 : 케 뒤집어 잡아개지구 뚜쩡시킷닪네, 할배를.

▷ 고리대를 내먹었다고 이렇게 거꾸로 잡아가 투쟁시켰잖니, 할아버지를.

조 아, 그래서 싸토자로 가싱거예요?

a, kɯɾɛsʌ s'atʰodzaro kaɕiŋʌjejo?

▷ 아, 그래서 싸토자로 가신 거예요?

제 기 할배, 할배 기 : 케 기리니까니 아들까지 다 머산허단네? 이거 우리 넝감.

ki halbɛ, halbɛ ki : kʰe kirinik'ani adɯlk'adzi ta mʌsanɦʌdanne? igʌ uɾi nʌŋgam.

기 할배, 할배 기 : 케 기리니까니 아들까지 다 머산허닪네? 이거 우 리 넝감.

▷ 그래 할아버지, 할아버지가 그렇게 그러니까 아들까지 다 영향 받잖 니? 이 우리 영감.

제 아바지 그렁거 아들까지 다 뒤지버 씨운딴네?

abadzi kɯɾʌŋgʌ adɯlk'adzi ta tüdzibʌ ɕ'iutt'anne?

아바지 그런거 아들까지 다 뒤집어 씌웃닪네?

---

43 '뚜쩡'은 '투쟁'을 뜻하는 중국어 '더우정'(斗爭[douzheng])을 말함.

▶ 아버지께서 그러신 것을 아들까지 다 뒤집어 씌웠잖니?

제 선생노릍 헝거 선생 다 띠 : 구.

sʌnseŋnoruɯt hʌŋgʌ sʌnseŋ ta t'i : gu.

선생노릇 헌거 선생 다 띠 : 구.

▶ 선생 했던 것 선생직업도 다 띠우고.

제 기리케 대니까니 할배레 읻따가 '이너미 고디서 몯쌀갇따.'

kirikʰe tɛnik'ani halbɛre itt'aga 'inʌmi kodisʌ mots'algatt'a.'

기렇게 대니까니 할배레 잇다가 '이넘이 곧이서 못살갓다.'

▶ 그렇게 되니 할아버지께서 '이놈의 곳에서 못살겠다.'

제 문화대형명 끈난 대메 '이너미 고디서 몯쌀갇따 딴데루 이새 가자.'

munɦwadɛɕɹʌŋmjʌŋ k'ɯnnan tɛme 'inʌmi kodisʌ mots'algatt'a t'anderu
isɛ kadʑa.'

문화대혁명 끝난 댐에 '이넘이 곧이서 못살갓다 딴데루 이새 가자.'

▶ 문화대혁명이 끝난 다음에 '이놈의 곳에서 못살겠다. 다른 곳으로 이
사 가자.'

제 기래서 싸토자 갇따우, 달레 강거이 아니구.

kirɛsʌ s'atʰodʑa katt'au, talle kaŋʌi anigu.

기래서 싸토자 갓다우, 달레 간 거이 아니구.

▶ 그래서 싸토자에 갔다오, 달리 간 것이 아니고.

조 오가왕에 이쓸 때는 한 마으레 사라서 서로 잘 아시겐네요?

ogawaŋe is'ɯl t'ɛnɯn han maɯre sarasʌ sʌro tɕal aɕigennejo?

▶ 오가왕에 있을 때는 한 마을에 살아서 서로 잘 아시겠네요?

제 고:롬, 우리 압뛰찌베서 사랃따우.

ko:rom, uri apt'ütɕ'ibesʌ saratt'au.

고:롬, 우리 앞뒷집에서 살앗다우.

▶ 그럼, 우리 앞뒷집에서 살았다오.

126

조 아, 그러셔써요? 그러다가 다시 여기로 오싱거예요?

　　a, kɯɾʌɛjʌs'ʌjo? kɯɾʌdaga taɛi jʌgiɾo oɛiŋɡʌjejo?

▶ 아, 그러셨어요? 그러다가 다시 여기로 오신 거예요?

제 고 : 롬, 고 : 롬 기 : 케 댇찌.

　　ko : ɾom, ko : ɾom ki : kʰe tɛttɕ'i.

　　고 : 롬, 고 : 롬 기 : 케 댓지.

▶ 그럼, 그럼 그렇게 됐지.

조 오가왕에 계속 계셔쓰면 더 잘 사셔쓸찌도 모르는데 가서 정말 마니 고생하
셛쬬?

　　ogawaŋe kjesok kjeɛjʌs'ɯmjʌn tʌ tɕal saɛjʌs'ɯltɕ'ido moɾɯnɯnde kasʌ
tɕʌŋmal mani kosɛŋɦaɛjʌttɕ'jo?

▶ 오가왕에 계속 계셨으면 더 잘 사셨을지도 모르는데 가서 정말 많이
고생하셨죠?

제 고 : 롬, 싸토자 가서 마는 고생 핻띠 머.

　　ko : ɾom, s'atʰodza kasʌ manɯn kosɛŋ hɛtt'i mʌ.

　　고 : 롬, 싸토자 가서 많은 고생 햇디 머.

▶ 그럼, 싸토자에 가서 많은 고생을 했지 뭐.

제 우리는 몰라라. 그 여메 인는 사람드리 기래.

　　uɾinɯn mollaɾa. kɯ jʌme innɯn saɾamdɯɾi kiɾɛ.

　　우리는 몰라라. 그 염에 잇는 사람들이 기래.

▶ 우리는 모르는데 그 옆에 있는 사람들이 그래.

제 식꾸 만티 또 한해 농새 넹기웓띠, 기니까니 고통 마니 바닫따 기래.

　　ɛikk'u mantʰi t'o hanɦɛ noŋsɛ neŋɡiwʌtt'i, kinik'ani kotʰoŋ mani
padatt'a kiɾɛ.

　　식구 많디 또 한해 농새 넹기웟디, 기니까니 고통 많이 받앗다 기래.

▶ 식구는 많지 또 한해 농사를 넘겼지, 그러니까 고통을 많이 받았다 그래.

조 월래 할머님도 정말 조얀따 해썰쬬? 그 할머님도 아시겐네요?

wʌllɛ halmʌnimdo tɕʌŋmal tɕoatt'a hɛs'ʌttɕ'jo? kɯ halmʌnimdo aɕigennejo?

원래 할머님도 정말 좋았다 했었죠? 그 할머님도 아시겠네요?

제 알디 앙쿠, 잘 아라. 우리 엄매가 전주니가다우.

aldi aŋkʰu, tɕal aɾa. uɾi ʌmmɛga tɕʌndʑunigadau.

알디 않구, 잘 알아. 우리 엄매가 전주니가다우.

알지 않고, 잘 알아. 우리 엄마가 전주'이씨'라오.

제 우리 봉가찝 엄매레 전주니가구 동구기네두 전주니가 아니가?

uɾi poŋgatɕ'ip ʌmmɛɾe tɕʌndʑunigagu toŋguginedu tɕʌndʑuniga aniga?

우리 본가집 엄매레 전주니가구 동국이네두 전주니가 아니가?

우리 친정 엄마가 전주'이씨'이고 동국이네도 전주이씨 아니니?

제 기니까니 우리 엄매레 동구기 아바지, 아니 동구기 할배디 머, 노할배.

kinik'ani uɾi ʌmmɛɾe toŋgugi abadʑi, ani toŋgugi halbɛdi mʌ, nofialbɛ.

기니까니 우리 엄매레 동국이 아바지, 아니 동국이 할배디 머, 노할배.

그러니까 우리 엄마가 동국이 아버지, 아니 동국이 할아버지지 뭐. 증조할아버지.

제 노할배보구 기니까니 '아바지, 아버님, 아버님' 허멘서 댕긷따우.

nofialbɛbogu kinik'ani 'abadʑi, abʌnim, abʌnim' hʌmensʌ tɛŋgitt'au.

노할배보구 기니까니 '아바지, 아버님, 아버님' 허멘서 댕깃다우.

증조할아버지보고 그러니까 '아버지, 아버님, 아버님' 하면서 다녔다오.

제 기커구 또 머잉가머 그 할배는 또 우리 엄매보구 따리라구 핻따우.

kikʰʌgu t'o mʌiŋgamʌ kɯ halbɛnɯn t'o uɾi ʌmmɛbogu t'aɾiɾagu hett'au.

기커구 또 머인가머 그 할배는 또 우리 엄매보구 딸이라구 햇다우.

그리고 또 뭔가 하면 그 할아버지는 또 우리 어머니보고 딸이라고 했다오.

뒤늦게 이루어진 사랑

조 그럼 좀 더 일찍 만나서 사셔쓰면 얼마나 조아요?
   kɯɾʌm tɕom tʌ iltɕ'ik mannasʌ saɕjʌs'ɯmjʌn ʌlmana tɕoajo?

▶ 그럼 좀 더 일찍 만나서 사셨으면 얼마나 좋아요?

제 그래머 체네, 총각 때 무어줄 껄 기랟따. 길다나 기래두 기 : 케 말핻따우.
   kɯɾemʌ tɕʰene, tɕʰoŋgak t'ɛ muʌdzul k'ʌl kiɾett'a. kildana kiɾedu ki : kʰe
   malfiett'au.

   그래머 체네, 총각 때 무어줄 걸 기랫다. 길닾아 기래두 기 : 케 말햇다우.

▶ 그럼 처녀, 총각 때 묶어 줄 걸 그랬다. 그러잖아도 그렇게 말을 했다오.

조 그래요? 그러케 매저질 쑤도 이써써요?
   kɯɾejo? kɯɾʌkʰe mɛdzʌdzil s'udo is'ʌs'ʌjo?

▶ 그래요? 그렇게 맺어질 수도 있었어요?

제 매즈먼 고저게 내가 두 살 우인데 머 어러케 맨네? 몯 맫띠?
   mɛdzɯmʌn kodzʌge nɛga tu sal uinde mʌ ʌɾʌkʰe mɛnne? mot mɛtt'i?

   맺으먼 고적에 내가 두 살 우인데 머 어러케 맺네? 못 맺디?

▶ 맺으면 그때는 내가 두 살 이상인데 뭐 어떻게 맺니? 못 맺지?

조 그때는 나이 더 마능게 그러케 흐미여써요?
   kɯt'ɛnɯn nai tʌ manɯŋge kɯɾʌkʰe hɯmijʌs'ʌjo?

▶ 그때는 나이 더 많은 것이 그렇게 흠이였어요?

제 그저게는 머 몰라, 기 : 케 다 나 : 마능거 안 핻딴네?
   kɯdzʌgenɯn mʌ molla, ki : kʰe ta na : manɯŋgʌ an hɛtt'anne?

그적에는 머 몰라, 기 : 케 다 나 : 많은거 안 햇닳네?

▶ 그때는 뭐 몰라, 그렇게 다 나이 많은 것은 안 했잖니?

제 그저게는 여자 나 : 마능거는 안 핻딴네?

kɯdzʌgenɯn jʌdza na : manɯŋgʌnɯn an hett'anne?

그적에는 여자 나 : 많은거는 안 햇닳네?

▶ 그때는 여자가 나이 많은 사람하고는 결혼 안 했잖니?

조 근데 후에는 할머님께서 나이 더 마느신데도 괜차느셔써요?

kɯnde huenɯn halmʌnimk'esʌ nai tʌ manɯeindedo kwentɕhanɯejʌs'ʌjo?

▶ 근데 후에는 할머님께서 년세 더 많으신데도 괜찮으셨어요?

제 우리 지끔 동구기 아바지 만낼찌게? 고 : 롬 저 알구 핸는데 머.

uɾi tɕik'ɯm toŋgugi abadzi manneltɕ'ige? ko : rom tɕʌ algu hennɯnde mʌ.

우리 지끔 동국이 아바지 만낼직에? 고 : 롬 저 알구 햇는데 머.

▶ 우리 지금 동국이 아버지 만날 때에? 그럼 자기도 알고 했는데 뭐.

제 기 : 고 나 : 만타구 내레 나 : 만타구 안 허걷따 기니까니

ki : go na : manthagu nɛre na : manthagu an hʌgʌtt'a kinik'ani

기 : 고 나 : 많다구 내레 나 : 많다구 안 허것다 기니까니

▶ 그래서 나이가 많다고 내가 나이 많다고 안 하겠다 그러니까

제 기래두 허갇따 기는데 머 어러케? 동구기 아바지레.

kiɾedu hʌgatt'a kinɯnde mʌ ʌɾʌkhe? toŋgugi abadziɾe.

기래두 허갓다 기는데 머 어러케? 동국이 아바지레.

▶ 그래도 하겠다고 그러는데 뭐 어떻게? 동국이 아버지가.

조 그걷 머 나이 망코 저근 거시 큰 상과니 업쪼? 월래 할머니미 일찍 도라가
셛따고 핻쪼?

kɯgʌt mwʌ nai maŋkho tɕʌgɯn kʌɕi khɯn saŋgwani ʌptɕ'jo? wʌllɛ
halmʌnimi iltɕ'ik toragaɕjʌtt'ago hett'ɕ'jo?

▶ 그것 뭐 나이가 많고 적은 것이 큰 상관이 없죠? 원래 할머님이 일찍

돌아가셨다고 했죠?

제 고:롬, 기니까니 기:케 나: 안 마나서 세상 떧띠 머.

ko:rom, kinik'ani ki: kʰe na: an manasʌ sesaŋ t'ʌtt'i mʌ.

고:롬, 기니까니 기:케 나: 안 많아서 세상 떴디 머.

▶ 그럼, 그러니까 그렇게 나이가 많지 않아서 세상을 떴지 뭐.

조 쉰도 안 돼서 도라가셛따 하시더라고요.

sündo an twɛsʌ toragaɕjʌtt'a haɕidʌragojo.

▶ 쉰도 안 돼서 돌아가셨다 하시더라고요.

제 기랟깐나? 봉오기, 봉오기레?

kirɛtk'anna? poŋogi, poŋogire?

기랫갓나? 봉옥이, 봉옥이레?

▶ 그랬겠나? 봉옥이, 봉옥이가?

조 하라버지께서 할머님하고 만나실 때가 쉰세시고 할머니믄 쉰다서시라고 하셛죠?

harabʌdzik'esʌ halmʌnimɦago mannaɕil t'ɛga sünseɕigo halmʌnimɯn sündasʌɕirago haɕjʌtɕ'jo?

▶ 할아버지께서 할머님하고 만나실 때가 쉰셋이고 할머님은 쉰다섯이라고 하셨죠?

제 오, 마자. 기니까니 내 아래다우. 기니까니 절머서 세상 떧띠 머.

o, madza. kinik'ani nɛ arɛdau. kinik'ani tɕʌlmʌsʌ sesaŋ t'ʌtt'i mʌ.

오, 맞아. 기니까니 내 아래다우. 기니까니 젊어서 세상 떴디 머.

▶ 오, 맞아. 그러니 내 아래라오. 그러니 젊어서 세상을 떴지 뭐.

조 그래도 하라버지께서는 할머니믈 만나서 보기 이썼써요. 마지막까지 그러케 잘 모셔주시는 부는 업쓸꺼예요.

kɯrɛdo harabʌdzik'esʌnɯn halmʌnimɯl mannasʌ pogi is'ʌts'ʌjo. madzimakk'adzi kɯrʌkʰe tɕal moɕjʌdzuɕinɯn punɯn ʌps'ɯlk'ʌjejo.

▶ 그래도 할아버지께서는 할머님을 만나서 복이 있었어요. 마지막까지 그렇게 잘 모셔주시는 분은 없을 거예요.

제 정말 입썽두 깨끋⁴⁴시리 허구 어니메 가두 놈보담 어지리 안 내세웠따우.
tɕʌɲmal ips'ʌŋdu k'ɛk'ɯtɕiɾi hʌgu ʌnime kadu nombodam ʌdziɾi an nɛsewʌtt'au.
정말 입성두 깨끗시리 허구 어니메 가두 놈보담 어지리 안 내세웠다우.
▶ 정말 옷도 깨끗하게 하고 어디에 가도 남보다 어지럽게는 안 나서게 했다오.

제 언제나 깨끋시레 내세웠띠.
ʌndzena k'ɛk'ɯtɕiɾe nɛsewʌtt'i.
언제나 깨끗시레 내세웠디.
▶ 언제나 깨끗하게 나서게 했지.

제 펭생에 이서두 입썽 턱 너저줄허게 안 이페 내보내서.
peŋsɛŋe isʌdu ips'ʌŋ tʰʌk nʌdzʌdzulfiʌge an ipʰe nɛbonɛsʌ.
펭생에 잇어두 입성 턱 너저줄허게 안 입헤 내보냈어.
▶ 평생에 있어도 옷 한번도 너절하게 안 입히어 내보냈어.

제 언제나 깨끋시 내세웠띠. 기리게 싸토자서 다 기래서.
ʌndzena k'ɛk'ɯtɕi nɛsewʌtt'i. kiɾige s'atʰodzasʌ ta kiɾɛsʌ.
언제나 깨끗시 내세웠디. 기리게 싸토자서 다 기랬어.
▶ 언제나 깨끗하게 나서게 했지. 그러게 싸토자에서 다 그랬어.

제 데 넝가믄 노친네 얻떠니 그저 하늘거티 모시구
te nʌŋgamɯn notɕʰinne ʌtt'ʌni kɯdzʌ hanɯlgʌtʰi moɕigu
데 넝감은 노친네 얻더니 그저 하늘겉이 모시구
▶ 저 영감은 노친을 얻더니 (노친이) 그저 하늘같이 모시고

---

44 'ㄷ'뒤에서 경음화가 일어나는 것이 원칙이겠지만 여기서는 제보자가 휴지를 두고 발음하기에 경음화가 일어나지 않음.

제 하늘거티 내세운다 기랟따우.

hanɯlgʌtʰi nɛseunda kirɛtt'au.

하늘겉이 내세운다 기랫다우.

▷ 하늘같이 나세운다고 그랬다오.

조 그러세요? 하라버지께서 할머님 보기 따로 인능가 봐요.

kɯrʌsejo? harabʌdʑik'esʌ halmʌnim pogi t'aro innɯŋga pwajo.

▷ 그러세요? 할아버지께서 할머님 복이 따로 있으신가 봐요.

제 아이구, 기래서두 또 머 멘저 척 업 : 서지단네?

aigu, kirɛsʌdu t'o mʌ mendʑʌ tɕʰʌk ʌ : psʌdʑidanne?

아이구, 기랫어두 또 머 멘저 척 없 : 어지닪네?

▷ 아이고, 그랬어도 또 뭐 먼저 척 없어지잖니?

조 그러니까 먼저 간 사라미 보기죠? 노인드른 가치 늘꼬 가치 계셔야 하는데요?

kɯrʌnik'a mʌndʑʌ gan sarami pogidʑjo? noindɯrɯn katɕʰi nɯlk'o katɕʰi
kjeɕʌja hanɯndejo?

▷ 그러니까 먼저 간 사람이 복이죠? 노인들은 같이 늙고 같이 계셔야
하는데요?

의지 없던 노인의 이야기

제 기리게 언젱가 우리 목싸님 설교하며서 말하능게
kirige ʌndzeŋga uri moks'anim sʌlgjoɦamjʌsʌ malɦanwŋge
기리게 언젠가 우리 목사님 설교하며서 말하는게
▶ 그래 언젠가 우리 목사님이 설교하면서 말하는 것이

제 팔씨베 난 노이니 '나는 으지레 업따.'
pʰalɕ'ibe nan noini 'nanwn wdzire ʌpt'a.'
팔십에 난 노인이 '나는 으지레 없다.'
▶ 팔십에 난 노인이 '나는 의지가 되는 사람이 없다.'

제 자석뜰 다 인는데두 으지 업따 길더래.
tɕasʌkt'wl ta innwndedu wdzi ʌpt'a kildʌre.
자석들 다 잇는데두 으지 없다 길더래.
▶ 자식들이 다 있는데도 의지가 되는 사람이 없다 그러더래.

제 아, 기래서 무슨 말쓰물 기 : 케 하나?
a, kiɾesʌ muswn mals'wmul ki : kʰe hana?
아, 기래서 무슨 말씀을 기 : 케 하나?
▶ 아, 그래서 무슨 말씀을 그렇게 하는가?

제 으지레 와 업깐나? 자석뜰 다 수부컨데, 와 으지레 엄나?
wdzire wa ʌpk'anna? tɕasʌkt'wl ta subukʰʌnde, wa wdzire ʌmna?
으지레 와 없갓나? 자석들 다 수북헌데, 와 으지레 없나?
▶ 의지가 되는 사람이 왜 없겠나? 자식들이 많은데, 왜 의지가 되는 사람이 없는가?

134

[제] 기래두 으지 업따 긴다 길더니

kirɛdu ɯdzi ʌpt'a kinda kildʌni

기래두 으지 없다 긴다 길더니

▶ 그래도 의지가 되는 사람이 없다 그런다고 하더니

[제] 기세, 머 칠씹 메체난 노친네 얻떠니 으지레 댄다 긴다 앙 기래?

kise, mʌ tɕʰilɕ'ip metɕʰenan notɕʰinne ʌtt'ʌni ɯdzire tɛnda kinda aŋ girɛ?

기세, 머 칠십 멫에 난 노친네 얻더니 으지레 댄다 긴다 안 기래?

▶ 글쎄, 뭐 칠십 몇이 된 노친을 얻더니 의지가 된다 그런다고 안 그래?

[제] 기니까니 늘거서두 그저 부부가네가 으지인 모낭이라.

kinik'ani nɯlgʌsʌdu kɯdzʌ pubuganega ɯdziin monaŋira.

기니까니 늙어서두 그저 부부간에가 으지인 모낭이라.

▶ 그러니 늙어서도 그저 부부간이 의지가 되는 모양이야.

[제] 그라타 그라먼서 집 잡꾸 잘 : 산대. 으지 어덛따, 으지 댇따 기먼서.

kmrʌtʰa kmrʌmʌnsʌ tɕip tɕapk'u tɕa : l sandɛ. ɯdzi ʌdʌtt'a, ɯdzi tɛtt'a kimʌnsʌ

그렇다 그라먼서 집 잡구 잘 : 산대. 으지 얻엇다, 으지 댓다 기먼서.

▶ 그렇다 그러면서 집 잡고 잘 산대. 의지가 되는 사람을 얻었다, 의지가 됐다 그러면서.

[제] 그러케 허는 말 드던따 그러먼서 설교하먼서 기 : 케 말해.

kɯrʌkʰe hʌnɯn mal tɯdʌtt'a kɯrʌmʌnsʌ sʌlgjoɦamʌnsʌ ki : kʰe malɦɛ.

그러케 허는 말 들엇다 그러먼서 설교하먼서 기 : 케 말해.

▶ 그렇게 하는 말 들었다 그러면서 설교하면서 그렇게 말해.

[제] 팔씨베 난 노인들 으지 업따 길더니

palɕ'ibe nan noindɯl ɯdzi ʌpt'a kildʌni

팔십에 난 노인들 으지 없다 길더니

▶ 팔십에 난 노인들이 의지가 되는 사람이 없다고 하더니

제 짜글 무어서 노친네 어드니까니 으지레 일따구.

ʨ'agɯl muʌsʌ noʨʰinne ʌdɯnik'ani ɯʥire itt'agu.

짝을 무어서 노친네 얻으니까니 으지레 잇다구.

▶ 짝을 묶어서 노친을 얻으니까 의지가 되는 사람이 있다고.

제 기 : 케 그런 말 드덛따구 그러면서

ki : kʰe kɯɾʌn mal tɯdʌtt'agu kɯɾʌmʌnsʌ

기 : 케 그런 말 들엇다구 그러면서

▶ 그렇게 그런 말을 들었다고 그러면서

제 설교허면서 마지마게 그런 말 허더라.

sʌlgjoɦʌmʌnsʌ maʥimage kɯɾʌn mal hʌdʌɾa.

설교허면서 마지막에 그런 말 허더라.

▶ 설교하면서 마지막에 그런 말을 하더라.

조 그러니까 부부가는 꼭 가치 오래오래 계셔야 해요.

kɯɾʌnik'a pubuganɯn oɾɛoɾɛ k'ok katɕʰi kjeɕjʌja hɛjo.

▶ 그러니까 부부간은 꼭 같이 오래오래 계셔야 해요.

인생 말년의 동반자

제 여기서두 이제야 머 칠씹?
jʌgisʌdu idʑeja mʌ tɕʰilɕ'ip?
여기서두 이제야 머 칠십?
▶ 여기에서도 이제 뭐 칠십?

제 넝가미 지끔 칠씹 메치가? 칠씹 너이가? 노친네 칠씨비야.
nʌŋgami tɕik'ɯm tɕʰilɕ'ip metɕʰiga? tɕʰilɕ'ip nʌiga? notɕʰinne tɕʰilɕ'ibija.
넝감이 지끔 칠십 멫이가? 칠십 너이가? 노친네 칠십이야.
▶ 영감이 지금 칠십 몇이던가 칠십 넷인가? 노친은 칠십이고

제 긴데 짝 무어서 사라. 아들들 수부컨데 사라. 재미나게 산다.
kinde tɕ'ak muʌsʌ saɾa. adɯldɯl subukʰʌnde saɾa. tɕɛminage sanda.
긴데 짝 무어서 살아. 아들들 수북헌데 살아. 재미나게 산다.
▶ 그런데 짝을 묶어서 살아. 아들들이 많은데 같이 살아. 재미나게 산다.

조 아, 그래요?
a, kɯɾɛjo?
▶ 아, 그래요?

제 기니까니 난 그저게 오십 다섣쌀 나서두 훙축헌데.
kinik'ani nan kɯdʑʌge oɕip tasʌts'al nasʌdu hoŋtɕʰukhʌnde.
기니까니 난 그적에 오십 다섯쌀 낫어두 훙축헌데.
▶ 그러니까 나는 그때 오십 다섯 살 낳어도 부끄럽던데

제 넝감 어등거이 훙축헌데 아이구 팔씨베 다 대어오는데 어러케 데리구 사라?
nʌŋgam ʌdɯŋgʌi hoŋtɕʰukhʌnde aigu pʰalɕ'ibe ta tɛʌonɯnde ʌɾʌkʰe

terigu sara?

넝감 얻은 거이 홍축헌데 아이구 팔십에 다 대어오는데 어떻게 데리
구 살아?

▶ 영감 얻은 것이 부끄러운데 아이고, 팔십이 다 되어오는데 어떻게 데
리고 살아?

조 괜차나요. 잘 사시는 모습 보면 보기 조은데요?

kwɛntɕʰanajo. ɕal saɕinɯn mosɯp pomjʌn pogi ɕoundejo?

▶ 괜찮아요. 잘 사시는 모습을 보면 보기 좋은데요?

제 아들들두 도태, 저네 시중 안 해주니까니.

adɯldɯldu totʰɛ, ɕʌne ɕidzuŋ an hɛdzunik'ani.

아들들두 돟대, 저네 시중 안 해주니까니.

▶ 아들들도 좋대, 자기들이 시중을 안 해줘도 되니까.

조 서로가 조쵸.

sʌroga ɕotɕʰjo.

▶ 서로가 좋죠.

제 기래, 우리 부라게 이서. 재미나게 사라, 아들들두 도아서 기래.

kirɛ, uri purage isʌ. ɕɛminage sara, adɯldɯldu toasʌ kirɛ.

기래, 우리 부락에 잇어. 재미나게 살아, 아들들두 돟아서 기래.

▶ 그래, 우리 마을에 있어. 재미나게 살아, 아들들도 좋아서 그래.

제 노친네 안 얻꾸 그러먼 저네레 시중해주야 대단네?

notɕʰinne an ʌtk'u kɯrʌmʌn ɕʌnere ɕidzuŋɦɛdzuja tɛdanne?

노친네 안 얻구 그러먼 저네레 시중해주야 대닿네?

▶ 노친을 안 얻고 그러면 자기들이 시중해주어야 되잖니?

조 그리고 생활비 좀 드리고 하면 되죠?

kɯrigo sɛŋɦwalbi ɕom tɯrigo hamjʌn tödzjo?

▶ 그리고 생활비 좀 드리고 하면 되죠?

제 또 넝감 생활두 조타, 돈두 읻따.

t'o nʌŋgam sɛɲɦwaldu tɕotʰa, tondu itt'a.

또 넝감 생활두 좋다, 돈두 잇다.

▶ 또 영감 생활도 좋다, 돈도 있다.

조 어떠케 해서 생화리 그러케 조쵸?

ʌt'ʌkʰe hɛsʌ sɛɲɦwari kɯrʌkʰe tɕotɕʰjo?

▶ 어떻게 해서 생활이 그렇게 좋죠?

제 기게 넝감 머 쫌 사방 댕기면서 버ː러서 돈 읻띠 머.

kige nʌŋgam mʌ tɕ'om sabaŋ tɛŋgimʌnsʌ bʌ ː rʌsʌ ton itt'i mʌ.

기게 넝감 머 쫌 사방 댕기면서 벌ː어서 돈 잇디 머.

▶ 그건 영감이 뭐 좀 사방에 다니면서 벌어서 돈 있지 뭐.

조 그래서 새할머니미 오싱거예요.

kɯrɛsʌ sɛɦalmʌnimi oɕiŋɡʌjejo.

▶ 그래서 새할머님이 오신 거예요.

제 아이구, 기ː케 짝 무꺼[45] 우리 마을서 사라, 긴데 다 조아서 길더라.

aigu, ki ː kʰe tɕ'ak muk'ʌ uri maɯlsʌ sara, kinde ta tɕoasʌ kildʌra.

아이구, 기ː케 짝 묶어 우리 마을서 살아, 긴데 다 좋아서 길더라.

▶ 아이고, 그렇게 짝을 묶어서 우리 마을에서 살아, 그런데 다 좋아서 그러더라.

제 기ː케 짝 무어서 사라, 재미나게 사라.

ki ː kʰe tɕ'ak muʌsʌ sara, tɕɛminage sara.

기ː케 짝 무어서 살아, 재미나게 살아.

▶ 그렇게 짝을 묶어서 살아, 재미나게 살아.

조 인생에 후반 그러케라도 재미 읻께 살면 되죠? 저도 그렁 건 찬성이예요.

insɛŋe huban kɯrʌkʰerado tɕɛmi itk'e salmjʌn tödzjo? tɕʌdo kɯrʌŋ ɡʌt

---

45 모두 [무어]로 발화하였는데 유독 여기에서만 [무꺼]로 발화 했음.

ʨʰansʌɲijejo.

▶ 인생의 후반에 그렇게라도 재미 있게 살면 되죠? 저도 그런 것 찬성이에요.

제 기니까 지끔 반대두 안 해. 지끔 세월이 그리니까니.

kinik'a ʨik'ɯm pandɛdu an hɛ. ʨik'ɯm sewʌɾi kɯɾinik'ani.

기니까 지끔 반대두 안 해. 지끔 세월이 그리니까니.

▶ 그러니까 지금 반대도 안 해. 지금 세월이 그러니까.

제 여기서 넝감하구 노친네하구 시비년 차야.

jʌgisʌ nʌŋgamɦagu noʨʰinneɦagu ɕibinjʌn ʨʰaja.

여기서 넝감허구 노친네허구 십이년 차야.

▶ 여기에 한 영감하고 노친이 십 이년 차야.

제 시비년 찬데 그 딸걷띠 안네? 딸걷띠 머, 시비년 찬데.

ɕibinjʌn ʨʰande kɯ t'algʌtt'i anne? t'algʌtt'i mʌ, ɕibinjʌn ʨʰande.

십이년 찬데 그 딸겉디 않네? 딸겉디 머, 십이년 찬데.

▶ 십이 년 차이인데 그 딸과 같지 않니? 딸과 같지 뭐, 십이 년 차이인데.

제 긴데두 머 살 : 다가 넝가미 멘저 주거서.

kindedu mʌ sa : ldaga nʌŋgami mendʑʌ ʨugʌsʌ.

긴데두 머 살 : 다가 넝감이 멘저 죽엇어.

▶ 그런데도 뭐 살다가 영감이 먼저 죽었어.

제 재미나게 잘 사라, 아들들두 수북허게 마니 나쿠. 시비년 찬데두.

ʨɛminage ʨal saɾa, adɯldɯldu subukʰʌge mani nakʰu. ɕibinjʌn ʨʰandedu.

재미나게 잘 살아, 아들들두 수북허게 많이 낳구. 십이 년 찬데두.

▶ 재미나게 잘 살아, 아들들도 아주 많이 낳고. 십이 년 차이인데도.

조 그러니 할머니미 열두살 저거요?

kɯɾʌni halmʌnimi jʌldusal ʨʌgʌjo?

▶ 그러니 할머님이 열두살 적어요?

제 고:롬, 넝감 멘저 가서.

　ko:ɾom, nʌŋgam menʣʌ kasʌ.

　고:롬, 넝감 멘저 갔어.

▶ 그럼, 영감이 먼저 갔어.

조 보통 할머님드리 더 오래 사시능 거 가타요?

　potʰoŋ halmʌnimdɯri tʌ orɛ saɕinɯŋ gʌ katʰajo?

▶ 보통 할머님들이 더 오래 사시는 것 같아요?

백살 인생

제 몰라, 뗀쓰[46](電視)에 나오능거야.
molla, t'ens'ɯe naonɯŋgʌja.
몰라, 뗀쓰에 나오는거야.
▷ 몰라, 텔레비전에 나오는 것이야.

제 백꽁두살[47] 나옹 걷또 읻떠라.
pɛkk'oŋdusal naoŋ gʌtt'o itt'ʌra.
백공두살 나온 것도 잇더라.
▷ 백두 살 나온 것도 있더라.

제 고런 사람 내레 받따.
korʌn saram nɛre patt'a.
고런 사람 내레 밧다.
▷ 그런 사람 내가 봤다.

제 기니까니 백꽁두사리 머야, 백꽁 다섣 쌀 낭 걷뚜 읻때.
kinik'ani pɛkk'oŋdusari mʌja, pɛkk'oŋ tasʌt s'al naŋ gʌtt'u itt'ɛ.
기니까니 백공두 살이 머야, 백공 다섯 살 난 것두 잇대.
▷ 그러니 백두 살이 뭐야, 백 다섯 살 난 것도 있대.

조 백 열 멷 쌀도 읻꼬 백 스물 멷 쌀도 이써요.
pɛk jʌl mjʌt s'aldo itk'o pɛk sɯmul mjʌt s'aldo is'ʌjo.
▷ 백 열 몇 살도 있고 백 스물 몇 살도 있어요.

---

46 '뗀쓰'는 '텔레비전'을 뜻하는 중국어 '뎬스'(電視)를 말함.
47 표준어와 달리 백 단위 이상일 경우 항상 중간에 공을 넣어서 말하는데 이는 중국어 사용법과 동일함.

제 오, 고래.

   o, korɛ.

   오, 고래.

▶ 오, 그래.

조 제가 해남도 산야[48]에 가반는데요 그 한 마으레는 백 쎄 너므신 부니 아주 만터라고요.

   ʨega hɛnamdo sanjae kabwannɯndejo kɯ han maɯrenɯn pɛk s'e nʌmɯɕin puni aʥu mantʰʌragojo.

▶ 제가 해남도 산야에 가봤는데요 그 한 마을에는 백 세 넘으신 분이 아주 많더라고요.

제 기리게, 사네 그 무슨 나물거튼거,

   kirige, sane kɯ musɯn namulgʌtʰɯŋɡʌ,

   기리게, 사네 그 무슨 나물 겉은거,

▶ 그래, 산에 그 무슨 나물 같은 것.

제 그 다 사람께 도응거다우.

   kɯ ta saramk'e towŋɡʌdau.

   그 다 사람께 둏은거다우.

▶ 그 다 사람에게 좋은 거라오.

조 그래요, 그고슨 야채랑 모두 무공해인데다가 공기도 조코 하니깐요.

   kɯrejo, kɯgosɯn jatʰɛraŋ modu mugoɲɦɛindedaga koŋgido ʨokʰo hanik'anjo.

▶ 그래요, 그곳은 야채랑 모두 무공해인데다가 공기도 좋고 하니깐요.

제 이거 니두 막 쌔:한 니 나온대. 백 쌀 너무문 그러타 기래.

   igʌ nidu mak s'ɛːɦan ni naondɛ. pɛk s'al nʌmumun kɯɾʌtʰa kirɛ.

   이거 니두 막 쌔:한 니 나온대. 백 살 넘으문 그렇다 기래.

---

48 산야(三亞)는 하이난성의 항구도시임.

▶ 이거 이도 막 새하얀 이가 나온다고 해. 백 살 넘으면 그렇다고 그래.

조 그건 잘 모르겠씀니다. 이가 다시 또 나신대요?

kɯgʌn tɕal morɯgets'ɯmnida. iga taɕi t'o naɕindɛjo?

▶ 그건 잘 모르겠습니다. 이가 다시 또 나신대요?

제 오, 다시 다 나오구 머리깔두 새까망거 나온대.

o, taɕi ta naogu mʌrik'aldu sɛk'amaŋgʌ naondɛ.

오, 다시 다 나오구 머리깔두 새까만거 나온대.

▶ 오, 다시 다 나오고 머리카락도 새까만 것이 나온다고 해.

제 몰라 정마린디. 그 말들 해.

molla tɕʌŋmarindi. kɯ maldɯl hɛ.

몰라 정말인디. 그 말들 해.

▶ 몰라 정말인지. 그런 말들을 해.

조 그러케 특쑤한 사람도 읻껟찌만 백쌀 너멑따고 다 그러치는 아늘꺼예요.

kɯrʌkʰe tʰɯks'uɦam saramdo itk'ett'ɕiman pɛks'al nʌmʌtt'ago ta kɯrʌtɕʰinɯn anɯlk'ʌjejo.

▶ 그렇게 특수한 사람도 있겠지만 백 살을 넘었다고 다 그렇지는 않을 거예요.

조 할머님, 건강은 아직 아주 조으싱거죠? 그러치 아느시면 장성까지 어떠케 올라 갈 쑤 이쓰셛께써요?

halmʌnim, kʌngaŋwn adʑik adʑu tɕoɯɕiŋɡʌdʑjo? kɯrʌtɕʰi anɯɕimjʌn tɕaŋsʌŋk'adʑi ʌt'ʌkʰe olla kal s'u is'ɯɕjʌtk'es'ʌjo?

▶ 할머님, 건강은 아직 아주 좋으신거죠? 그렇지 않으시면 장성까지 어떻게 올라 갈 수 있으셨겠어요?

제 지끔 생각허면 그거 장성에 올라가능거는

tɕik'ɯm sɛŋgakhʌmʌn kɯgʌ tɕaŋsʌŋe ollaganɯŋgʌnɯn

지끔 생각허면 그거 장성에 올라가는거는

▶ 지금 생각하면 그것 장성에 올라갔던 것은

제 노망 아닝가 기 : 케 생각 해.

nomaŋ aninga ki : kʰe sɛŋgak hɛ.

노망 아닌가 기 : 케 생각 해.

▶ 노망이 아닌가라고 그렇게 생각 돼.

조 그거시 무슨 노망이예요?

kɯgʌei musɯn nomaɲijejo?

▶ 그것이 무슨 노망이에요?

제 그 놈들 다 안 올라가는데 그 늘거개지구 올라가능거

kɯ nomdɯl ta an ollaganɯnde kɯ nɯlgʌgɛʥigu ollaganɯŋgʌ

그 놈들 다 안 올라가는데 그 늙어개지구 올라가는거

▶ 그 남들이 다 안 올라가는데 그 늙어서 올라가는 것이

제 그 얼마나 머싼하네?[49]

kɯ ʌlmana mʌsʼanɦane?

그 얼마나 머싼하네?

▶ 그 얼마나 이상하니?

조 연세가 드실쑤록 운동을 마니 하면 조으시죠.

jʌnsega tɯɛilsʼurok undoŋɯl mani hamjʌn ʨoɯɛidʑjo.

▶ 연세가 드실수록 운동을 많이 하면 좋으시죠.

제 길두 절문 사람드리 사진 띠거줃딴네? 더기 이슬꺼다, 더기 아네.

kildu ʨʌlmun saramdɯri saʥin tʼigʌʥuttʼanne? tʌgi isɯlkʼʌda, tʌgi ane.

길두 젊은 사람들이 사진 떡어줃닳네? 더기 잇을 거다, 더기 안에.

▶ 그래도 젊은 사람들이 사진 찍어줬잖니? 저기 있을 것이다, 저기 안에.

---

[49] '머싼하다'는 '이상하다, 많다, 밉다' 등 여러 가지 뜻을 나타내는바 앞 구절의 내용에 따라 뜻이 달리
나타나는가 하면 발음 역시 [머쌘하다]와 [머산하다] 두 가지 형태로 나타남.

조 할머님, 손 좀 보여 주세요. 이를 마니 하션는데.

halmʌnim, son tɕom pojʌ tɕusejo. irɯl mani haɕjʌnnɯnde.

▶ 할머님, 손을 좀 보여 주세요. 일을 많이 하셨는데.

제 기래두 일 핻따구 손 머산티는 아나. 손 이만하먼 머 곱띠 머.

kiredu il hett'agu son mʌsantʰinɯn ana. son imanɦamʌn mʌ kopt'i mʌ.

기래두 일 햇다구 손 머산티는 않아. 손 이만하먼 머 곱디 머.

▶ 그래도 일 했다고 손 밉지는 않아. 손이 이만하면 뭐 곱지 뭐.

조 여기는 왜 이러세요?

jʌginɯn wɛ irʌsejo?

▶ 여기는 왜 이러세요?

제 뻬 나와서 길디 머, 이 : 케 뻬 나온다우.

p'e nawasʌ kildi mʌ, i : kʰe p'e naondau.

뻬 나와서 길디 머, 이 : 케 뻬 나온다우.

▶ 뼈가 나와서 그러지 뭐, 이렇게 뼈가 나온다오.

조 그래도 소니 아주 고우시네요. 어떤 할머님드른 소니 정말 거친데요?

kɯredo soni adʑu kouɕinejo. ʌt'ʌn halmʌnimdɯrɯn soni tɕʌŋmal kʌtɕʰindejo?

▶ 그래도 손이 아주 고우시네요. 어떤 할머님들은 손이 정말 거친데요?

탈곡과 볏단 묶기

📄 난 또 탈곡허먼 탈고근 몯해, 베는 몯 홀터요.

nan t'o tʰalgokhʌmʌn tʰalgogɯn mothɛ, penɯn mot hɯltʰʌjo.

난 또 탈곡허먼 탈곡은 못 해, 베는 못 훑어요.

▶ 나는 또 탈곡하면 탈곡은 못 해, 벼는 못 훑어요.

📄 머야 벧띱 뭉느라구, 벧띱 묵꾸 난 또 그따위 일 시키디 머.

mʌja pett'ip muŋnɯragu, pett'ip mukk'u nan t'o kɯt'aü il ɕikʰidi mʌ.

머야 볏딮 묶느라구, 볏딮 묶구 난 또 그따위 일 시키디 머.

▶ 뭐야 볏짚을 묶느라고, 볏짚을 묶고 나는 또 그런 일을 시키지 뭐.

📄 난 또 벧띱 또 잘 뭉는다구 탈곡 다 허더룩 벧띱 무꺼서.

nan t'o pett'ip t'o tɕal muŋnɯndagu tʰalgok ta hʌdʌruk pett'ip muk'ʌsʌ.

난 또 볏딮 또 잘 묶는다구 탈곡 다 허더룩 볏딮 묶엇어.

▶ 나는 또 볏짚을 또 잘 묶는다고 탈곡 다 하도록 볏짚을 묶었어.

📄 볃찜 뭉능거 더 힘들자나요?

pjʌtɕ'ip muŋnɯŋgʌ tʌ ɕimdɯldzanajo?

▶ 볏짚을 묶는 것이 더 힘들잖아요?

📄 힘들디, 그 풀수 남자들과 똑 가티 조. 벧띱 뭉능거.

ɕimdɯldi, kɯ pʰulsu namdzadɯlgwa t'ok katʰi tɕo. pett'ip muŋnɯŋgʌ.

힘들디, 그 풀수 남자들과 똑 같이 조. 볏딮 묶는거.

▶ 힘들지, 그 공수를 남자들과 똑 같이 줘. 볏짚을 묶는 것.

📄 아, 탈고근 조금 적게 주시능가요?

a, tʰalgogɯn tɕogɯm tɕʌkk'e tɕuɕinɯŋgajo?

▶ 아, 탈곡은 조금 적게 주시는가요?

제 탈곡 허는 사라문 풀수 저거. 벧띱 뭉는 사람 풀수 데일 망쿠.

tʰalgok hʌnɯn saɾamun pʰulsu tɕʌgʌ, pett'ip muŋnɯn saram pʰulsu teil

maŋkʰu.

탈곡 허는 사람은 풀수 적어. 벳딮 묶는 사람 풀수 데일 많구.

▶ 탈곡을 하는 사람은 공수가 적어. 볏짚을 묶는 사람이 공수가 제일

많고.

조 아, 그러세요?

a, kɯɾʌsejo?

▶ 아, 그러세요?

제 기래 마즈막까지, 탈곡 한 보름허능거

kiɾɛ madzɯmakk'adzi, tʰalgok han poɾɯmfiʌnɯŋgʌ

기래 마즈막까지, 탈곡 한 보름허는 거

▶ 그래서 마지막까지, 탈곡을 한 보름동안 하는 것

제 그저 보름꺼지 벧띱 무꺼야대.

kɯdzʌ poɾɯmk'ʌdzi pett'ip muk'ʌjadɛ.

그저 보름꺼지 벳딮 묶어야대.

▶ 그저 보름까지 볏짚을 묶어야 해.

조 볃찝 무끄면 힘들자나요?

pjʌttɕ'ip muk'ɯmjʌn ɕimdɯldzanajo?

▶ 볏짚을 묶으면 힘들잖아요?

제 힘들디 앙쿠? 고:롬, 벧띱 내내 묵꾸 나먼

ɕimdɯldi aŋkʰu? ko:rom, pett'ip nɛnɛ mukk'u namʌn

힘들디 않구? 고:롬, 벳딮 내내 묵구 나먼

▶ 힘들지 않고? 그럼, 볏짚을 계속 묶고 나면

제 바디 물파기 그저 막 누데기 대디 머.

padi mulpʰagi kɯdzʌ mak nudegi tɛdi mʌ.

바디 물팍이 그저 막 누데기 대디 머.

▶ 바지 무릎이 그저 막 누더기로 되지 뭐.

조 아, 그 볕찌페 쓰려서요?

a, kɯ pjʌttɕ'ipʰe s'ɯrjʌsʌjo?

▶ 아, 그 볏짚에 쓰려서요?

제 그 벧띱 이거 꾹 자바대구 뭉능거이.

kɯ pett'ip igʌ k'uk tɕabadɛgu muŋnɯŋɡʌi.

그 벳딮 이거 꾹 잡아대구 묶는거이.

▶ 그 볏짚, 이거 꾹 잡아대고 묶는 것이.

조 그럼 누더기처럼 돼요?

kɯrʌm nudʌgitɕʰʌrʌm twɛjo?

▶ 그럼 누더기처럼 돼요?

제 고ː롬, 처디디 머 바디레 기ː케 처딘다구 물파기.

koːrom, tɕʰʌdidi mʌ padire kiː kʰe tɕʰʌdindagu mulpʰagi.

고ː롬, 처디디 머 바디레 기ː케 처딘다구 물파기.

▶ 그럼, 해어지지 뭐 바지가 그렇게 해어진다고 무릎이.

조 지금 바지면 괜찬치 아늘까요? 근데 지그믄 볕찝 뭉는 사라미 거이 업쬬?

tɕigɯm padʑimjʌn kwɛntɕʰantɕʰi anɯlk'ajo? kɯnde tɕigɯmɯn pjʌttɕ'ip muŋnɯn sarami kʌi ʌptɕ'jo?

▶ 지금 바지면 괜찮지 않을까요? 그런데 지금은 볏짚을 묶는 사람이 거의 없죠?

제 지끄문 머 농새 허는 사람 엄는데 머.

tɕik'ɯmun mʌ noŋsɛ hʌnɯn saram ʌmnɯndemʌ.

지끔은 머 농새 허는 사람 없는데 머.

▶ 지금은 뭐 농사를 하는 사람이 없는데 뭐.

농사를 짓지 않는 지금의 농촌

조 이 주위에 농사 하는 사라미 하나도 업써요?
  i ʨuüe noŋsa hanɯn saɾami hanado ʌps'ʌjo?
▶ 이 주위에 농사를 하는 사람이 하나도 없어요?

제 업 : 서, 논바테다 집 다 직꾸 나무 다 옹기구 업 : 서,
  ʌ : psʌ, nonbatʰeda ʨip ta ʨikk'u namu ta oŋgigu ʌ : psʌ,
  없 : 어, 논밭에다 집 다 짓구 나무 다 옮기구 없 : 어,
▶ 없어, 논밭에다 집을 다 짓고 나무를 다 옮기고 없어,

제 여기 논 업 : 서. 양식 사 머거야대.
  jʌgi non ʌ : psʌ, jaŋɕik sa mʌgʌjadɛ.
  여기 논 없 : 어. 양식 사 먹어야대.
▶ 여기에 논이 없어. 양식을 사 먹어야 해.

조 저기 따싱[50]으로 가면요?
  ʨʌgi t'aɕiŋɯro kamjʌnjo?
▶ 저기 따싱으로 가면요?

제 건너루 가면 쪼끔씩 읻띠 머.
  kʌnnʌɾu kamʌn ʨ'ok'ɯmɕ'ik itt'i mʌ.
  건너루 가면 쪼끔씩 잇디 머.
▶ 그곳으로 가면 조금씩 있지 뭐.

제 그 저 집 안 직꾸 나무 안 옹게스먼 그런데는 쪼끔씩 읻따우.
  kɯ ʨʌ ʨip an ʨikk'u namu an oŋgesɯmʌn kɯɾʌndenɯn ʨ'ok'ɯmɕ'ik itt'au.

---

50 따싱(大興)은 요녕성 심양시에 속하는 지명.

그 저 집 안 짓구 나무 안 옮겟으면 그런데는 쪼끔씩 잇다우.
▶ 그 저 집 안 짓고 나무 안 옮겼으면 그런데는 조금씩 있다오.

제 요 아래케네 요 구가자 아페 좀 익꾸 또 시초 아래케네 좀 익꾸
jo aɾɛkʰene jo kugadza apʰe ʨom ikkʼu tʼo ɕiʨʰo aɾɛkʰene ʨom ikkʼu.
요 아래켄에 요 구가자 앞에 좀 잇구 또 시초 아래켄에 좀 잇구
▶ 이 아래쪽에 이 구가자 앞에 좀 있고 또 시초 아래쪽에 좀 있고

제 기커구 다 들판 나무 옹기구 다 그따우 해서. 깡내이 싱기구.
kikʰʌgu ta tɯlpʰan namu oŋgigu ta kɯtʼau hɛsʌ. kʼaŋnɛi ɕiŋgigu.
기커구 다 들판 나무 옮기구 다 그따우 했어. 깡내이 싱기구.
▶ 그리고 들판에 다 나무를 옮기고 다 그런 것을 했어. 강냉이 심고.

행정구역의 변화

조 월래 위훙취 위훙쌍⁵¹이라고 이썯쪼?
wʌllɛ üɦuŋtɕʰü üɦuŋɕʼjaɲirago isʼʌtɕʼjo?
▶ 원래 우홍구 우홍향이라고 있었죠?

제 고:롬, 위훙취레 우리 여기구 위훙쌍은 더 아래케네 거기라우.
koːrom, üɦuŋtɕʰüre uri jʌgigu üɦuŋɕʼjaɲɯn tʌ arɛkʰene kʌgirau.
고:롬, 위훙취레 우리 여기구 위훙쌍은 더 아래켄에 거기라우.
▶ 그럼, 우홍구는 우리 이곳이고 우홍향은 저 아래쪽의 그곳이야.

제 그 싸깡자⁵² 그 아래 시외레 그러타우.
kɯ sʼakʼaŋdza kɯ arɛ ɕiöre kɯrʌtʰau.
그 싸깡자 그 아래 시외레 그렇다우.
▶ 그 사강자의 그 아래 시외가 그렇다오.

조 그 쪼기 위훙쌍이예요? 따씽쌍보다 더 머러요?
kɯ tɕʼogi üɦuŋɕʼjaɲijejo? tʼaɕʼiŋɕʼjaŋboda tʌ mʌrʌjo?
▶ 그 쪽이 우홍향이에요? 대홍향보다 더 멀어요?

제 한 머사니라우 오가왕하구 따씽쌍하구 한 공사라우.
han mʌsanirau ogawaŋɦagu tʼaɕʼiŋɕʼjaŋɦagu han koŋsarau.
한 머산이라우 오가왕하구 따씽쌍하구 한 공사라우.
▶ 한 곳이야. 오가왕하고 대홍향하고 한 공사라오.

조 위훙쌍은요?

---

⁵¹ 위훙쌍(于洪鄕)은 요녕성 심양시에 속하는 지명인데 우홍향을 말함.
⁵² 싸깡자(沙崗子)는 요녕성 심양시에 속하는 지명인데 사강자를 말함.

üɦuŋɕ'jaŋɯnjo?

▶ 우홍향은요?

제 위훙은 우리 홍기태[53]레 위훙취(于洪區)야.

üɦuŋɯn uri hoŋgitʰɛre üɦuŋɕʰüja.

위훙은 우리 홍기태레 위훙취야.

▶ 우홍은 우리 홍기태가 우홍구야.

조 위훙취 위훙썅이라고 업써써요?

üɦuŋɕʰü üɦuŋɕ'jaŋirago ʌpsʼʌsʼʌjo?

▶ 우홍구 우홍향이라고 없었어요?

제 업 : 서, 위훙취야.

ʌ : psʌ, üɦuŋɕʰüja.

없 : 어, 위훙취야.

▶ 없어, 우홍구야.

조 오가왕도 위훙취 아니예요?

ogawaŋdo üɦuŋɕʰü anijejo?

▶ 오가왕도 우홍구가 아니에요?

제 아니야, 썅짜 디리가디 머. 위훙썅이야 더 아래케니가?

anija, ɕ'jaŋɕ'a tirigadi mʌ. üɦuŋɕ'jaŋija tʌ arɛkʰeniga?

아니야, 썅짜 딜이가디 머. 위훙썅이야 더 아래켄이가?

▶ 아니야, 향(鄉)자가 들어가지 뭐. 우홍향은 저 아래쪽이가?

조 위훙취가 아니고 위훙썅이라고 그래요?

üɦuŋɕʰüga anigo üɦuŋɕ'jaŋirago kɯrɛjo?

▶ 우홍구가 아니고 우홍향이라고 그래요?

제 모르갔따. 더 써 부팅거 인는데.

---

53 홍기태(紅旗台)는 요녕성 심양시에 속하는 지명.

moɾɯgatt'a. tʌ s'ʌ putʰiŋɡʌ innɯnde.

모르갓다. 더 써 붙인거 잇는데.

▶ 모르겠다. 저 써 붙인 것이 있는데.

조 80년대에 저에 지비 그고스로 이사 갈 뻔해서 무러보능 거예요.

pʰalɕipnjʌndɛe tɕʌe tɕibi kɯgosɯɾo isa kal p'ʌnhɛsʌ muɾʌbonɯŋ ɡʌjejo.

▶ 80년대에 저의 집이 그곳으로 이사 갈 뻔해서 물어보는 거예요.

제 이제 여기 시내루 들구.

idʑe jʌɡi ɕinɛɾu tɯlgu.

이제 여기 시내루 들구.

▶ 이제 여기는 시내로 들어 가고.

제 요 털뚝 읻딴네, 요 털뚝 고 아래는 머잉가 시외야 열루는 시내 들구.

jo tʰʌlt'uk itt'anne, jo tʰʌlt'uk ko aɾɛnɯn mʌiŋga ɕiöja jʌllunɯn ɕinɛ
tɯlgu.

요 털뚝 잇닿네, 요 털뚝 고 아래는 머인가 시외야 열루는 시내 들구.

▶ 이 철길이 있잖니, 이 철길 그 아래는 그 시외이고 여기는 시내로 들
어 가고.

조 그런데 시내하고 너무 머네요?

kɯɾʌnde ɕinɛɦago nʌmu mʌnejo?

▶ 그런데 시내하고 너무 머네요?

제 시내 갈레먼 멀디 앙쿠.

ɕinɛ kallemʌn mʌldi aŋkʰu.

시내 갈레먼 멀디 않구.

▶ 시내에 갈려면 멀지 않고.

변화된 시가지 모습

조 할머니믄 심양시내를 다 차자 가실 쑤 이써요?
　halmʌnimɯn ɕimjaŋɕinerɯl ta tɕʰadʑa kaɕil sʼu isʼʌjo?
▶ 할머님은 심양시내를 다 찾아 가실 수 있어요?

제 차타구 댕기디 머.
　tɕʰatʰagu teŋgidi mʌ.
　차타구 댕기디 머.
▶ 차타고 다니지 뭐.

제 제네는 활뚱해서 막 도라 댕긴는데 지끄문 다 벤해서.
　tɕenenɯn hwaltʼoŋɦɛsʌ mak toɾa teŋginnɯnde tɕikʼɯmun ta penɦɛsʌ.
　젠에는 활동해서 막 돌아 댕깃는데 지끔은 다 벤햇어.
▶ 전에는 활동해서 막 돌아 다녔는데 지금은 다 변했어.

제 벤해서 막 어니메, 서타베 가두 막 어니메 어니멘디 잘 몯 아라보가서.
　penɦɛsʌ mak ʌnime, sʌtʰabe kadu mak ʌnime ʌnimendi tɕal mot arabogasʌ.
　벤해서 막 어니메, 서탑에 가두 막 어니메 어니멘디 잘 못 알아보갓어.
▶ 변해서 막 어디, 서탑에 가도 막 어디가 어디인지 잘 못 알아보겠어.

제 전부 집뜰 다 새루 직꾸 까이[54](盖)해서 잘 몯 아라보가서.
　tɕʌnbu tɕiptʼɯl ta sɛɾu tɕikkʼu kʼaiɦɛsʌ tɕal mot arabogasʌ.
　전부 집들 다 새루 짓구 까이해서 잘 못 알아보갓어.
▶ 전부 집들을 다 새로 짓고 해서 잘 못 알아보겠어.

---

[54] '까이'(盖)는 '짓다'를 뜻하는 중국어.

조 저네는 서타비랑 다 잘 아셔써요?

tɕʌnenɯn sʌtʰabiraŋ ta tɕal aɕʌsʼʌjo?

▶ 전에는 서탑이랑 다 잘 아셨어요?

제 그러머, 나 이거 서탑, 난짠[55] 그 다 활똥핻띠, 긴 : 데 그 다 벤해서.

kɯrʌmʌ, na igʌ sʌtʰap, nantɕʼan kɯ ta hwaltʼoɲɦɛtʼi, ki : nde kɯ ta
penɦɛsʌ.

그러머, 나 이거 서탑, 난짠 그 다 활동핻디, 긴 : 데 그 다 벤햇어.

▶ 그럼, 나 이거 서탑, 남역 그 다 활동했지, 그런데 그 다 변했어.

제 벤해서 잘 몯 아라보가서, 이자는.

penɦɛsʌ tɕal mot arabogasʌ, idzanɯn.

벤해서 잘 못 알아보갓어, 이자는.

▶ 변해서 잘 못 알아보겠어, 지금은.

조 서탑하고 난짠 좀 멍거 아니예요?

sʌtʰaphago nantɕʼan tɕom mʌŋgʌ anijejo?

▶ 서탑하고 남역이 좀 먼 것이 아니에요?

제 쫌 난짠허구 서탑허구 떠러디 읻띠 머.

tɕʼom nantɕʼanɦʌgu sʌtʰapɦʌgu tʼʌrʌdi itʼi mʌ.

쫌 난짠허구 서탑허구 떨어디 잇디 머.

▶ 남역하고 서탑하고 좀 떨어져 있지 뭐.

조 여기에서 난짜느로 가려면 차가 이써요?

jʌgiesʌ nantɕʼanɯro karjʌmjʌn tɕʰaga isʼʌjo?

▶ 여기에서 남역으로 가려면 차가 있어요?

제 고 : 롬, 이서. 뽀발창[56](木板厂)에서 가라타야대.

ko : rom, isʌ. pʼobaltɕʰaŋesʌ karatʰajadɛ

---

55 '난짠'(南站)은 '기차 남역'을 뜻하는 중국어.
56 '뽀발창'은 '목재가공회사'를 뜻하는 중국어 '무반창'(木板厂)을 말함.

고:롬, 잇어. 뽀발창에서 갈아타야대.

▶ 그럼, 있어. 목재가공회사에서 갈아타야 해.

조 뽀발창이 머예요?

p'obalt͡ɕʰaɲi mwʌjejo?

▶ 뽀발창이 뭐예요?

제 뽀발창이래능거는 이거 공장 이르미디.

p'obalt͡ɕʰaɲirɛnɯŋɡʌnɯn igʌ koŋd͡zaŋ irɯmidi.

뽀발창이래는 거는 이거 공장 이름이디.

▶ 뽀발창(목재 가공 회사)이라는 것은 회사 이름이지.

제 거기서 다 차 갈라탄다우,[57] 명넝가 갈레문 띵쌍[58](丁香)에서 가라타야대구.

kʌgisʌ ta t͡ɕʰa kallatʰandau, mjʌŋnʌŋga kallemun t'iɲɕ'jaŋesʌ karatʰajadɛgu.

거기서 다 차 갈아탄다우, 명령가 갈레문 띵쌍에서 갈아타야대구.

▶ 거기에서 다 차 갈아탄다오. 명렴가 가려면 정향에서 갈아타야 하고.

제 또 난짠 갈레문 그 뽀발창에서 가라타야댄다구.

t'o nant͡ɕ'an kallemun kɯ p'obalt͡ɕʰaŋesʌ karatʰajadɛndagu.

또 난짠 갈레문 그 뽀발창에서 갈아타야댄다구.

▶ 또 남역에 가려면 그 뽀발창에서 갈아타야 하고.

조 할머님 그래도 다 아시네요?

halmʌnim kɯrɛdo ta aɕinejo?

▶ 할머님께서 그래도 다 아시네요?

제 오, 그거는 아라. 긴데 심앙에 가문 어느 지방 어느 지방 다 아라야댄데

o, kɯgʌnɯn ara. kinde ɕimaŋe kamun ʌnɯ t͡ɕibaŋ ʌnɯ t͡ɕibaŋ ta arajadɛnde

오, 그거는 알아. 긴데 심앙에 가문 어느 지방 어느 지방 다 알아야댄데

▶ 오, 그것은 알아. 그런데 심양에 가면 어디가, 어디인지 다 알아야 하

---

[57] 모두 [갈아타다]로 발화하였는데 유독 여기에서 [갈라타다]로 발화했음.
[58] 띵쌍(丁香)은 심양시에 속하는 동 이름.

는데

제 다 그거이 벤핻따 마리야.

ta kɯɡʌi penɦɛtt'a marija.

다 그거이 벤햇다 말이야.

▶ 그것이 다 변했다 말이야.

조 그럼 타이웬쩨[59] (太原街) 차즈라면 몯 차즈세요?

kɯrʌm tʰaiwentɕ'e tɕʰadzɯramjʌn mot tɕʰadzɯsejo?

▶ 그럼 태원가 찾으라면 못 찾으세요?

제 타이웬쩨 착끼야 찯띠, 머 오래 찯띠 머.

tʰaiwentɕ'e tɕʰakk'ija tɕʰatt'i, mʌ orɛ tɕʰatt'i mʌ.

타이웬쩨 찾기야 찾디, 머 오래 찾디 머.

▶ 태원가 찾기야 찾지, 뭐 오래 찾지 뭐.

제 어니메루 가나 궁리를 허디 머, 가문 이 기른 다 알레.

ʌnimeru kana kuŋrirɯl hʌdi mʌ, kamun i kirɯn ta alle.

어니메루 가나 궁리를 허디 머, 가문 이 길은 다 알레.

▶ 어디로 갈까? 생각 하지 뭐. 가다보면 이 길은 다 알려.

제 기른 다 알리는데 막 충찝 마니 제ː서 어러벙벙해.

kirɯn ta allinɯnde mak tɕʰɯŋtɕ'ip mani tɕeː sʌ ʌrʌbʌŋbʌɦɛ.

길은 다 알리는데 막 층집 많이 제ː서 어러벙벙해.

▶ 길은 다 알리는데 막 층집을 많이 지어서 어리둥절해.

조 심양 사시기는 조쵸?

ɕimjaŋ saɕiɡinɯn tɕotɕʰjo?

▶ 심양 사시기는 좋죠?

제 고ː롬, 심앙 살기야 조티.

---

[59] 타이웬쩨(太原街)는 심양시의 한 거리 명임.

ko:rom, ɕimaŋ salgija ʨotʰi.

고:롬, 심양 살기야 좋디.

▶ 그럼, 심양 살기야 좋지.

따뜻한 아랫목

조 할머님, 여기로 조금 더 오세요.

halmʌnim, jʌgiro ʨogɯm tʌ osejo.

▶ 할머님, 여기로 조금 더 오세요.

제 아니 더워, 여기 더워.

ani tʌwʌ, jʌgi tʌwʌ.

아니 더워, 여기 더워.

▶ 아니 더워, 여기 더워.

조 내일 아치미 되면 추워실텐데요.

nɛil aʨʰimi tömjʌn ʨʰuwʌɕiltʰendejo.

▶ 내일 아침이 되면 추워실텐데요.

제 이럽써, 안 추워.

irʌps'ʌ, an ʨʰuwʌ.

일없서, 안 추워.

▶ 괜찮아. 안 추워.

조 이 요가 축축핻떵 거시 괜차나지네요, 처으메는 정말 축축핸는데요?

i joga ʨʰukʨʰukhɛtt'ʌŋ gʌɕi kwɛnʨʰanaʥinejo, ʨʰʌŋmenɯn ʨʌŋmal
ʨʰukʨʰukhɛnnɯndejo?

▶ 이 요가 축축했던 것이 괜찮아지네요, 처음에는 정말 축축했는데요?

제 그 깔디를 아나서 기래. 씨처서 꾸매 노쿠 누구레 안 더퍼 기래.

kɯ k'aldirɯl anasʌ kirɛ. ɕiʨʰʌsʌ k'umɛ nokʰu nugure an tʌpʰʌ kirɛ.

그 깔디를 않아서 기래. 씷어서 꾸매 놓구 누구레 안 덮어 기래.

▶ 그 깔지 않아서 그래. 씻어서 꿰매 놓고 누구도 안 덮어서 그래.

조 할머님, 그 이부리 짤찌 아느세요?

halmʌnim, kɯ iburi tɕʼaltɕʼi anɯsejo?

▶ 할머님, 그 이불이 짧지 않으세요?

제 난 이 : 케, 언제나 이 : 케 자. 머야 또 더우문 자미 안 들린다우, 더우문.

nan i : kʰe, ʌndzena i : kʰe tɕa. mʌja tʼo tʌumun tɕami an tɯllindau,
tʌumun.

난 이 : 케, 언제나 이 : 케 자. 머야 또 더우문 잠이 안 들린다우, 더우문.

▶ 나는 이렇게, 언제나 이렇게 자. 뭐야 또 더우면 잠이 안 와, 더우면.

조 그래도 이불 다릉거 또 읻짜나요. 제일 조응거스로 더프세요.

kɯrɛdo ibul tarɯŋʌ tʼo ittʼanajo. tɕeil tɕoɯŋʌsɯro tʌpʰɯsejo.

▶ 그래도 이불 다른 것이 또 있잖아요. 제일 좋은 것으로 덮으세요.

제 니부리야 얼마나 만타구.

niburija ʌlmana mantʰagu.

니불이야 얼마나 많다구.

▶ 이불이야 얼마나 많다고.

조 지금부터 제일 조응거로 더프시고 제일 마신능 거스로 드세요.

tɕigɯmbutʰʌ tɕeil tɕoɯŋʌro tʌpʰɯɕigo tɕeil maɕinnɯŋʌsɯro tɯsejo.

▶ 지금부터 제일 좋은 것으로 덮으시고 제일 맛있는 것으로 드세요.

제 제일 조응거, 머 이젠 데거 이거 니불 다 심앙 가문 다 지버 팡가틴대.

tɕeil tɕoɯŋʌ, mʌ idzen tegʌ igʌ nibul ta ɕimaŋ kamun ta tɕibʌ pʰaŋgatʰindɛ.

제일 좋은거, 머 이젠 데거 이거 니불 다 심앙 가문 다 집어 팡가틴대.

▶ 제일 좋은 것, 뭐 이제는 저 이불들을 심양으로 가면 다 집어 던진대.

제 니불 다 심앙에 다 사낟 : 따구, 절므니레.

nibul ta ɕimaŋe ta sana : ttʼagu, tɕʌlmɯnire.

니불 다 심앙에 다 사낫 : 다구, 젊은이레.

▶ 이불을 심양에 다 사놓았다고, 며느리가.

제 항국 갇따 오먼서 또 니불 멕깬디 머 수 : 타 사 : 와서.

haŋguk katt'a omʌnsʌ t'o nibul mekk'ɛndi mʌ su : tʰa sa : wasʌ.

한국 갓다 오먼서 또 니불 멫갠디 머 수 : 타 사 : 왓어.

▶ 한국 갔다 오면서 또 이불을 몇 채인지 뭐 많이 사왔어.

제 그거 꿍제 기 여기 잔뜩 잍떵거 전뻐네 와개지구 다 시러가서.

kɯgʌ k'uŋdze ki jʌgi tɕant'ɯk itt'ʌŋgʌ tɕʌnp'ʌne wagɛdzigu ta ɕiɾʌgasʌ.

그거 꿍제 기 여기 잔득 잇던거 전뻔에 와개지구 다 실어갓어.

▶ 그것을 꾸려서 여기 가득 놓아두었던 것을 지난번에 와서 다 실어갔어.

조 여기에 물건 일부는 다 가져가써요?

jʌgie mulgʌn ilbunɯn ta katɕʌgas'ʌjo?

▶ 여기의 물건 일부는 다 가져갔어요?

제 그 머잉가 저 항구게 가서 사옹거 부친 지미 열루로 왇때.

kɯ mʌiŋga tɕʌ haŋguge kasʌ saoŋgʌ putɕʰin tɕimi jʌlluɾo watt'ɛ.

그 머인가 저 한국에 가서 사온거 부친 짐이 열루로 왓대.

▶ 그 뭔가 자기가 한국에가서 사서 부친 짐이 다 여기로 왔더라.

제 기래서 내레 읻따 그 지미 익꾸 그래서.

kiɾɛsʌ nɛre itt'a kɯ tɕimi ikk'u kɯɾɛsʌ.

기래서 내레 잇다 그 짐이 잇구 그래서.

▶ 그래서 내가 있다 그 짐이 있고 그래서.

제 요거 이거 지끔 인능걷또 이거 이제 심앙에 갈꺼라우 니불.

jogʌ igʌ tɕik'ɯm innɯŋgʌtt'o igʌ idze ɕimaŋe kalk'ʌɾau nibul.

요거 이거 지끔 잇는 것도 이거 이제 심앙에 갈거라우 니불.

▶ 이것 지금 있는 것도 이제 심양에 가져갈 것이라오 이불.

제 머이야 손님들뚜 이제 이대메

mʌija sonnimdɯlt'u idze idɛme

머이야 손님들두 이제 이댐에

162

▶ 뭐야 손님들도 이제 이다음에

제 우리 손주 게론식 허게 되먼 손님들 마니 오먼
uri sondʑu keroneik hʌge tömʌn sonnimdɯl mani omʌn
우리 손주 겔혼식 허게 되면 손님들 많이 오면
▶ 우리 손자 결혼식을 하게 되면 손님들이 많이 오면

제 바다게서, 침대는 한나 아니먼 두개바끈 더 인네?
padagesʌ, tɕʰimdɛnɯn hanna animʌn tugɛbakʼɯn tʌ inne?
바닥에서, 침대는 한나 아니면 두개밖은 더 잇네?
▶ 바닥에서, 침대는 하나 아니면 두 개밖에 더 있니?

제 기니깐 바다게서 잔다면서 나보구 니불 그 뜨더서 소캐 조응거 이스먼.
kinikʼan padagesʌ tɕandamʌnsʌ nabogu nibul kɯ tʼɯdʌsʌ sokʰɛ tɕoɯŋgʌ isɯmʌn.
기니깐 바닥에서 잔다면서 나보구 니불 그 뜯어서 소캐 좋은거 잇으면.
▶ 그러니까 바닥에서 잔다면서 나보고 이불 그 뜯어서 솜이 좋은 것이 있으면

제 포대기 좀 머이야 꾸매노라 해서.
pʰodɛgi tɕom mʌija kʼumɛnora hɛsʌ.
포대기 좀 머이야 꾸매노라 햇어.
▶ 요를 좀 꿰매 놓으라고 했어.

제 내가 너이개, 소캐 조응거루 너이개 천 사서 꾸매써라미 이거 싸나앋딴네?
nɛga nʌige, sokʰɛ tɕoɯŋgʌru nʌige tɕʰʌn sasʌ kʼumɛsʼʌrami igʌ sʼanaattʼanne?
내가 너이개, 소캐 좋은 거루 너이 개 천 사서 꾸매써라미 이거 싸낳앋닿네?
▶ 내가 네 개, 솜이 좋은 거로 천을 사서 네 개 꿰매서 이거 싸놓았잖니?

제 그거 좀 해노라 기래서, 헐 만허먼 허라 기래.
kɯgʌ tɕom hɛnora kiɾɛsʌ, hʌl manfiʌmʌn hʌra kiɾɛ.

그거 좀 해노라 기랫어, 헐 만허면 허라 기래.

▶ 그것을 좀 해 놓으라고 그래서, 할 만하면 해라 그래.

제 그걸 멀 몯허건네? 기 : 서 내가 다 꾸매서 싸나앋띠 안네?

kɯgʌl mʌl mothʌgʌnne? ki : sʌ nega ta k'umɛsʌ s'anaatt'i anne?

그걸 멀 못허건네? 기 : 서 내가 다 꾸매서 싸낳앗디 않네?

▶ 그 뭘 못하겠니? 그래서 내가 다 꿰매서 싸놓았지 않니?

제 그러구 항구게서 저 쓸 항국 니불 보구 조응걷뜰 멛깨 사옹 거

kɯrʌgu haŋgugesʌ tɕʌ s'ɯl haŋguk nibul pogu tɕoɯŋgʌtt'ɯl mekk'ɛ saoŋ gʌ

그러구 한국에서 저 쓸 한국 니불 보구 좋은 것들 멫 개 사온 거

▶ 그리고 한국에서 자기가 쓸 한국 이불 보고 좋은 것들을 몇 개 사온 것

제 어리케 그 어리케 부텐는디 우리 대대루 왇띠 머 그 물거니.

ʌrikhe kɯ ʌrikhe puthennɯndi uri tɛdɛru watt'i mʌ kɯ mulgʌni.

어렇게 그 어렇게 부텟는디 우리 대대루 왓디 머 그 물건이.

▶ 어떻게 그 어떻게 부쳤는지 우리 대대로 왔지 뭐 그 물건이.

제 기래서 더 구서게 잔뜩 싸나앋떵거, 요 얻그지께 시러가서.

kirɛsʌ tʌ kusʌge tɕant'ɯk s'anaatt'ʌŋgʌ, jo ʌtkɯdzik'e ɕirʌgasʌ.

기래서 더 구석에 잔뜩 싸나앗던 거, 요 엊그지께 실어갓어.

▶ 그래서 저 구석에 잔뜩 싸놓았던 것을 요 엊그제 실어갔어.

조 그 이부를 절반 깔고 절반 더프면 얼마나 불편하세요?

kɯ ibuɯl tɕʌlban k'algo tɕʌlban tʌphɯmjʌn ʌlmana pulphjʌnɦasejo?

▶ 그 이불을 절반 깔고 절반 덮으면 얼마나 불편하세요?

제 나, 이거 페난해. 내내 아래꾸테서 더워서 또 몯 덥꾸 자, 또 덥꾸 잘레두.

na, igʌ phenanɦɛ. nɛnɛ arɛk'uthesʌ tʌwʌsʌ t'o mot tʌpk'u tɕa, t'o tʌpk'u tɕalledu.

나, 이거 펜안해. 내내 아래끝에서 더워서 또 못 덮구 자, 또 덮구 잘

164

레두.

▷ 나, 이거 편안해. 자꾸 아랫목에서 더워서 못 덮고 자, 또 덮고 자려
고 해도.

제 머이야 우리 아드리 익께 되먼 우리 아드른 더 우꾸테서 이리케 자구.
mʌija uɾi adɯɾi ikk'e tömʌn uɾi adɯɾɯn tʌ uk'utʰesʌ iɾikʰe tɕagu.
머이야 우리 아들이 잇게 되면 우리 아들은 더 우꾿에서 이리케 자구.

▷ 뭐야 우리 아들이 있게 되면 우리 아들은 저 윗목에서 이렇게 자고.

제 나는 여기, 석탄뿌리 이제 게우레 추우문 자꾸 때먼.
nanɯn jʌgi, sʌktʰanp'uɾi idze keuɾe tɕʰuumun tɕak'u t'ɛmʌn.
나는 여기, 석탄뿔이 이제 게울에 추우문 자꾸 때먼.

▷ 나는 여기, 석탄불을 이제 겨울에 추우면 계속 때면.

제 막 구두레 막 불 올라오능거 거태.
mak kuduɾe mak pul ollaonɯŋgʌ kʌtʰɛ.
막 구둘에 막 불 올라오는 거 겉애.

▷ 막 방구들에 막 불이 올라오는 것 같애.

제 기래서 나는 또 이ː케 몸 열루 두구, 이ː케 둘루 자 이ː케.
kiɾɛsʌ nanɯn t'o iːkʰe mom jʌllu tugu, iːkʰe tullu tɕa iːkʰe.
기래서 나는 또 이ː케 몸 열루 두구, 이ː케 둘루 자 이ː케.

▷ 그래서 나는 또 이렇게 몸을 여기로 하고, 이렇게 뒤로 하고 자 이렇게.

제 여긴 다 베ː노쿠 자. 더워서.
jʌgin ta peːnokʰu tɕa. tʌwʌsʌ.
여긴 다 베ː놓구 자. 더워서.

▷ 여기는 다 비워 놓고 자. 더워서.

며느님 사랑

조 할머님, 이 오슨 다 누가 사주셔써요?

halmʌnim, i osɯn ta nuga sadʑueʝʌs'ʌjo?

▶ 할머님, 이 옷은 다 누가 사주셨어요?

제 이거, 이거 우리 절므니레 입따가 버서농 : 거 누구레 입깐?

igʌ, igʌ uri tɕʌlmɯnire ipt'aga pʌsʌno : ŋʌ nugure ipk'an?

이거, 이거 우리 젊은이레 입다가 벗어놓은 거 누구레 입간?

▶ 이것, 이것은 우리 며느리가 입다가 벗어 놓은 것인데 누가 입겠니?

제 기 : 서 내가 이거 주어 이버서, 우리 절므니꺼.

ki : sʌ nɛga igʌ tɕuʌ ibʌsʌ, uri tɕʌlmɯnik'ʌ.

기 : 서 내가 이거 주어 입엇어, 우리 젊은이꺼.

▶ 그래서 내가 이것을 주어 입었어. 우리 며느리 꺼.

조 이브라고 그러셔써요?

ibɯrago kɯrʌeʝʌs'ʌjo?

▶ 입으라고 그러셨어요?

제 우리 그 항구게 인는 절므니레 양발, 송구두 요거 하나 이서.

uri kɯ haŋguge innɯn tɕʌlmɯnire jaŋbal, soŋgudu jogʌ hana isʌ.

우리 그 한국에 잇는 젊은이레 양발, 송구두 요거 하나 잇어.

▶ 우리 그 한국에 있는 며느리가 양말, 아직도 이것은 하나 있어.

제 내가 주일나레 씨늘라구 새파랑거.

nɛga tɕuilnare ɕ'inɯllagu sɛpʰaraŋgʌ.

내가 주일날에 씬을라구 새파란 거.

▶ 내가 주말에 신으려고 새파란 거.

제 그 항국 절므니레 그 항국 가먼서 항국 양바리라 그러먼서.
　　kɯ haŋguk tɕʌlmɯnire kɯ haŋguk kamʌnsʌ haŋguk jaŋbarira kɯrʌmʌnsʌ.
　　그 한국 젊은이레 그 한국 가먼서 한국 양발이라 그러먼서.
▶ 그 한국 며느리가 그 한국 가면서 한국 양말이라고 그러면서

제 고 미색허구 데거허구 두커리 사주구 갇띠 머.
　　ko misɛkhʌgu tegʌɦʌgu tukʰʌri sadzugu katt'i mʌ.
　　고 미색허구 데거허구 두 커리 사주구 갇디 머.
▶ 그 미색하고 저것하고 두 켤레 사주고 갔지 뭐.

제 긴데 미새근 다 처데서 내티구 고고 새파랑거 고 하나 나마서.
　　kinde misɛgɯn ta tɕʰʌdesʌ nɛtʰigu kogo sɛpʰaraŋʌ ko hana namasʌ.
　　긴데 미색은 다 처데서 내티구 고고 새파란거 고 하나 남앗어.
▶ 그런데 미색은 다 떨어져서 던지고 그것 새파란 것 그 하나 남았어.

제 사라문 엄 : 는데 이거 절므니레 양발 사중 거 요거 한나 나맏꾸나.
　　saramun ʌ : mnɯnde igʌ tɕʌlmɯnire jaŋbal sadzuŋ gʌ jogʌ hanna
　　namatk'una.
　　사람은 없 : 는데 이거 젊은이레 양발 사준 거 요거 한나 남앗구나.
▶ 사람은 없는데 이것 며느리가 양말 사준 것 이것이 하나 남았구나.

제 그러먼서 싱꾸, 딱 주일나레만 고거 싱꾸 가단네?
　　kɯrʌmʌnsʌ ɕiŋk'u, t'ak tɕuilnareman kogʌ ɕiŋk'u kadanne?
　　그러먼서 신구, 딱 주일날에만 고거 신구 가닪네?
▶ 그러면서 신고, 딱 주말에만 그것을 신고 가잖니?

조 가서 자랑하시려고요? 우리 절므니가 사줟따고 자랑하시려고요?
　　kasʌ tɕaraŋɦaɕirʌgojo? uri tɕʌlmɯniga sadzwʌtt'ago tɕaraŋɦaɕirʌgojo?
▶ 가서 자랑하시려고요? 우리 젊은이가 사줬다고 자랑하시려고요?

제 고:롬, 우리 동사미 색씨마리야.

ko:rom, uri toŋsami sɛkɛ'imarija.

고:롬, 우리 동삼이 색시말이야.

▶ 그럼, 우리 동삼이 아내 말이다.

조 양말 좀 마니 사서 보내라고 할께요.

jaŋmal tɕom mani sasʌ ponɛrago halk'ejo.

▶ 양말 좀 많이 사서 보내라고 할게요.

제 절므니레 양발 마니 사주구 가서. 넝가미 양발 두커리, 내 양발 두커리.

tɕʌlmɯnire jaŋbal mani sadzugu kasʌ. nʌŋgami jaŋbal tukʰʌri, nɛ jaŋbal tukʰʌri.

젊은이레 양발 많이 사주구 갓어. 넝감이 양발 두 커리, 내 양발 두 커리.

▶ 며느리가 양말 많이 사주고 갔어. 영감 양말 두 켤레, 내 양말 두 켤레.

제 멩질날마다 고케 두커리씩 사온다우.

meŋdzilnalmada kokʰe tukʰʌriɕ'ik saondau.

멩질날마다 고케 두 커리씩 사온다우.

▶ 명절마다 그렇게 두 켤레씩 사온다오.

조 쿵 거 몯태 드리고 양말만 해 드리면 어떠케 해요?

kʰɯŋ gʌ mottʰɛ tɯrigo jaŋmalman hɛ tɯrimjʌn ʌt'ʌkʰe hejo?

▶ 큰 것을 못해 드리고 양말만 해 드리면 어떻게 해요?

제 와? 입썽두 해주구, 갸레 입썽두 마니 해주서. 입썽두 이서.

wa? ips'ʌŋdu hɛdzugu, kjaɾe ips'ʌŋdu mani hɛdzusʌ. ips'ʌŋdu isʌ.

와? 입성두 해주구, 갸례 입성두 많이 해줏어. 입성두 잇어.

▶ 왜? 옷도 해주고, 며느리가 옷도 많이 해줬어. 옷도 있어.

조 그간 경제가 넝너카지 몯태서 어떠케 마니 해주셛껠씀니까?

kɯgan kjʌŋdzega nʌŋnʌkʰadzi mottʰɛsʌ ʌt'ʌkʰe mani hɛdzuejʌtk'ets'ɯmnik'a?

▶ 그간 경제가 넉넉하지 못해서 어떻게 많이 해주셨겠습니까?

제 해주서, 게짜께두 하나 떠서 보내주서 익꾸 게짜께.

hɛʥusʌ, kɛtɕ'ak'edu hanna t'ʌsʌ ponɛʥusʌ ikk'u gɛtɕ'ak'e.

해줏어, 게짜께두 하나 떠서 보내주서 잇구 게자께.

▶ 해줬어, 털실조끼도 하나 떠서 보내줘서 있고 털실조끼.

제 에이구, 이젠 주그먼 보지두 몯허갇따.

eigu, iʥen tɕuguɯmʌn poʥidu mothʌgatt'a.

에이구, 이젠 죽으면 보지두 못허갓다.

▶ 아이고, 이제는 죽으면 보지도 못하겠다.

조 무슨 말쓰미세요? 아직 심녀는 더 사실 텐데요?

musɯn mals'ɯmisejo? aʥik ɕimnjʌnɯn tʌ saɕil thendejo?

▶ 무슨 말씀이세요? 아직 십년은 더 사실텐데요?

제 에이구, 심년? 그건 몰라.

eigu, ɕimnʌn? kɯgʌn molla.

에이구, 십년? 그건 몰라.

▶ 아이고, 십년? 그것은 몰라.

조 이제 항국 국쩌기 되면 자유롭께 올 쑤 이쓸 텐데요 머?

iʥe haŋguk kuktɕ'ʌgi tömjʌn tɕajuropk'e ol s'u is'ɯl thendejo mjʌ?

▶ 이제 한국 국적이 되면 자유롭게 올 수 있을 텐데요 뭐?

제 그거 닏띠 말구 대주라, 그 동쑤기레 개갇따구.

kɯgʌ nitt'i malgu tɛʥura, kɯ toŋs'ugire kɛgatt'agu.

그거 닛디 말구 대주라, 그 동숙이레 개갓다구.

▶ 그거 잊지 말고 알려줘라, 그것은 동숙이가 가져갔다고.

제 그거 머야 그 글쓰능 거라 길데. 난 그거 모르는데?

kɯgʌ mʌja kɯ kɯls'ɯnɯŋ gʌra kilde. nan kɯgʌ morɯnɯnde?

그거 머야 그 글쓰는 거라 길데. 난 그거 모르는데?

▶ 그것이 뭐야 그 글을 쓰는 것이라고 그러데. 난 그것을 모르는데?

제 '야, 너……' 장너네 왇떠라니.

'ja, nʌ……' tɕaŋnʌne watt'ʌrani.

'야, 너……' 작년에 왔더라니.

▶ '야, 너……' 작년에 왔기에

제 '야, 너, 그 동사미 멀 파라달라구 깅거 너 어리케 댄네?'

'ja, nʌ, kɯ toŋsami mʌl pʰaradallagu kiŋgʌ nʌ ʌrikʰe tɛnne?'

'야, 너, 그 동삼이 멀 팔아달라구 긴 거 너 어리케 댓네?'

▶ '야, 너, 그 동삼이 뭘 팔아달라고 그런 것을 너 어떻게 됐니?'

제 기니까니 '아이구 그 동쑤기레 젠창 차자간는데요.' 기래.

kinik'ani 'aigu kɯ toŋs'ugire tɕentɕʰaŋ tɕʰadzagannɯndejo.' kirɛ.

기니까니 '아이구 그 동숙이레 젠창 찾아갓는데요.' 기래.

▶ 그러니 '아이고 그 동숙이가 바로 찾아 갔는데요.' 그래.

제 갣따 파라먹꾸 말두 안 핻꾸나.

kett'a pʰaramʌkk'u maldu an hɛtk'una.

갯다 팔아먹구 말두 안 햇구나.

▶ 가져다 팔아먹고 말도 안 했구나.

조 그 이레 대해선 잘 모르겓씀니다.

kɯ ire tɛɦesʌn tɕal morɯgets'ɯmnida.

▶ 그 일에 대해선 잘 모르겠습니다.

제 기리, 한번 나한테 전화 왇따우. 동사미레.

kiri, hanbʌn naɦantʰe tɕʌnɦwa watt'au toŋsamire.

기리, 한번 나한테 전화 왓다우. 동삼이레.

▶ 그래, 나한테 한번 전화 왔다오. 동삼이가.

제 '아주마니 그거 머 그지게 그 내해두 아닌데 그 장이니 보냉건데.'
'adzumani kɯgʌ mʌ kɯdzige kɯ nɛɦɛdu aninde kɯ tɕaɲini ponɛŋgʌnde.'
'아주마니 그거 머 그직에 그 내해두 아닌데 그 장인이 보낸 건데.'
▶ '아주머니 그것 뭐 그때 그 내 것도 아니고 그 장인이 보낸 건데.'

제 '파라주갇따구 개가더니 무슨 소시기 업 : 서?'
'pʰaradzugatt'agu kɛgadʌni musɯn soɕigi ʌ : psʌ?'
'팔아주갓다구 개가더니 무슨 소식이 없 : 어?'
▶ '팔아주겠다고 가져가더니 무슨 소식이 없어?'

제 전화루 항구게서 전화루 나한테 기랟따우.
tɕʌnɦwaru haŋgugesʌ tɕʌnɦwaru naɦantʰe kirɛtt'au.
전화루 한국에서 전화루 나한테 기랫다우.
▶ 전화로 한국에서 전화로 나한테 그랬다오.

제 '몰라, 그 머 너 머 그, 고:롬 팡거 모르네?'
'molla, kɯ mʌ nʌ mʌ kɯ, koːrom pʰaŋgʌ morɯne?'
'몰라, 그 머 너 머 그, 고:롬 판거 모르네?'
▶ '몰라, 그것 뭐 너는 뭐 그, 그럼 판 것을 모르니?'

제 '나두 그거 모르는데 나 한번 무러볼라우?'
'nadu kɯgʌ morɯnɯnde na hanbʌn murʌbollau?'
'나두 그거 모르는데 나 한번 물어볼라우?'
▶ '나도 그것을 모르는데 내가 한번 물어볼까?'

제 그랟떠니 머 전화 통해대네? 어니메?
kɯrɛtt'ʌni mʌ tɕʌnɦwa tʰoŋɦɛdɛne? ʌnime?
그랫더니 머 전화 통해대네? 어니메?
▶ 그랬더니 뭐 전화가 통하니? 어데?

제 우리 그 절므니하구 그 물건 때무네
uri kɯ tɕʌlmɯnihagu kɯ mulgʌn t'ɛmune

우리 그 젊은이하구 그 물건 때문에

▶ 우리 그 며느리하고 그것 때문에

제 한번 통핼레두 어니메 통해대네?

hanbʌn tʰoɲɦɛlledu ʌnime tʰoɲɦɛtɕne?

한번 통핼레두 어니메 통해대네?

▶ 한번 통화하려고 해도 어데 통화가 되니?

제 기래서 장너네 와서,

kiɾesʌ tɕaŋnʌne wasʌ,

기래서 작년에 와서,

▶ 그래서 작년에 와서,

제 또 통허먼 너느 말 허다간 또 그 마를 니지삐리디 머.

t'o tʰoɲɦʌmʌn nʌnɯ mal hʌdagan t'o kɯ maɾɯl nidʑip'iɾidi mʌ.

또 통하먼 너느 말 허다간 또 그 말을 닞이삐리디 머.

▶ 또 통화하면 다른 말을 하다가 또 그 말을 잊어버리지 뭐.

제 기래서 장너네 온대메, '아니 너 그지게 정말.'

kiɾesʌ tɕaŋnʌne ondeme, 'ani nʌ kɯdʑige tɕaŋmal.'

기래서 작년에 온댐에, '아니 너 그직에 정말.'

▶ 그래서 작년에 온 다음에, '아니 너 그때 정말.'

제 '전화 오게 되면 너느 말 헐래기 니지삐리구 말 몯핸다.'

'tɕʌnɦwa oge tömʌn nʌnɯ mal hʌllɛgi nidʑip'iɾigu mal mothɛtt'a.'

'전화 오게 되면 너느 말 헐래기 닞이삐리구 말 못했다.'

▶ '전화 오게 되면 다른 말 하다가 잊어버리고 말 못했다.'

제 '그지게 그 동사미레 머 장이니 멀 보낻따능거, 글 쓴대능거, 그 머이가?'

'kɯdʑige kɯ toŋsamiɾe mʌ tɕaŋini mʌl ponɛtt'anɯŋʌ, kɯl s'ɯndɛnɯŋʌ kɯ mʌiga?'

'그직에 그 동삼이레 머 장인이 멀 보냈다는 것, 글 쓴대는 거 그 머이가?'

172

▶ '그때 그 동삼이가 뭐 장인이 뭘 보냈다는 것, 글 쓴다는 것이 그 뭐니?'

제 '그거 머 파라서 돈 준네 안 준네?' 기니까
'kɯgʌ mʌ pʰarasʌ ton ʨunne an ʨunne?' kinik'a
'그거 머 팔아서 돈 줏네 안 줏네?' 기니까
▶ '그거 뭐 팔아서 돈을 줬니 안 줬니?' 그러니까

제 '아니요, 팔긴 내가 어케 파라요? 동쑤기레 젠창 개 간는데.'
'anijo, pʰalgin nɛga ʌkʰe pʰarajo? toŋs'ugire ʨenʨʰaŋ kɛ kannɯnde.'
'아니요, 팔긴 내가 어케 팔아요? 동숙이레 젠창 개 갓는데.'
▶ '아니요, 팔기는 내가 어떻게 팔아요? 동숙이가 바로 가져갔는데.'

제 '기래? 아니 그 개가스먼 개갇따 길디.' 그 우리 가 : 한테 머산티 안네?
'kirɛ? ani kɯ kɛgasɯmʌn kɛgatt'a kildi.' kɯ uri ka : ɦantʰe mʌsantʰi
anne?
'기래? 아니 그 개갓으면 개갓다 길디.' 그 우리 가 : 한테 머산티 안네?
▶ '그래? 아니 그 가져갔으면 가져갔다고 그러지.' 그 우리 며느리한테
무연하지 않니?

조 할머님께는 전화를 자주 해요?
halmʌnimk'enɯn ʨʌnɦwarɯl ʨadzu ɦɛjo?
▶ 할머님께는 전화를 자주 해요?

제 누구레? 동쑤기? 이티치 안 와, 이티치 안 와. 사우는 왇따 가군 해.
nugure? toŋs'ugi? itʰiʨʰi an wa, itʰiʨʰi an wa. saunɯn watt'a kagun ɦɛ.
누구레? 동숙이? 이티치 안 와, 이티치 안 와. 사우는 왓다 가군 해.
▶ 누구? 동숙이? 2년째 안 와, 2년째 안 와. 사위는 왔다 가곤 해.

조 안사[60](鞍山)네 인는 사위요?
ansane innɯn saüjo?

---

[60] 안산(鞍山)은 요녕성의 지명으로 유명한 철강공업도시임.

▶ 안산에 있는 사위요?

제 안사네 인는 사우레 왇따 가군 해.

ansane innɰn saure watt'a kagun hɛ.

안산에 잇는 사우레 왓다 가군 해.

▶ 안산에 있는 사위가 왔다 가곤 해.

제 마음씨 고와. 긴데 그 노쇄싼[61] (腦血栓) 걸렌떵거 아니가?

mawmɕ'i kowa. kinde kɰ noswɛs'an kʌllett'ʌŋʌ aniga?

마음씨 고와. 긴데 그 노쇄싼 걸렛던 거 아니가?

▶ 마음씨 고와. 그런데 그 뇌색전에 걸렸던 것이 아니니?

제 그날두 그 전화 와서 내가 말해 바서. 절므니허구

kɰnaldu kɰ tɕʌnɦwa wasʌ nɛga malɦɛ pasʌ. tɕʌmɰniɦʌgu

그날두 그 전화 와서 내가 말해 밧어. 젊은이허구

▶ 그날도 그 전화가 와서 내가 말해 봤어. 며느리하고

제 '야, 어더러네?' 기니까 '이럽따.' 기래,

'ja, ʌdʌrʌne?' kinik'a 'irʌpt'a.' kirɛ,

'야, 어더러네?' 기니까 '일없다.' 기래,

▶ '야, 어떻니?' 그러니까 '괜찮다.' 그래,

제 이럽따 길긴. 기 : 서 '야, 넌 머 이럽따 해두'

irʌpt'a kilgin. ki : sʌ 'ja, nʌn mʌ irʌpt'a hɛdu'

일없다 길긴. 기 : 서 '야, 넌 머 일없다 해두'

▶ 괜찮다고 그러긴 해. 그래서 '야, 너는 뭐 괜찮다 해도'

제 '여기서는 막 그 이럼는디 어더런디 보디 몯해서 막 걱쩡이다.' 기니까니.

'jʌgisʌnɰn mak kɰ irʌmnɰndi ʌdʌrʌndi podi mothɛsʌ mak kʌktɕ'ʌŋida.'

kinik'ani.

---

61 '노쇄싼(腦血栓)'은 '뇌전색'을 뜻하는 중국어.

'여기서는 막 그 일없는디 어더런디 보디 못해서 막 걱정이다.' 기니까니.

▶ '여기서는 막 그 괜찮은지 어떤지 보지 못해서 막 걱정이다.' 그러니까

제 '걱쩡 노 : 시라요 이럽시오.' 기래. 기 : 서 동사미한테 또 무러받띠.

'kʌktɕ'ʌŋ no ː ɕirajo irʌpɕijo.' kirɛ. ki ː sʌ toŋsamiɦiantʰe t'o murʌbatt'i.

'걱정 놓으시라요 일없이요.' 기래. 기 : 서 동삼이한테 또 물어밧디.

▶ '걱정 마세요, 괜찮아요.' 그래. 그래서 동삼이한테 또 물어봤지.

제 고 무크리 동사미 잍따 기래서 동사미한테 전화 넹기게 주구.

ko mukʰɯri toŋsami itt'a kirɛsʌ toŋsamiɦiantʰe tɕɑnɦiwa neŋgige tɕugu.

고 무크리 동삼이 잇다 기래서 동삼이한테 전화 넘기게 주구.

▶ 그 옆에 동삼이가 있다고 해서 동삼이한테 전화 넘기게 해서.

제 '야, 정말 이럼네?' 기니까니 '예, 이럽시오.' 길데.

'ja, tɕɑŋmal irʌmne?' kinik'ani 'je, irʌpɕijo.' kilde.

'야, 정말 일없네?' 기니까니 '예, 일없이요.' 길데.

▶ '야, 정말 괜찮니?' 그러니까 '예, 괜찮아요.' 그러데.

조 할머님, 이 지블 지은지 이심년 돼써요?

halmʌnim, i tɕibɯl tɕiɯndzi iɕimnjʌn twɛs'ʌjo?

▶ 할머님, 이 집을 지은 지 이십년이 됐어요?

제 이심년 너멑띠, 고:롬, 기래 막 날근 집 아니가? 네쩍 지비디 머 이거.

iɕimnʌn nʌmʌtt'i, ko:rom, kirɛ mak nalkɯn tɕip aniga? njetɕ'ʌk tɕibidi mʌ igʌ.

이십년 넘엇디, 고:롬, 기래 막 낡은 집 아니가? 네적 집이디 머 이거.

▶ 이십년이 넘었지, 그럼, 그래서 막 낡은 집이 아니니? 옛날 집이지 뭐 이것.

조 괜차는데요 터도 아주 널꼬. 독뽀조에 나오시는 분들도 할머님처럼 자식뜨리 다 잘 돼써요?

kwɛntɕʰanɯndejo tʰʌdo adzu nʌlk'o, tokp'odzoe naoɕinɯn pundɯldo halmʌnimtɕʰʌɾʌm tɕaɕikt'ɯɾi ta tɕal twɛs'ʌjo?

▶ 괜찮은데요 터도 아주 넓고. 노인회에 나오시는 분들도 할머님처럼 자식들이 다 잘 됐어요?

제 잘 댄 사람두 익꾸 몯 땐 사람두 익꾸 기래.

tɕal tɛn saɾamdu ikk'u mot t'ɛn saɾamdu ikk'u kiɾɛ.

잘 댄 사람두 잇구 못 댄 사람두 잇구 기래.

▶ 잘 된 사람도 있고 못 된 사람도 있고 그래.

조 몯 된 사람드른 자식뜨리 애머겨요?

mot tön saɾamdɯɾɯn tɕaɕikt'ɯɾi ɛmʌgjʌjo?

▶ 못 된 사람들은 자식들이 애 먹여요?

제 아니, 자석뜨리 다 몯때먹꾸 깅거이 아니구.

ani, tɕasʌkt'ɯɾi ta mott'ɛmʌkk'u kiŋʌi anigu.

아니, 자석들이 다 못대먹구 긴 거이 아니구.

▶ 아니, 자식들이 다 못돼먹고 그런 것이 아니고.

제 잘 풀린 자석뜰두 익꾸 잘 몯 풀린 자석뜰두 읻따마리야.

tɕal pʰullin tɕasʌkt'ɯldu ikk'u tɕal mot pʰullin tɕasʌkt'ɯldu itt'amaɾija.

잘 풀린 자석들두 잇구 잘 못 풀린 자석들두 잇다말이야.

▶ 잘 풀린 자식들도 있고 잘 못 풀린 자식들도 있다는 말이야.

조 몯 풀린 자식뜨른 애 머기기도 하고 그래요?

mot pʰullin tɕaɕikt'ɯɾɯn ɛ mʌgigido hago kɯɾɛjo?

▶ 못 풀린 자식들은 애 먹이기도 하고 그래요?

제 그렁거는 업 : 서, 애 메기능거는 업 : 서.

kɯɾʌŋgʌnɯn ʌ : psʌ, ɛ meginɯŋgʌnɯn ʌ : psʌ.

그런 거는 없 : 어, 애 멕이는거는 없 : 어.

▶ 그런 자식은 없어, 애 먹이는 자식은 없어.

유학중인 손자를 그리며

조 할머님, 손자는 나이가 얼마예요?

halmʌnim, sondʑanɯn naiga ʌlmajejo?

▶ 할머님, 손자는 나이가 얼마예요?

제 쑤물, 쑤물야덜비야. 이젠 쑤물야덜 이제 쇠 쇠먼 아호비야. 빨리 가.

s'umul, s'umuljadʌlbija. idʑen s'umuljadʌl idʑe sö sömʌn aɦobija. p'alli ka.

쑤물, 쑤물야덟이야. 이젠 쑤물야덟 이제 쇠 쇠먼 아홉이야. 빨리 가.

▶ 스물, 스물여덟이야. 이제는 스물여덟인데 이제 설 쇠면 아홉이야. (세월이) 빨리 흘러.

조 여기에서 어느 학꾜에 다녀써요?

jʌgiesʌ ʌnɯ hakk'joe tanjʌs'ʌjo?

▶ 여기에서 어느 학교에 다녔어요?

제 3중에 댕긷띠. 3중에 댕기구 기대메 몰라.

3tɕuɲe teŋgitt'i. 3tɕuɲe teŋgigu kideme molla.

3중에 댕깃디. 3중에 댕기구 기댐에 몰라.

▶ 3중에 다녔지. 3중에 다니고 그 다음에 몰라.

제 심앙에 중국 하이꾜,

ɕimaŋe tɕuŋguk haik'jo,

심앙에 중국 하이꾜,

▶ 심양에서 한족 학교,

제 나 오니까니 나 싸토자서 오니까니 중하이꾜 대니능거 걷떼.

na onik'ani na s'atʰodʑasʌ onik'ani tɕuɲɦaik'jo tɛninɯŋgʌ kʌtt'e.

나 오니까니 나 싸토자서 오니까니 중하이꾜 대니는 거 겉데.

▶ 내가 오니까 내가 싸토자에서 오니까 중학교에 다니는 것 같았어.

제 거기서 피럽, 피럽 채 몯 핻띠머. 채 몯 핸는데 일본 가게 댇따나?

kʌgisʌ pʰiɾʌp, pʰiɾʌp tɕʰɛ mot hett'imʌ. tɕʰɛ mot hɛnɯnde ilbon kage tett'ana?

거기서 필업, 필업 채 못 햇디 머. 채 못 햇는데 일본 가게 댇닿아?

▶ 거기에서 졸업, 졸업하지 못했지 뭐. 졸업하지 못했는데 일본 가게 됐잖니?

조 그래요? 여자 칭구는 이써요?

kɯɾejo? jʌdʑa tɕʰiŋgunɯn is'ʌjo?

▶ 그래요? 여자 친구는 있어요?

제 기리게, 체네 자꾸 어드라 기니까니 공부 끈나구야 언는데.

kirige, tɕʰene tɕak'u ʌdɯɾa kinik'ani koŋbu k'ɯnnaguja ʌnnɯnde.

기리게, 체네 자꾸 얻으라 기니까니 공부 끝나구야 얻는데.

▶ 그러게, 여자 친구 얻으라고 하니까 공부를 다 끝내고 얻는다고 그래.

제 기래두 지끔 어더야 대는다데는데두 말 안 드더.

kiɾedu tɕik'ɯm ʌdʌja tɛnɯndadenɯndedu mal an tɯdʌ.

기래두 지끔 얻어야 대는다데는데두 말 안 들어.

▶ 그래도 지금 얻어야 한다는데도 말을 안 들어.

조 할머님께 전화 자주 오고 합니까?

halmʌnimk'e tɕʌnɦwa tɕadʑu ogo hamnik'a?

▶ 할머님께 전화 자주 오고 합니까?

제 고:롬, 와. 기 : 서 '야, 나 죽끼저네 날래 색씨 한나 어드라마' 길먼

ko:rom, wa. ki : sʌ 'ja, na tɕukk'idʑʌne nallɛ sɛkɕ'i hanna ʌdɯrama' kilmʌn

고:롬, 와. 기 : 서 '야, 나 죽기 전에 날래 색시 한나 얻으라마' 길먼

▶ 그럼, 와. 그래서 '야, 나 죽기 전에 빨리 색시 하나 얻으라고' 하면

제 '머이 바뿌네? 할 : 매' 안 바뿌데, 와 자꾸.

'mʌi pap'une? ha : llmɛ' an pap'ude, wa ʨak'u.

'머이 바뿌네? 할 : 매' 안 바뿌데, 와 자꾸.

▶ '뭐 바빠? 할머니' 안 바쁘다고 그래, 왜 자꾸.

조 할머님, 지그믄 그 나이가 괜차나요 안 바빠요.

halmʌnim, ʨigɯmɯn kɯ naiga kwɛnʨʰanajo an pap'ajo.

▶ 할머님, 지금은 그 나이가 괜찮아요 안 바빠요.

제 안 바뿌데, '이제 공부 다 끈막꾸야 이제 어더.' 길디 머.

an pap'ude, 'iʨe koŋbu ta k'ɯnmakk'uja iʨe ʌdʌ.' kildi mʌ.

안 바뿌데, '이제 공부 다 끝맞구야 이제 얻어.' 길디 머.

▶ 안 바쁘다고 그래, '이제 공부를 다 끝내고 얻어.' 그러지 뭐.

제 '야, 그러머 나 언제 너 색씨 언능거 보구 죽깐네?'

'ja, kɯrʌmʌ na ʌnʨe nʌ sɛkɕ'i ʌnnɯŋgʌ pogu ʨukk'anne?'

'야, 그러머 나 언제 너 색시 얻는 거 보구 죽갓네?'

▶ '야, 그럼 내가 언제 네 색시 얻는 것을 보고 죽겠니?'

제 내가 길먼 '할 : 매, 머 기 : 케 죽깐? 죽띠 말라우.' 기래.

nɛga kilmʌn 'ha : llmɛ, mʌ ki : kʰe ʨukk'an? ʨukt'i mallau.' kirɛ.

내가 길먼 '할 : 매, 머 기 : 케 죽간? 죽디 말라우.' 기래.

▶ 내가 그러면 '할머니, 뭐 그렇게 돌아가겠어? 돌아가지 말라.' 그래.

조 손자를 다 키워주셛쬬?

sondzarɯl ta kʰiwʌʥuʨʌʨ'jo?

▶ 손자를 다 키워주셨죠?

제 고 네살 재페자 갇띠 머. 타가소 갣따노쿠.

ko nesal ʨɛpʰedza katt'i mʌ. tʰagaso kɛtt'anokʰu.

고 네살 잽헤자 갓디 머. 타가소 갯다놓구.

▶ 그 네 살이 나면서 갔지 뭐. 탁아소에 갖다 놓고.

조 아드니미 겨론 하자마자 바로 손자 이씅거예요?
adɯnimi kjʌɾon hadʑamadʑa paɾo sondʑa is'ɯŋgʌjejo?
▶ 아드님이 결혼 하자마자 바로 손자 있은 거예요?

제 일런 너머가서 이서슬꺼다.
illʌn nʌmʌgasʌ isʌsɯlk'ʌda.
일 넌 넘어가서 잇엇을거다.
▶ 일 년 지나 있었을 거야.

조 그때 벌써 이 지베 사라써요?
kɯt'ɛ pʌls'ʌ i tɕibe saɾas'ʌjo?
▶ 그때 벌써 이 집에 살았어요?

제 아니, 초가찌비서 낟 : 띠. 납짝한 지비서.
ani, tɕʰogatɕ'ibisʌ na : tt'i. naptɕ'akhan tɕibisʌ.
아니, 초가집이서 낳앗디. 납작한 집이서.
▶ 아니, 초가집에서 낳았지. 납작한 집에서.

조 월래 할머님 사시던 지베서요? 며느님도 월래 이 마으레 사라미예요?
wʌllɛ halmʌnim sɑɕidʌn tɕibesʌjo? mjʌnɯnimdo wʌllɛ i maɯɾɛ saɾamijejo?
▶ 원래 할머님께서 사시던 집에서요? 며느님도 원래 이 마을의 사람이
에요?

제 홍가푸[62](紅旗堡), 더 아래케네 홍가푸.
hoŋgapʰu, tʌ aɾɛkʰene hoŋgapʰu.
홍가푸, 더 아래켄에 홍가푸.
▶ 홍기보, 저 아래쪽의 홍가푸.

조 중매로 항거예요? 아드님과 나이는 멷쌀 차이예요?
tɕuŋmɛɾo haŋgʌjejo? adɯnimgwa nainɯn mjʌts'al tɕʰaijejo?

---

[62] '홍가푸'는 요녕성 심양시에 속하는 지명으로 '홍기보'(紅旗堡)를 말함.

▶ 중매로 한 거예요? 아드님과 나이는 몇 살 차이에요?

제 고:롬, 중매서서 댕거야.

koːrom, tɕuŋmesʌsʌ tɛŋɡʌja.

고:롬, 중매서서 댄거야.

▶ 그럼, 중매를 서서 된 거야.

제 한살 차야. 아니 두살 차라우. 우리 절무니 말띠야 서른두리디.

hansal tɕʰaja. ani tusal tɕʰarau. uri tɕʌlmuni maltʼija sʌrɯnduridi.

한 살 차야. 아니 두 살 차라우. 우리 젊은이 말띠야 서른둘이다.

▶ 한 살 차이야. 아니 두 살 차이라오. 우리 며느리 말띠야 서른둘이지.

조 예? 쉰둘 아니예요?

je? sündul anijejo?

▶ 예? 쉰둘 아니에요?

제 아니, 쉰둘. 서른두리머 도칸따. 쉰둘, 쉰서이 뱀띠라.

ani, sündul. sʌrɯndurimʌ tokʰattʼa. sündul, sünsʌi pɛmtʼira.

아니, 쉰둘. 서른둘이머 돟갓다. 쉰둘, 쉰서이 뱀띠라.

▶ 아니, 쉰둘. 서른둘이면 좋겠다. 쉰둘, 쉰셋 뱀띠야.

조 근데 며느님 일본, 항국 해서 나가신지 벌써 심년 되셛찌요?

kɯnde mjʌnɯnim ilbon, haŋguk hɛsʌ nagaɕindʑi pʌlsʼʌ ɕimnjʌn töɕjʌttɕʼijo?

▶ 그런데 며느님 일본, 한국 해서 나가신지 벌써 십년 되셨지요?

제 고:롬, 기 : 케 댇띠.

koːrom, ki : kʰe tɛttʼi.

고:롬, 기 : 케 댓디.

▶ 그럼, 그렇게 됐지.

아드님과의 싸움

할머님 밥 해 주신다고 고생 마느썰껜네요? 할머니믄 아드니미랑 전혀 안 싸우시죠?

halmʌnim pap hɛ ʨuɕindago kosɛŋ manɯejʌtkʼennejo? halmʌnimɯn aɗunimiraŋ ʨʌnçjʌ an sʼauɕidʑjo?

▶ 할머님 밥 해주신다고 고생 많으셨겠네요? 할머님은 아드님이랑 전혀 안 싸우시죠?

쌈 : , 싸우물 와 안 해? 어 쌈 : 해, 우리 쌈 : 잘해.

sʼa : m, sʼaumul wa an hɛ? ʌ sʼa : mɦɛ, uri sʼa : m ʨalɦɛ.

쌈 : , 싸움을 와 안 해? 어 쌈 : 해, 우리 쌈 : 잘해.

▶ 싸움, 싸움을 왜 안 해? 어 싸움을 해, 우리 싸움을 잘 해.

무슨 일로 싸우시죠?

musɯn illo sʼauɕidʑjo?

▶ 무슨 일로 싸우시죠?

그저 마를 허다가 말 허다, 그저 사라나갈 말 허다가 싸 : 미 니러나구 허디 머.

kɯdzʌ marɯl hʌdaga mal hʌda, kɯdzʌ saranagal mal hʌdaga sʼa : mi nirʌnagu hʌdi mʌ.

그저 말을 허다가 말 허다, 그저 살아나갈 말 허다가 쌈 : 이 닐어나구 허디 머.

▶ 그저 말을 하다가 말 하다, 그저 살아나갈 말을 하다가 싸움이 일어 나고 하지 뭐.

쌈 : 해, 쌈 : 와 안 해.

sʼa : mɦɛ, sʼa : m wa an hɛ.

쌈 : 해, 쌈 : 와 안 해.
▶ 싸움을 해, 싸움을 왜 안 해.

조 할머님, 하라버지하고는 전혀 싸우시지 아느션따 하시니깐 저는 싸우지 안
능가 해써요?
halmʌnim, harabʌdziɦagonɯn tɕʌnçjʌ s'auɕidzi anɯejʌtt'a ɦaɕinik'an
tɕʌnɯn s'audzi annɯŋga ɦɛs'ʌjo?
▶ 할머님, 할아버지하고는 전혀 싸우시지 않으셨다 하셔서 저는 싸우지
않는가 했어요?

제 아들하구는 쌈 : 잘해.
adɯlɦagunɯn s'a : m tɕalɦɛ.
아들하구는 쌈 : 잘 해.
▶ 아들하고는 싸움을 잘 해.

제 전 저 말 올타 길구 난 내 말 올타 기리구 그러다가 쌈 : 대지 머.
tɕʌn tɕʌ mal oltʰa kilgu nan nɛ mal oltʰa kirigu kɯrʌdaga s'a : m tɛdzi
mʌ.
전 저 말 옳다 길구 난 내 말 옳다 기리구 그러다가 쌈 : 대지 머.
▶ 자기는 자기 말이 옳다 하고 나는 내 말이 옳다 하고 그러다가 싸움
이 일어나지 뭐.

조 그럼 마지마게 누가 이기세요?
kɯrʌm madzimage nuga igisejo?
▶ 그럼 마지막에 누가 이기세요?

제 지레 아무래두 지디 머. 나헌테 이기네?
tɕire amurɛdu tɕidi mʌ. naɦʌntʰe igine?
지레 아무래두 지디 머. 나헌테 이기네?
▶ 아들이 아무래도 지지 뭐, 나한테 이기니?

조 아직또 할머니미 더 셈니까?

adʑikt'o halmʌnimi tʌ semnik'a?
▶ 아직도 할머님이 더 셉니까?

제 고:롬, 쎈 타기디. 내가 이게.
ko:ɾom, s'en tʰagidi. nɛga ige.
고:롬, 쎈 탁이디. 내가 이게.
▶ 그럼, 센 축이지. 내가 이겨.

제 말해다, 말해다가 내레 큰 소리 티먼
malɦɛda, malɦɛdaga nɛɾe kʰɯn soɾi tʰimʌn
말해다, 말해다가 내레 큰 소리 티먼
▶ 말하다, 말하다가 내가 큰 소리 치면

제 아야 훌뚝 나가니까니 쌈 : 크게는 몯허디 머.
aja hult'uk naganik'ani s'a : m kʰɯgenɯn mothʌdi mʌ.
아야 훌뚝 나가니까니 쌈 : 크게는 못허디 머.
▶ 아예 훌쩍 나가니까 싸움 크게는 못하지 뭐.

조 할머님, 아직 큰 소리 치세요?
halmʌnim, adʑik kʰɯn soɾi ʨisejo?
▶ 할머님, 아직 큰 소리 치세요?

제 고:롬, 빵 티지 앙쿠.
ko:ɾom, p'aŋ tʰidʑi aŋkʰu.
고:롬, 빵 티지 않구.
▶ 그럼, 큰 소리 뺑 치지 않고.

184

행복한 추억

조 근데 하라버지께는 큰 소리 한마디도 안 하시고 사셔써요?

kɯnde haɾabʌdʑikʼenɯn kʰɯn soɾi hanmadido an haɕigo saɕjʌsʼʌjo?

▶ 그런데 할아버지께는 큰 소리 한마디도 안 하시고 사셨어요?

제 머이라 기리게, 아무 말두 안 허는데.

mʌira kiɾige, amu maldu an hʌnɯnde.

머이라 기리게, 아무 말두 안 허는데.

▶ 뭐라 그러게, 아무 말도 안 하는데.

제 머 나보구 머이라 기리야 쌈 : 허디 머.

mʌ nabogu mʌira kiɾija sʼa : m hʌdi mʌ.

머 나보구 머이라 기리야 쌈 : 허디 머.

▶ 뭐 나보고 뭐라고 그래야 싸움을 하지 뭐.

제 나보구 머이라 앙 긴데 무슨 쌈 : 허네? 할배하구야.

nabogu mʌira aŋ ginde musɯn sʼa : m hʌne? halbɛhaguja.

나보구 머이라 안 긴데 무슨 쌈 : 허네? 할배하구야.

▶ 나보고 뭐라 안 그러는데 무슨 싸움을 하니? 할아버지하고는.

조 사시면서 한 번도 크게 소리 친 적 업스세요?

saɕimjʌnsʌ han pʌndo kʰɯge soɾi tɕʰin tɕʌk ʌpsɯsejo?

▶ 사시면서 한 번도 크게 소리 친 적이 없으세요?

제 아니, 한번 우리 다타보지두 아나서. 다툴 이리 인네?

ani, hanbʌn uɾi tatʰabodʑidu anasʌ. tatʰul iɾi inne?

아니, 한번 우리 다타보지두 않았어. 다툴 일이 잇네?

▶ 아니, 우리는 한 번도 다퉈보지도 않았어. 다툴 일이 있니?

조 후에는 농사일도 계속 모타시고 하셨짜나요?

huenɯn noŋsaildo kjesok motʰaɕigo haɕʌtt'eʼanajo?

▶ 후에는 농사일도 계속 못하시고 하셨잖아요?

제 농새, 농새 일 해두 그저 머.

noŋsɛ, noŋsɛ il hɛdu kɯdzʌ mʌ.

농새, 농새 일 해두 그저 머.

▶ 농사, 농사 일을 해도 그저 뭐.

제 어리케 댄디 농새 지멘서두 그저 힘 드능걷뚜 한나 힘 안 드러,

ʌrikʰe tɛndi noŋsɛ ʨimensʌdu kɯdzʌ ɕim tɯnɯŋɡʌtt'u hanna ɕim an tɯɾʌ,

어리케 댄디 농새 지멘서두 그저 힘 드는것두 한나 힘 안 들어,

▶ 무슨 영문인지 농사 지으면서도 그저 힘든 것도 하나 힘이 안 들고,

제 재미나능거루 해서.

ʨeminanɯŋɡʌru hɛsʌ.

재미나는 거루 했어.

▶ 재미나게 했어.

제 넝감하구 일하능거 재미나게 일 해서.

nʌŋɡamɦagu ilɦanɯŋɡʌ ʨeminage il hɛsʌ.

넝감하구 일하는 거 재미나게 일 햇어.

▶ 영감하고 일하는 것을 재미나게 일 했어.

제 한나 머 이리 힘드러서 짜증 쓰거나 한번 앙 기래바서.

hanna mʌ iri ɕimdɯɾʌsʌ ʦ'adzɯŋ s'ɯɡʌna hanbʌn aŋ ɡiɾɛbasʌ.

한나 머 일이 힘들어서 짜증 쓰거나 한번 안 기래밧어.

▶ 뭐 하나 일이 힘들어서 짜증 쓰거나 한 번도 안 그래봤어.

조 그러니까 할머니미 후에 하라버지랑 사시면서 정말 행복하셛떵가 봐요?

kɯɾʌnik'a halmʌnimi hue haɾabʌdziɾaŋ saɕimjʌnsʌ ʨʌŋmal heŋbokɦaɕjʌtt'ʌŋga pwajo?

▶ 그러니까 할머님이 후에 할아버지랑 사시면서 정말 행복하셨던가 봐요?

제 그랜띠, 제네는 기ː케 재미나게 몯 사랃따우.

kɯɾett'i, tɕenenɯn kiː kʰe tɕɛminage mot saratt'au.

그랬디, 젠에는 기ː케 재미나게 못 살앗다우.

▶ 그랬지, 전에는 그렇게 재미나게 못 살았다오.

제 가정 골란허디, 쩍 허먼 쌈ː허디.

kadzʌŋ kollanɦʌdi, tɕ'ʌk hʌmʌn s'aː mhʌdi.

가정 곤란허디, 쩍 허먼 쌈ː허디.

▶ 가정이 곤란하지, 쩍 하면 싸움을 하지.

제 그러니까니 무슨 정이가? 기커구 또 아파서 길디 머?

kɯɾʌnik'ani musɯn tɕʌŋiga? kikʰʌgu t'o apʰasʌ kildi mʌ?

그러니까니 무슨 정이가? 기커구 또 아파서 길디 머?

▶ 그러니까 무슨 정이 있겠니? 그리고 또 아파서 그러지 뭐?

제 기니깐 생활 올케 몯핻띠.

kinik'an sɛŋɦwal olkʰe mothett'i.

기니깐 생활 옳게 못햇디.

▶ 그러니까 생활을 옳게 못했지.

조 그러케 혼자 이심 년가량 계시다가 다시 하라버지 만나셔쓰니까 더욱 조아 셛떵가 봐요.

kɯɾʌkʰe hondza iɕim njʌngaɾjaŋ kjeɕidaga taɕi harabʌdzi mannaɕjʌs'ɯnik'a tʌuk tɕoaɕjʌtt'ʌŋga pwajo.

▶ 그렇게 혼자 이십 년가량 계시다가 다시 할아버지 만나셨으니까 더욱 좋아셨던가 봐요.

제 오, 기니까니 세간사리 재미나게 사랃띠 머. 돔배 일 해두 힘 안 들디.

o, kinik'ani segansari tɕɛminage saratt'i mʌ. tombɛ il hɛdu çim an tɯldi.

오, 기니까니 세간살이 재미나게 살앗디 머. 돔배 일 해두 힘 안 들디.
▷ 오, 그러니까 살림살이를 재미나게 살았지 뭐. 일 해도 전혀 힘이 안 들지.

제 기리구 싸토자서 농새 허능걷뚜 논뚜렁 머 까끌꺼 머 인네?
kirigu s'atʰodzasʌ noŋsɛ hʌnɯŋgʌtt'u nont'uɾʌŋ mʌ k'ak'ɯlk'ʌ mʌ inne?
기리구 싸토자서 농새 허는 것두 논뚜렁 머 깎을 거 머 잇네?
▷ 그리고 싸토자에서 농사 하는 것도 논두둑 뭐 깎을 것이 있니?

제 기래두 내가 멘저 선발대서 나가서두 한나 짜증 안 썰따우.
kirɛdu nɛga mendzʌ sʌnbaldɛsʌ nagasʌdu hanna tɕ'adzɯŋ an s'ʌtt'au.
기래두 내가 멘저 선발대서 나갓어두 한나 짜증 안 썻다우.
▷ 그래도 내가 먼저 앞장서서 나갔어도 하나 짜증을 안 썼다오.

제 일 해두 재미나게 일 햄따우, 언제나 이를 해두.
il hɛdu tɕɛminage il hɛtt'au. ʌndzena iɾɯl hɛdu.
일 해두 재미나게 일 햇다우, 언제나 일을 해두.
▷ 일을 해도 재미나게 일을 했다오, 언제나 일을 해도.

조 그러케 재미가 나시면 힘드신 줄 모르시죠?
kɯɾʌkʰe tɕɛmiga naɕimjʌn çimdɯɕin tɕul moɾɯɕidzjo?
▷ 그렇게 재미가 나시면 힘드신 줄 모르시죠?

제 오, 힘든 줄 모루구 디내왇따우.
o, çimdɯn tɕul moɾugu tinɛwatt'au.
오, 힘든 줄 모루구 디내왓다우.
▷ 오, 힘든 줄을 모르고 지내왔다오.

조 하라버지께서는 일 하실 때 언제나 뒤에서 따라오셔써요?
haɾabʌdzik'esʌnɯn il haɕil t'ɛ ʌndzena tüesʌ t'aɾaoɕʌs'ʌjo?
▷ 할아버지께서는 일을 하실 때 언제나 뒤에서 따라오셨어요?

제 고:롬, 언제나 기리게 내가 언제나 압땅 세먼 거기서

ko:rom, ʌndʑena kirige nɛga ʌndʑena apťaŋ semʌn kʌgisʌ

고:롬, 언제나 기리게 내가 언제나 앞당 세먼 거기서

▶ 그럼, 언제나 그래서 내가 언제나 앞장 서면 거기에서

제 '데거 노친 보라 데거.' 하메

'tegʌ notɕʰin poɾa tegʌ.' hame

'데거 노친 보라 데거.' 하메

▶ '저 노친을 보라 저.' 하며

제 노친네드리 농허느라구. '데거 보라, 데거 넝감태기 멀라 기 : 케 애끼네?'

notɕʰinnedɯri noɲɦʌnɯragu. 'tegʌ poɾa, tegʌ nʌŋgamtʰɛgi mʌlla ki : kʰe ɛk'ine?'

노친네들이 농허느라구. '데거 보라, 데거 넝감태기 멀라 기 : 케 애끼네?'

▶ 노친들이 농담을 하느라고. '저 보라, 저 영감을 뭘 하려고 그렇게 아끼니?'

제 '넝감태기 애께서 멀 할래?' 이 따 쏘리 허구.

'nʌŋgamtʰɛgi ɛk'esʌ mʌl hallɛ?' i ťa s'ori hʌgu.

'넝감태기 애께서 멀 할래?' 이 따 쏘리 허구.

▶ '영감 아껴서 뭘 하려니?' 이런 말을 하고 했어.

제 기래두 머 그저 아무 쏘리두 안 허구 히물히물 허멘서 노네 나가디 머.

kirɛdu mʌ kɯdʑa amu s'oɾidu an hʌgu çimulçimul hʌmensʌ none nagadi mʌ.

기래두 머 그저 아무 쏘리두 안 허구 히물히물 허멘서 논에 나가디 뭐.

▶ 그래도 뭐 그저 아무 말도 하지 않고 히쭉 웃으면서 논에 나가지 뭐.

제 나오문 나오구 안 나오문 안 나오구 쨍쨍 허디 아나.

naomun naogu an naomun an naogu ťɕ'ɛŋťɕ'ɛŋ hʌdi ana.

나오문 나오구 안 나오문 안 나오구 쨍쨍 허디 않아.

▶ 나오면 나오고 안 나오면 안 나오고 쫑알쫑알 하지 않아.

특별한 자식 교육

제 난 또 힘들게 일 해두 야네들 일 허라구 앙앙 안 해바서.

nan t'o çimdɯlge il hɛdu janedɯl il hʌragu aŋaŋ an hɛbasʌ.

난 또 힘들게 일 해두 야네들 일 허라구 앙앙 안 해밧어.

▶ 나는 또 힘들게 일을 해도 아이들은 일 하라고 꽥꽥 안 해봤어.

조 아이들요?

aidɯljo?

▶ 아이들요?

제 오, 어떤 지베는 '야, 이 쌔끼야 일 안 하네?'

o, ʌt'ʌn tɕibenɯn 'ja, i s'ɛk'ija il an hane?'

오, 어떤 집에는 '야, 이 쌔끼야 일 안 하네?'

▶ 오, 어떤 집에는 '야, 이 새끼야 일 안 하니?'

제 '머 어더러네?', 한:번 나 그래보디 아나서.

'mʌ ʌdʌrʌne?', ha:nbʌn na kɯrɛbodi anasʌ.

'머 어더러네?', 한:번 나 그래보디 않앗어.

▶ '뭐 어떻니?', 하고 한 번도 나는 그래보지 않았어.

제 저 허구푸먼, 나오 가스먼 나오구 말가스먼 말구

tɕʌ hʌguphumʌn, nao kasɯmʌn naogu malgasɯmʌn malgu

저 허구푸먼, 나오 갓으면 나오구 말갓으면 말구

▶ 자기가 하고 싶으면, 나오겠으면 나오고 말겠으면 말고

제 그저 기 : 케 생각핸띠.

kɯdzʌ ki : khe sɛŋgakhɛtt'i.

그저 기 : 케 생각했디.
▶ 그저 그렇게 생각했지.

제 일 허라, 일 안 헌다구 앙앙 안 해바서. 나 볼래 기래 성지리.
il hʌra, il an handagu aŋaŋ an hɛbasʌ. na pollɛ kirɛ sʌŋdziri.
일 허라, 일 안 헌다구 앙앙 안 해밧어. 나 본래 기래 성질이.
▶ 일 해라, 일 안 한다고 꽥꽥 안 해봤어. 나는 본래 성격이 그래.

제 기 : 케 아 : 들 시케먹띠 아나. 기리게 돔배 일 안 시케.
ki : kʰe a:dɯl ɕikʰemʌkt'i ana. kirige tombɛ il an ɕikʰe.
기 : 케 아 : 들 시케먹디 않아. 기리게 돔배 일 안 시케.
▶ 그렇게 아이들을 시켜먹지 않아. 그래 전혀 일을 시키지 않아.

제 그저 너느, 그저 몯땐 장난 할까바 그거 걱쩡핻띠.
kɯdzʌ nʌnɯ, kɯdzʌ mott'ɛn tɕaŋnan halk'aba kɯgʌ kʌktɕ'ʌŋɦɛtt'i.
그저 너느, 그저 못댄 장난 할가바 그거 걱정햇디.
▶ 그저 다른, 그저 못된 장난을 할까봐 그것을 걱정했지.

제 일 안 한다구 걱쩡은 안 해서.
il an handagu kʌktɕ'ʌŋɯn an hɛsʌ.
일 안 한다구 걱정은 안 햇어.
▶ 일을 안 한다고 걱정은 안 했어.

제 긴데 이걷뜰뚜 또 나가서 머 일 저질거나 그 따우 지슨 또 안 해서 또.
kinde igʌtt'ɯlt'u t'o nagasʌ mʌ il tɕʌdzilgʌna kɯ t'au tɕisɯn t'o an hɛsʌ
t'o.
긴데 이것들두 또 나가서 머 일 저질거나 그 따우 짓은 또 안 햇어 또.
▶ 그런데 아이들도 또 나가서 무슨 일을 저지르거나 그런 짓은 안 했어 또.

제 어떤 지븐 막 일 안 한다구 막 앙앙해. 막 쌈 : 허구 기래.
ʌt'ʌn tɕibɯn mak il an handagu mak aŋaŋɦɛ. mak s'a : mɦʌgu kirɛ.
어떤 집은 막 일 안 한다구 막 앙앙해. 막 쌈 : 허구 기래.

▶ 어떤 집은 막 일을 안 한다고 막 꽥꽥거리고 막 싸움도 하고 그래.

제 난 머 까짇 데거 아바지레 일찌가니들 다 업스디구.
　nan mʌ k'adzit tegʌ abadzire iltɕ'iganidɯl ta ʌpsɯdigu.
　난 머 까짓 데거 아바지레 일찌가니들 다 없으디구.
▶ 난 뭐 그까짓 저 아이들이 아버지를 일찍 다 여의고.

제 머 내가 일 씨게먹간따 앙앙 허간네?
　mʌ nɛga il ɕ'igemʌkkatt'a aŋaŋ hʌganne?
　머 내가 일 씨게먹갓다 앙앙 허갓네?
▶ 뭐 내가 일을 시켜먹겠다고 꽥꽥 하겠니?

제 너 허구푸먼 허라 난 그저 기러커구.
　nʌ hʌgupʰumʌn hʌra nan kɯdzʌ kiɾʌkʰʌgu.
　너 허구푸먼 허라 난 그저 기러커구.
▶ 네가 하고 싶으면 해라 나는 그저 그렇게 하고.

제 나 함자 나가서 일 핻띠 머. 아 : 들 일 씨게 머글라구 앙앙 안 해서.
　na hamdza nagasʌ il hɛtt'i mʌ. a : dɯl il ɕ'ige mʌgɯllagu aŋaŋ an hɛsʌ.
　나 함자 나가서 일 햇디 머. 아 : 들 일 씨게 먹을라구 앙앙 안 햇어.
▶ 나 혼자 나가서 일을 했지 뭐. 아이들을 일 시켜 먹으려고 꽥꽥 안 했어.

조 혼자면 너무 늗짜나요?
　hondzamjʌn nʌmu nɯttɕ'anajo?
▶ 혼자면 너무 늦잖아요?

제 느저두 머 그저 이 데거 애비두 업시 길러구 데거.
　nɯdzʌdu mʌ kɯdzʌ i tegʌ ɛbidu ʌpɕ'i killʌgu tegʌ.
　늦어두 머 그저 이 데거 애비두 없이 길러구 데거.
▶ 늦어도 뭐 그저 이 저거 아버지도 없이 키워서 저 애들.

제 놈한테 그저 막 이 욕 어더머글까바 그거 걱쩡이디 머.

nomɕiantʰe kɯdʑʌ mak i jok ʌdʌmʌgɯlk'aba kɯgʌ kʌktɕ'ʌɲidimʌ.

놈한테 그저 막 이 욕 얻어먹을가바 그거 걱정이디 머.

▶ 남한테 그저 막 이 욕을 얻어먹을까봐 그것만 걱정이지 뭐.

제 데거 애비두 엄는 아쎄끼 기따우 쏘리 드들까바 그거 걱쩡이디.

tegʌ ɛbidu ʌmnɯn as'ɛk'i kit'au s'ori tɯdɯlk'aba kɯgʌ kʌktɕ'ʌɲidi.

데거 애비두 없는 아쎄끼 기따우 쏘리 듣을가바 그거 걱정이디.

▶ 저 애비도 없는 애라는 그따위 소리를 들을까봐 그것이 걱정이지.

제 일 안 헌다구 걱쩡 한나토 안 해서.

il an hʌndagu kʌktɕ'ʌŋ hannatʰo an hɛsʌ.

일 안 헌다구 걱정 한나토 안 했어.

▶ 일을 안 한다고는 걱정을 하나도 안 했어.

제 기구 우리 그 체네들 그 두리 길러능거.

kigu uri kɯ tɕʰenedɯl kɯ turi killʌnɯŋgʌ.

기구 우리 그 체네들 그 둘이 길러는거.

▶ 그리고 우리 그 여자 아이들 그 둘이 키우는 것.

제 한나 나헌테 욕뚜 기 : 케 안 먹꾸 길러서 그저.

hanna naɕʌntʰe jokt'u ki : kʰe an mʌkk'u killʌsʌ kɯdʑʌ.

한나 나헌테 욕두 기 : 케 안 먹구 길럿어 그저.

▶ 나한테 하나 욕도 그렇게 안 먹고 키웠어 그저.

제 일두 기 : 케 안 허구. 기리게 허구푸먼 허구 야네두.

ildu ki : kʰe an hʌgu. kirige hʌgupʰumʌn hʌgu janedu.

일두 기 : 케 안 허구. 기리게 허구푸먼 허구 야네두.

▶ 일도 그렇게 안 하고. 그래서 하고 싶으면 하고 이 애들도.

제 우리 자근 아 : 는 그 일 쯤 욕씨미 마나서

uri tɕagɯn a : nɯn kɯ il tɕ'om jokɕ'imi manasʌ

우리 작은 아 : 는 그 일 쯤 욕심이 많아서

▶ 우리 작은 아이는 그 일 욕심이 좀 많아서

제 건 : 일 쯤 더 마니 해서, 언니보담.

　　kʌ : n il tɕ'om tʌ mani hɛsʌ, ʌnnibodam.

　　건 : 일 쯤 더 많이 했어, 언니보담.

▶ 그 앤 일을 좀 더 많이 했어, 언니보다.

조 둘째 따니미 더 커요 아드니미 더 커요?

　　tultɕ'ɛ t'animi tʌ kʰʌjo adɯnimi tʌ kʰʌjo?

▶ 둘째 따님이 더 커요 아드님이 더 커요?

제 따리 더 크디. 아드리 왠 망내디 머 그저.

　　t'ari tʌ kʰɯdi. aduri wɛn maŋnedi mʌ kɯdzʌ.

　　딸이 더 크디. 아들이 왠 막내디 머 그저.

▶ 딸이 더 크지. 아들이 가장 막내지 뭐 그저.

조 그럼 둘째 따님도 이젠 예순 다 돼 가시능가요?

　　kɯrʌm tultɕ'ɛ t'animdo idzen jesun ta tögaɕinɯŋgajo?

▶ 그럼 둘째 따님도 이제는 예순이 다 돼 가시는가요?

제 그 범띠야, 쉰여서시야. 오, 기 : 케 대서. 기리게 일 안 헌다구 앙앙 안 해바서.

　　kɯ pʌmt'ija, sünjʌsʌɕija. o, ki : kʰe tɛsʌ. kirige il an hʌndagu aŋaŋ an hɛbasʌ.

　　그 범띠야, 쉰여섯이야. 오, 기 : 케 댓어. 기리게 일 안 헌다구 앙앙 안 해밧어.

▶ 그 범띠야, 쉰여섯이야. 오, 그렇게 됐어. 그러게 일을 하지 않는다고 꽥꽥 안 해봤어.

제 우리 그 자긍거랑은 막 일 헐라 애 쓰구.

　　uri kɯ tɕagɯŋgʌraŋɯn mak il hʌlla ɛ s'ɯgu.

　　우리 그 작은거랑은 막 일 헐라 애 쓰구.

▶ 우리 그 작은 애는 막 일을 하려고 애 쓰고.

제 우리 이 큰거는 그저 저 허구푸먼 허구

uri i kʰɯŋgʌnɯn kɯdzʌ tɕʌ hʌgupʰumʌn hʌgu

우리 이 큰거는 그저 저 허구푸먼 허구

▶ 우리 큰 애는 그저 자기 하고 싶으면 하고

제 허기 시레먼 일해다가두 드러올 아 : 야.

hʌgi ɕiremʌn ilɦɛdagadu tɯrʌol a : ja.

허기 싫에먼 일해다가두 들어올 아 : 야.

▶ 하기 싫으면 일을 하다가도 들어 올 애야.

제 큰거 일 기 : 케 쎄게 안 해서.

kʰɯŋgʌ il ki : kʰe s'ege an hɛsʌ.

큰 거 일 기 : 케 쎄게 안 햇어.

▶ 큰 애는 일을 그렇게 세게 안 했어.

조 어느 따니미 지금 엄마를 더 생각하세요?

ʌnɯ t'animi tɕigɯm ʌmmarɯl tʌ sɛŋgakhasejo?

▶ 어느 따님이 지금 엄마를 더 생각하세요?

제 가태, 생각허능거는 다 가태.

katʰɛ, sɛŋgakhʌnɯŋgʌnɯn ta katʰɛ.

같애, 생각허는 거는 다 같애.

▶ 같아, 생각하는 것은 다 같아.

조 그래도 더 쏠리는 자시기 잇짜나요? 아드리 가장 쏠리시겓쬬?

kɯrɛdo tʌ s'ollinɯn tɕaɕigi itt'anajo? adɯri kadzaŋ s'olliɕigettɕ'jo?

▶ 그래도 더 쏠리는 자식이 있잖아요? 아들이 가장 쏠리시겠죠?

제 고:롬, 이거 아드른 나헌테 욕뚜 마니 먹꾸 기래서.

ko:rom, igʌ adɯrɯn nafiʌntʰe joktu mani mʌkk'u kirɛsʌ.

고:롬, 이거 아들은 나헌테 욕두 많이 먹구 기랬어.

▶ 그럼, 이 아들은 나한테 욕도 많이 먹고 그랬어.

조 딸드른 오히려 욕 안 머거써요?

t'aldɯɾɯn oçirjʌ jok an mʌgʌsʼʌjo?

▶ 딸들은 오히려 욕 안 먹었어요?

제 오, 외려 안 먹꾸, 그저 나가 선불 티기레

o, örjʌ an mʌkkʼu, kɯdzʌ naga sʌnbul tʰigiɾe

오, 외려 안 먹구, 그저 나가 선불 티기레

▶ 오, 오히려 안 먹고, 그저 나가 설쳐대기에

제 나가 도라대먼서 그저 몯땐 장난 헐까바.

naga toɾadɛmʌnsʌ kɯdzʌ mottʼɛn tɕaŋnan hʌlkʼaba.

나가 돌아대면서 그저 못댄 장난 헐가바.

▶ 나가 돌아다니면서 그저 못된 장난 할까봐.

제 기리게 만날 나보구 범, 범 핻딴네? 아드리 엄매 '범, 버'미라 기래.

kiɾige mannal nabogu pʌm, pʌm hɛttʼanne? adɯɾi ʌmmɛ 'pʌm, pʌ'miɾa kiɾɛ.

기리게 만날 나보구 범, 범 햇닳네? 아들이 엄매 '범, 범'이라 기래.

▶ 그래서 매일 나보고 호랑이, 호랑이 했잖니? 아들이 엄마는 '호랑이, 호랑이'라 그래.

제 와기나 허먼 무섭께, 어러케 와 앙 기러네?

wagina hʌmʌn musʌpkʼe, ʌɾʌkʰe wa aŋ giɾʌne?

와기나 허먼 무섭게, 어러케 와 안 기러네?

▶ 왜 그런가 하면 무섭게, 어떻게 안 그러니?

제 사람드리 다 머 무슨 결나서 쌈 : 허구

saɾamdɯɾi ta mʌ musɯn kjʌlnasʌ sʼa : mɦʌgu

사람들이 다 머 무슨 결나서 쌈 : 허구

▶ 사람들이 다 뭐 무슨 화나서 싸움하고

제 아이드리 과부쌔끼라는 소리[63] 드들까바.

196

aidɯri kwabusʼɛkʼiranɯn soɾi tɯdɯlkʼaba.

아이들이 과부쌔끼라는 소리 들을가바.

▶ 아이들이 과부새끼라는 소리 들을까봐.

제 기래서 그저 주이 주능거 그거디 머 앙 기네?

kiɾɛsʌ kɯdzʌ tɕui tɕunɯŋɡʌ kɯɡʌdi mʌ aŋ gine?

기래서 그저 주의 주는 거 그거디 머 안 기네?

▶ 그래서 그저 주의 주는 것이 그것이지 뭐 안 그러니?

제 애비두 업시 기른 아 : 버릍찌기 업따구.

ɛbidu ʌpɕi kiɾɯn a : pʌɾɯttɕʼigi ʌptʼagu.

애비두 없이 기른 아 : 버릇찌기 없다구.

▶ 아버지도 없이 키운 애가 버릇이 없다고.

제 쩍허먼 조선싸람들 욕허게 되먼 과부쌔끼 팔리데.

tɕʼʌkhʌmʌn tɕosʌnsʼaɾamdɯl jokhʌge tömʌn kwabusʼɛkʼi pʰallide.

쩍허먼 조선싸람들 욕허게 되먼 과부쌔끼 팔리데.

▶ 쩍하면 조선족사람들은 욕하게 되면 과부새끼 팔리더라.

조 말하다가 안 되면 그 마를 쉽게 하능가봐요.

malɦadaga an tömjʌn kɯ maɾɯl süpkʼe hanɯŋabwajo.

▶ 말하다가 안 되면 그 말을 쉽게 하는가 봐요.

제 오, 그말 나온다우. 기래개지구 그 말 안 득깓따구 그저

o, kɯmal naondau. kiɾɛɡɛdzigu kɯ mal an tɯkkʼattʼagu kɯdzʌ

오, 그말 나온다우. 기래개지구 그 말 안 듣갓다구 그저

▶ 오, 그 말이 나온다오. 그래서 그 말을 안 듣겠다고 그저

제 우리 아이드리 나한테 정말 이른 기 : 케 안 쎄게 씨게두 그저 교유근 쎄다우.

uɾi aidɯri naɦantʰe tɕʌŋmal iɾɯn ki : kʰe an sʼege tɕʼigedu kɯdzʌ

---

kjojugɯn s'edau.

우리 아이들이 나한테 정말 일은 기 : 케 안 쎄게 씨게두 그저 교육은 쎄다우.

▶ 나는 우리 아이들한테 정말 일은 그렇게 안 세게 시켜도 그저 교육은 세게 시켰다오.

조 지그믄 그건 아무 걷또 아니예요?

tɕigɯmɯn kɯgʌn amu kʌtt'o anijejo?

▶ 지금은 그것이 아무 것도 아니에요?

제 지끄믄 기래, 그지게만 말해두 녣쩌기라우.

tɕik'ɯmun kirɛ, kɯdzigeman malɦɛdu njettɕ'ʌgirau.

지끔은 기래, 그직에만 말해두 넷적이라우.

▶ 지금은 그래, 그때만해도 옛적이라오.

제 그저 놈한테 그저 과부쌔끼 팔릴까바 안 팔리게 허느라구.

kɯdzʌ nomɦantʰe kɯdzʌ kwabus'ɛk'i pʰallilk'aba an pʰallige hʌnɯragu.

그저 놈한테 그저 과부쌔끼 팔릴까바 안 팔리게 허느라구.

▶ 그저 남한테 그저 과부새끼 팔릴까봐 안 팔리게 하느라고.

제 그저 씨꺼머게 나가구 씨꺼머게 드러와서 그저.

kɯdzʌ ɕ'ik'ʌmʌge nagagu ɕ'ik'ʌmʌge tɯrʌwasʌ kɯdzʌ.

그저 씨꺼머게 나가구 씨꺼머게 들어와서 그저.

▶ 그저 까매서 나가고 까매서 들어와서 그저.

제 무슨 일 안 저절란나 해개지구 그저 아이들헌테 무섭께 긴다우.

musɯm il an tɕʌdzʌllanna ɦɛgɛdzigu kɯdzʌ aidɯlɦʌntʰe musʌpk'e kindau.

무슨 일 안 저절란나 해개지구 그저 아이들헌테 무섭게 긴다우.

▶ 무슨 일 저지르지 않았나 해서 그저 아이들한테 무섭게 그랬다오.

제 일 안 헌다구 욕 안 허구 사람질 허라구 욕찔허디.

il an ɦʌndagu jok an ɦʌgu saramdzil ɦʌragu joktɕ'ilɦʌdi.

일 안 헌다구 욕 안 허구 사람질 허라구 욕질허디.

▶ 일을 안 한다고는 욕을 안 하고 사람 되라고는 욕질하지.

조 항구게는 '장한 어머님상' 가튼게 인는건 가튼데요 할머니미 그 상을 바드셔
야게써요?

haŋgugenɯn 'tɕaɲɦan ʌmʌnimsaŋ' katʰɯŋge innɯŋʌt katʰɯndejo
halmʌnimi kɯ saŋɯl padɯɕjʌjages'ʌjo?

▶ 한국에는 '장한 어머님상' 같은 게 있는 것 같은데요 할머님이 그 상
을 받으셔야겠어요?

제 아이구, 그 누구레 주게? 누구레 그걸 주나?

aigu, kɯ nugure tɕuge? nugure kɯgʌl tɕuna?

아이구, 그 누구레 주게? 누구레 그걸 주나?

▶ 아이고, 그 누가 주니? 누가 그것을 주니?

조 대대에서요.[64]

tɛdɛesʌjo.

▶ 대대에서요.

제 대대에서? 대대두 머 가마이 이서보멘

tɛdɛesʌ? tɛdɛdu mʌ kamai isʌbomen

대대에서? 대대두 머 가마이 잇어보멘

▶ 대대에서? 대대도 뭐 가만히 있어 보면

제 그저 먹꾸 하루 쓰구 디내가구 그저 이거라.

kɯdzʌ mʌkk'u haru s'ɯgu tinɛgagu kɯdzʌ igʌra.

그저 먹구 하루 쓰구 디내가구 그저 이거라.

▶ 그저 먹고 하루 쓰고 지내 가고 그저 이것이라.

제 이걷뜰 다 조선싸람[65] 업스니까니 저네 맘대루야 다.

---

64 여기에서 대대는 한국의 노동조합과 비슷한 단체.
65 여기에서 '조선 싸/사람'은 모두 중국의 조선족을 가리킴.

igʌtt'ɯl ta tɕosʌns'aɾam ʌpsɯnik'ani tɕʌne mamdɛɾuja ta.

이것들 다 조선싸람 없으니까니 저네 맘대루야 다.

▶ 이 사람들 다 조선족 사람이 없으니까 자기네 마음대로야 다.

조 절믄 조선족사람드리 이써야 어쩌죠? 모두 외지로, 외구그로 마니 나가서 업쓰니깐요?

tɕʌlmɯn tɕosʌndzoksaɾamdɯɾi is'ʌja ʌtɕ'ʌdzjo? modu ödziɾo, ögugɯɾo mani nagasʌ ʌps'ɯnik'anjo?

▶ 젊은 조선족 사람들이 있어야 어쩌죠? 모두 외지로, 외국으로 많이 나가서 없으니깐요?

제 보라, 대대 갈 싸람 어데 인네? 전부 항국, 일본 다 나가구.

poɾa, tɛdɛ kal s'aɾam ʌde inne? tɕʌnbu haŋguk, ilbon ta nagagu.

보라, 대대 갈 싸람 어데 잇네? 전부 한국, 일본 다 나가구.

▶ 봐라, 대대에 갈 사람이 어디에 있니? 전부 한국, 일본으로 다 나가고.

조 간부중에 절믄 사람 한 분도 업써요?

kanbudzuŋe tɕʌlmɯn saɾam han pundo ʌps'ʌjo?

▶ 간부 가운데 젊은 사람이 한 분도 없어요?

제 조선 사람 업 : 서. 한나 머 그걷뚜 이젠 투이쓔[66] (退休) 헌다구.

tɕosʌn saɾam ʌ : psa. hanna mʌ kɯgʌtt'u idzen tʰuis'juɦʌndagu.

조선 사람 없 : 어. 한나 머 그것두 이젠 투이쓔헌다구.

▶ 조선족 사람이 없어. 한 분이 있는데 그 사람도 이제는 퇴직한다고.

제 회계원, 회계 조선싸람 하나 인는데.

högjewʌn, högje tɕosʌns'aɾam hana innɯnde.

회계원, 회계 조선싸람 하나 잇는데.

▶ 회계원, 회계 조선족이 한 분이 있는데.

---

66 '투이쓔'(退休)는 '퇴직'을 뜻하는 중국어.

제 그걷뚜 인젠 투이슈(退休)해서 멩너네 나와.

kɯgʌtt'u indzen tʰuis'juɦɛsʌ meɲnʌne nawa.

그것두 인젠 투이슈해서 멩년에 나와.

▶ 그 사람도 이제는 퇴직해서 명년에 나와.

제 투이슈(退休)헌다우, 이제 항갑 너머띠.

tʰuis'juɦʌndau, idze haŋgap nʌmʌt'i.

투이슈헌다우, 이제 한갑 넘었디.

▶ 퇴직한다오. 이제는 환갑 나이를 넘었지.

조 자신 스스로 나오능거예요? 아님 내보내시능거예요?

tɕaɕin sɯsɯro naonɯŋgʌjejo? anim nɛbonɛɕinɯŋgʌjejo?

▶ 자신 스스로 나오는 거예요? 아님 내보내시는 거예요?

제 자기레 나오디 머, 나와.

tɕagire naodi mʌ, nawa.

자기레 나오디 머, 나와.

▶ 자기가 나오지 뭐, 자기가 나와.

조 할머님, 피곤하세요? 이제 주무실래요?

halmʌnim, pʰigonɦasejo? idze tɕumuɕillɛjo?

▶ 할머님, 피곤하세요? 이제 주무실래요?

제 아니, 피곤허디 아나. 자자, 이젠 시간 대서?

ani, pʰigonɦʌdi ana. tɕadza, idzen ɕigan tɛsʌ?

아니, 피곤허디 않아. 자자, 이젠 시간 댓어?

▶ 아니, 피곤하지 않아. 자자, 이제는 시간이 다 됐어?

여유로운 아침 시간

조 아직 조금 시간이 더 이써요? 할머님, 내일 아침 멷 씨에 이러나실꺼예요?
adʑik ʨogɯm ɕigan tʌ isʼʌjo? halmʌnim, nɛil aʨʰim mjʌt ɕʼie irʌnaɕilkʼʌjejo?

▶ 아직 조금 시간 더 있어요? 할머님, 내일 아침 몇 시에 일어나실 거예요?

제 나, 나는 머 시간 업 : 서.
na, nanɯn mʌ ɕigan ʌ : psʌ.

나, 나는 머 시간 없 : 어.

▶ 나, 나는 뭐 시간이 없어.

제 그저 난 언제나 그 아치메는 그 닐곱시 반 뗀쓰쮜[67](電視劇).
kɯdʑʌ nan ʌndʑena kɯ aʨʰimenɯn kɯ nilgopɕi pan tʼensʼɯtɕʼü.

그저 난 언제나 그 아침에는 그 닐곱시 반 뗀쓰쮜.

▶ 그저 나는 언제나 그 아침에는 그 일곱 시 반 드라마.

제 그거 보구 그거 보구야 넌 : 나서 밥 허군 해.
kɯgʌ pogu kɯgʌ poguja nʌ : nnasʌ pap hʌgun hɛ.

그거 보구 그거 보구야 넌 : 나서 밥 허군 해.

▶ 그것을 보고 그것을 보고야 일어나서 밥 하곤 해.

조 그래요? 일곱 씨 바네 무슨 드라마 해요?
kɯrɛjo? ilgop ɕʼi pane musɯn tɯrama hɛjo?

▶ 그래요? 일곱 시 바네 무슨 드라마를 해요?

제 그거 '고향연, 고향연.'
kɯgʌ 'koɕjaŋʌn, koɕjaŋʌn,'

---

[67] '뗀쓰쮜'(電視劇)는 '드라마'를 뜻하는 중국어.

그거 '고향연, 고향연.'

▶ 그거 '고향연, 고향연.'

조 '고향연'요? KBS1에서 하능 거예요? 한 번도 보지 아나서 잘 몰라요.
'koçjaŋjʌn'jo? KBS1esʌ hanɯŋ gʌjejo? han pʌndo podʑi anasʌ tɕal
mollajo.

▶ '고향연'요? KBS1에서 하는 거예요? 한 번도 보지 않아서 잘 몰라요.

제 '고향연', 긴데 그저 이 그저 보멘 다 그거야.
'koçjaŋjʌn', kinde kɯdʑʌ i kɯdʑʌ pomen ta kɯgʌja.
'고향연', 긴데 그저 이 그저 보멘 다 그거야.

▶ '고향연', 그런데 그저 보면 다 그것에 그것이야.

제 여자 한나 남자 두 개구.
jʌdʑa hanna namdʑa tu kɛgu.
여자 한나 남자 두 개구.

▶ 여자 하나에 남자 두 명.

제 서루 또 놈 띵[68](定)해 난 : 는데 또 그거 체네 어들라 글구.
sʌru t'o nom t'iɲɦɛ na : nnɯnde t'o kɯgʌ tɕʰene ʌdɯlla kɯlgu.
서루 또 놈 띵해 낳앗는데 또 그거 체네 얼을라 글구.

▶ 서로 또 남이 정해 놓았는데 또 그 아가씨를 얻으려고 하고.

제 이제 마즈마근 어리케 대간는디 모르가서.
idʑe madʑɯmagɯn ʌrikʰe tɛgannɯndi moɾɯgasʌ.
이제 마즈막은 어리케 대갓는디 모르갓어.

▶ 이제 마지막은 어떻게 되겠는지 모르겠어.

조 그 '아침마당'은 안 보세요?
kɯ 'atɕʰimmadaŋ'ɯn an posejo?

---

68 '띵'(定)은 '정함'을 뜻하는 중국어.

▶ 그 '아침마당'은 안 보세요?

제 '아침마당'? 그거 끈나야 '아침마당' 나오디.

'atɕʰimmadaŋ'? kɯgʌ k'ɯnnaja 'atɕʰimmadaŋ' naodi.

'아침마당'? 그거 끝나야 '아침마당' 나오디.

▶ '아침마당'? 그것이 끝나야 '아침마당'이 나오지.

조 그럼 그 드라마 일곱 씨부터 일곱 씨 반까지 하능 거예요?

kɯrʌm kɯ tɯrama ilgop ɕ'ibutʰʌ ilgop ɕ'i pank'adʑi hanɯŋ gʌjejo?

▶ 그럼 그 드라마는 일곱 시부터 일곱 시 반까지 하는 거예요?

제 야덜시까지야, 야덜시는 또 그 또 한나 하능거 이서.

jadʌlɕik'adʑija, jadʌlɕinɯn t'o kɯ t'o hanna hanɯŋgʌ isʌ.

야덟시까지야, 야덟시는 또 그 또 한나 하는거 잇어.

▶ 여덟 시까지야, 여덟시에는 또 그 또 다른 하나 하는 것이 있어.

조 일곱 씨 반부터는 '아침마당' 아니예요?

ilgop ɕ'i panbutʰʌnɯn 'atɕʰimmadaŋ' anijejo?

▶ 일곱 시 반부터는 '아침마당'이 아니에요?

제 아니, 건 : 이핀또우[69](二頻道)에서 헌다우.

ani, kʌ : n ipʰint'ouesʌ hʌndau.

아니, 건 : 이핀또우에서 헌다우.

▶ 아니, 그것은 채널2에서 한다오.

조 그럼 할머님 보시능거는요?

kɯrʌm halmʌnim poɕinɯŋgʌnɯnjo?

▶ 그럼 할머님 보시는 거는요?

제 '아침마당'은 그거 사람 착꾸 그거 아니가?

'atɕʰimmadaŋ'ɯn kɯgʌ saram tɕʰakk'u kɯgʌ aniga?

---

[69] '이핀또우(二頻道)'는 '채널2'를 뜻하는 중국어.

'아침마당'은 그거 사람 찾구 그거 아니가?

▣ '아침마당'은 그것 사람 찾고 하는 그것이 아니니?

조 사람도 찯꼬 여러 가지예요?

saramdo tɕʰatkʼo jʌɾʌ kadzijejo?

▣ 사람도 찾고 여러 가지예요?

제 기래, 그거야. 아직뚜 사람 기 : 케 몯 차잔네?

kiɾɛ, kɯgʌja. adziktʼu saram ki : kʰe mot tɕʰadzanne?

기래, 그거야. 아직두 사람 기 : 케 못 찾앋네?

▣ 그래, 그것이야. 아직도 사람을 그렇게 못 찾았니?

조 이금히 아나운서가 하능 거시예요?

igɯmçi anaunsʌga hanɯŋ gʌɕijejo?

▣ 이금희 아나운서가 하는 것이에요?

제 아이구, '아침마당' 그거야, 사람 찬능거.

aigu, 'atɕʰimmadaŋ' kɯgʌja, saram tɕʰannɯŋʌ.

아이구, '아침마당' 그거야, 사람 찾는거.

▣ 아이고, '아침마당'이 그것이야, 사람을 찾는 것.

조 아닙니다. 요일마다 다 달라요 사람 찬능거는 수요일만 해요.

animnida. joilmada ta tallajo saram tɕʰannɯŋʌnɯn sujoilman ɦɛjo.

▣ 아닙니다. 요일마다 다 달라요 사람을 찾는 거는 수요일만 해요.

제 그러네? 난 그저 다 그건줄 알구 안 바.

kɯɾʌne? nan kɯdzʌ ta kɯgʌndzul algu an pa.

그러네? 난 그저 다 그건줄 알구 안 바.

▣ 그러니? 나는 그저 그것인 줄 알고 안 봐.

제 그저 뗀쓰쮀 고거 두개 보먼 야덜시에 끈나거덩.

kɯdzʌ tʼensʼɯdzʼü kogʌ tugɛ pomʌn jadʌlɕie kʼɯnnagʌdʌŋ.

그저 뗀쓰쮜 고거 두개 보면 야덟시에 끝나거덩.

▶ 그저 드라마 그것 두 개 보면 여덟 시에 끝나 거던.

조 일곱 씨부터 일곱 씨 반까지 하나 보고 일곱 씨 반부터 여덜 씨까지 해서 두 개 보세요?

ilgop ɕ'ibutʰʌ ilgop ɕ'i pank'adzi hana pogo ilgop ɕ'i panbutʰʌ jʌdʌl ɕ'ik'adzi hɛsʌ tu kɛ posejo?

▶ 일곱 시부터 일곱 시 반까지 하나 보고 일곱 시 반부터 여덟 시까지 해서 두 개 보세요?

제 오, 고러케 허구, 고러케 허구 밥 허디 머.

o, koɾʌkʰe hʌgu, koɾʌkʰe hʌgu pap hʌdi mʌ.

오, 고러케 허구, 고러케 허구 밥 허디 머.

▶ 오, 그렇게 하고, 그렇게 하고 밥을 하지 뭐.

조 할머니미 가장 조으시네요? 할머님 하시고 시픈대로 하시면 되시네요.

halmʌnimi kadzaŋ tɕoɰɕinejo? halmʌnim haɕigo ɕipʰɯndɛɾo ɦaɕimjʌn töɕinejo.

▶ 할머님이 가장 좋으시네요? 할머님 하시고 싶은 대로 하시면 되시네요.

제 함자니까니 그저 함자니까니 기 : 케 늦추 해머그먼 해 먹꾸.

hamdzanik'ani kɯdzʌ hamdzanik'ani ki : kʰe nɯttɕʰu hɛmʌgɯmʌn hɛ mʌkk'u.

함자니까니 그저 함자니까니 기 : 케 늦추 해먹으먼 해 먹구.

▶ 혼자니까 그저 혼자니까 그렇게 늦게 해 먹으면 해 먹고.

제 또 밥허기 시레먼 또 찬밥 이스먼 찬밥 한술 먹꾸.

t'o paphʌgi ɕiɾemʌn t'o tɕʰanbap isɯmʌn tɕʰanbap hansul mʌkk'u.

또 밥허기 싫에먼 또 찬밥 잇으먼 찬밥 한술 먹구.

▶ 또 밥하기 싫으면 또 찬밥 있으면 찬밥 한 술 먹고.

제 노인조 나가먼 덩심 어더먹딴네? 돈 이뤈 내구.

noindʑo nagamʌn tʌŋɕim ʌdʌmʌkt'anne? ton iɾwʌn nɛgu.

노인조 나가먼 덩심 얻어먹닪네? 돈 일원 내구.

▶ 노인협회 나가면 점심을 얻어먹잖니? 돈을 일원 내고.

제 허기 시레먼 또 그따우 짇 허구 기래.

hʌgi ɕiɾemʌn t'o kɯt'au ʨit hʌgu kiɾɛ.

허기 싫에먼 또 그따우 짓 허구 기래.

▶ 하기 싫으면 또 그렇게 하고 그래.

조 그러니 혼자 사시면 안 된다고 그래요. 여성드른 계속 대충 먹꼬 해서요.

kɯɾʌni hondʑa saɕimjʌn an töndago kɯɾɛjo. jʌsʌŋdɯɾɯn kjesok tɛʨʰuŋ mʌkk'o hɛsʌjo.

▶ 그러니 혼자 사시면 안 된다고 그래요. 여성들은 계속 대충 먹고 해
서요.

제 오, 함자 이스니까니 또 찔게두 머 그저 대는대루 머거.

o, hamdʑa isɯnik'ani t'o ʨ'ilgedu mʌ kɯdʑʌ tɛnɯndɛɾu mʌgʌ.

오, 함자 잇으니까니 또 찔게두 머 그저 대는대루 먹어.

▶ 오, 혼자 있으니까 또 반찬도 뭐 그저 되는대로 먹어.

제 간장이머 간장, 그저 한 술 너머가면 댄다우, 목꾸넝에.

kandʑaŋimʌ kandʑaŋ, kɯdʑʌ han sul nʌmʌgamʌn tɛndau, mokk'unʌŋe.

간장이머 간장, 그저 한 술 넘어가먼 댄다우, 목구넝에.

▶ 간장이면 간장, 그저 한 술 넘어 가면 된다고 생각돼, 목구멍에.

조 기실 그러면 안 되시는데요. 하라버지 계셔쓰면 이걷저걷 계속 해드리실 텐
데요.

kiɕil kɯɾʌmjʌn an töɕinɯndejo. harabʌdʑi kjeɕʌs'ɯmjʌn igʌtʨʌgʌt kjesok hɛdɯɾiɕil tʰendejo.

▶ 기실 그러면 안 되시는데요. 할아버지 계셨으면 이것저것 계속 해 드
리실 텐데요.

제 우리 아들두 이스머 안 대. 기 : 케 머거머 안 대.

uɾi aduldu isuwmʌ an tɛ. ki : kʰe mʌgʌmʌ an tɛ.

우리 아들두 잇으머 안 대. 기 : 케 먹어머 안 대.

▶ 우리 아들도 있으면 안 돼, 그렇게 먹으면 안 돼.

제 아들만 이서두 기 : 케 머그먼 안 대.

aduwlman isʌdu ki : kʰe mʌguwmʌn an tɛ.

아들만 잇어두 기 : 케 먹으면 안 대.

▶ 아들만 있어도 그렇게 먹으면 안 돼.

조 아드님 계시면 오히려 불편하시고 힘드시겐네요?

aduwnim kjeɕimjʌn oɕirjʌ pulpʰjʌnɦaɕigo çimduwɕigennejo?

▶ 아드님이 계시면 오히려 불편하시고 힘드시겠네요?

제 애비 또 멀 찔게락뚜 해 주야디.

ɛbi t'o mʌl tɕ'ilgeɾakt'u hɛ tɕujadi.

애비 또 멀 찔게라두 해 주야디.

▶ 아들(손자 아버지) 또 뭐 반찬이라도 해 줘야지.

제 가 : 야 또 나거티 간장이머 간장 멍네?

ka : ja t'o nagʌtʰi kandʑaŋimʌ kandʑaŋ mʌŋne?

가 : 야 또 나겉이 간장이머 간장 먹네?

▶ 그 애야 또 나처럼 간장이면 간장을 먹니?

제 기니까니 허기 시레두 허야 대구.

kinik'ani hʌgi ɕiɾedu hʌja tɛgu.

기니까니 허기 싫에두 허야 대구.

▶ 그러니까 하기 싫어도 해야 되고.

제 허기 도아두 허야대. 야, 이스먼 안 대.

hʌgi toadu hʌjadɛ. ja, isuwmʌn an tɛ.

허기 돟아두 허야대. 야, 잇으먼 안 대.

▶ 하기 좋아도 해야 돼. 야, 있으면 안 돼.

조 그래서 혼자 계시면 건강에는 더 안 조을 쑤 이써요.
　kɯɾɛsʌ hondʑa kjeɕimjʌn kʌngaŋenɯn tʌ an tɕoɯl s'u is'ʌjo.
▶ 그래서 혼자 계시면 건강에는 더 안 좋을 수 있어요.

제 어, 마자. 그 마리 마자.
　ʌ madʑa, kɯ maɾi madʑa.
　어, 맞아. 그 말이 맞아.
▶ 어, 맞아. 그 말이 맞아.

제 함자 이스먼 그저 기니까니 함자 이스니까니 사람 배 : 래.
　hamdʑa isɯmʌn kɯdʑa kinik'ani hamdʑa isɯnik'ani saɾam pɛ : ɾɛ.
　함자 잇으면 그저 기니까니 함자 잇으니까니 사람 배 : 래.
▶ 혼자 있으면 그저 그러니까 혼자 있으니까 사람 못 쓰게 돼.

제 해 머글껃뚜 안 해 먹꾸. 대강대강 해 머그니까니 사람 배린다우.
　hɛ mʌgɯlk'ʌtt'u an hɛ mʌkk'u. tɛgaŋdɛgaŋ hɛ mʌgɯnik'ani saɾam pɛɾindau.
　해 먹을 것두 안 해 먹구. 대강대강 해 먹으니까 사람 배린다우.
▶ 해 먹을 것도 안 해 먹고. 대충 해 먹으니까 사람 못쓰게 된다오.

조 빨리 이러나서도 이러케 누워 계실 쑤 읻꼬?
　p'alli iɾʌnasʌdo iɾʌkʰe nuwʌ kjeɕil s'u itk'o?
▶ 빨리 일어나서도 이렇게 누워 계실 수 있고?

제 그리게, 아들 이스먼 기 : 케 둔 : 누네?
　kɯɾige, adɯl isɯmʌn ki : kʰe tu : nnune?
　그리게, 아들 잇으먼 기 : 케 둔 : 누네?
▶ 그래, 아들 있으면 그렇게 누워 있을 수 있니?

제 야덜시까지 머 눔나? 밥 안 하구 대네?

jadʌlɕik'adʑi mʌ numna? pap an hagu tɛne?

야덟시까지 머 눕나? 밥 안 하구 대네?

▶ 여덟시까지 뭐 누워 있니? 밥을 안 하고 되니?

조 아드님 이쓰면 멸씨까지 이러나야 하심니까?

aduɯnim is'uɯmjʌn mjʌtɕ'ik'adʑi iɾʌnaja haɕimnik'a?

▶ 아드님이 있으면 몇 시까지 일어나야 하십니까?

제 가 : 는 그저 발그먼 닌나. 밥 다 해 가먼 벌써 닌나.

ka : nuɯn kuɯdʑʌ palgɯmʌm ninna. pap ta hɛ kamʌn pʌls'ʌ ninna.

가 : 는 그저 밝으면 닌나. 밥 다 해 가면 벌써 닌나.

▶ 그 애는 그저 밝으면 일어나. 밥을 다 해 가면 벌써 일어나.

제 나 또 주일나레먼 안 대.

na t'o tɕuilnaɾemʌn an tɛ.

나 또 주일날에먼 안 대.

▶ 나도 또 주일날이면 안 돼.

주일 예배

[제] 주일나레 지끔 바미 기니까니 야덜씨, 아홉씨 시작한다우.

tɕuilnaɾe tɕik'ɯm pami kinik'ani jadʌlɕ'i, aɦopɕ'i ɕidzakhandau.

주일날에 지끔 밤이 기니까니 야덟시, 아홉시 시작한다우.

▶ 주일날에 지금 밤이 기니까 여덟 시, 아홉 시에 시작한다오.

[제] 주일나레, 예배 보능거.

tɕuilnaɾe, jebɛ ponɯŋɡʌ.

주일날에, 예배 보는 거.

▶ 주일날에, 예배 보는 것.

[제] 기니까니 여기서 일찍하니 밥 해 먹꾸 가야 대.

kinik'ani jʌgisʌ iltɕ'ikhani pap hɛ mʌkk'u kaja tɛ.

기니까니 여기서 일찍하니 밥 해 먹구 가야 대.

▶ 그러니까 여기서 일찍이 밥을 해 먹고 가야 해.

[조] 그러면 바블 멷 씨에 해 드세요?

kɯɾʌmjʌn pabɯl mjʌt ɕ'ie hɛ tɯsejo?

▶ 그러면 밥을 몇 시에 해 드세요?

[제] 기니까니 여기서 닐굽씨먼 떠나야디 머, 떠나야대.

kinik'ani jʌgisʌ nilgupɕ'imʌn t'ʌnajadi mʌ, t'ʌnajadɛ.

기니까니 여기서 닐굽시먼 떠나야디 머, 떠나야대.

▶ 그러니 여기서 일곱 시면 떠나야지 뭐, 떠나야 해.

[제] 차가 젠창 또 고 시가네 안 오니까니.

tɕʰaga tɕentɕʰaŋ t'o ko ɕigane an onik'ani.

차가 젠창 또 고 시간에 안 오니까니.

▶ 차가 바로 또 그 시간에 안 오니까.

제 차 기두능거 어떤찌게 한 반시간씩 기둘러.

    tɕʰa kidunɯŋɡʌ ʌtʼʌntɕʼige han panɕigantɕʼik kidullʌ.

    차 기두는 거 어떤직에 한 반시간씩 기둘러.

▶ 차 기다리는 것 어떤 때는 한 반시간씩 기다려.

조 할머님, 추울 때는 택씨 타세요.

    halmʌnim, tɕʰuul tʼɛnɯn tʰɛketɕʼi tʰasejo.

▶ 할머님, 추울 때는 택시 타세요.

제 아이구, 택씨 거기 가능거 치 뤄니야 치 뤈.

    aigu, tʰɛketɕʼi kʌgi kanɯŋɡʌ tɕʰi ɾwʌnija tɕʰi ɾwʌn.

    아이구, 택시 거기 가는 거 칠 원이야 칠 원.

▶ 아이고, 택시 거기에 가는 것이 칠 원이야 칠 원.

조 버스 타면 이뤈님니까?

    pʌsɯ tʰamjʌn iɾwʌnnimnikʼa?

▶ 버스 타면 일원입니까?

제 뻐스 타면 오십 쩌니구. 긴데 그 어케 택씨 타구 대니네?

    pʼʌsɯ tʰamʌn oɕip tɕʼʌnigu. kinde kɯ ʌkʰe tʰɛketɕʼi tʰagu tɛnine?

    뻐스 타면 오십 전이구. 긴데 그 어케 택시 타구 대니네?

▶ 버스 타면 오십 전이고. 그런데 그 어떻게 택시를 타고 다니니?

조 이 마으레 다른 할머니믄 가시는 부니 업써요?

    i maɯɾe taɾɯn halmʌnimɯn kaɕinɯn puni ʌpsʼʌjo?

▶ 이 마을에 다른 할머님은 가시는 분이 없어요?

제 딴 사람들두 다 그 알루치[70](二六七) 타구 간다우.

---

70 '알루치'(二六七)는 '267'번을 뜻하는 중국어.

t'an saɾamdɯldu ta kɯ allutɕʰi tʰagu kandau.

딴 사람들두 다 그 알루치 타구 간다우.

▶ 다른 사람들도 다 그 267번 버스를 타고 간다오.

조 할머님 여러 부니면 가치 택씨 타고 한 사라메 얼마씩 내고 가면 조을텐데요.

halmʌnim jʌɾʌ punimjʌn katɕʰi tʰɛkɕ'i tʰago han saɾame ʌlmaɕ'ik nɛgo
kamjʌn tɕoʍltʰendʑo.

▶ 할머님 여러 분이시면 같이 택시 타고 한 사람에 얼마씩 내고 가면 좋을텐데요.

제 오, 긴데 그러케 안 댄다우. 그러케 한꺼베 가게 안 댄다우.

o, kinde kɯɾʌkʰe an tɛndau. kɯɾʌkʰe hank'ʌbe kage an tɛndau.

오, 긴데 그러케 안 댄다우. 그러케 한꺼베 가게 안 댄다우.

▶ 오, 그런데 그렇게 안 된다오. 그렇게 한꺼번에 가게 안 된다오.

조 서로 약쏘글 해두면 되지 아늘까요?

sʌɾo jaks'ogɯl hɛdumjʌn tödʑi anɯlk'ajo?

▶ 서로 약속을 해 두면 되지 않을까요?

제 약쏙해두 안 대, 기 : 케 안 대.

jaks'okhɛdu an tɛ, ki : kʰe an tɛ.

약속해두 안 대, 기 : 케 안 대.

▶ 약속해도 안 돼, 그렇게 안 돼.

제 그 세바꾸차 댈 찌게는 사뭔, 사뭔 주야대. 이워네두 대긴 대디 머.

kɯ sebak'utɕʰa tɛl tɕ'igenɯn samwʌn, samwʌn tɕujadɛ. iwʌnedu tɛgin
tɛdi mʌ.

그 세바꾸차 댈 직에는 삼원, 삼원 주야대. 이원에두 대긴 대디 머.

▶ 그 삼륜차가 될 때에는 3원, 3원 주면 돼. 2원에도 되긴 되지 뭐.

제 억찌질 허먼 어리케 이원두 갈 쑤 읻띠.

ʌktɕ'idʑil hʌmʌn ʌɾikʰe iwʌndu kal s'u itt'i.

억지질 허면 어리케 이 원두 갈 수 잇디.

▶ 억지부리면 어떻게 2 원에도 갈 수 있지.

제 긴데 요곧뜨리 딱 알게 대면 사머니락뚜 꽤 반는다 해개지구.

kinde jogott'ɯri t'ak alge tɛmʌn samwʌnirakt'u k'wɛ pannɯnda hɛgɛdzigu.

긴데 요곳들이 딱 알게 대면 삼원이락두 꽤 받는다 해개지구.

▶ 그런데 그 사람들이 딱 알게 되면 3원이라도 꽤 받을 수 있다고 해서

제 사뭔 달라고 찍띠기 해, 그걷뜨리.

samwʌn tallago tɕʼikt'igi hɛ, kɯgʌtt'ɯri.

삼원 달라고 찍디기 해, 그것들이.

▶ 3원을 달라고 억지를 부려, 그 사람들이.

조 그럼 할머니믄 또 더 억찌 부리시죠?

kɯrʌm halmʌnimɯn t'o tʌ ʌktɕ'i puriɕidzjo?

▶ 그럼 할머님은 또 더 억지를 부리시죠?

제 어, 긴데 우리레 기리야 대간는데, 가네드리 더 기런다우.

ʌ, kinde urire kirija tɛgannɯnde, kanedɯri tʌ kirʌndau.

어, 긴데 우리레 기리야 대갓는데, 가네들이 더 기런다우.

▶ 어, 그런데 우리가 그래야 되겠는데, 그 사람들이 더 그런다오.

제 기래개주고 그 세바꾸차 이실찌게는 아야 띵해노티 머.

kirɛgɛdzugo kɯ sebak'utɕʰa iɕiltɕ'igenɯn aja t'iɲɦenotʰi mʌ.

기래개주고 그 세바꾸차 잇일직에는 아야 띵해놓디 머.

▶ 그래서 그 삼륜차가 있을 때에는 아예 정해놓지 뭐.

제 멛씨에 가구 멛씨에 오구,

metɕ'ie kagu metɕ'ie ogu,

몇 시에 가구 몇 시에 오구,

▶ 몇 시에 가고 몇 시에 오고,

제 긴데 이제 고따우들 댕기디 몯허게 허니까니 업띠 머.

kinde idʑe kot'auduɯl tɛŋgidi mothʌge hʌnik'ani ʌpt'i mʌ.

긴데 이제 고따우들 댕기디 못허게 허니까니 없디 머.

▶ 그런데 이제 그 삼륜차들을 다니지 못하게 하니까 없지 뭐.

조 저 아페까지 좀 거러가시고 그 다음 그 차를 타면 되지 아느싱가요?

tɕʌ apʰek'adʑi tɕom kʌrʌgaɕigo kɯ taɯm kɯ tɕʰaɾɯl tʰamjʌn tödʑi anɯɕiŋgajo?

▶ 저 앞에까지 좀 걸어가시고 그 다음 그 차를 타면 되지 않으신가요?

제 오, 기리케라두 또 오디 아늘라 긴다우. 안 올라 기래.

o, kirikʰeɾadu t'o odi anɯlla kindau. an olla kiɾɛ.

오, 기렇게라두 또 오디 안을라 긴다우. 안 올라 기래.

▶ 오, 그렇게라도 또 오지 않으려고 한다오. 안 오려고 그래.

제 재피먼 저네 빠콴[71](罰款)헌다구 안 올라 기래.

tɕɛpʰimʌn tɕʌne p'akʰwanfiʌndagu an olla kiɾɛ.

잽히먼 저네 빠콴헌다구 안 올라 기래.

▶ 잡히면 자기들이 벌금을 한다고 안 오려고 그래.

조 저기 다리까지는 오게 한다면서요. 그럼 다리까지 거러가면 괜찬치 안씀니까?

tɕʌgi tarik'adʑinɯn oge handamjʌnsʌjo. kɯɾʌm tarik'adʑi kʌrʌgamjʌn kwentɕʰantɕʰi ans'ɯmnik'a?

▶ 저기 다리까지는 오게 한다면서요. 그럼 다리까지만 걸어가면 괜찮지 않습니까?

제 오, 기래두 걷 : 뜨리 기리케라두 안 올라 기래.

o, kiɾɛdu kʌ : tt'ɯri kirikʰeɾadu an olla kiɾɛ.

오, 기래두 것 : 들이 기렇게라두 안 올라 기래.

---

71 '빠콴'(罰款)은 '벌금'을 뜻하는 중국어.

▶ 오, 그래도 그 사람들이 그렇게 하여도 안 오려고 그래.

제 걷 : 뜰 기리케 대먼 또 거기서 빈 차루 가니까니 아야 앙 길라 긴다우.

kɯ : t'ɯl kirikʰe tɛmʌn t'o kʌgisʌ pin tɕʰaru kanik'ani aja aŋ gilla kindau.

것 : 들 기렇게 대먼 또 거기서 빈 차루 가니까니 아야 안 길라 긴다우.

▶ 그 사람들이 그렇게 되면 또 거기에서 빈 차로 가니까 아예 안 그러려고 그런다오.

제 여기 왇따간따 할 찌게는 사람.

jʌgi watt'a katt'a hal tɕ'igenɯn saram.

여기 왔다갓다 할 직에는 사람.

▶ 기 왔다갔다 할 때에는 사람.

제 델 : 따 주구두 또 갈찌게 빈 차루 앙 가.

te : tt'a tɕugudu t'o kaltɕ'ige pin tɕʰaru aŋ ga.

뎃 : 다 주구두 또 갈 직에 빈 차루 안 가.

▶ 데려다 주고도 또 갈 때에는 빈 차로 안 가.

제 또 사람 태와개구 가야는데, 긴다구 아야 앙 갈라 기래.

t'o saram tʰɛwagɛku kajanɯnde, kindagu aja aŋ galla kirɛ.

또 사람 태와개구 가야는데, 긴다구 아야 안 갈라 기래.

▶ 또 사람 태워서 가야 하는데, 그런다고 아예 안 가려고 그래.

제 기리게 홍기태 쏘리만 해두 '부[72](不).' 보 : 써 이리는데 머.

kirige hoŋgitʰɛ s'oriman hɛdu 'pu.' po : s'ʌ irinɯnde mʌ.

기리게 홍기태 쏘리만 해두 '부.' 보 : 써 이리는데 머.

▶ 그러게 홍기태란 말만 해도 '안가.' 벌써 이러는데 뭐.

조 저희도 어제 여기로 올 때 안 온다고 해서 택씨 타고 와써요.

---

72 '부(不)'는 '아님'을 뜻하는 중국어.

tɕʌɕido ʌdze jʌgiɾo ol t'ɛ an ondago hɛsʌ tʰɛkɕ'i tʰago was'ʌjo.

▶ 저희도 어제 여기로 올 때 안 온다고 해서 택시 타고 왔어요.

제 기리게 안 온다 기래. 기니까니 머 저 안 오갇때먼 단 대 머.

kirige an onda kiɾɛ. kinik'ani mʌ tɕʌ an ogatt'ɛmʌn tan tɛ mʌ.

기리게 안 온다 기래. 기니까니 머 저 안 오갓대먼 단 대 머.

▶ 그러게 안 온다고 그래. 그러니까 뭐 자기네 안 오겠다면 다야 뭐.

제 안 와, 몯 타.

an wa, mot tʰa.

안 와, 못 타.

▶ 안 와, 못 타.

제 여기 그러디 아늘찌게 여기 나가먼 전수 그 차야.

jʌgi kɯɾʌdi anɯltɕ'ige jʌgi nagamʌn tɕʌnsu kɯ tɕʰaja.

여기 그러디 않을직에 여기 나가먼 전수 그 차야.

▶ 여기 그러지 않을 때는 여기 나가면 전부 그 차야.

제 시뿔허게[73] 마니 나와, 세.

ɕip'ulfɅge mani nawa, se.

시뿔허게 많이 나와, 세.

▶ 벌겋게 많이 나와, 서.

조 그 빨간 차들 마리예요?

kɯ p'algan tɕʰadɯl marijejo?

▶ 그 빨간 차들 말이에요?

제 어, 머 퍼래이, 뻘개이 기랜는데 업 : 서, 이제는.

ʌ, mʌ pʰʌɾɛi, p'ʌlgɛi kiɾɛnnɯnde ʌ : psʌ, idzenɯn.

어, 머 퍼래이, 뻘개이 기랫는데 없 : 어, 이제는.

---

[73] 삼륜차의 색상이 모두 진붉은 색이거나 파란 색이었기에 할머님께서 이렇게 형용하셨음.

▷ 어, 머 파랑, 빨강 그랬는데 없어, 이제는.

제 기리게 요 딱 알루치 뻐스 고고 기둘거, 긴데 요걷뜨리 제 시가네 안 와.

kirige jo t'ak allutɕʰi p'ʌsɯ kogo kidulgʌ, kinde jogʌtt'ɯri tɕe ɕigane an wa.

기리게 요 딱 알루치 버스 고고 기둘거, 긴데 요것들이 제 시간에 안 와.

▷ 그러게 이 딱 267번 버스 그것만을 기다려, 그런데 그 버스가 제시간에 안 와.

조 버스가 얼마마네 한 번씩 오죠?

pʌsɯga ʌlmamane hanben ɕ'ik odʑjo?

▷ 버스가 얼마 만에 한 번씩 오죠?

제 볼 : 래 반시가네 한버니디. 긴데 한시간두 어떤찌게 안 와.

po : llɛ panɕigane hanbʌnidi. kinde hanɕigandu ʌt'ʌntɕ'ige an wa.

본 : 래 반시간에 한번이디. 긴데 한시간두 어떤직에 안 와.

▷ 본래 반시간에 한번이지. 그런데 한 시간이 걸려도 어떤 때는 안 와.

제 와기나 하문 오다가 더 띵쌍에 기차 거기 매키게 되먼.

wagina hamun odaga tʌ t'iŋs'jaɲe kitɕʰa kʌgi mɛkʰige tömʌn

와기나 하문 오다가 더 띵쌍에 기차 거기 맥히게 되먼.

▷ 왜냐하면 오다가 저 정향에서 기차가 거기에 막히게 되면.

제 두시간두 기두리야대. 기차가 가루 마키니까니 오디 몯해단네?

tuɕigandu kidurijadɛ. kitɕʰaga kaɾu makʰinik'ani odi mothɛdanne?

두시간두 기두리야대. 기차가 가루 막히니까니 오디 못해닪네?

▷ 두 시간도 기다려야 해. 기차가 가로 막히니까 오지 못하잖니?

조 기차가 왜 그러케 오래 가로 마키지요?

kitɕʰaga wɛ kɯɾʌkʰe oɾɛ kaɾo makʰidʑijo?

▷ 기차가 왜 그렇게 오래 가로 막히지요?

제 몰 : 라, 기 : 케 어떤찌겐 한 사십뿐, 한시간 기래.

　mo : lla, ki : kʰe ʌt'ʌntɕ'igen han saɕipp'un, haneigan kirɛ.

　몰 : 라, 기 : 케 어떤 찍엔 한 사십분, 한시간 기래.

▶ 몰라, 그렇게 어떤 때에는 한 사십분, 한 시간 그래.

제 기 : 케 거기서 마 : 니 팅⁷⁴(停)한다우.

　ki : kʰe kʌgisʌ ma : ni tʰiŋɦandau.

　기 : 케 거기서 많 : 이 팅한다우.

▶ 그렇게 거기서 많이 서 있는 다오.

조 그러면 택씨는 기다릴 때도 요그미 올라가나요?

　kɯrʌmjʌn tʰɛkɕ'inɯn kidaril t'ɛdo jokɯmi ollaganajo?

▶ 그러면 택시는 기다릴 때도 요금이 올라가나요?

제 아니, 건 : 안 올라가. 택씨는 떠나야 오르디, 세 인는데는 안 올라.

　ani, kʌːn an ollaga. tʰɛkɕ'inɯn t'ʌnaja orɯdi, se innɯndenɯn an olla.

　아니, 건 : 안 올라가. 택시는 떠나야 오르디, 세 잇는데는 안 올라.

▶ 아니, 그건 안 올라가. 택시는 떠나야 오르지. 서 있을 때는 안 올라.

조 항구게는 택씨가 서 이써도 시가네 따라 요그미 나옴니다.

　haŋgugenɯn tʰɛkɕ'iga sʌ is'ʌdo ɕigane t'ara jogɯmi naomnida.

▶ 한국에는 택시가 서 있어도 시간에 따라 요금이 나옵니다.

제 오, 우리 여기는 앙 그래. 여기는 이 가야 글째레 올라가디,

　o, uri jʌginɯn aŋ gɯrɛ, jʌginɯn i kaja kɯltɕ'ɛre ollagadi,

　오, 우리 여기는 안 그래. 여기는 이 가야 글재레 올라가디,

▶ 오, 우리 여기는 안 그래. 여기는 택시가 가야 글자가 올라가지,

제 앙 가면 글째 안 올라가.

　aŋ gamʌn kɯltɕ'ɛ an ollaga.

---

74 '팅'(停)은 '서다'를 뜻하는 중국어.

안 가면 글재 안 올라가.
▶ 안 가면 글자가 안 올라가.

제 어떤찌겐 한 사십뿐, 어떤찌겐 한 한시간.
ʌt'ʌntɕ'igen han saɕipp'un, ʌt'ʌntɕ'igen han hanɕigan.
어떤직엔 한 사십분, 어떤직엔 한 한시간.
▶ 어떤 때에는 한 사십분, 어떤 때에는 한 한 시간.

조 그럼 출근하는 사라믄 다 안 되겐네요? 자칟 지각하게써요.
kɯɾʌm tɕʰulkɯnɦanɯn saɾamɯn ta an tögennejo? tɕatɕʰit tɕigakhages'ʌjo.
▶ 그럼 출근하는 사람은 다 안 되겠네요? 자칫 지각하겠어요.

제 그러머. 그 할 쑤 업띠, 차 시가니 그러니까니.
kɯɾʌmʌ. kɯ hal s'u ʌpt'i, tɕʰa ɕigani kɯɾʌnik'ani.
그러머. 그 할 수 없디, 차 시간이 그러니까니.
▶ 그럼. 그 할 수 없지, 차 시간이 그러니까.

제 이걷뜨리 그 '땡땡' 허게 되먼 그저 내리노으니까니 기 : 케 착 걸리데.
igʌtt'ɯri kɯ 't'ɛŋt'ɛŋ' hʌge tömʌn kɯdzʌ nɛrinoɯnik'ani ki : kʰe tɕʰak
kʌllide.
이것들이 그 '땡땡' 허게 되면 그저 내리놓으니까니 기 : 케 착 걸리데.
▶ 이 사람들이 그 '땡땡' 하게 되면 그저 내려놓으니까 그렇게 착 걸리
더라.

제 어떨찌게는 오구 가구 하는데
ʌt'ʌltɕ'igenɯn ogu kagu hanɯnde
어떨 직에는 오구 가구 하는데
▶ 어떤 때에는 오고 가고 하는데

제 한나, 또 가구, 가먼 또 젠창 오능거 읻따우.
hanna, t'o kagu kamʌn t'o tɕentɕʰaŋ onɯŋgʌ itt'au.
한나, 또 가구, 가먼 또 젠창 오는 거 잇다우.

▶ 하나, 또 가고, 가면 또 바로 오는 것이 있다오.

제 어떤찌게는 막 안타까와, 기리게.

ʌt'ʌntɕ'igenɯn mak antʰak'awa, kirige.

어떤 직에는 막 안타까와, 기리게.

▶ 어떤 때에는 막 안타까워, 그러게.

제 기리게. 그러니까니 뻐스레 가야 또 사람 태우레 온다우.

kirige. kɯrʌnik'ani p'ʌsɯre kaja t'o saram tʰeure ondau.

기리게. 그러니까니 뻐스레 가야 또 사람 태우레 온다우.

▶ 그러게, 그러니까 버스가 가야 또 사람 태우러 온다오.

제 기니까 거기서 마니 세 익께 대면 차레 업 : 서서 안 온다우.

kinik'a kʌgisʌ mani se ikk'e tɛmʌn tɕʰare ʌ : psʌsʌ an ondau.

기니까 거기서 많이 세 잇게 대면 차레 없 : 어서 안 온다우.

▶ 그러니까 거기서 많이 서 있게 되면 차가 없어서 안 온다오.

조 알류치 버스는 종쩌미 어디예요?

alljutɕʰi pʌsɯnɯn tɕoŋtɕ'ʌmi ʌdijejo?

▶ 267번 버스는 종점이 어디예요?

제 알루치레? 뻐이짜⁷⁵(北站)닐꺼다. 뻐이짜네서 따씽(大興), 따씽까지야.

allutɕʰire? p'ʌitɕ'anilk'ʌda. p'ʌitɕ'anesʌ t'aɕ'iŋ, t'aɕ'iŋk'adzija.

알루치레? 뻐이짠일거다. 뻐이짠에서 따씽, 따씽까지야.

▶ 267번 버스? 기차 북역일 것이다. 기차 북역에서 대흥까지야.

조 할머님, 아치메는 보통 멷 씨쯤 이러나세요?

halmʌnim, atɕʰimenɯn potʰoŋ mjʌt ɕ'itɕ'ɯm irʌnasejo?

▶ 할머님, 아침에는 보통 몇 시쯤 일어나세요?

제 나, 나 야덜시면 닌 : 나서 밥 해 먹띠 머.

---

⁷⁵ '뻐이짠'(北站)은 '기차 북쪽 역'을 뜻하는 중국어.

na, na jadʌlɕimʌn ni : nnasʌ pap hɛ mʌkt'i mʌ.

나, 나 야덟시먼 닌:나서 밥 해 먹디 머.

▶ 나, 나 여덟시면 일어나서 밥을 해 먹지 뭐.

조 일찍 이러나셔써도 이러케 누워 계심니까?

ilʨ'ik irʌnaɕjʌs'ʌdo irʌkʰe nuwʌ kjeɕimnik'a?

▶ 일찍 일어나셨어도 이렇게 누워 계십니까?

제 고:롬, 나가서 도라댕기기두 하구.

ko:rom, nagasʌ toradeŋgigidu hagu.

고:롬, 나가서 돌아댕기기두 하구.

▶ 그럼, 나가서 돌아다니기도 하고.

제 배케네 또 한바쿠 돌구, 그저 또 두루 와서 익꾸.

pɛkʰene t'o hanbakʰu tolgu, kɯdzʌ t'o turu wasʌ ikk'u.

배켄에 또 한바쿠 돌구, 그저 또 두루 와서 잇구.

▶ 바깥에 가서 또 한 바퀴 돌고, 그저 또 들어 와서 있고.

제 기대멘 그 뗀쓰쮜 본다우, 그거 보구.

kidemen kɯ t'ens'ɯtɕ'ü pondau, kɯgʌ pogu.

기댐엔 그 뗀쓰쮜 본다우, 그거 보구.

▶ 그 다음에 그 드라마 본다오, 그것을 보고.

조 평상시 이맘때면 이 집 주위를 왇따갇따 하시겐네요?

pʰjʌŋsaŋɕi imamt'ɛmjʌn i ʨip ʨuürɯl watt'agatt'a haɕigennejo?

▶ 평상시 이맘때면 이 집 주위를 왔다 갔다 하시겠네요?

제 고:롬, 왇따갇따하구 또 추우먼 또 드러와 익꾸 그저.

ko:rom, watt'agatt'aɦagu t'o ʨʰuumʌn t'o tɯrʌwa ikk'u kɯdzʌ.

고:롬, 왓다갓다하구 또 추우먼 또 들어와 잇구 그저.

▶ 그럼, 왔다갔다하고 또 추우면 또 들어와 있고 그저.

조 일반저그로 집 주위를 돕니까?

ilbandzʌguɯro tɕip tɕuürɯl tomnik'a?

▶ 일반적으로 집 주위를 돕니까?

제 그저, 더기 데 모케 이거 머이야 그 중국싸람드리

kɯdzʌ, tʌgi te mokʰe igʌ mʌija kɯ tɕuŋguks'aramdɯri

그저, 더기 데 모케 이거 머이야 그 중국싸람들이

▶ 그저, 저기 저 구석에 이거 뭐 그 한족 사람들이

제 그 집 찐느라구 그 모케 허런띠 머.

kɯ tɕip tɕ'innɯragu kɯ mokʰe hʌrʌtt'i mʌ.

그 집 짓느라구 그 모케 헐엇디 머.

▶ 그 집을 짓느라고 그 담장 구석을 헐었지 뭐.

제 그 담장 허런따우.

kɯ tamdzaŋ hʌrʌtt'au.

그 담장 헐엇다우.

▶ 그 담장을 헐었다오.

제 거기 그저 머 드나대니나 허구 또 한번 넹기다보구 그저 기리케 드러오구.

kʌgi kɯdzʌ mʌ tɯnadenina hʌgu t'o hanbʌn neŋgidabogu kɯdzʌ kirikʰe tɯrʌogu.

거기 그저 머 드나대디나 허구 또 한번 넴기다보구 그저 기리케 들어오구.

▶ 거기 그저 뭐 들어다니나 하고 또 한 번 넘겨다보고 그저 그렇게 들어오고.

제 벤소 보구 기리구 드러와서 뗀쓰쮜 보디 머.

penso pogu kirigu tɯrʌwasʌ t'ens'ɯtɕ'ü podi mʌ.

벤소 보구 기리구 들어와서 뗀쓰쮜 보디 머.

▶ 변소 보고 그리고 들어와서 드라마 보지 뭐.

제 고:럼 닐곱 씨다우. 닐곱 씨에 시작헌다우 뗀쓰쮜.

ko:ɾʌm nilgop ɕidau. nilgopɕʼie ɕidʑakhʌndau tʼensʼɯtɕʼü.

고:럼 닐곱 시다우. 닐곱 시에 시작헌다우 뗀쓰쮜.

▶ 그럼 일곱 시라오. 일곱 시에 시작한다오 드라마.

제 일핀또우서 나오 : 무 그걷 또 보문 야덜시에 끈난다우.

ilpʰintʼousʌ nao : mu kɯgʌt tʼo pomun jadʌlɕie kʼɯnnandau.

일핀또우서 나오 : 무 그것 또 보문 야덟시에 끝난다우.

▶ 채널1에서 나오면 그것을 또 보면 여덟시에 끝난다오.

할머님의 못 말리는 걱정

제 긴데 동처니는 머 함자 나가서 도니 막
   kinde toŋtɕʰʌninɯn mʌ hamdʑa nagasʌ toni mak
   긴데 동천이는 머 함자 나가서 돈이 막
   ▶ 그런데 동천이는 머 혼자 나가서 돈이 막

제 안 버러 대개지구 막 짜증 쓴다 길더라.
   an pʌɾʌ tɛgɛdʑigu mak tɕ'adʑɯŋ s'ɯnda kildʌɾa.
   안 벌어 대개지구 막 짜증 쓴다 길더라.
   ▶ 안 모여서 막 짜증을 쓴다고 그러더라.

조 정말 열씸히 일하시고 도늘 모으시는데 자식뜨레게 계속 보내줘야 하능가
   봐요?
   tɕʌŋmal jʌlɕ'imçi ilhaɕigo tonɯl moɯɕinɯnde tɕaɕikt'ɯrege kjesok
   ponɛdʑwʌja hanɯŋga pwajo?
   ▶ 정말 열심히 일하시고 돈을 모으시는데 자식들에게 계속 보내줘야 하
   는가 봐요?

제 오, 둘채 한나 일보네 갇딴네? 공부허레.
   o, tultɕʰɛ hanna ilbone katt'anne? koŋbuɦʌre.
   오, 둘채 한나 일본에 갓닲네? 공부허레.
   ▶ 오, 둘째 아이 하나가 일본에 갔잖니? 공부하러.

조 그 마는 학삐를 다 대주고 뒫빠라질 하시려니 얼마나 힘드시게써요?
   kɯ manɯn hakp'irɯl ta tɛdʑugo tütp'aradʑil haɕirjʌni ʌlmana çimdɯɕiges'ʌjo?
   ▶ 그 많은 학비를 다 대주고 뒷바라질 하시려니 얼마나 힘드시겠어요?

제 그넝거 거태, 함자 벌디 머, 여기 머 새:시 머

kɯnʌŋgʌ kʌtʰɛ, hamdʑa pʌldi mʌ, jʌgi mʌ seːɕi mʌ

그넝거 겉애, 함자 벌디 머, 여기 머 새:시 머

▶ 그런 거 같아, 혼자 벌지 뭐, 여기 뭐 아내 뭐

제 둘채 절므니 머 엄마레 노쇄싼 걸레개지구.

tultɕʰɛ tɕʌlmɯni mʌ ʌmmaɾe noswɛsʼan kʌllegɛdʑigu.

둘채 젊은이 머 엄마레 노쇄싼 걸레개지구.

▶ 둘째 며느리는 뭐 어머니가 뇌전색 걸려서.

제 내내 거기 가 읻따가 오마니 세상 뜨구 지끔 싸토자 와 읻딴네?

nɛnɛ kʌgi ka ittʼaga omani sesaŋ tʼɯgu tɕikʼɯm sʼatʰodʑa wa ittʼanne?

내내 거기 가 잇다가 오마니 세상 뜨구 지끔 싸토자 와 잇닳네?

▶ 자꾸 거기 가 있다가 어머니가 세상 뜨고 지금은 싸토자에 와 있잖니?

조 혼자 정말 열씸히 버신다고 드러써요.

hondʑa tɕʌŋmal jʌlɕʼimçi pʌɕindago tɯɾʌsʼʌjo.

▶ 혼자 정말 열심히 버신다고 들었어요.

제 긴데 그 돈, 처으메 좀 벙거 처가지베한테 다 잘리운 모낭이더라.

kinde kɯ ton, tɕʰɯme tɕom pʌŋgʌ tɕʰʌgadʑibeɦantʰe ta tɕalliun monaŋidʌɾa.

긴데 그 돈, 처음에 좀 번거 처가집에한테 다 잘리운 모낭이더라.

▶ 그런데 그 돈, 처음에 좀 번 것은 처갓집에 다 떼인 모양이더라.

제 처제 나가구 처남 나가개지구 벌디 몯허니까니 잘리우디.

tɕʰʌdʑe nagagu tɕʰʌnam nagagɛdʑigu pʌldi motʰʌnikʼani tɕalliudi.

처제 나가구 처남 나가개지구 벌디 못허니까니 잘리우디.

▶ 체제 나가고 처남 나가서 벌지 못하니까 떼이지.

제 돈 대주스니까니 잘리우디.

ton tɛdʑusɯnikʼani tɕalliudi.

돈 대줏으니까니 잘리우디.

▶ 돈을 대췄으니까 떼이지.

조 지금 중구게 드러오셧쨘?

ʨigɯm ʨuŋguge tɯɾʌoɕʌtt'ɕ'jo?

▶ 지금은 중국에 들어오셨죠?

제 안 두루와서, 송구 안 두루와서.

an tuɾuwasʌ, soŋgu an tuɾuwasʌ.

안 두루왓어, 송구 안 두루왓어.

▶ 안 들어왔어, 아직 안 들어왔어.

제 그 아들 한나 인능거 일보네 가 공부허갇따구 또 기 : 서 일보네 갇딴네?

kɯ adɯl hanna innɯŋgʌ ilbone ka koŋbufiʌgatt'agu t'o ki : sʌ ilbone katt'anne?

그 아들 한나 잇는 거 일본에 가 공부허갓다구 또 기 : 서 일본에 갓닿네?

▶ 그 아들 하나 있는 것이 일본에 가서 공부하겠다고 또 그래서 일본에 갔잖니?

제 쪼꼬마하디 머, 가루 퍼딩거.

ʨ'ok'omafiadi mʌ, kaɾu pʰʌdiŋgʌ.

쪼꼬마하디 머, 가루 퍼딘 거.

▶ 자그마하지 뭐, 가로 퍼진 것이.

제 길더니 머 더 우리 망낭아드리

kildʌni mʌ tʌ uɾi maŋnaŋ adɯri

길더니 머 더 우리 막낭아들이

▶ 그러더니 뭐 저 우리 막내아들이

제 저 망낭삼초니 오라구, 오라 기래서 한번 왇떠래.

ʨʌ maŋnaŋsamʨʰoni oɾagu, oɾa kiɾɛsʌ hanbʌn watt'ʌɾɛ.

저 막낭삼촌이 오라구, 오라 기래서 한번 왔더래.

▷ 저 막내삼촌이 오라고, 오라 그래서 한번 왔더래.

제 와서 머 임석 잘 해메긴때.

wasʌ mʌ imsʌk tɕal hɛmegittʼɛ.

와서 머 임석 잘 해멕잇대.

▷ 와서 뭐 음식을 잘 해먹였대.

제 식땅에 데루가서 머 몯 먹떵거 다 메기구 기랟때.

ɕiktʼaŋe terugasʌ mʌ mot mʌktʼʌŋgʌ ta megigu kirettʼɛ.

식당에 데루 가서 머 못 먹던 거 다 멕이구 기랫대.

▷ 식당에 데리고 가서 뭐 못 먹던 것을 다 먹이고 그랬대.

제 긴데두 머 전화두 업따 길데. 전화두 업따 기래.

kindedu mʌ tɕʌnɦwadu ʌptʼa kilde. tɕʌnɦwadu ʌptʼa kirɛ.

긴데두 머 전화두 없다 길데. 전화두 없다 기래.

▷ 그런데도 뭐 전화도 없다 그러더라. 전화도 없다고 그래.

조 조럽파고 나면 성껴기 좀 변해질 꺼예요.

tɕorʌppʰago namjʌn sʌŋkʼjʌgi tɕom pjʌnɦɛdʑil kʼʌjejo.

▷ 졸업하고 나면 성격이 좀 변해질 거예요.

제 기니까니 이거 송구 일보네서 야레 이 피럽 송구 헐레먼.

kinikʼani igʌ soŋgu ilbonesʌ jare i pʰirʌp soŋgu hʌllemʌn.

기니까니 이거 송구 일본에서 야레 이 필업 송구 헐레먼.

▷ 그러니까 이거 아직 일본에서 이 애가 이 졸업을 아직 하려면.

제 피럽 헐레먼 송구 멩넌, 내멩넌꺼지 허야 대.

pʰirʌp hʌllemʌn soŋgu meŋnʌn, nɛmeŋnʌnkʼʌdʑi hʌja tɛ.

필업 헐레먼 송구 멩년, 내맹년꺼지 허야 대.

▷ 졸업을 하려면 아직 명년, 내명년까지 해야 돼.

제 사너니라우, 사넌 후에 피러비다우.

sanʌnirau, sanʌn hue pʰiɾʌbidau.

사넌이라우, 사넌 후에 필업이다우.

▶ 사년이라오, 사년 후에 졸업이라오.

조 그럼, 그 뒤를 어떠케 대주시죠?

kuɾʌm, ku türul ʌt'ʌkʰe tɛdzuɕidzjo?

▶ 그럼, 그 뒤를 어떻게 대주시죠?

제 기리게 고고 당해줄레머 힘들꺼다. 우리도 바라, 우리.

kirige, kogo taŋɦɛdzullemʌ ɕimdɯlk'ʌda. uɾido paɾa, uɾi.

기리게 고고 당해줄레머 힘들 거다. 우리도 바라, 우리.

▶ 그러기에 그 애 뒷바라지 해 주려면 힘들 거다. 우리도 봐라, 우리.

제 우리두 우리 절므니 내내 그 아 : 나강거 다 뒤발바 주야디.

uɾidu uɾi tɕʌlmɯni nɛnɛ kɯ a : nagaŋʌ ta tübalba tɕujadi.

우리두 우리 젊은이 내내 그 아 : 나간거 다 뒤밟아 주야디.

▶ 우리도 우리 젊은이가 계속 그 아이 나간 것을 다 뒷바라지 해 줘야지.

제 저두 또 만날 나가 이스니까니 몸두 아프디.

tɕʌdu t'o mannal naga isɯnik'ani momdu apʰɯdi.

저두 또 만날 나가 잇으니까니 몸두 아프디.

▶ 자기도 또 매일 나가 있으니까 몸도 아프지.

제 약뚜 사머거야디, 지비 또 돈두 좀 보내주야디.

jakt'u samʌgʌjadi, tɕibi t'o tondu tɕom ponɛdzujadi.

약두 사먹어야디, 집이 또 돈두 좀 보내주야디.

▶ 약도 사먹어야지, 집에 또 돈도 좀 보내줘야지.

조 그래도 집 두 채나 사셛짜나요?

kuɾedo tɕip tu tɕʰena saɕjʌtɕ'anajo?

▶ 그래도 집을 두 채나 사셨잖아요?

제 오, 지분 두 개 삳띠.

o, tɕibun tu kɛ satt'i.

오, 집은 두 개 삿디.

▶ 오, 집은 두 개 샀지.

조 아파트 두 채 다 쿵 거예요?

apʰatʰɯ tu tɕʰɛ ta kʰɯŋ gʌjejo?

▶ 아파트 두 채 다 큰 것이에요?

제 고:롬, 쿵거야. 더 심앙엔 집 자긍 거 업:서, 다 커.

ko:rom, kʰɯŋgʌja, tʌ ɕimaŋen tɕip tɕagɯŋ gʌ ʌ:psʌ, ta kʰʌ.

고:롬, 큰 거야. 더 심앙엔 집 작은 거 없:어, 다 커.

▶ 그럼, 큰 것이야. 저 심양에는 집이 작은 것이 없어, 다 커.

조 며느니믄 언제 항구게 나가셔써요?

mjʌnɯnimɯn ʌndʑe haŋguge nagaɕʌs'ʌjo?

▶ 며느님은 언제 한국에 나가셨어요?

제 하라바지 금너네 도라갇따문 멩너네 나갇띠 머.

harabʌdʑi kɯmnʌne toragatt'amun meŋnʌne nagatt'i mʌ.

할아바지 금년에 돌아갓다문 멩년에 나갓디 머.

▶ 할아버지 금년에 돌아갔다면 명년에 나갔지 뭐.

제 그 후너니가? 오, 기:케 나갇띠 머.

kɯ hunʌniga? o, ki:kʰe nagatt'i mʌ.

그 후년이가? 오, 기:케 나갓디 머.

▶ 그 후년인가? 오, 그때 나갔지 뭐.

할아버지에 대한 그리움

조 하라버지께서 언제 도라가셔써요?
　harabʌʣik'esʌ ʌnʤe toragaɕjʌs'ʌjo?
▶ 할아버지께서 언제 돌아가셨어요?

제 구십구넌, 구구넌도.
　kuɕipgunʌn, kugunʌndo.
　구십 구년, 구구년도.
▶ 구십 구년, 구구년도.

조 구십구년도 가으리예요?
　kuɕipgunjʌndo kaɯrijejo?
▶ 구십구년도 가을이에요?

제 시월따리야, 시월딸.
　ɕiwʌlt'arija, ɕiwʌlt'al.
　시월달이야, 시월 달.
▶ 시월달이야, 시월 달.

조 며느니미 지베 계시지 아느셔쓸 때죠?
　mjʌnɯnimi ʨibe kjeɕidzi anɯɕjʌs'ɯl t'ɛʥjo?
▶ 며느님이 집에 계시지 않으셨을 때죠?

제 내 : 리, 내 : 리 업슨 나리야. 시비뤌, 시비뤌 이십사밀.
　nɛ : ɾi, nɛ : ɾi ʌpsɯn narija. ɕibiɾwʌl, ɕibiɾwʌl iɕipsamil.
　내일이, 내일이 없은 날이야. 십일월, 십일월 이십삼일.
▶ 내일이, 내일이 돌아가신 날이야. 십일월, 십일월 이십삼일.

조 이십사미리 아직 안 됃씀니다.
  iɕipsamiri adʑik an twɛts'ɯmnida.
  ▶ 이십삼일이 아직 안 됐습니다.

제 아니, 그저게, 그저게. 이십삼, 시비뤌 이십삼.
  ani, kɯdʑʌge, kɯdʑʌge. iɕipsam, ɕibirwʌl iɕipsam.
  아니, 그적에, 그적에. 이십삼, 십일월 이십삼.
  ▶ 아니, 그때, 그때, 이십삼, 십일월 이십삼일.

조 시비월 이십사미리면 다음 주임니다.
  ɕibiwʌl iɕipsamirimjʌn taɯm tɕuimnida.
  ▶ 십이월 이십삼일이면 다음 주입니다.

제 아니, 음너그루 시월 열여샌날 세상 떧따우.
  ani, ɯmnʌgɯru ɕiwʌl jʌljʌsɛnnal sesaŋ t'ʌtt'au.
  아니, 음녁으루 시월 열여샛 날 세상 떳다우.
  ▶ 아니. 음력으로 시월 열여샛 날에 세상 떴다오.

조 아, 시월 열여샌 날? 그럼 내이리예요? 음녀그로 지내시능거예요?
  a, ɕiwʌl jʌljʌsɛn nal? kɯrʌm nɛirijejo? ɯmnjʌgɯro tɕinɛɕinɯŋ gʌjejo?
  ▶ 아, 시월 열여샛날? 그럼 내일이에요? 음력으로 지내시는 거예요?

제 응, 음너그루 쏸[76](算)헌단 마리야.
  ɯŋ, ɯmnʌgɯru s'wanɦʌndan marija.
  응, 음녁으루 쏸헌단 말이야.
  ▶ 응, 음력으로 계산한단 말이야.

조 그럼 내일 제사는 하지 안씀니까?
  kɯrʌm neil tɕesanɯn hadʑi ans'ɯmnik'a?
  ▶ 그럼 내일 제사는 하지 않습니까?

---

[76] '쏸'(算)은 '계산함'을 뜻하는 중국어.

제 안 해, 안 해, 돔배 안 해.

an hɛ, an hɛ, tombɛ an hɛ.

안 해, 안 해, 돔배 안 해.

▶ 안 해, 안 해. 전혀 안 해.

제 넝감, 넝가미 민는대루 허갇따 해서 민는대루 핻딴네?

nʌŋgam, nʌŋgami minnɯndɛru hʌgatt'a hesʌ minnɯndɛru hɛtt'anne?

넝감, 넝감이 믿는 대루 허갓다 해서 믿는 대루 햇닪네?

▶ 영감, 영감이 믿는대로 하겠다고 해서 믿는 대로 했잖니?

제 아풀찌게 다 교회에서 와서 해주구 기래서. 아풀찌게.

apʰultɕ'ige ta kjohöesʌ wasʌ hɛdzugu kirɛsʌ. apʰultɕ'ige.

아풀직에 다 교회에서 와서 해주구 기랫어. 아풀직에.

▶ 아플 적에 다 교회에서 와서 해주고 그랬어. 아플 적에.

조 네, 그러셔써요?

ne, kɯrʌɕjʌs'ʌjo?

▶ 네, 그러셨어요?

제 자기 어, 기 : 케 하갇따구, 자기가 워니 그건데 머.

tɕagi ʌ, ki : kʰe hagatt'agu, tɕagiga wʌni kɯgʌnde mʌ.

자기 어, 기 : 케 하갓다구, 자기가 원이 그건데 머.

▶ 자기가 그렇게 하겠다고, 자기의 원이 그것인데 뭐.

제 기리케서 민는대루 핻따우. 행상 할찌게두 민는대루 행상허구.

kirikʰesʌ minnɯndɛru hɛtt'au. hɛŋsaŋ haltɕ'igedu minnɯndɛru hɛŋsaŋɦʌgu.

기리케서 믿는대루 햇다우. 행상 할직에두 믿는대루 행상허구.

▶ 그렇게 해서 믿는대로 했다오. 행상 할 적에도 믿는대로 행상하고.

조 네, 그러셔써요? 잘 하셔써요.

ne, kɯrʌɕjʌs'ʌjo? tɕal haɕjʌs'ʌjo.

▶ 네, 그러셨어요? 잘 하셨어요.

제 다 와서, 목싸니미랑 다 와서 해서.

ta wasʌ, moks'animiraŋ ta wasʌ hesʌ.

다 와서, 목사님이랑 다 와서 햇어.

▶ 다 와서, 목사님이랑 다 와서 했어.

조 언니가 저에 지베 이쓸 때 도라가셛따는 전화를 바드셛떤 걸로 기억됩니다.

ʌnniga tɕʌe tɕibe is'ɯl t'ɛ toɾagaɕʌtt'anɯn tɕʌnɦwaɾɯl padɯɕʌtt'ʌn kʌllo kiʌkt'ömnida.

▶ 언니가 저의 집에 있을 때 돌아가셨다는 전화를 받으셨던 걸로 기억됩니다.

제 마자, 거기 이슬쩌길꺼다. 기래두 행상 헌대메 와슬꺼다.

madza, kʌgi isɯltɕ'ʌgilk'ʌda. kiɾedu hɛŋsaŋ hʌndeme wasɯlk'ʌda.

맞아, 거기 잇을적일거다. 기래두 행상 헌댐에 왓을 거다.

▶ 맞아, 거기 있을 적일 것이다. 그래도 행상 한 다음에 왔을 것이다.

제 행상헌대메 와서.

hɛŋsaŋɦʌndeme wasʌ.

행상헌댐에 왓어.

▶ 행상한 다음에 왔어.

조 그러케 애 머기시고 힘드셔도 겨테 계시면 더 조으시죠?

kɯɾʌkʰe ɛ mʌgiɕigo çimdɯɕʌdo kjʌtʰe kjeɕimjʌn tʌ tɕoɯɕidzjo?

▶ 그렇게 애를 먹이시고 힘드셔도 곁에 계시면 더 좋으시죠?

제 고로머, 이시야디. 바블 삼시 다 내가 메기서. 제 소느루 몯 머거서.

koɾomʌ, iɕijadi. pabɯl samɕi ta nɛga megiɕʌ. tɕe sonɯɾu mot mʌgʌsʌ.

고로머, 잇이야디. 밥을 삼시 다 내가 멕잇어. 제 손으루 못 먹엇어.

▶ 그럼, 있어야지. 밥을 삼시 다 내가 먹였어, 제 손으로는 못 먹었어.

조 그러케 고생하셔도 계셔쓰면 조케써요?

kɯɾʌkʰe kosɛŋɦaɕʌdo kjeɕʌs'ɯmjʌn tɕokʰes'ʌjo?

▶ 그렇게 고생하셔도 계셨으면 좋겠어요?

제 오, 기래두 업스니까니 과부 소리 듣딴네?
　o, kirɛdu ʌpsɯnik'ani kwabu sori tɯtt'anne?
　오, 기래두 없으니까니 과부 소리 듣닪네?
▶ 오, 그래도 없으니까 과부 소리 듣잖니?

제 이스먼 과부 소리는 안 듣딴네?
　isɯmʌn kwabu sorinɯn an tɯtt'anne?
　잇으면 과부 소리는 안 듣닪네?
▶ 있으면 과부 소리는 안 듣잖니?

조 그 마른 그래도 괜차는데 할머님 혼자 너무 고독하셔서 걱쩡임니다.
　kɯ marɯn kɯrɛdo kwɛntɕʰanɯnde halmʌnim hondʑa nʌmu kodokhaɕjʌsʌ
　kʌktɕ'ʌɲimnida.
▶ 그 말은 그래도 괜찮은데 할머님 혼자 너무 고독하셔서 걱정입니다.

제 아이구, 고 마리 딛끼 실티.
　aigu, ko mari titk'i ɕiltʰi.
　아이구, 고 말이 딛기 싫디.
▶ 아이고, 그 말이 듣기 싫지.

제 기래두 이 또 기 : 케 아파서 누워서두 짜증 한나 안 쓰구 고 : 매 기랟따우.
　나한테.
　kirɛdu i t'o ki : kʰe apʰasʌ nuwʌsʌdu tɕ'adʑɯŋ hanna an s'ɯgu komɛ
　kirɛtt'au. nahantʰe.
　기래두 이 또 기 : 케 아파서 누워서두 짜증 한나 안 쓰구 고 : 매 기
　랟다우. 나한테.
▶ 그래도 이 또 그렇게 아파서 누워서도 짜증을 하나 안 쓰고 고마워서
　그랬다오. 나한테.

조 워낙 잘 해주시니까 그럳켇찌요?

wʌnak ʨal hɛdzuɕinik'a kɯrʌtkʰetʨ'ijo?

▶ 위낙 잘 해주시니까 그렇겠지요?

제 보라, 채수 사레 나갈라구 밑창에 거재기, 수지 마리야.

poɾa, ʨʰɛsu saɾe nagallagu mitʨʰaŋe kʌdzɛgi, sudzi maɾija.

보라, 채수 사레 나갈라구 밑창에 거재기, 수지 말이야.

▶ 봐라, 야채 사러 나가려고 밑에 기저귀, 휴지 말이야.

제 다 까라주구 글커구 나가디 안네? 채수 사레 나가야 거기 나가디 머.

ta k'aɾadzugu kɯlkʰʌgu nagadi anne? ʨʰɛsu saɾe nagaja kʌgi nagadi mʌ.

다 깔아주구 글커구 나가디 않네? 채수 사레 나가야 거기 나가디 머.

▶ 다 깔아주고 그렇게 하고 나가지 않니? 야채 사러 나가야 거기에 나가지 뭐.

제 거기 나가서 그저 부리 니러서, 넝감 고길 조아 한다우 언제나.

kʌgi nagasʌ kɯdzʌ puri niɾʌsʌ, nʌŋgam kogil ʨoa hʌndau ʌndzena.

거기 나가서 그저 불이 닐어서, 넝감 고길 좋아 한다우 언제나.

▶ 거기에 나가서도 그저 부리나케, 영감이 고기를 좋아 한다오 언제나.

제 고기 또 사개지구 쬬쎌[77](絞馅)해개지구 오니까니 시가니 쪼끔 걸리디 머.

kogi t'o sagɛdzigu ʨojos'elɦɛgɛdzigu onik'ani ɕigani ʨ'ok'ɯm kʌllidi mʌ.

고기 또 사개지구 쬬쎌해개지구 오니까니 시간이 쪼끔 걸리디 머.

▶ 고기를 또 사서 갈아서 오다나니 시간이 조금 걸리지 뭐.

제 기ː케 해개구 오문, 벵문 오문 보ː써 똥내가 팡 나.

kiː kʰe ɦɛgɛgu omun, peŋmun omun poː s'ʌ t'oŋnega pʰaŋ na.

기ː케 해개구 오문, 벡문 오문 보ː써 똥내가 팡 나.

▶ 그렇게 해 가지고 오면, 부엌문에만 오면 벌써 똥내가 확 나.

---

77 '쬬쎌'(絞馅)은 '고기를 갈다'를 뜻하는 중국어.

제 아이구, 이거 와 똥내? '여보, 여보 똥 싸서?' '나, 몰라.' 모른데.

aigu, igʌ wa t'oŋnɛ? 'jʌbo, jʌbo t'oŋ s'asʌ?' 'na, molla,' moɾɯnde.

아이구, 이거 와 똥내? '여보, 여보 똥 쌌어?' '나, 몰라.' 모른데.

▶ 아이고, 이거 왜 똥내? '여보, 여보 똥 쌌어?' '나, 몰라.' 모른데.

제 지비 두루오니까니 거재긴, 그거 수지 까라둔건 다 뽀바서 지버 팡가티구.

ʨibi turuonik'ani kʌʥɛgin, kɯgʌ suʥi k'aradungʌn ta p'obasʌ ʨibʌ phaŋgathigu.

집이 둘우오니까니 거재긴, 그거 수지 깔아둔건 다 뽑아서 집어 팡가티구.

▶ 집에 들어오니까 기저귀는, 그것 휴지 깔아 준 것은 다 뽑아서 집어 던지고.

제 똥은 마리야, 온 구둘빠다게 뿌레 내틷띠 머.

t'oŋɯn marija, on kudulp'adage p'uɾe nɛthitt'i mʌ.

똥은 말이야, 온 구둘바닥에 뿌레 내틧디 머.

▶ 똥은 말이야, 온 구들 바닥에 뿌려서 던졌지 뭐.

조 왜요?

wɛjo?

▶ 왜요?

제 몰라, 기 : 케, 여기 한 덩지기, 저기 한 덩지기 바람뚜게 발라노쿠 그러케 핸따우.

molla, ki : khe jʌgi han tʌ ɲʥigi, ʨʌgi han tʌ ɲʥigi paɾamt'uge pallanokhu kɯɾʌkhe hɛtt'au.

몰라, 기 : 케, 여기 한 덩지기, 저기 한 덩지기 바람뚝에 발라 놓구 그렇게 햇다우.

▶ 몰라, 그렇게, 여기 한 덩지, 저기 한 덩지 바람벽에 발라 놓고 그렇게 했다오.

이국땅에서의 결혼

조 할머님, 겨론시게 대해서 말씀 좀 해주세요.
　halmʌnim, kjʌroneige tɕɛɦɛsʌ mals'ɯm tɕom hɛdzusejo.
▶ 할머님, 결혼식에 대해서 말씀 좀 해주세요.

제 게론시게서 기래서 마를 다 타바서.
　keroneigesʌ kirɛsʌ marɯl ta tʰabasʌ.
　겔혼식에서 기래서 말을 다 타 밧어.
▶ 결혼식에서 그래서 말을 다 타 봤어.

제 그지게 색씨 타는 말 이서. 쪼꼬마항거.
　kɯdzige sɛkɕ'i tʰanɯn mal isʌ. tɕ'ok'omaɦaŋgʌ.
　그직에 색시 타는 말 잇어. 쪼꼬마한거.
▶ 그 때 색시 타는 말이 있어. 자그마한 것.

제 기 : 케 내래개지구 머 큰 상, 큰 상 해줘서 박꾸.
　ki : kʰe nɛrɛgedzigu mʌ kʰɯn saŋ, kʰɯn saŋ hɛdzwʌsʌ pakk'u.
　기 : 케 내래개지구 머 큰 상, 큰 상 해줘서 받구.
▶ 그렇게 내려서 뭐 큰 상, 큰 상을 해줘서 받고.

제 기커구 그저 기 : 케 하루 디내갇따나.
　kikʰʌgu kɯdzʌ ki : kʰe haru tinɛgatt'ana.
　기커구 그저 기 : 케 하루 디내갓닳아.
▶ 그리고 그저 그렇게 하루를 지내갔잖아.

제 천날, 디내가구 그 이튼날, 사밀마네 나오다나.
　tɕʰʌnnal, tinɛgagu kɯ itʰɯnnal, samilmane naodana?

첫날, 디내가구 그 이튿날, 삼일만에 나오댢아.
▶ 첫날, 지내가고 그 이튿날, 삼일만에 나오잖아.

제 그 이튿날, 기대메 또 밥 다 해 딜따주서 머걷따나.
kɯ itʰɯnnal, kidɛme tʼo pap ta hɛ tiltʼadzusʌ mʌgʌttʼana.
그 이튿날, 기댐에 또 밥 다 해 달다 주서 먹엇댢아.
▶ 그 이튿날, 그 다음에 또 밥을 다 해서 들여다 줘서 먹었잖아.

제 사밀마네, 사밀마네 기니까니 시할 : 매디 머. 시할 : 매레 '일깜 내주라.' 기래.
samilmane, samilmane kinikʼani ɕiɦa : lmɛdi mʌ. ɕiɦa : lmɛre 'ilkʼam
nɛdzura.' kirɛ.
삼일만에, 삼일만에 기니까니 시할매디 머. 시할매레 '일감 내주라.'
기래.
▶ 삼일만에, 삼일만에 그러니까 시할머니지 뭐. 시할머님께서 일감을
내어 주라고 그래.

제 누데기 보선 기우라구 보서늘 내주라 기래.
nudegi posʌn kiuragu posʌnɯl nɛdzura kirɛ.
누데기 보선 기우라구 보선을 내주라 기래.
▶ 누더기 버선 기우라고 버선을 내주라고 그래.

제 기니까니 우리 시오마니가 읻따가
kinikʼani uri ɕiomaniga ittʼaga
기니까니 우리 시오마니가 잇다가
▶ 그러니까 우리 시어머님이 있다가

제 아, 바느지른 무슨 바느질 내주구 말구 허간네?
a, panɯdzirɯn musɯn panɯdzil nɛdzugu malgu hʌganne?
아, 바느질은 무슨 바느질 내주구 말구 허갓네?
▶ 아, 바느질은 무슨 바느질을 내주고 말고 하겠니?

제 난 머 일깜두 업꺼니와 난 그렁거 안 내주요. 기래서 조 : 타 핻띠 머.

nan mʌ ilk'amdu ʌpk'ʌniwa nan kɯɾʌŋʌ an nɛdzujo. kiɾɛsʌ tɕo : tʰa hɛtt'i
mʌ.

난 머 일감두 없거니와 난 그런거 안 내주요. 기래서 좋 : 다 햇디 머.

▶ 나는 뭐 일감도 없거니와 나는 그런 것을 안 내주요. 그래서 좋다고
했지 뭐.

제 그 보쌈 누데기, 보쌈 김능거.

kɯ pos'am nudegi, pos'am kimnɯŋgʌ.

그 보쌈 누데기, 보쌈 깁는 거.

▶ 그 버선 누더기, 버선을 깁는 것.

제 오 : 리 마차서 기우니까니 그 깁끼 힘들다우.

o : ɾi matɕʰasʌ kiunik'ani kɯ kipk'i çimdɯldau.

오 : 리 마차서 기우니까니 그 깁기 힘들다우.

▶ 헝겊 오리를 맞추어서 기우니까 그 깁기 힘들다오.

제 야 그 내주먼 어커누 소그루 걱쩡 핻떠니 우리 씨오마니가 안 내조.

ja kɯ nɛdzumʌn ʌkʰʌnu sogɯɾu kʌktɕ'ʌŋ hɛtt'ʌni uri ɕ'iomaniga an
nɛdzo.

야 그 내주면 어커누 속으루 걱정 햇더니 우리 씨오마니가 안 내조.

▶ 야 그 내주면 어떻게 하나 속으로 걱정 했더니 우리 시어머님이 안
내어 줘.

제 이제 얼마 안 읻따가 저 헐꺼 다 하갇띠 멀 보쌈 김능거 내노칸네?

idze ʌlma an itt'aga tɕʌ hʌlk'ʌ ta hagatt'i mʌl pos'am kimnɯŋgʌ nɛnokʰanne?

이제 얼마 안 잇다가 저 헐 거 다 하갓디 멀 보쌈 깁는 거 내놓간네?

▶ 이제 얼마 안 지나면 자기 할 것을 다 하겠지 뭘 버선 깁는 것을 내놓
겠니?

제 안 내나 줘.

an nɛna dzjʌ.

안 내나 줘.
▶ 안 내어 줘.

제 기대매 그저 나가서 바블 핻띠. 바븐 더 맏똥세허구 함께 핻띠 머.
kidɛmɛ kɯdzʌ nagasʌ pabɯl hɛtt'i. pabɯn tʌ matt'oŋsefʌgu haŋk'e hɛtt'i
mʌ.
기댐에 그저 나가서 밥을 햇디. 밥은 더 맏동세허구 함께 햇디 머.
▶ 그 다음에 그저 나가서 밥을 했지. 밥은 저 맏동서하고 같이 했지 뭐.

제 지베서 밥 해먹꾸 초니니까니 그 삼 삼는다우.
tɕibesʌ pap hemʌkk'u tɕʰoninik'ani kɯ sam samnɯndau.
집에서 밥 해먹구 촌이니까니 그 삼 삼는다우.
▶ 집에서 밥을 해 먹고 시골이니까 그 삼을 삼는다오.

제 천 짜능거 삼 그거,
tɕʰʌn tɕ'anɯŋgʌ sam kɯgʌ,
천 짜는 거 삼 그거,
▶ 천 짜는 것 삼 그것,

제 삼 일까믈 내논는데 사믈 언제 당대 사마 반네?
sam ilk'amɯl nɛnonnɯnde samɯl ʌndze taŋdɛ samabanne?
삼 일감을 내 놓는데 삼을 언제 당대 삼아 밧네?
▶ 삼 일감을 내 놓는데 삼을 언제 당초 삼아 봤니?

제 여기서, 머 이 중구게야 그따우레 인네?
jʌgisʌ, mʌ i tɕuŋgugeja kɯt'auɾe inne?
여기서, 머 이 중국에야 그따우레 잇네?
▶ 여기서, 뭐 이 중국에야 그따위가 있니?

제 기 : 서 사믈, 머 우리 씨오마니랑 잘 쌀마.
ki : sʌ samɯl, mʌ uri ɕ'iomaniraŋ tɕal s'alma.
기 : 서 삼을, 머 우리 씨오마니랑 잘 쌂아.

▶ 그래서 삼을, 뭐 우리 시어머님이랑 잘 삼아.

제 삼는데 난 그 헐쭐 몰라서 가만 안자 이섣띠.

samnɯnde nan kɯ hʌltɕ'ul mollasʌ kaman andza isʌtt'i.

삼는데 난 그 헐 줄 몰라서 가만 앉아 잇엇디.

▶ 삼는데 난 그걸 할 줄 몰라서 가만히 앉아서 있었지.

제 '물레질 헐 쭐 아나?' 또 기래. 내레 언제 머 당대 물레질 해 반네?

'mulledzil hʌl tɕ'ul ana?' t'o kirɛ. nɛre ʌndze mʌ taŋdɛ mulledzil hɛ panne?

'물레질 헐 줄 아나?' 또 기래. 내레 언제 머 당대 물레질 해 밧네?

▶ '물레질을 할 줄 아나?' 또 그래. 내가 언제 뭐 당초 물레질을 해 봤니?

제 '나 걷 : 또 몯해요.' 긴데 맏뚱세 부체끼리 가마니 짜.

'na kʌt : t'o mothejo.' kinde matt'oŋse putɕʰek'iri kamani tɕ'a.

'나 것 : 또 못해요.' 긴데 맏동세 부체끼리 가마니 짜.

▶ '저는 그것도 못해요.' 그런데 맏동서 부처끼리 가마니를 짜.

제 '나 가마니 짤쭐 아라요.' 나 자질허능거, 이거 자질허능거.

'na kamani tɕ'altɕ'ul arajo.' na tɕadzilhʌnɯŋgʌ, igʌ tɕadzilhʌnɯŋgʌ.

'나 가마니 짤 줄 알아요.' 나 자질허는 거, 이거 자질허는거.

▶ '저는 가마니를 짤 줄 알아요.' 나 자질하는 것, 이거 자질하는 것.

제 가마니 짜갇따 기랟띠 머.

kamani tɕ'agatt'a kirɛtt'i mʌ.

가마니 짜갓다 기랫디 머.

▶ 가마니를 짜겠다고 그랬지 뭐.

제 기니까니 '가마니 멀 짜 : 간네? 얼마 읻따가 가각께 가마니 짜간?'

kinik'ani 'kamani mʌl tɕ'a : ganne? ʌlma itt'aga kagakk'e kamani tɕ'agan?'

기니까니 '가마니를 멀 짜 : 갓네? 얼마 잇다가 가갓게 가마니를 짜간?'

▶ 그러니까 '가마니 뭘 짜겠니? 얼마 있다가 가겠다고 가마니 짜겠니?'

242

제 '아니요, 나 가마니 짤래요.' 시형하구 두리서 가마니 짠딴네?

'anijo, na kamani tɕ'allɛjo.' ɕiçjʌɲɦagu turisʌ kamani tɕ'att'anne?

'아니요, 나 가마니 짤래요.' 시형하구 둘이서 가마니 짯닲네?

▶ '아니요, 저는 가마니 짤래요.' 시형하고 둘이서 가마니를 짰잖니?

제 맏똥세는 사물 잘 삼는다구 이거 삼.

matt'oɲsenɯn samɯl tɕal samnɯndagu igʌ sam.

맏동세는 삼을 잘 삼는다구 이거 삼.

▶ 맏동서는 삼을 잘 삼는다고 이거 삼.

제 삼 상꾸 난 시형허구 가마니 짠띠.

sam saŋk'u nan ɕiçjʌɲɦʌgu kamani tɕ'atti.

삼 삼구 난 시형허구 가마니 짯디.

▶ 삼을 삼고 난 시형하고 가마니를 짰지.

제 시형허구 가마니 짜다가 기세

ɕiçjʌɲɦʌgu kamani tɕ'adaga kise

시형허구 가마니 짜다가 기세

▶ 시형하고 가마니를 짜다가 글쎄

제 막 탁 쏘능거 거티 막 자레 여길루 오단네?

mak tʰak s'onɯŋgʌ kʌtʰi mak tɕare jʌgillu odanne?

막 탁 쏘는 거겉이 막 자레 여길루 오닲네?

▶ 막 탁 쏘는 것같이 막 자가 여기로 오잖니?

제 기래두 기리 다티디는 아나서. 아이구, 어띠나 호ː니 낙깐?

kirɛdu kiri tatʰidinɯn anasʌ. aigu, ʌt'ina hoːni nakk'an?

기래두 기리 다티디는 않앗어. 아이구, 어떠나 혼ː이 낫간?

▶ 그래도 그렇게 다치지는 않았어. 아이고, 어찌나 혼이 났겠니?

조 할머니미 잘몯 하싱거예요?

halmʌnimi tɕalmot haɕiŋgʌjejo?

▶ 할머님이 잘못 하신 거예요?

제 고:롬, 내가 잘몯 하니까니 이거 헌나갇따우, 자질하는데.
ko:rom, nɛga tɕalmot hanik'ani igʌ hʌnnagatt'au, tɕadʑilɦanɯnde.
고:롬, 내가 잘못 하니까니 이거 헛나갓다우, 자질하는데.
▶ 그럼, 내가 잘못 하니까 이거 헛나갔다오, 자질하는데.

제 이럽따구 이럽따구 시형이 기래. 기래서 기리커구 또 짣띠 머.
irʌpt'agu irʌpt'agu ɕiçjʌŋi kirɛ. kiɾɛsʌ kiɾikʰʌgu t'o tɕ'att'i mʌ.
일없다구 일없다구 시형이 기래. 기래서 기리커구 또 짰디 머.
▶ 괜찮다고 괜찮다고 시형이 그래. 그래서 그렇게 하고 다 짰지 뭐.

제 짜는데 기대메 막 떨리개지구 더 몯 짜각꾸나.
tɕ'anɯnde kidɛme mak t'ʌlligɛdʑigu tʌ mot tɕ'agakk'una.
짜는데 기댐에 막 떨리개지구 더 못 짜갓구나.
▶ 짜는데 그 다음에 막 떨려서 더 못 짜겠더구나.

제 아이구, 막 얼른 하루레, 얼른 저나게 다티먼 도칻따 허구 기두는데.
aigu, mak ʌllɯn haɾure, ʌllɯn tɕʌnage tatʰimʌn tokʰatt'a hʌgu kidunɯnde.
아이구, 막 얼른 하루레, 얼른 저낙에 다티면 돟갓다 허구 기두는데.
▶ 아이고, 막 얼른 하루가, 얼른 저녁에 닥치면 좋겠다 하고 기다리는데.

제 저나게 대:서 기대멘 거더치우더나 머.
tɕʌnage tɛ:sʌ kidɛmen kʌdʌtɕʰiudʌna mʌ.
저낙에 대:서 기댐엔 걷어치우더나 머.
▶ 저녁에 돼서 그 다음에는 걷어치우더구나 뭐.

제 기래서 밥 허레 나왇띠. 밥 허레 나완는데, 조선 사바리 막 얄:바.
kiɾɛsʌ pap hʌɾe nawatt'i. pap hʌɾe nawannɯnde, tɕosʌn sabari mak ja:lba.
기래서 밥 허레 나왓디. 밥 허레 나왓는데, 조선 사발이 막 얇:아.
▶ 그래서 밥을 하러 나왔지. 밥을 하러 나왔는데, 조선 사발이 막 얇아.

244

제 그거 이 : 케, 이 : 케 철띠기레 업 : 서 길디 머. 열아옵쌀 나서 간는데.
kɯgʌ i : kʰe, i : kʰe tɕʰʌlt'igire ʌ : psʌ kildi mʌ. jʌlaops'al nasʌ kannɯnde.
그거 이 : 케, 이 : 케 철띠기레 없 : 어 길디 머. 열아옵살 나서 갓는데.
▶ 그거 이렇게, 이렇게 철이 없어서 그러지 뭐. 열아홉 살이 나서 갔는데.

제 그르기 이거 부세는데, 기쎄 칼또매 우에다.
kɯrɯgi igʌ pusenɯnde, kis'e kʰalt'omɛ ueda.
그륵이 이거 부세는데, 기쎄 칼도매 우에다.
▶ 그릇을 이거 씻는데, 글쎄 칼도마 위에다.

제 구마게다 나 : 스먼 이럼는데 칼또매 우에다 나 : 니
kumageda na : sɯmʌn irʌmnɯnde kʰalt'omɛ ueda na : ni.
구막에다 낫 : 으면 일없는데 칼도매 우에다 나 : 니
▶ 부뚜막에다 놓았으면 괜찮은데 칼도마 위에다 놓으니

제 그 김치 싸 : 능거 칼또매 우에 거기다 올레 낟떠니
kɯ kimtɕʰi s'a : nɯŋgʌ kʰalt'omɛ ue kʌgida olle natt'ʌni
그 김치 싸 : 는거 칼도매 우에 거기다 올레 낫더니
▶ 그 김치를 써는 칼도마 위에 거기에다가 올려 놓았더니

제 그 띠뚜룽허먼서 사발 야덜깨나 깨틷딴네?
kɯ t'it'urɯɲɦʌmʌnsʌ sabal jadʌlk'ena k'ɛtʰitt'anne?
그 띠뚜룽허먼서 사발 야덟개나 깨틷닪네?
▶ 그 되뚱거리면서 사발을 여덟 개나 깼잖니?

제 아이구, 막 어커간네? 긴데 우리 씨오마니레
aigu mak ʌkʰʌganne? kinde uri ɕiomanire
아이구, 막 어커갓? 긴데 우리 씨오마니레
▶ 아이고, 막 어떻게 하겠니? 그런데 우리 시어머님이

제 '이럽따, 그룩 마는데 머 깨데스먼 깨덷띠, 머 이럽서.'
'irʌpt'a, kɯrɯk manɯnde mʌ k'ɛdesɯmʌn k'ɛdett'i, mʌ irʌpsʌ.'

'일없다, 그륵 많은데 머 깨뎃으면 깨뎃디, 머 일없어.'

▶ '괜찮다, 그릇이 많은데 뭐 깨졌으면 깨졌지, 뭐 괜찮아.'

조 그 나리 가서 천나리예요?

　kɯ nari kasʌ tɕʰʌnnarijejo?

▶ 그 날이 가서 첫날이에요?

제 고로머, 한 주일마네 한 주일마네.

　koɾomʌ, han tɕuilmane han tɕuilmane.

　고로머, 한 주일만에 한 주일만에.

▶ 그럼, 한 주 만에 한 주 만에.

제 기 : 케 사발 야덜깨 깨디니까니 막 얼마나 안타깝깐네?

　ki : kʰe sabal jadʌlkˀɛ kˀɛdinikˀani mak ʌlmana antʰakˀapkˀanne?

　기 : 케 사발 야덟개 깨디니까니 막 얼마나 안타깝갓네?

▶ 그렇게 사발이 여덟 개 깨지니까 막 얼마나 안타깝겠니?

제 아이구, 막 밤마시 다 업꾸, 막 밥 안 머거서, 그날.

　aigu, mak pammaɕi ta ʌpkˀu, mak pap an mʌgʌsʌ, kɯnal.

　아이구, 막 밥맛이 다 없구, 막 밥 안 먹엇어, 그날.

▶ 아이고, 막 밥맛이 다 없고, 막 밥을 안 먹었어, 그날.

제 기니까니 씨오마니 읻따 '야, 밥 머거라. 사바리 머이게? 이럽서 밥 머거라.'

　kinikˀani ɕˀiomani itˀa 'ja, pap mʌgʌɾa. sabaɾi mʌige? iɾʌpsʌ pap mʌgʌɾa.'

　기니까니 씨오마니 잇다 '야, 밥 먹어라. 사발이 머이게? 일없어 밥 먹어라.'

▶ 그러니까 시어머님이 있다가 '야 밥 먹어라. 사발이 무엇이게? 괜찮아 밥을 먹어라.'

제 긴데두 바비 안 너머가서 안 먹꾸 자서.

　kindedu pabi an nʌmʌgasʌ an mʌkkˀu tɕˀasʌ.

246

긴데두 밥이 안 넘어가서 안 먹구 잣어.

▶ 그런데도 밥이 안 넘어가서 안 먹고 잤어.

제 기니까니 새시방이디 '머, 사발 깨티스먼 깨틸띠 바비야 와 안 먹깐네?'기래.

kinik'ani sɛɕibaŋidi 'mʌ, sabal k'ɛtʰisɯmʌn k'ɛtʰitt'i pabija wa an mʌkk'anne?'
kirɛ.

기니까니 새시방이디 '머, 사발 깨텼으먼 깨텼디 밥이야 와 안 먹갓
니?' 기래.

▶ 그러니 새 서방이지 '뭐, 사발 깼으면 깼지 밥은 왜 안 먹니?' 그래.

제 긴데 밥 몯 먹까서. 기 : 서 항끼 굴머서. 궁꾸 잗띠 머.

kinde pap mot mʌkk'asʌ. ki : sʌ haŋk'i kulmʌsʌ. kuŋk'u tɕatt'i mʌ.

긴데 밥 못 먹갓어. 기 : 서 한 끼 굶엇어. 굶구 잣디 머.

▶ 그런데 밥을 못 먹겠어. 그래서 한 끼 굶었어. 굶고 잤지 뭐.

제 아이구, 낼 아치메 또 어러커간네? 또 깨틸까바 걱쩡대디 머.

aigu, nɛl atɕʰime t'o ʌrʌkʰʌganne? t'o k'ɛtʰilk'aba kʌktɕ'ʌŋdɛdi mʌ.

아이구, 낼 아침에 또 어러커갓네? 또 깨틸가바 걱정대디 머.

▶ 아이고, 내일 아침에 또 어떻게 하겠니? 또 깰까봐 걱정대지 뭐.

제 그지게 여라오비라두 처리 업 : 서서. 벌떠럭, 벌떠럭헝거 멀 몰랃띠 머.

kɯdzige jʌraobiradu tɕʰari ʌ : psʌsʌ. pʌlt'ʌrʌk, pʌlt'ʌrʌkʰʌŋgʌ mʌl
mollatt'i mʌ.

그직에 열아옵이라두 철이 없엇어. 벌떠럭, 벌떠럭헌거 멀 몰랏디 머.

▶ 그때 열아홉이라도 철이 없었어. 덜렁, 덜렁한 것이 뭘 몰랐지 뭐.

제 기래 또 밥 핻떠니 그륵 앙 깨티구 밥 잘 해 먹꾸 또 가마니 짣띠 머.

kirɛ t'o pap hɛtt'ʌni kɯrɯk aŋ k'ɛtʰigu pap tɕal hɛ mʌkk'u t'o kamani tɕ'att'i
mʌ.

기래 또 밥 햇더니 그륵 안 깨티구 밥 잘 해 먹구 또 가마니 짯디 머.

▶ 그래 또 밥을 했더니 그릇을 안 깨고 밥을 잘 해 먹고 또 가마니를 짰

지 뭐.

조 그럼 만나시지도 모타고 겨론하싱거예요?
kɯɾʌm mannaɕidzido motʰago kjʌɾonɦaɕiŋʌjejo?
▶ 그럼 만나시지도 못하고 결혼하신 거예요?

제 누가? 내 새시방허구? 와 만내디 아나?
nuga? nɛ sɛɕibaŋɦʌgu? wa mannɛdi ana?
누가? 내 새시방허구? 와 만내디 않아?
▶ 누가? 내 새 서방하고? 왜 만나지 않았겠니?

제 게론, 잔체 우리 지베 멘제 당개 완는데, 와 만내디 아나?
geron, tɕantɕʰe uɾi tɕibe mendze taŋgɛ wannɯnde, wa mannɛdi ana?
겔혼, 잔체 우리 집에 멘제 당개 왔는데, 와 만내디 않아?
▶ 결혼, 잔치를 우리 집에 먼저 장가 왔는데, 왜 만나지 않니?

조 아니요, 그 저네는 한 번도 몬 만나싱거시죠?
anijo, kɯ tɕʌnenɯn han pʌndo mon mannaɕiŋʌɕidzjo?
▶ 아니요, 그 전에는 한 번도 못 만나신 것이죠?

제 아니, 안 만내서. 그지게는 서루 머.
ani, an mannɛsʌ. kɯdzigenɯn sʌɾu mʌ.
아니, 안 만냈어. 그직에는 서루 머.
▶ 아니, 안 만났어. 그때는 서로 뭐.

조 한 번도 만나지 모태도 겨론해요?
han pʌndo mannadzi motʰɛdo kjʌɾonɦejo?
▶ 한 번도 만나지 못해도 결혼해요?

제 고ː롬, 자유게론 몯해. 소개해주구 기리야 게론하디 자유루 몯해.
koːɾom, tɕajugeɾon motʰɛ. sogɛɦedzugu kiɾija keɾonɦadi tɕajuɾu motʰɛ.
고ː롬, 자유겔혼 못해. 소개해주구 기리야 겔혼하디 자유루 못해.

248

▶ 그럼, 자유 결혼을 못해. 소개해주고 그래야 결혼하지 자유로 못해.

제 자유루 허먼 머 우리 아바지 때리쥑기갇따 긴 : 다.

tɕajuɾu hʌmʌn mʌ uɾi abadʑi t'ɛɾidzügigatt'a ki : nda.

자유루 허먼 머 우리 아바지 때리쥑이갓다 긴 : 다.

▶ 자유로 하면 뭐 우리 아버지가 때려죽이겠다고 그런다.

제 기 머이가 야하게 가서 야학빠네 나가서 글 보이능거두.

ki mʌiga jaɦage kasʌ jaɦakp'ane nagasʌ kɯl poinɯŋɡʌdu.

기 머이가 야학에 가서 야학반에 나가서 글 보이는거두.

▶ 그 뭐 야학에 가서 야학 반에 나가서 글을 배우는 것도.

제 돌떠구펜지 쓴다구 막 테 쥐기갇따구

tolt'ʌɡupʰendʑi sɯndagu mak tʰe tɕügigatt'agu

돌떠구펜지 쓴다구 막 테 쥑이갓다구

▶ 연애편지를 쓴다고 막 쳐죽이겠다고

제 지게 디팡이 끌구 나오는 넝가민데.

tɕige tipʰaɲi k'ɯlgu naonɯn nʌŋgaminde.

지게 디팡이 끌구 나오는 넝감인데.

▶ 지게 지팡이를 끌고 나오는 영감인데.

제 머 게론, 머 야곤핻따구, 머 함께 댕기 보디두 몯해서.

mʌ keɾon, mʌ jagonɦɛtt'agu, mʌ haŋk'e tɛŋgi podidu motʰɛsʌ.

머 겔혼, 머 약혼햇다구, 머 함께 댕기 보디두 못했어.

▶ 뭐 결혼, 뭐 약혼했다고, 뭐 함께 다녀 보지도 못했어.

제 기 : 케 그 항구게 씨집가개지구, 부카네 씨집가개지구 두달마네 왇따나?

ki : kʰe kɯ haŋguge ɕ'idzipgagɛdzigu, pukʰane ɕ'idzipgagɛdzigu tudalmane watt'ana?

기 : 케 그 한국에 씨집가개지구, 북한에 씨집가개지구 두 달만에 왓닳아?

▷ 그렇게 그 한국에 시집가서, 북한에 시집가서 두 달 만에 왔잖니?

제 야 아바지레 심앙에 쌍발[78](上班)허니까니 두달마네 오능거 머.

ja abadzire ɕimaŋe s'aŋbalfiʌnik'ani tudalmaŋe onɯŋgʌ mʌ.

야 아바지레 심앙에 쌍발허니까니 두달만에 오는거 머.

▷ 얘 아버지가 심양에서 출근하니까 두 달만에 오는 거 뭐.

제 그러커구 한번 몯 가받따우. 두달마네 오고.

kɯrʌkʰʌgu hanbʌn mot kabatt'au. tudalmaŋe ogo.

그러커구 한번 못 가밧다우. 두달만에 오고.

▷ 그리고 한번 못 가봤다오. 두 달 만에 오고.

조 그리고 계속 오가왕에서 사셔써요?

kɯrigo kjesok ogawaŋesʌ saɕjʌs'ʌjo?

▷ 그리고 계속 오가왕에서 사셨어요?

제 오가왕에서 살 : 구 기대멘 일본 손 드럳따나?

ogawaŋesʌ sa : lgu kidɛmen ilbon son tɯrʌtt'ana?

오가왕에서 살 : 구 기댐엔 일본 손 들엇닿아?

▷ 오가왕에서 살고 그 다음에는 일본이 손을 들었잖니?

제 일본 손 드니까니 궁민당시대디 머.

ilbon son tɯnik'ani kuŋmindaŋɕidɛdi mʌ.

일본 손 드니까니 국민당시대디 머.

▷ 일본이 손을 드니까 국민당 시대지 뭐.

제 궁민당시대에 머 놈 사랑빵에 이섣따나?

kuŋmindaŋɕidɛe mʌ nom saraŋp'aŋe isʌtt'ana?

국민당시대에 머 놈 사랑방에 잇엇닿아?

▷ 국민당시대에는 뭐 남의 사랑방에 있었잖니?

---

78 '쌍발'(上班)은 '출근'을 뜻하는 중국어.

제 길다보먼 우리 넝감, 이버네 이거 동구기 아바지 뉘이네 사랑에 가 이서서.
kildaboman uɾi nʌŋgam, ibʌne igʌ toŋgugi abadʑi nüine saɾaŋe ka
isʌsʌ.
길다보먼 우리 넝감, 이번에 이거 동국이 아바지 뉘이네 사랑에 가 잇
엇어.
▶ 그러다보니 우리 영감, 이번에 이 동국이 아버지 누이네 사랑방에 가
있었어.

제 거기서 사라서.
kʌgisʌ saɾasʌ.
거기서 살앗어.
▶ 거기서 살았어.

조 어떵 거슬 사랑방이라고 하죠?
ʌt'ʌŋ gʌsɯl saɾaŋpaɲiɾago hadʑjo?
▶ 어떤 것을 사랑방이라고 하죠?

제 이거 사랑빵이먼 이거 원빵 아니가?
igʌ saɾaŋp'aɲimʌn igʌ wʌnp'aŋ aniga?
이거 사랑방이먼 이거 원방 아니가?
▶ 이것이 사랑방이면 이것이 안채가 아니니?

제 기니까니 이거 아페 텅깐가티 징 : 거 읻딴네? 거기서 사랃띠 머.
kinik'ani igʌ apʰe tʰʌŋk'angatʰi ʨi : ŋʌ itt'anne? kʌgisʌ saɾatt'i mʌ.
기니까니 이거 앞에 텅깐같이 지은거 잇닪네? 거기서 살앗디 머.
▶ 그러니까 이거 앞에 창고같이 지은 것이 있잖니? 거기서 살았지 뭐.

제 거기서 살다가 막 기대메 막 해방군하구 궁민당하구
kʌgisʌ saldaga mak kidɛme mak hɛbaŋgunɦagu kuŋmindaŋɦagu
거기서 살다가 막 기댐에 막 해방군하구 국민당하구
▶ 거기에서 살다가 막 그 다음에 막 해방군하고 국민당하고

제 막 쌈 : 이러나개지구.

mak s'a : m irʌnagɛdzigu.

막 쌈 : 일어나개지구.

▶ 막 싸움이 일어나서.

제 베케네 맘대루 몬 나와서.

pekʰene mamdɛru monnawasʌ.

베켄에 맘대루 못 나왔어.

▶ 바깥에 맘대로 못 나왔어.

제 기리개지구 궁민당이 또 지니까니 해방군대 아니가?

kirigɛdzigu guŋmindaŋi t'o ʨinik'ani hɛbaŋgundɛ aniga?

기리개지구 국민당이 또 지니까니 해방군대 아니가?

▶ 그리고 국민당이 또 지니까 해방군이 아니니?

제 기리개지구 홍기태루 씨삼추니 홍기태에 이섣따우. 홍기태루 이새 왇띠 머.

kirigɛdzigu hoŋgitʰɛru ʨ'isamʨʰuni hoŋgitʰɛe isʌtt'au. hoŋgitʰɛru isɛ watt'i mʌ.

기리개지구 홍기태루 씨삼춘이 홍기태에 잇엇다우. 홍기태루 이새 왓디 머.

▶ 그래서 홍기태로 시삼촌이 홍기태에 있었다오. 홍기태로 이사 왔지 뭐.

결혼식 혼수

조 혹씨 겨론 예물가틍 거슨 업써요?

hokɛ'i kjʌron jemulgatʰɯŋ gʌsɯn ʌps'ʌjo?

▶ 혹시 결혼 예물 같은 것은 없어요?

제 선물거틍 걷뚜 제네는 업 : 서.

sʌnmulgʌtʰɯŋ gʌtt'u ʨenenɯn ʌ : psʌ.

선물 겉은 것두 젠에는 없 : 어.

▶ 선물 같은 것도 전에는 없어.

제 제네는 선무리 머잉가 하머 그저 그 머이야 선물 업꾸.

ʨenenɯn sʌnmuri mʌiŋga hamʌ kɯʥʌ kɯ mʌija sʌnmul ʌpk'u.

젠에는 선물이 머인가 하며 그저 그 머이야 선물 없구.

▶ 전에는 선물이 무엇인가 하면 그저 그 뭐야 선물은 따로 없고.

제 그 앤 처으메 그 야곤허구 머산할 찌게는 그 펜지바끈 업 : 서.

kɯ ɛn ʨʰʌɯme kɯ jagonfʌgu mʌsanfial ʨ'igenɯn kɯ pʰendʑibak'ɯn
ʌ : psʌ.

그 앤 처음에 그 약혼허구 머산할 직에는 그 펜지밖은 없 : 어.

▶ 그 맨 처음에 그 약혼하고 결혼 할 때에는 그 편지밖에 없어.

제 무슨 물건두 업꾸 펜지만 주서.

musɯn mulgʌndu ʌpk'u pʰendʑiman ʨusʌ.

무슨 물건두 없구 펜지만 줏어.

▶ 무슨 물건도 없고 편지만 줬어.

제 펜지찌 그저 뻘건 처네다 싸서 허리 둘러띠구 왇때.

pʰendzitɕ'i kɯdzʌ p'ʌlgʌn tɕʰʌneda s'asʌ hʌri tullʌt'igu watt'ɛ.

펜지지 그저 뺄건 천에다 싸서 허리 둘러띠구 왓대.

▶ 편지지 그저 빨간 천에다 싸서 허리에 둘러매고 왔대.

제 잔첸날 바다개구 오능거.

ʨanʨʰennal padagɛgu onɯŋgʌ.

잔첸날 받아개구 오는거.

▶ 결혼 날을 받아갖고 오는 것.

제 잔첸날 바들찌게, 이거 그러먼 순서레 바까디단네?

ʨanʨʰennal padulʨ'ige, igʌ kɯrʌmʌn sunsʌre pak'adidanne?

잔첸날 받을직에, 이거 그러먼 순서레 바까디닪네?

▶ 결혼 날 받을 적에, 이거 그러면 순서가 바꿔지잖니?

제 녜물 업 : 서, 녜물 그지게는 녜물 안 주대 머.

njemul ʌ : psʌ, njemul kɯdzigenɯn njemul an ʨudɛ mʌ.

녜물 없 : 어, 녜물 그직에는 녜물 안 주대 머.

▶ 예물 없어, 예물 그때는 예물을 안 주더라 뭐.

조 할머니믄 겨론하실 때 지베서 뭐 해가셔써요?

halmʌnimɯn kjʌronɦaɕil t'ɛ ʨibesʌ mwʌ ɦɛgaɕjʌs'ʌjo?

▶ 할머님은 결혼하실 때 집에서 뭐 해가셨어요?

제 나, 해가능거 니불짱, 양복짱 다 도누루 개갇띠 머.

na, ɦɛganɯŋgʌ nibulʨ'aŋ, jaŋbokʨ'aŋ ta tonuru kɛgatt'i mʌ.

나, 해가는 거 니불장, 양복장 다 돈우루 개갇디 머.

▶ 나, 해가는 것은 이불장, 옷장 다 돈으로 가져갔지 뭐.

제 도누루 개강거 그 씨오마니레 길데.

tonuru kɛgaŋgʌ kɯ ɕ'iomanire kilde.

돈으로 개간 거 그 씨오마니레 길데.

▶ 돈으로 가져간 것을 그 시어머님이 그러데.

제 여기서 살꺼 거트먼 허디 멀 사노칸나? 너네 또 갈껀데?

jʌgisʌ salkʼʌ kʌtʰɯmʌn hʌdi mʌl sanokʰanna? nʌne tʼo kalkʼʌnde?

여기서 살 거 겉으면 허디 멀 사놓갓나? 너네 또 갈건데?

▶ 여기서 살 것 같으면 사지 뭘 사놓겠니? 너희들은 다시 갈 건데?

제 그 돈 가만 나둗따가 도루 중구게 개구 가라 길데.

kɯ ton kaman nadutʼaga toɾu tɕuŋguge kɛgu kaɾa kilde.

그 돈 가만 나둣다가 도루 중국에 개구 가라 길데.

▶ 그 돈을 가만 나뒀다가 도로 중국에 가지고 가라 그러데.

제 기래서 도루 개구와서 우리 살림핻띠.

kiɾɛsʌ toɾu kɛguwasʌ uɾi sallimɦɛttʼi.

기래서 도루 개구와서 우리 살림햇디.

▶ 그래서 도로 갖고 와서 우리 살림했지.

제 살림사리래야 머 가지 만낸는데 도니 어니메서 나서 지블 사네?

sallimsariɾɛja mʌ kadʑi mannɛnnɯnde toni ʌnimesʌ nasʌ tɕibɯl sane?

살림살이래야 머 가지 만냇는데 돈이 어니메서 나서 집을 사네?

▶ 살림살이라야 뭐 금방 만났는데 돈이 어디에서 나서 집을 사니?

제 기 : 서 그저 놈 머잉가 셑빵으루 읻따가

ki : sʌ kɯdʑʌ nom mʌiŋga setʼaŋɯɾu itʼaga

기 : 서 그저 놈 머인가 셋방으루 잇다가

▶ 그래서 그저 남의 뭐 셋방으로 있다가

제 집 기대메 쪼꼬망거 한나 사개구 읻따가.

tɕip kidɛme tɕʼokʼomaŋkʌ hanna sagegu itʼaga.

집 기댐에 쪼꼬만 거 한나 사개구 잇다가.

▶ 집 그 다음에 자그마한 것을 하나 사서 있다가.

제 기대메 야 아바지 벵 걸레서 주걷따나? 기 : 케 사랃띠 머.

kidɛme ja abadʑi peŋ kʌllesʌ tɕugʌttʼana? ki : kʰe saɾattʼi mʌ.

기댐에 야 아바지 벵 걸레서 죽엇닪아? 기 : 케 살앗디 머.

▶ 그 다음에 야 아버지가 병에 걸려서 돌아갔잖니? 그렇게 살았지 뭐.

조 혹씨 겨론식 음시근 뭘 하셔써요?

hokɛ'i kjʌɾoneik ɯmɕigɯn mwʌl haɕjʌs'ʌjo?

▶ 혹시 결혼식때 음식은 뭘 하셨어요?

제 음서근 잘 핸다우. 탁쭈두 허구 차떡 티구 머 다해, 음서근.

ɯmsʌgɯn tɕal hɛndau. tʰaktɕ'udu hʌgu tɕʰat'ʌk tʰigu mʌ tafiɛ, ɯmsʌgɯn.

음석은 잘 핸다우. 탁주두 허구 차떡 티구 머 다해, 음석은.

▶ 음식은 잘 한다오. 탁주도 하고 찰떡도 치고 뭐 다해, 음식은.

제 그저게는 그러케 음석 잘 채레두 머이 말 내는 사람 업따우.

kɯdzʌgenɯn kɯɾʌkʰe ɯmsʌk tɕal tɕʰɛɾedu mʌi mal nɛnɯn saɾam ʌpt'au.

그적에는 그렇게 음석 잘 채레두 머이 말 내는 사람 없다우.

▶ 그때는 그렇게 음식을 잘 차려도 뭐 말을 내는 사람이 없다오.

제 우리 또 봉가지베서 괜탄케 사니까니 상두 얼마나 잘 핻따우.

uɾi t'o poŋgadzibesʌ kwɛntʰankʰe sanik'ani saŋdu ʌlmana tɕal hɛtt'au.

우리 또 본가집에서 괜탏게 사니까니 상두 얼마나 잘 햇다우.

▶ 우리 또 친정집이 괜찮게 사니까 큰상도 정말 잘 했다오.

제 그저 바븐 먹꾸 살멘서두 무슨 디주거틍거는 아니구

kɯdzʌ pabɯn mʌkk'u salmensʌdu musɯn tidzugʌtʰɯŋgʌnɯn anigu

그저 밥은 먹구 살멘서두 무슨 디주겉은 거는 아니구

▶ 그저 밥은 먹고 살면서도 무슨 지주 같은 거는 아니고

제 그저 농새해니까니.

kɯdzʌ noŋsɛfienik'ani.

그저 농새 해니까니.

▶ 그저 농사 지으니까.

제 지비서 돼지 길릉거 한나 잡꾸.

tɕibisʌ twedzi killɯŋgʌ hanna tɕapk'u.

집이서 돼지 길른거 한나 잡구.

▶ 집에서 돼지 기른 것을 하나 잡고.

제 그저 기 : 케 잔체 핸따우. 앤 멘제 게론 잔체핸다구.

kɯdzʌ ki : kʰe tɕantɕʰe hett'au. ɛn mendze keron tɕantɕʰefiɛndagu.

그저 기 : 케 잔체 햇다우. 앤 멘제 곌혼 잔체핸다구.

▶ 그저 그렇게 잔치를 했다오. 맨 먼저 결혼 잔치한다고.

제 기래두 돼지 한나 메기개지구, 농새는 지 : 니까니 양시근 읻딴네?

kiɾedu twedzi hanna megigɛdzigu, noɲsɛnɯn tɕi : nik'ani jaɲɕigɯn itt'anne?

기래두 돼지 한나 멕이개지구, 농새는 지 : 니까니 양식은 잇닪네?

▶ 그래도 돼지 하나를 먹여서, 농사는 지으니까 양식은 있잖니?

제 기 : 케개지구 잔첸 잘 해서.

ki : kʰegɛdzigu tɕantɕʰen tɕal hɛsʌ.

기 : 케개지구 잔첸 잘 햇어.

▶ 그렇게 해서 잔치는 잘 했어.

할머님의 자랑-서른여섯 반살미[79]

제 잘 허구 그 부카네, 부카네서두 나 시집가서두 상 잘 바다서. 큰 : 상.
teal hʌgu kɯ pukʰane, pukʰanesʌdu na ɕidzipkasʌdu saŋ teal padasʌ. kʰɯ : n saŋ.
잘 허구 그 북한에, 북한에서두 나 시집가서두 상 잘 받앗어. 큰 : 상.
▶ 잘 하고 그 북한에, 북한에서도 나 시집가서도 상을 잘 받았어. 큰 상.

조 하라버지 댁또 괜찬케 사션나 봐요?
haɾabʌdzi tɛkt'o kwɛnteʰankʰe saɕʌnna pwajo?
▶ 할아버지 댁도 괜찮게 사셨나 봐요?

제 고:롬, 거기는 니촌, 니가네 포둥이니까니.
ko:ɾom, kʌginɯn niteʰon, nigane pʰoduŋinik'ani.
고:롬, 거기는 니촌, 니가네 포둥이니까니.
▶ 그럼, 거기는 이촌, 이 씨네 마을이니까.

제 전주니가네 포둥이니까니 나 반살기, 반살기 알디?
teʌndzunigane pʰoduŋinik'ani na pansalgi, pansalgi aldi?
전주니가네 포둥이니까니 나 반살기, 반살기 알디?
▶ 전주이씨네 마을이니까 나 반살미, 반살미 알지?

조 몰라요.
mollajo.
▶ 몰라요.

제 반살기, 시집가서 친척뜨리 밥 허능거, 그거보구 반살기라 기래.

---

[79] 반살미는 갓 혼인한 신랑, 신부를 일갓집에서 초대하여 차려주는 큰상을 말함.

pansalgi, ɕidʑipgasʌ tɕʰintɕʰʌkt'ɯri pap hʌnɯŋɡʌ, kɯɡʌbogu pansalgira
kirɛ.

반살기, 시집가서 친척들이 밥 허는거, 그거보구 반살기라 기래.

▶ 반살미, 시집가서 친척들이 밥 하는 것, 그것을 보고 반살미라 그래.

제 서른여섣 찝 박꾸 완는데, 서른여섣 찝.

sʌrɯnjʌsʌt tɕ'ip pakk'u wannɯnde, sʌrɯnjʌsʌt tɕ'ip.

서른여섯 집 받구 왔는데, 서른여섯 집.

▶ 서른여섯 집 받고 왔는데, 서른여섯 집.

조 그러니까 새 색씨가 가면 실랑집 일갇찌베서 다 청하시능 거슬 말하능거예요?

kɯrʌnik'a sɛ sekɕ'iga kamjʌn ɕillaŋɕi ilgatɕ'ibesʌ ta tɕʰʌɲɦaɕinɯŋ
ɡʌsɯl malɦanɯŋɡʌjejo?

▶ 그러니까 새 색시가 가면 신랑 집의 일갓집에서 다 청하시는 것을 말
하는 거예요?

제 오, 친척뜨리 밥 핸띠 머. 그거 보구 반살기라 기래.

o, tɕʰintɕʰʌkt'ɯri pap hɛtt'i mʌ. kɯɡʌ pogu pansalgira kirɛ.

오, 친척들이 밥 햇디 머. 그거 보구 반살기라 기래.

▶ 오, 친척들이 밥을 하지 뭐. 그거보고 반살미라 그래.

조 네, 그래요? 서른여섣 찌비나 바드셔써요?

ne, kɯrejo? sʌrɯnjʌsʌt tɕ'ibina padɯejʌs'ʌjo?

▶ 네, 그래요? 서른여섯 집이나 받으셨어요?

제 오, 서른여섣 찝 박꾸 더 이서스먼 더 바다.

o, sʌrɯnjʌsʌt tɕ'ip pakk'u tʌ isʌsɯmʌn tʌ pada.

오, 서른여섯 집 받구 더 잇엇으면 더 받아.

▶ 오, 서른여섯 집을 받고 더 있었으면 더 받아.

제 우리 맏똥세는 예순 한집 바닫땐는데, 기게 니가네 포둥이니까니.

uri matt'oŋsenɯn jesun handʑip padatt'ɛnnɯnde, kige nigane pʰoduŋinik'ani.

우리 맏동세는 예순 한집 받앗댓는데, 기게 니가네 포둥이니까니.
▶ 우리 맏동서는 예순 한집이나 받았었는데, 그게 이씨네 마을이니까.

조 포둥이라고요?
　phoduɲiragojo?
▶ 마을이라고요?

제 니가네 친처기다 마리. 친처기 마느니까니
　nigane tɕhintɕhʌgida mari. tɕhintɕhʌgi manɰnik'ani
　니가네 친척이다말이. 친척이 많으니까니
▶ 이씨네 친척이다말이. 친척이 많으니까

제 이 : 케 밥 허는 사라미 만타우.
　i : khe pap hʌnɯn saɾami manthau.
　이 : 케 밥 허는 사람이 많다우.
▶ 이렇게 밥을 하는 사람이 많다오.

조 그걸 보고 포둥이라 그래요?
　kɯgʌt pogo phoduɲira kɯɾejo?
▶ 그것을 보고 마을이라 그래요?

제 그 포둥이래능거 머잉가머 고요메,
　kɯ phoduɲiɾenɯŋgʌ mʌiŋgamʌ kojome,
　그 포둥이래는 거 머인가머 고요메,
▶ 그 마을이라는 것이 뭔가 하면 그 옆에,

제 고요메 친처기머 포둥이라우 니가네 포둥.
　kojome tɕhintɕhʌgimʌ phoduɲiɾau nigane phoduŋ
　고요메 친척이면 포둥이라우 니가네 포둥.
▶ 그 옆에 다 친척이면 '포둥'이라오 이 씨네 마을.

조 예, 이가네 포둥, 할머니믄 서른여섣 쩝 바드시고 오셛꾼요?

je, igane pʰoduŋ, halmʌnimɯn sʌɾɯnjʌsʌt tɕ'ip padɯɕigo oɕjʌtk'unjo?

▶ 예, 이 씨네 마을, 할머님은 서른여섯 집을 받으시고 오셨군요?

제 오, 서른여섯 찝 박꾸 와서 난. 나는 두달마네 간대니까니.

o, sʌɾɯnjʌsʌt tɕ'ip pakk'u wasʌ nan, nanɯn tudalmane kandɛnik'ani.

오, 서른여섯 집 받구 왔어 난. 나는 두 달 만에 간대니까니.

▶ 오, 서른여섯 집을 받고 왔어 난. 나는 두 달 만에 간다니까.

제 하루 세 집뚜 박꾸 두 집뚜 박꾸 기래서.

haɾu se tɕipt'u pakk'u tu tɕipt'u pakk'u kiɾesʌ.

하루 세 집두 받구 두 집두 받구 기랬어.

▶ 하루에 세 집도 받고 두 집도 받고 그랬어.

제 그러면서 고러케 박꾸 오능걷뚜 서른여섣 찝 박꾸 와서.

kɯɾʌmʌnsʌ koɾʌkʰe pakk'u onɯŋgʌtt'u sʌɾɯnjʌsʌt tɕ'ip pakk'u wasʌ.

그러면서 고렇게 받구 오는것두 서른여섯 집 받구 왔어.

▶ 그러면서 그렇게 받고 오는 것도 서른여섯 집이나 받고 왔어.

조 그럼 그 때는 잘 드셛껜네요?

kɯɾʌm kɯ t'ɛnɯn tɕal tɯɕjʌtk'ennejo?

▶ 그럼 그 때는 잘 드셨겠네요?

제 그저 이 반살기라능거 멀허게 머? 밥 허구 그저 차떡 티구.

kɯdzʌ i pansalgiranɯŋgʌ mʌlhʌge mʌ? pap hʌgu kɯdzʌ tɕʰat'ʌk tʰigu.

그저 이 반살기라는 거 멀허게 머? 밥 허구 그저 차떡 티구.

▶ 그저 이 반살미라는 것이 뭘 하게 뭐? 밥을 하고 그저 찰떡을 치고.

제 메 : 꾹 끄리구 그러면 단대 머 그지게는.

me : k'uk k'ɯɾigu kɯɾʌmʌn tandɛ mʌ kɯdzigenɯn.

메 : 꾹 끓이구 그러면 단대 머 그직에는.

▶ 미역국이나 끓이고 그러면 전부야 뭐 그때는.

조 그래도 그 몓씹째비면 잘 드시죠?

kɯɾedo kɯ mjʌtɕ'iptɕ'ibimjʌn tɕal tɯɕidʑjo?

▶ 그래도 그 몇 십 집이면 잘 드시죠?

제 오, 서른여섣 찝뚜 그저 잘 바닫딴네?

o, sʌɾɯnjʌsʌt tɕ'ipt'u kɯdʑʌ tɕal padatt'anne?

오, 서른여섯 집두 그저 잘 받앗닪네?

▶ 오, 서른여섯 집도 그저 잘 받았잖니?

조 겨론시게는 사람드리 마니 참석하시고 그래요?

kjʌɾonɕigenɯn saɾamdɯɾi mani tɕʰamsʌkɦaɕigo kɯɾɛjo?

▶ 결혼식에는 사람들이 많이 참석하시고 그래요?

제 고:롬, 게론시게는 사람 마니 와. 고 부락싸람들, 여기가 갇띠 머.

ko:rom, keronɕigenɯn saɾam mani wa. ko puɾaks'aɾamdɯl, jʌgiga katt'i
mʌ.

고:롬, 곌혼식에는 사람 많이 와. 고 부락사람들, 여기가 같디 머.

▶ 그럼, 결혼식에는 사람들이 많이 와. 그 마을사람들, 여기랑 같지 뭐.

제 지끔가 갇따우, 손님들 만타우. 다 한부라게서 사라스니까니.

tɕik'ɯmga katt'au, sonnimdɯl mantʰau. ta hanbuɾagesʌ saɾasɯnik'ani.

지끔가 같다우, 손님들 많다우. 다 한 부락에서 살앗으니까니.

▶ 지금과 같다오, 손님들이 많다오. 다 한 마을에 살았으니까.

조 그 마으레 혹씨 다른 전통 홀레 가틍 거슨 별또로 업쓰세요? 다른 집또 다
그러케 겨론하세요?

kɯ maɯɾe hokɕ'i taɾɯn tɕʌntʰoŋ hollje katʰɯŋ gʌsɯn pjʌlt'oɾo ʌps'ɯsejo?
taɾɯn tɕipt'o ta kɯɾʌkʰe kjʌɾonɦasejo?

▶ 그 마을에 혹시 다른 전통 혼례 같은 것은 별도로 없으세요? 다른 집
도 다 그렇게 결혼하세요?

제 고:롬, 다 기리케 게론 해.

koːrom, ta kirikʰe keron hɛ.

고ː롬, 다 기렇게 겔혼 해.

▶ 그럼, 다 그렇게 결혼 해.

조 발빠닥 때리고 그렁 거슨 업써요?

palp'adak t'ɛrigo kɯrʌŋ ɡʌsɯn ʌps'ʌjo?

▶ 발바닥을 때리고 그런 것은 없어요?

제 아이구, 와 안 해? 우리 진터리 아바지 막 까꾸리 매달렏떵건데.

aigu, wa an hɛ? uri tɕintʰʌri abadʑi mak k'ak'uri mɛdallett'ʌŋʌnde.

아이구, 와 안 해? 우리 진털이 아바지 막 까꾸리 매달렏던건데.

▶ 아이고, 왜 안 해? 우리 진철이 아버지가 막 거꾸로 매달렸댔었는데.

제 돈 내노ː라구, 막 까꾸리 매다라 그저.

ton nɛnoːragu, mak k'ak'uri mɛdara kɯdʑʌ.

돈 내노ː라구, 막 까꾸리 매달아 그저.

▶ 돈 내놓으라고, 막 거꾸로 매달아 그저.

제 그저 때레주구 그거 보면 막 불쌍하더라.

kɯdʑʌ t'ɛredʑugu kɯɡʌ pomʌn mak puls'aɲɦadʌra.

그저 때레주구 그거 보면 막 불쌍하더라.

▶ 그저 때려주고 그거 보니 막 불쌍하더라.

조 보면 막 가스미 아파요?

pomjʌn mak kasɯmi apʰajo?

▶ 보면 막 가슴이 아파요?

제 고로머, 가슴 와 안 아푸네? 막 중는다 고는데 때레주먼 막.

koromʌ, kasɯm wa an apʰune? mak tɕuŋnɯnda konɯnde t'ɛredʑumʌn mak.

고로머, 가슴 와 안 아푸네? 막 죽는다 고는데 때레주먼 막.

▶ 그럼, 가슴이 왜 안 아프니? 막 죽는다고 고함치는데 때려주면 막.

제 때레주면 막 중는다 고 : 능거, 엄 : 살 허느라구 고 : 디 머.

t'ɛredzumʌn mak tɕuɲnɯnda ko : nɯŋgʌ, ʌ : msal hʌnɯragu ko : di mʌ.

때레주면 막 죽는다 고 : 는거, 엄 : 살 허느라구 고 : 디 머.

▶ 때려주면 막 죽는다고 고함치는 것, 엄살을 부리느라고 고함치지 뭐.

제 안 아파두 아푸다 고 : 디 머. 그러면 달렌 덜 받딴네?

an apʰadu apʰuda ko : di mʌ. kɯrʌmʌn tallen tʌl patt'anne?

안 아파두 아푸다 고 : 디 머. 그러면 단렌 덜 받닳네?

▶ 안 아파도 아프다고 고함치지 뭐. 그러면 시달림 덜 받잖니?

조 그때 신부가 말리면 안 되세요?

kɯt'ɛ ɕinbuga mallimjʌn an tösejo?

▶ 그때 신부가 말리면 안 되세요?

제 와, 말리문 또 안 때리디 머. 그러면 돈 얼마 내노칸나?

wa, mallimun t'o an t'ɛridi mʌ. kɯrʌmʌn ton ʌlma nɛnokʰanna?

와, 말리문 또 안 때리디 머. 그러면 돈 얼마 내놓간나?

▶ 왜, 말리면 또 안 때리지 뭐. 그러면 돈을 얼마 내놓겠니?

제 그러면 얼마 내노으면 마즈마게 돈 내노으면.

kɯrʌmʌn ʌlma nɛnoɯmʌn madzɯmage ton nɛnoɯmʌn.

그러면 얼마 내놓으면 마즈막에 돈 내놓으면.

▶ 그러면 얼마 내놓으면 마지막에 돈을 내놓으면.

제 그저 그 도느루 술 사다가 고기 사다가 끄레 먹꾸야 다 간다우.

kɯdzʌ kɯ tonɯru sul sadaga kogi sadaga k'ɯre mʌkk'uja ta kandau.

그저 그 돈으루 술 사다가 고기 사다가 끓에 먹구야 다 간다우.

▶ 그저 그 돈으로 술을 사다가 고기를 사다가 끓여 먹고야 다 간다오.

조 누가 도늘 내 노아요?

nuga tonɯl nɛ noajo?

▶ 누가 돈을 내 놓아요?

제 돈 내능거 새시방이 내노야디.

ton nɛnɯŋgʌ sɛɕibaɲi nɛnojadi.

돈 내는 거 새시방이 내놓야디.

▶ 돈을 내는 것은 새신랑이 내놓아야지.

조 혹씨 음시근 머 별또로 하능 거시 업써요?

hokɕ'i ɯmɕigɯn mwʌ pjʌlt'oro hanɯŋ gʌɕi ʌps'ʌjo?

▶ 혹시 음식은 뭐 별도로 하는 것이 없어요?

제 음서근 머 다 헌다우. 차떡, 젤펜, 기리케 다해. 탁쭈두 허구.

ɯmsʌgɯn mʌ ta hʌdau. tɕʰat'ʌk, tɕelpʰen, kirikʰe tafiɛ. tʰaktɕ'udu hʌgu.

음석은 머 다 헌다우. 차떡, 젤펜, 기렇게 다해. 탁주두 허구.

▶ 음식은 뭐 다 한다오. 찰떡, 절편, 그렇게 다해. 탁주도 하고.

조 그 다으메는요?

kɯ taɯmenɯnjo?

▶ 그 다음에는요?

제 탁쭈 익꾸 기대멘 그저게는 머 피쥬[80](啤酒)거틍거 몰라.

tʰaktɕ'u ikk'u kidɛmen kɯdzʌgenɯn mʌ pʰidzjugʌtʰɯŋgʌ molla.

탁주 잇구 기댐엔, 그적에는 머 피쥬겉은거 몰라.

▶ 탁주 있고 그 다음에는, 그때는 뭐 맥주 같은 것을 몰라.

제 기땐 그저 빼주[81](白酒), 기 : 케 읻띠.

kit'ɛn kɯdzʌ p'ɛdzu, ki : kʰe itt'i.

기땐 그저 빼주, 기 : 케 잇디.

▶ 그때는 그저 백주, 그렇게 있지.

조 재봉침 가틍거는 안 해가셔써요?

tɕɛboŋtɕʰim katʰɯŋgʌnɯn an hɛgaɕjʌs'ʌjo?

---

[80] '피쥬'(啤酒)는 '맥주'를 뜻하는 중국어.
[81] '빼주'는 '백주'를 뜻하는 중국어 '바이쥬'(白酒)를 말함.

▶ 재봉침 같은 것은 안 해가셨어요?

제 자방침? 그따는 안 해가서. 그저 니불짱,
ʨabaɲtɕʰim? kɯt'anɯn an hɛgasʌ. kɯʣʌ nibultɕ'aŋ,
자방침? 그따는 안 해갓어. 그저 니불장,
▶ 재봉침? 그런 것은 안 해갔어. 그저 이불장,

제 양복짱은 다 해갈 돈 개구 갇따우.
jaŋboktɕ'aŋɯn ta hɛgal ton kɛgu katt'au.
양복장은 다 해갈 돈 개구 갓다우.
▶ 옷장은 다 해갈 돈을 갖고 갔다오.

제 여기서 조선꺼지 물거늘 몯 개구 가니까니 도눌 개구 갇따우.
jʌgisʌ ʨosʌnk'ʌʥi mulgʌnɯl mot kɛgu kanik'ani tonul kɛgu katt'au.
여기서 조선꺼지 물건을 못 개구 가니까니 돈을 개구 갓다우.
▶ 여기서 조선까지 물건을 못 갖고 가니까 돈을 갖고 갔다오.

제 기래서 그 도늘 내노니까니 우리 씨오마니랑 우리 시형이랑 기래.[82]
kirɛsʌ kɯ tonɯl nɛnonik'ani uri ɕ'iomaniraŋ uri ɕiɕjʌŋiraŋ kirɛ.
기래서 그 돈을 내노니까니 우리 씨오마니랑 우리 시형이랑 기래.
▶ 그래서 그 돈을 내놓으니까 우리 시어머님이랑 우리 시형이랑 그래.

제 여기서 살꺼 거트문 해나티.
jʌgisʌ salk'ʌ kʌtʰɯmun hɛnatʰi.
여기서 살 거 겉으문 해낳디.
▶ 여기서 살 것 같으면 해놓지.

제 살디 앙쿠 또 중구게 갈껀데 멀 사노칸나? 길먼서 그 도늘 도루 줘.
saldi aŋkʰu t'o ʨuŋguge kalk'ʌnde mʌl sanokʰanna? kilmʌnsʌ kɯ tonɯl toru ʨwʌ.
살디 않구 또 중국에 갈 건데 멀 사놓간나? 길먼서 그 돈을 도루 줘.

<hr>

82 다 같은 시(媤)자이지만 하나는 경음으로, 다른 하나는 평음으로 발음되었음.

266

▶ 살지 않고 또 중국에 갈 건데 뭘 사놓겠니? 그러면서 그 돈을 도로 줘.

제 도루 줘서 우리 여기 와서 사노쿠 이섣띠 머, 그 도느루.

toɾu tɕwʌsʌ uɾi jʌgi wasʌ sanokʰu isʌtt'i mʌ, kɯ tonɯɾu.

도루 줘서 우리 여기 와서 사놓구 잇엇디 머, 그 돈으루.

▶ 도로 줘서 우리가 여기 와서 사놓고 있었지 뭐. 그 돈으로.

제 긴데 지븐 몯 싸구 도니 만타우, 집 쌀레먼.[83]

kinde tɕibɯn mot s'agu toni mantʰau, tɕip s'allemʌn.

긴데 집은 못 싸구 돈이 많다우, 집 쌀레먼.

▶ 그런데 집은 못 사고 돈이 많이 든다오, 집 사려면.

제 앤 처 : 멘, 앤 처 : 멘 놈 사랑에 읻따가.

ɛn tɕʰʌ : men, ɛn tɕʰʌ : men nom saɾaɲe itt'aga.

앤 첨 : 엔, 앤 첨 : 엔 놈 사랑에 잇다가.

▶ 맨 처음엔, 맨 처음엔 남의 사랑에 있다가.

제 기대멘 집 하나 쪼꼬망거 나서 삳띠 머. 기 : 케 사라와서.

kidɛmen tɕip hanna tɕ'ok'omaŋgʌ nasʌ satt'i mʌ. ki : kʰe saɾawasʌ.

기댐엔 집 하나 쪼꼬만거 나서 삿디 머. 기 : 케 살아왔어.

▶ 그 다음에는 집 하나를 자그마한 거 나와서 샀지 뭐. 그렇게 살아 왔어.

조 신혼살리믈 남 섿빵에서 사싱 거예요?

ɕinɦonsallimɯl nam setp'aɲesʌ saɕiɲ gʌjejo?

▶ 신혼살림을 남의 셋방에서 사신 거예요?

제 고 : 롬, 앤 처 : 메는 놈 섿빵에서 사라서.

ko:ɾom, ɛn tɕʰʌ : menɯn nom setp'aɲesʌ saɾasʌ.

고 : 롬, 앤 첨 : 에는 놈 셋방에서 살앗어.

▶ 그럼, 맨 처음에는 남의 셋방에서 살았어.

---

83 사(買)- : 기저형이 '사-'와 '싸-' 두 가지로 나타남.

힘든 임신과 출산 및 산후조리

조 할머님, 첟 애를 가져쓸 때 어떠셔써요?

halmʌnim, tɕʰʌt ɛɾɯl katɕjʌs'ɯl t'ɛ ʌt'ʌɕjʌs'ʌjo?

▶ 할머님, 첫 애를 가졌을 때 어떠셨어요?

제 첟 아 : , 우리 큰 딸, 큰 딸 어릴찌게 머 골란허니까니.

tɕʰʌt a : , uɾi kʰɯn t'al, kʰɯn t'al ʌɾiltɕ'ige mʌ kollanɦʌnik'ani.

첫 아 : , 우리 큰 딸, 큰 딸 어릴직에 머 곤란허니까니.

▶ 첫 아이, 우리 큰 딸, 큰 딸이 어릴 적에 뭐 곤란하니까.

제 놈과 가티 메기디 몯하구 이피디 몯 해서.

nomgwa katʰi megidi mothagu ipʰidi mot hɛsʌ.

놈과 같이 멕이디 못하구 입히디 못 햇어.

▶ 남과 같이 먹이지도 못하고 입히지도 못 했어.

조 입떧또 심하게 하셔써요?

ipt'ʌtt'o ɕimɦage haɕjʌs'ʌjo?

▶ 입덧도 심하게 하셨어요?

제 고:롬, 나는 열따를 입떧 해서. 열따를.

ko:rom, nanɯn jʌlt'aɾɯl ipt'ʌt hɛsʌ. jʌlt'aɾɯl.

고:롬, 나는 열달을 입덧 햇어. 열 달을.

▶ 그럼, 나는 열 달을 입덧 했어. 열 달을.

제 아 : 한번 개지면 열딸 둔 : 누어 인는다우.

a : hanbʌn kɛdʑimʌn jʌlt'al tu : nnuʌ innɯndau.

아 : 한번 개지면 열 달 둔 : 누어 잇는다우.

▸ 아이 한번 가지면 열 달을 드러누워 있는다오.

제 먹띠 몯허구 빼빼 말라. 언 : 나 나쿠는 또 드럳따 머거대.
mʌkt'i mothʌgu p'ɛp'ɛ malla. ʌ : nna nakʰunɯn t'o tɯrʌtt'a mʌgʌdɛ.
먹디 못허구 빼빼 말라. 언 : 나 낳구는 또 들엇다 먹어대.
▸ 먹지 못하고 빼빼 말라. 아기 낳고는 또 실컷 먹어대.

조 그럼 둘째도 그러셔써요?
kɯrʌm tultɕ'ɛdo kɯrʌɕjʌs'ʌjo?
▸ 그럼 둘째도 그러셨어요?

제 고:롬, 아 : 마당 그래. 나는 기 : 케 고생 마니 헌다우.
ko:rom, a : madaŋ kɯrɛ. nanɯn ki : kʰe kosɛŋ mani hʌndau.
고:롬, 아 : 마당 그래. 나는 기 : 케 고생 많이 헌다우.
▸ 그럼, 아이마다 그래. 나는 그렇게 고생을 많이 한다오.

조 아이 난 후에 산후조리 가틍거 혹씨 해보셔써요?
ai nan hue sanɸudzori katʰɯŋgʌ hokɕ'i hɛboɕjʌs'ʌjo?
▸ 아이 난 후에 산후조리 같은 거 혹시 해보셨어요?

제 아이구, 우리 큰 딸 나쿠는 우리 엄매레 농새 지 : 니까니 해주네?
aigu, uri kʰɯn t'al nakʰunɯn uri ʌmmɛrɛ noŋsɛ tɕi : nik'ani hɛdzune?
아이구, 우리 큰 딸 낳구는 우리 엄매레 농새 지 : 니까니 해주네?
▸ 아이고, 우리 큰 딸을 낳고는 우리 엄마가 농사를 지으니까 해주니?

제 씨오마니 또 머 더 조선 이시니까니.
ɕ'iomani t'o mʌ tʌ tɕosʌn iɕinik'ani.
씨오마니 또 머 더 조선 잇이니까니.
▸ 시어머니는 또 뭐 저 조선에 있으니까

제 와서 밥 몯해주구, 우리 엄매가 한 여를 해쥔나?
wasʌ pap mothɛdzugu, uri ʌmmɛga han jʌrɯl hɛdzwʌnna?

와서 밥 못해주구, 우리 엄매가 한 열흘 해줬나?
▶ 와서 밥을 못해주고, 우리 엄마가 한 열흘을 해 줬나?

제 한 여를 해줘서 먹꾸.
han jʌɾɯl hɛʣwʌsʌ mʌkk'u.
한 열흘 해줘서 먹구.
▶ 한 열흘을 해줘서 먹고.

제 또 우리 둘채 딸, 우리 둘채 개진대메 또 날찌게는.
t'o uɾi tultᶜʰɛ t'al, uɾi tultᶜʰɛ kɛʣindɛme t'o naltᶜ'igenɯn.
또 우리 둘채 딸, 우리 둘채 개진댐에 또 날직에는.
▶ 또 우리 둘째 딸, 우리 둘째를 가진 후 또 날 적에는.

제 아들 날까하구 긴낭 저 아바지레 긴낭 기둘다가
adɯl nalk'aɦagu kinnaŋ ʦʌ abadzire kinnaŋ kituldaga
아들 날까하구 긴낭 저 아바지레 긴낭 기둘다가
▶ 아들을 날까하고 그냥 저 아버지가 그냥 기다리다가

제 아들 몬나 : 니까니, 딸 낳 : 딴네?
adɯl monna : nik'ani, t'al na : tt'anne?
아들 못나 : 니까니, 딸 낳앗닪네?
▶ 아들을 못 낳으니까, 딸을 낳았잖니?

제 딸 낳 : 따구, 우리 씨삼추니 홍기태, 다 이 : 케 한 부라게서 사랃딴네?
t'al na : tt'agu, uɾi ɕ'isamtᶜʰuni hoŋgitʰɛ, ta i : kʰe han puɾagesʌ saratt'anne?
딸 낳았다구, 우리 씨삼춘이 홍기태, 다 이 : 케 한 부락에서 살앗닪네?
▶ 딸을 낳았다고, 우리 시삼촌이 홍기태, 다 이렇게 한 마을에서 살았잖니?

제 기 : 멘서 기지게 청년대장노릏 핻따우.
ki : mensʌ kidzige ʦʰʌŋnʌndɛʣaŋnoɾɯt hett'au.
기 : 멘서 기직에 청년대장노릇 햇다우.
▶ 그러면서 그때 청년대장을 했다오.

제 청년대장, 해방 대시니까니.

tɕʰʌɲʌndedzaŋ, hɛbaŋ tɛɕinik'ani.

청년대장, 해방 댓이니까니.

▶ 청년대장, 해방이 됐으니까.

제 청년대장노른 해먼서 와서 보디두 아나서.

tɕʰʌɲʌndedzaŋnorɯt hɛmʌnsʌ wasʌ podidu anasʌ.

청년대장노릇 해먼서 와서 보디두 않앗어.

▶ 청년대장노릇을 하면서 와서 보지도 않았어.

제 사월 이십파릴랄 나안는데. 우리 모 착 헌 이튼날 나안띠 머.

sawʌl iɕippʰarillal naannɯnde. uri mo tɕʰak hʌn itʰɯnnal naatt'i mʌ.

사월 이십팔일날 낳앗는데. 우리 모 착 헌 이튼날 낳앗디 머.

▶ 사월 이십팔일 날에 낳았는데. 우리 모를 금방 한 이튼날에 낳았지 뭐.

제 기래 나흘마네 나와서.

kirɛ nahɯlmane nawasʌ.

기래 나흘만에 나왓어.

▶ 그래서 나흘 만에 (일하러) 나갔어.

제 누구레? 모 한창 허니까니 누구레 와서 밥 해주네?

nugure? mo hantɕʰaŋ hʌnik'ani nugure wasʌ pap hɛdzune?

누구레? 모 한창 허니까니 누구레 와서 밥 해주네?

▶ 누가? 모를 한창 하니까 누가 와서 밥을 해주니?

제 우리 엄매두 또 오가왕 익꾸, 난 홍기태 이시니까니.

uri ʌmmɛdu t'o ogawaŋ ikk'u, nan hoŋgitʰɛ iɕinik'ani.

우리 엄매두 또 오가왕 잇구, 난 홍기태 잇이니까니.

▶ 우리 엄마도 또 오가왕에 있고, 난 홍기태에 있으니까.

제 또 농새 지 : 니까니 모 시기니까니 밥 몯해줟띠.

t'o noŋsɛ tɕi : nik'ani mo ɕiginik'ani pap mothɛdzwʌtt'i.

또 농새 지 : 니까니 모 시기니까니 밥 못해줫디.

▶ 또 농사를 지으니까 모내기 철이니까 밥을 못해 줬지.

조 그럼 어떠케 하셔써요?

kɯɾʌm ʌt'ʌkʰe haɕjʌs'ʌjo?

▶ 그럼 어떻게 하셨어요?

제 나할마네, 엽찝 노친네레 나할 해줟따우 바블.

nahalmane, jʌptɕ'ip notɕʰinnere nahal hɛdzwʌtt'au pabɯl.

나할만에, 옆집 노친네레 나할 해줫다우 밥을.

▶ 나흘 만에, 옆집의 노친이 나흘을 해줬다오 밥을.

조 그럼 셋째 때는요?

kɯɾʌm settɕ'ɛ t'ɛnɯnjo?

▶ 그럼 셋째 때는요?

제 셋채, 셋채레 우리 야 : 다우.

settɕʰɛ, settɕʰere uɾi ja : dau.

셋채, 셋채레 우리 야 : 다우.

▶ 셋째, 셋째가 우리 아들이라오.

조 아, 셋째예요? 물 드세요.

a, settɕ'ɛjejo? mul tɯsejo.

▶ 아, 셋째예요? 물을 드세요.

제 안 머거, 난 물 언 : 만해선 잘 안 머거.

an mʌgʌ, nan mul ʌ : nmanɦɛsʌn tɕal an mʌgʌ.

안 먹어, 난 물 언 : 만해선 잘 안 먹어.

▶ 안 먹어, 나는 물을 웬만해서 잘 안 먹어.

제 야 : 난대메, 야 이월 초여샌 날 낟 : 따우.

ja : nandɛme, ja iwʌl tɕʰojʌsɛn nal na : tt'au.

야 : 난댐에, 야 이월 초여샛 날 낳앗다우.

▷ 얘 난 다음에, 야 이월 초엿샛날 낳았다오.

제 그지게는 항가한 때 아니가? 이월 초여샌날 난 : 는데 아들 낳 : 딴네?

kɯdzigenɯn haŋgaɦan t'ɛ aniga? iwʌl tɕʰojʌsɛnnal na : nnɯnde adɯl
na : tt'anne?

그직에는 한가한 때 아니가? 이월 초여샛날 낳앗닪네?

▷ 그때는 한가한 때가 아니니? 이월 초엿샛날 낳았는데 아들 낳았잖니?

제 아들 나 : 니까니 막 봉창을 핻띠 머.

adɯl na : nik'ani mak poŋtɕʰaŋɯl ɦɛtt'i mʌ.

아들 나 : 니까니 막 봉창을 했디 머.

▷ 아들을 낳으니까 막 봉창을 했지 뭐.

제 우리 둘채 나쿠 천대 바든 생각허구.

uri tultɕʰɛ nakʰu tɕʰʌndɛ padɯn sɛŋgakhʌgu.

우리 둘채 낳구 천대 받은 생각허구.

▷ 우리 둘째를 낳고 천대를 받은 생각하고.

제 나흘마네 놈 해중거 밥 어더먹꾸.

naɦɯlmane nom ɦɛdzuŋʌ pap ʌdʌmʌkk'u.

나흘만에 놈 해준 거 밥 얻어먹구.

▷ 나흘만 남이 해준 밥을 얻어먹고.

제 딸 낳 : 따구 삼춘네 지베서 두루오디두 아나서.

t'al na : tt'agu samtɕʰunne tɕibesʌ turuodidu anasʌ.

딸 낳앗다구 삼춘네 집에서 두루오디두 않앗어.

▷ 딸을 낳았다고 삼춘네 집에서 들어오지도 않았어.

제 청년대장 해개지구 회 : 핸다구 그따 핑게 허구 오지두 아낟따구.

tɕʰʌnnʌndɛdzaŋ ɦɛgedzigu ɦö : ɦɛndagu kɯt'a pʰiŋge ɦʌgu odzidu anatt'agu.

청년대장 해개지구 회 : 핸다구 그따 핑게 허구 오지두 않앗다구.

▶ 청년대장을 해서 회의 한다는 그런 핑계를 하고 오지도 않았다고.

제 우리 집 올레먼 또 한참 오야대.

uɾi tɕip ollemʌn t'o hantɕʰam ojadɛ.

우리 집 올레먼 또 한참 오야 대.

▶ 우리 집에 오려면 또 한참 와야 해.

제 기니까니 오지두 앙쿠 삼춘네 지비서 밥 먹꾸.

kinik'ani odzidu aŋkʰu samtɕʰunne tɕibisʌ pap mʌkk'u.

기니까니 오지두 않구 삼춘네 집이서 밥 먹구.

▶ 그러니까 오지도 않고 삼춘네 집에서 밥을 먹고.

제 글군 해먼서 한 여를 읻따 두루오니까니.

kɯlgun hɛmʌnsʌ han jʌɾɯl itt'a tuɾuonik'ani.

글군 해먼서 한 열흘 잇다 두루오니까니.

▶ 그러곤 하면서 한 열흘을 있다가 들어오니까.

제 좀 눈깔 뜨구 반들반들거니까니 곱따마리야.

tɕom nunk'al t'ɯgu pandɯlbandɯlgʌnik'ani kopt'amaɾija.

좀 눈깔 뜨구 반들반들거니까니 곱다 말이야.

▶ 좀 눈을 뜨고 깜빡깜빡거리니까 곱다 말이야.

제 기대멘 곱 : 따구 길더라.

kidɛmen ko : pt'agu kildʌɾa.

기댐엔 곱 : 다구 길더라.

▶ 그 다음에는 곱다고 그러더라.

제 기대메 이거 우리 셀채마네 이거 개제서 낟 : 딴네?

kidɛme igʌ uɾi settɕʰɛmane igʌ kɛdzesʌ na : tt'anne?

기댐에 이거 우리 셋채 만에 이거 개제서 낳앗닪네?

▶ 그 다음에 이 우리 셋째 만에 이 애를 가져서 낳았잖니?

제 아들 나 : 니까니 막 조아개지구.

aduɯl na : nik'ani mak tɕoagɛdʑigu.

아들 나 : 니까니 막 좋아개지구.

▶ 아들을 낳으니까 막 좋아서.

제 막 이거 개질찌게두 막 먹꾸풍거 얼 : 마나 만 : 칸?

mak igʌ kɛdʑiltɕ'igedu mak mʌkk'upʰuŋgʌ ʌ : lmana ma : nkʰan?

막 이거 개질직에두 막 먹구푼거 얼 : 마나 많 : 간?

▶ 막 이 애 임신 할 적에도 막 먹고 싶은 것이 얼마나 많겠니?

제 먹꾸풍거 마나두 기래.

mʌkk'upʰuŋgʌ manadu kirɛ.

먹구푼 거 많아두 기래.

▶ 먹고 싶은 것이 많아도 그래.

제 '넌 암 : 만 사 메기야 또 딸 날껄 멀 사다 메기간네?'

'nʌn a : mman sa megija t'o t'al nalk'ʌl mʌl sada megiganne?'

'넌 암 : 만 멕이야 또 딸 날걸 멀 사다 멕이간네?'

▶ '너는 아무리 사 먹여야 또 딸을 날 걸 뭘 사다 먹이겠니?'

제 길두 이 멀 사다 주면, 이 사과두 고웅거 사다주디 머.

kildu i mʌl sada tɕumʌn, i sagwadu kouŋgʌ sadadʑudi mʌ.

길두 이 멀 사다 주면, 이 사과두 고운거 사다주디 머.

▶ 그래도 이 뭘 사다 주면, 이 사과도 고운 것을 사다 주지 뭐.

제 사다 주구, 나 막 달코기 먹꾸파 죽깐따 기니까니 달 사다가 해줘.

sada tɕugu, na mak talkʰogi mʌkk'upʰa tɕukk'att'a kinik'ani tal sadaga
hɛdʑwʌ.

사다 주구, 나 막 달코기 먹구파 죽갓다 기니까니 달 사다가 해줘.

▶ 사다 주고, 내가 막 닭고기를 먹고 싶어 죽겠다 그러니까 닭을 사다
가 해줘.

제 기대메 열딸 채와개지구 아들 낟 : 딴네.

kidɛme jʌlt'al tɕʰewagɛdzigu adɯl na : tt'anne.

기댐에 열달 채와개지구 아들 낳앗닪네.

▶ 그 다음에 열 달을 채워서 아들을 낳았잖니.

제 아들 난대메 내가 막 안 아풍걷뚜 아푸다 고우구. 그 얼마나 너무 서러워서.

adɯl nandɛme nɛga mak an apʰuŋɡʌtt'u apʰuda kougu. kɯ ʌlmana nʌmu sʌɾʌwʌsʌ.

아들 난댐에 내가 막 안 아푼것두 아푸다 고우구. 그 얼마나 너무 서러워서.

▶ 아들을 난 다음에 내가 막 안 아픈 것도 아프다고 고함치고. 그 얼마나 너무 서러워서.

제 아드리 머인디 그 아들 낟 : 따구 기대멘 막 조아개지구

adɯri mʌindi kɯ adɯl na : tt'agu kidɛmen mak tɕoagɛdzigu

아들이 머인디 그 아들 낳앗다구 기댐엔 막 좋아개지구

▶ 아들이 뭔지 그 아들을 낳았다고 그 다음에는 막 좋아서

제 사밀마네 또 치 릴마네 달 사다가 해 메기더라.

samilmane t'o tɕʰirilmane tal sadaga hɛ megidʌra.

삼일만에 또 칠 일만에 달 사다가 해 멕이더라.

▶ 삼 일만에 또 칠 일만에 닭 사다가 해 먹이더라.

제 기커구 또 안 아풍걷뚜 막 아푸다구 나 막 배 아푸다구.

kikʰʌgu t'o an apʰuŋɡʌtt'u mak apʰudagu na mak pɛ apʰudagu.

기커구 또 안 아푼 것두 막 아푸다구 나 막 배 아푸다구.

▶ 그리고 또 안 아픈 것도 막 아프다고 나 막 배가 아프다고.

제 또 배 아푸다 기먼 약 사오먼.

t'o pɛ apʰuda kimʌn jak saomʌn.

또 배 아푸다 기먼 약 사오먼.

▷ 또 배가 아프다고 하면 약을 사오면.

제 또 무슨 약, 안 아풍거 어리케 약 먹깐네?
t'o musɯn jak, an apʰuŋgʌ ʌrikʰe jak mʌkk'anne?
또 무슨 약, 안 아픈거 어리케 약 먹갓네?
▷ 또 무슨 약, 안 아픈 걸 어떻게 약을 먹겠니?

제 기래서 그저 배 아푸다 고으니까니 어, '배 아파?' 기 : 먼서.
kirɛsʌ kɯdʑʌ pɛ apʰuda koɯnik'ani ʌ, 'pɛ apʰa?' ki : mʌnsʌ.
기래서 그저 배 아푸다 고으니까니 어, '배 아파?' 기 : 먼서.
▷ 그래서 그저 배가 아프다고 고함치니까 어, '배 아파?' 그러면서.

제 대추 막 서 : 그닝가 사다가 그거 또 지레 때레.
tɛtɕʰu mak sʌ : gɯniŋga sadaga kɯgʌ t'o tɕire t'ɛre.
대추 막 서 : 근인가 사다가 그거 또 지레 때레.
▷ 대추를 막 서 근인가 사다가 그거 또 자기가 달여.

제 때레개지구 주는데 막 깔쭉허두나.
t'ɛregɛdʑigu tɕunɯnde mak k'altɕ'ukʰʌduna.
때레개지구 주는데 막 깔쭉허두나.
▷ 달여서 주는데 막 걸쭉하더구나.

제 그거 머그니까니 정말 또 배 안 아파.
kɯgʌ mʌgɯnik'ani tɕʌŋmal t'o pɛ an apʰa.
그거 먹으니까니 정말 또 배 안 아파.
▷ 그것을 먹으니까 정말 또 배가 안 아파.

조 대추가 모메 아주 조차나요?
tɛtɕʰuga mome adʑu tɕotɕʰanajo?
▷ 대추가 몸에 아주 좋잖아요?

제 기리게, '배 안 아파? 또 머이 아푸네?'

kirige, 'pɛ an apʰa? t'o mʌi apʰune?'

기리게, '배 안 아파? 또 머이 아푸네?'

▶ 그러게, '배가 안 아파? 또 어디 아프니?'

제 '오늘 나 또 달 머글래.' 기래 달 네마리 머거서, 야ː 나쿠.

'onɯl na t'o tal mʌgulle.' kirɛ tal nemari mʌgʌsʌ, ja ː nakʰu.

'오늘 나 또 달 먹을래.' 기래 달 네마리 먹엇어, 야ː 낳구.

▶ '오늘 나 또 닭을 먹을래.' 그래서 닭 네 마리를 먹었어, 이 애를 낳고.

조 둘째 때 몯 드싱 거슬 다 드션네요?

tultɕ'ɛ t'ɛ mot tɯɕiŋ gʌsɯl ta tɯɕʌnnejo?

▶ 둘째 때 못 드신 것을 다 드셨네요?

제 몯 머긍거 갑슬 하느라구.

mot mʌgɯŋgʌ kapsɯl hanɯragu.

못 먹은거 값을 하느라구.

▶ 못 먹은 것 값을 하느라고.

조 천째때는 잘 드셔써요?

tɕʰʌttɕ'ɛt'ɛnɯn tɕal tɯɕʌs'ʌjo?

▶ 첫째 때는 잘 드셨어요?

제 천채는 그지게는 아무 쏘리 안 해.

tɕʰʌttɕʰenɯn kɯdzigenɯn amu s'ori an hɛ.

첫채는 그직에는 아무 쏘리 안 해.

▶ 첫째는 그때는 아무 말을 안 해.

조 그때도 닥 드셔써요?

kɯt'ɛdo tak tɯɕʌs'ʌjo?

▶ 그때도 닭 드셨어요?

제 고ː롬, 그지게는 해 주서 다 머걷따우.

ko:rom, kɯdʑigenʌn hɛ tɕusʌ ta mʌɡʌtt'au.

고:롬, 그직에는 해 주서 다 먹엇다우.

▷ 그럼, 그때는 해 줘서 다 먹었다오.

제 긴데 우리 둘채 나쿠 몯 어더 머걷띠 머. 와서 보지두 몯 허구.

kinde uri tultɕʰe nakʰu mot ʌdʌ mʌɡʌtt'i mʌ. wasʌ podʑidu mot hʌɡu.

긴데 우리 둘채 낳구 못 얻어 먹엇디 머. 와서 보지두 못 허구.

▷ 그런데 우리 둘째를 낳고 못 얻어먹었지 뭐. 와서 보지도 않고.

제 바라 나흘마네, 그지겐 상수도가 이거 수도 판능거다우.

paɾa nafɯlmane, kɯdʑigen saŋsudoga igʌ sudo pʰannɯŋʌdau.

바라 나흘만에, 그직엔 상수도가 이거 수도 팟는거다우.

▷ 봐라 나흘 만에, 그때는 상수도가 이거 수도를 푸는 것이라오.

제 파문, 이거 힘 주서 물 푸문 그저 막 피가 쑥쑥 쏘다딘다구, 나흘마니니까니.

pamun, igʌ çim tɕusʌ mul pʰumun kɯdʑʌ mak pʰiga s'uks'uk s'odadindaɡu, nafɯlmaninik'ani.

파문, 이거 힘 주서 물 푸문 그저 막 피가 쑥쑥 쏟아딘다구, 나흘만이 니까니.

▷ 푸면, 이거 힘을 줘서 물 푸면 그저 막 피가 쑥쑥 쏟아진다고, 나흘만 이니까.

제 기리케 고생해서, 긴데두 그거 매:러먼 벵 업:서, 그럳티?

kirikʰe kosɛŋfiesʌ, kindedu kɯɡʌ mɛ:ɾʌmʌn peŋ ʌ:psʌ, kɯɾʌttʰi?

기리케 고생햇어, 긴데두 그거 매:러먼 벵 없:어, 그렇디?

▷ 그렇게 고생했어, 그런데도 그것에 비하면 병이 없어, 그렇지?

조 아, 정말 대단하션네요?

a, tɕʌŋmal tɛdanfiaɕʌnnejo?

▷ 아, 정말 대단하셨네요?

제 어이구, 기래 그 매:런허먼 벵이 업따우.

ʌigu, kiɾɛ kɯ mɛ : ɾʌnɦʌmʌn peŋi ʌpt'au.

어이구, 기래 그 매 : 런허먼 벵이 없다우.

▶ 아이고, 그래 그것에 비하면 병이 없다오.

제 막 나흘마네, 막 수도는 좀 가찹따 해두

mak naɦɯlmane, mak sudonɯn ʨom kaʨʰapt'a hɛdu

막 나흘 만에, 막 수도는 좀 가찹다 해두

▶ 막 나흘 만에, 막 수도는 좀 가깝다 해도

제 그 물 마니 개오먼 또 머.

kɯ mul mani kɛomʌn t'o mʌ.

그 물 많이 개오먼 또 머.

▶ 그 물을 많이 가져오면 또 뭐.

제 가지 언 : 나 난대메 무거웅거 체들먼 머 미티 빠진다 기래서.

kadzi ʌ : nna nandɛme mugʌuŋgʌ ʨʰedɯlmʌn mʌ mitʰi p'adzinda kiɾɛsʌ.

가지 언 : 나 난댐에 무거운거 체들먼 머 밑이 빠진다 기래서.

▶ 금방 애기 난 다음에 무거운 것을 들면 뭐 밑이 빠진다고 그래서.

제 쪼끔씩 한 서너 바가지씩 개구 두루온데두.

ʨ'ok'ɯmɛ'ik han sʌnʌ pagadzɛ'ik kɛgu tuɾuondedu.

쪼끔씩 한 서너 바가지씩 개구 둘우온데두.

▶ 조금씩 한 서너 바가지씩 갖고 들어오는데도.

제 그저 막 피가 후뚜룩 나오구 후뚜룩 나오구 기래, 나흘마니니까니.

kɯdzʌ mak pʰiga hot'uɾuk naogu hot'uɾuk naogu kiɾɛ, naɦɯlmaninik'ani.

그저 막 피가 후뚜룩 나오구 후뚜룩 나오구 기래, 나흘만이니까니.

▶ 그저 막 피가 주르룩 나오고 주르룩 나오고 그래, 나흘 만이니까.

제 기 : 케 밥 해 머거서. 사 : 방 모들 허니까니 누구레 해주네?

ki : kʰe pap hɛ mʌgʌsʌ. sa : baŋ modɯl hʌnik'ani nuguɾe hɛdzune?

기 : 케 밥 해 먹엇어. 사 : 방 모들 허니까니 누구레 해주네?

▶ 그렇게 밥을 해 먹었어. 모두 다 모를 심으니까 누가 해주니?

제 다 저네들 농새 지 : 느라 길디.

ta ʨʌnedɯl noŋsɛ ʨi : nɯra kildi.

다 저네들 농새 지 : 느라 길디.

▶ 다 자기네 농사를 짓느라고 그러지.

조 그런데 시어머니미 앙 계셔써요?

kɯrʌnde ɕiʌmʌnimi aŋ gjeɕjʌs'ʌjo?

▶ 그런데 시어머님이 안 계셨어요?

제 우리 봉가찝 엄매 읻띠.

uri poŋgaʨ'ip ʌmmɛ itt'i.

우리 본가집 엄매 잇디.

▶ 우리 친정 엄마가 있지.

제 봉가찝 엄매 이서두 머이야 농새들 허구

poŋgaʨ'ip ʌmmɛ isʌdu mʌija noŋsɛdɯl hʌgu

본가집 엄매 잇어두 머이야 농새들 허구

▶ 친정 엄마가 있어도 뭐야 농사를 하고

제 사람들 그지게 다 품 대서 허니까니.

saramdɯl kɯʥige ta pʰum tɛsʌ hʌnik'ani.

사람들 그직에 다 품 대서 허니까니.

▶ 사람들을 그때 다 품을 사서 하니까.

제 사람 마니 대서 밥 해 메기느라구 언제 와서 아 : 에미 시중해주간?

saram mani tɛsʌ pap hɛ meginɯragu ʌnʥe wasʌ a : emi ɕidzuɲɦɛdzugan?

사람 많이 대서 밥 해 멕이느라구 언제 와서 아 : 에미 시중해주간?

▶ 사람을 많이 대서 밥을 해 먹이느라고 언제 와서 애기 엄마를 시중해
주겠니?

제 시삼춘 엄매두 고데 읻띠. 인는데두 머 와서 해 줄 쑤 인네?

ɕisamtɕʰun ʌmmɛdu kode itt'i. innɯndedu mʌ wasʌ hɛ tɕul s'u inne?

시삼춘 엄매두 고데 잇디. 잇는데두 머 와서 해 줄 수 잇네?

▶ 시삼촌어머니도 옆에 있지. 있는데도 뭐 와서 해 줄 수 있니?

제 논들 마니 부티구 농새들 허니까니.

nondɯl mani putʰigu noŋsɛdɯl hʌnik'ani.

논들 많이 부치구 농새들 허니까니.

▶ 논을 많이 부치고 농사를 하니까.

조 겨테 계셔도 몯 도와주시겐네요?

kjʌtʰe kjeɕʌdo mot towadzuɕigennejo?

▶ 곁에 계셔도 못 도와주시겠네요?

제 안 도와줘. 고:롬, 다 저 먹꾸 저 살간따구 도와주능거 머이가?

an towadzwʌ. ko:ɾom, ta tɕʌ mʌkk'u tɕʌ salgatt'agu towadzunɯŋgʌ mʌiga?

안 도와줘. 고:롬, 다 저 먹구 저 살갓다구 도와주는거 머이가?

▶ 안 도와줘. 그럼, 다 자기네 먹고 자기네 살겠다고 도와주는 것이 뭐니?

제 기리게 우리 그 둘채 딸 노쿠 마니 우러서.

kirige uɾi kɯ tultɕʰɛ t'al nokʰu mani uɾʌsʌ.

기리게 우리 그 둘채 딸 놓구 많이 울엇어.

▶ 그러게 우리 그 둘째 딸을 놓고 많이 울었어.

제 정말 섭썹허구, 막 긴데두 기리케 곱깐?

tɕʌŋmal sʌps'ʌpʰʌgu, mak kindedu kiɾikʰe kopk'an?

정말 섭섭허구, 막 긴데두 기맇게 곱간?

▶ 정말 섭섭하고, 막 그런데도 그렇게 곱겠니?

제 가티 꼽따구 기리먼서 기대메 후회허더라.

katʰi k'opt'agu kiɾimʌnsʌ kidɛme hufiöfiʌdʌɾa.

같이 곱다구 기러먼서 기댐에 후회허더라.
▶ 같이 곱다고 그러면서 그 다음에는 후회하더라.

제 아들 나 : 노니까니 후회 해. 아들 날찌게 난능 걸 개지구.
adɯl na : nonik'ani huɦö hɛ. adɯl naltɕ'ige nannɯŋ gʌl kɛdzigu.
아들 나 : 노니까니 후회 해. 아들 날직에 낳는 걸 개지구.
▶ 아들을 낳아 놓으니까 후회를 해. 아들을 날 때에는 낳는 걸 가지고.

제 내가 이 : 케 천대줼따 길먼서 후회 해.
nɛga i : kʰe tɕʰʌndeɦedzwʌtt'a kilmʌnsʌ huɦö hɛ.
내가 이 : 케 천대해줫다 길먼서 후회 해.
▶ 내가 그렇게 천대해줬다고 그러면서 후회를 해.

조 그래 미안하다고 하셔써요?
kɯrɛ mianɦadago haɕjʌs'ʌjo?
▶ 그래 미안하다고 하셨어요?

제 오, 후회허구 요거 네살 재페개지구 저 아바지 세상 떧딴네?
o, huɦöɦʌgu jogʌ nesal tɕɛpʰegedzigu tɕʌ abadzi sesaŋ t'ʌtt'anne?
오, 후회허구 요거 네살 잽헤개지구 저 아바지 세상 떳닳네?
▶ 오, 후회하고 이 애 네 살이 잡혀서 저 아버지가 세상을 떴잖니?

조 아드니믈 특뼈리 예뻐 하셔써요?
adɯnimɯl tʰɯkp'jʌri jep'ʌ haɕjʌs'ʌjo?
▶ 아드님을 특별히 예뻐하셨어요?

제 고:롬, 요거 말 잘 득꾸 인물두 고왇따우.
ko:rom, jogʌ mal tɕal tɯkk'u inmuldu kowatt'au.
고:롬, 요거 말 잘 듣구 인물두 고왓다우.
▶ 그럼, 이 애가 말을 잘 듣고 인물도 고왔다오.

조 지금도 아주 머신는데요.

ʨikɯmdo aʥu mʌɕinnɯndejo.

▶ 지금도 아주 멋있는데요.

제 기먼서 저 아푸먼서두 저 약 사 머글 도누루.

kimʌnsʌ ʨʌ apʰumʌnsʌdu ʨʌ jak sa mʌgɯl tonuɾu.

기먼서 저 아푸먼서두 저 약 사 먹을 돈우루.

▶ 그러면서 자기가 아프면서도 자기 약 사 먹을 돈으로.

제 그 아이들 총 읻따나? 어깨 둘러메는 총.

kɯ aidɯl ʨʰoŋ itt'ana? ʌk'ɛ tullʌmenɯn ʨʰoŋ.

그 아이들 총 잇닳아? 어깨 둘러메는 총.

▶ 그 애들 총이 있잖니? 어깨에 둘러메는 총.

제 기래두 그거 사다가 다 어깨 둘러메 주구 총.

kiɾɛdu kɯgʌ sadaga ta ʌk'ɛ tullʌme ʨugu ʨʰoŋ.

기래두 그거 사다가 다 어깨 둘러메 주구 총.

▶ 그래도 그것을 사다가 다 어깨에 둘러메어 주고 총.

제 군대모자 아이들 읻따나? 군관 모자 아니가?

kundɛmoʥa aidɯl itt'ana? kungwan moʥa aniga?

군대모자 아이들 잇닳아? 군관 모자 아니가?

▶ 군대모자도 아이들 것이 있잖니? 장교 모자 아니니?

제 해방군 모자 그따구 또 사다 씨우구 길더니 네살 재페서 주거서.

hɛbaŋgun moʥa kɯt'agu t'o sada ɕiugu kildʌni nesal ʨɛpʰesʌ ʨugʌsʌ.

해방군 모자 그따구 또 사다 씌우구 길더니 네 살 잽해서 죽엇어.

▶ 해방군 모자 그런 것을 또 사다가 씌우고 그러더니 네 살이 잡혀서 돌아갔어.

조 하라버지께서 무슨 병이셛쬬?

haɾabʌʥik'esʌ musɯn pjʌŋiɕʌtt'jo?

▶ 할아버지께서 무슨 병이셨죠?

제 위뻥이야, 그지게 위뻥이라 긴데두 머 무슨 위뻥인디 알기나 아란나?
 üp'jʌɲija, kɯdzige üp'jʌɲiɾa kindedu mʌ musɯn üp'jʌɲindi algina aɾanna?
위병이야, 그직에 위병이라 긴데두 머 무슨 위병인디 알기나 알앗나?

▶ 위병이야, 그때 위병이라 그러는데도 뭐 무슨 위병인지 알기나 알았니?

제 위 아파서 주거서.
ü apʰasʌ ʨugʌsʌ.
위 아파서 죽엇어.

▶ 위 아파서 돌아갔어.

조 할머님, 아드님 배길 잔치는 해주어써요?
halmʌnim, adɯnim pɛgil ʨanʨʰinɯn hɛdzuʌs'ʌjo?

▶ 할머님, 아드님의 백일 잔치는 해주었어요?

제 배길 잔체, 와 안 해주?
pɛgil ʨanʨʰe, wa an hɛdzu?
백 일 잔체, 와 안 해주?

▶ 백 일 잔치, 왜 안 해줘?

조 둘째도 해주어써요?
tulʨ'ɛdo hɛdzuʌs'ʌjo?

▶ 둘째도 해주었어요?

제 고:롬, 업 : 서. 걷 : 뜨른 다 생일뻡 몰라.
ko:ɾom, ʌ : psʌ, kʌ : tt'ɯɾɯn ta sɛɲilp'ʌp molla.
고:롬, 없 : 어. 것 : 들은 다 생일법 몰라.

▶ 그럼 없어. 그 애들은 다 생일 법을 몰라.

제 우리 이거는 배길 사진두 지거주구,[84] 배길 잔체두 해주구 기랟따우.

---

84 앞에서는 모두 '떡어주다'라고 하였는데 이하에서는 모두 '직어주다'라고 하였음.

uri igʌnɯn pɛgil sadzindu tɕigʌdzugu, pɛgil tɕantɕʰedu hɛdzugu kiɾett'au.

우리 이거는 백일 사진두 직어주구, 백 일 잔체두 해주구 기랫다우.

▶ 우리 아들은 백일 사진도 찍어주고, 백 일 잔치도 해주고 그랬다오.

조 돌잔치도 해주어써요?

toldzantɕʰido hɛdzuʌs'ʌjo?

▶ 돌잔치도 해주었어요?

제 돌잔체는 안 해서. 그지게 아이들 돌잔체 안 해주데.

toldzantɕʰenɯn an hɛsʌ. kɯdzige aidɯl toldzantɕʰe an hɛdzude.

돌잔체는 안 햇어. 그직에 아이들 돌잔체 안 해주데.

▶ 돌잔치는 안 했어. 그때 아이들은 돌잔치를 안 해주더라.

제 배길잔체만 해주구, 배길잔체레능 거 그저 사진만 지거주구.

pɛgildzantɕʰeman hɛdzugu, pekildzantɕʰerenɯŋ gʌ kɯdzʌ sadzinman tɕigʌdzugu.

백일잔체만 해주구, 백일잔체레는 거 그저 사진만 직어주구.

▶ 백일잔치만 해주고, 백일잔치라는 것도 그저 사진만 찍어주고.

제 사진 지그먼 다야 그지게. 머 무슨 떡 허구 그따꾸 업 : 서.

sadzin tɕigɯmʌn taja kɯdzige. mʌ musɯn t'ʌk hʌgu kɯt'ak'u ʌ : psʌ.

사진 직으면 다야 그직에. 머 무슨 떡 허구 그따꾸 없 : 어.

▶ 사진 찍으면 다야 그때에. 뭐 무슨 떡을 하고 그런 것이 없어.

제 다 그저 배길사진 지거준 대멘 다야.

ta kɯdzʌ pɛgilsadzin tɕigʌdzundɛmen taja.

다 그저 백일사진 직어준 댐엔 다야.

▶ 다 그저 백일사진을 찍어준 다음에는 다야.

조 할머님, 애 나은 후 모두 미역꾹 드시자나요? 미역꾸근 마니 드셛씀니까?

halmʌnim, ɛ nawn hu modu mijʌkk'uk tɯɕidzanajo? mijʌkk'ugɯn mani tɯɕjʌtsɯmnik'a?

▶ 할머님, 애를 낳은 후 모두 미역국 드시잖아요? 미역국은 많이 드셨
습니까?

제 나 아ː 나으먼 이 메ː기 발라서 항근 먹꾸 몯 머거, 업ː서.
na aː nauɯmʌn i meː gi pallasʌ haŋɡɯn mʌkk'u mot mʌɡʌ, ʌː psʌ.
나 아ː 낳으먼 이 멕ː이 발라서 한근 먹구 못 먹어, 없ː어.
▶ 나 아이 낳을 때 이 미역이 긴장해서 한 근만 먹고 못 먹었어, 없어.

제 긴데두 지끄문 달갤, 달갤꾹 해먹딴네?
kindedu ʨik'ɯmun talɡɛl, talɡɛlk'uk hɛmʌkt'anne?
긴데두 지끔은 달갤, 달갤국 해먹닳네?
▶ 그런데도 지금은 달걀, 달걀 국을 해먹잖니?

제 달갤두 하날 몬 머거바서.
talɡɛldu hanal mon mʌɡʌbasʌ.
달갤두 한 알 못 먹어밧어.
▶ 달걀도 한 알 못 먹어봤어

제 와 그지게는 아ː 나ː두 달갤두 안 사다가 해주데.
wa kɯʤiɡenɯn aː naː du talɡɛldu an sadaga hɛʤude.
와 그직에는 아ː 낳아두 달갤두 안 사다가 해주데.
▶ 왜 그때는 애 낳아도 달걀도 안 사다가 해주더라.

제 그저 멕ː 항근 개지구 그저 냉꾹꺼티 오이 냉꾹꺼티.
kɯʤʌ meː k haŋɡɯn kɛʤigu kɯʤʌ nɛŋk'ukk'ʌtʰi oi nɛŋk'ukk'ʌtʰi.
그저 멕ː 한근 개지구 그저 냉국겉이 오이 냉국겉이.
▶ 그저 미역 한 근을 가지고 그저 냉국같이 오이 냉국같이.

제 그저 고러케 끄레서 한사발씩 먹꾼 해서.
kɯʤʌ korʌkʰe k'ɯresʌ hansabalɛ'ik mʌkk'un hɛsʌ.
그저 고렇게 끓에서 한사발씩 먹군 햇어.
▶ 그저 그렇게 끓여서 한 사발씩 먹곤 했어.

제 고고또 메칠 멍능거. 멕ː 항그네 얼마 대네?

kogot'o metɕʰil mʌɲnɯŋgʌ. meːk haŋgɯne ʌlma tɛne?

고고또 메칠 먹는거. 멕ː 한 근에 얼마 대네?

▶ 그것도 며칠 먹는 것. 미역 한 근에 얼마 되니?

조 그럼 모유도 하지 몯하셛껜네요?

kɯɾʌm mojudo hadzi mothaɕjʌtk'ennejo?

▶ 그럼 모유도 하지 못하셨겠네요?

제 기래두 저즌 마나. 기ː 케 머거두,

kiɾedu tɕʌdzɯn mana. kiː kʰe mʌgʌdu,

기래두 젖은 많아. 기ː 케 먹어두,

▶ 그래도 젖은 많아. 그렇게 먹어도,

제 기커구 댄장꾹 끄레 먹꾸 그저 기랟띠 머.

kikʰʌgu tɛndzaŋk'uk k'ɯɾe mʌkk'u kɯdzʌ kiɾett'i mʌ.

기커구 댄장국 끓에 먹구 그저 기랟디 머.

▶ 그리고 된장국을 끓여 먹고 그저 그랬지 뭐.

제 그, 그지게는 머 우리 야 나쿠는 내가 한달 이서서.

kɯ, kɯdzigenɯn mʌ uɾi ja nakʰunɯn nɛga handal isʌsʌ.

그, 그직에는 머 우리 야 낳구는 내가 한달 잇엇어.

▶ 그, 그때는 뭐 우리 이 애를 낳고는 내가 한 달이나 있었어.

제 여기 아푸다 더기 아푸다 길면서.

jʌgi apʰuda tʌgi apʰuda kilmʌnsʌ.

여기 아푸다 더기 아푸다 길면서.

▶ 여기 아프다 저기 아프다 그러면서.

제 기지게는 항가할 때 아니가? 이월따리니. 한달 둔ː 누워 이서서.

kidzigenɯn haŋgafial t'ɛ aniga? iwʌlt'aɾini. handal tuːnnuwʌ isʌsʌ.

기직에는 한가할 때 아니가? 이월달이니. 한달 둔ː 누워 잇엇어.

288

▶ 그때는 한가할 때 아니니? 이월 달이니. 한 달을 드러누워 있었어.

조 애 기저귀랑은 누가 다 씨서줘써요?
ɛ kidzʌgüraŋɯn nuga ta ɕ'isʌdzwʌs'ʌjo?

▶ 애 기저귀랑은 누가 다 씻어줬어요?

제 어떤찌게는 저 아바지두 빨구.
ʌt'ʌntɕ'igenɯn tɕʌ abadzidu p'algu.

어떤직에는 저 아바지두 빨구.

▶ 어떤 때에는 저 아버지도 빨고.

제 우리 엄매레 와 이섣따우. 엄매레 다 허구.
uri ʌmmɛre wa isʌtt'au. ʌmmɛre ta hʌgu.

우리 엄매레 와 잇엇다우. 엄매레 다 허구.

▶ 우리 엄마가 와 있었다오. 엄마가 다 하고.

제 장모 힘들다 기러먼서 걸레 또 지레 빨구.
tɕaŋmo ɕimdɯlda kirʌmʌnsʌ kʌlle t'o tɕire p'algu.

장모 힘들다 기러먼서 걸레 또 지레 빨구.

▶ 장모님 힘들다고 그러면서 기저귀는 또 자기가 빨고.

제 지끄문 아 : 길레능거 얼마나 존네?
tɕik'ɯmun a : killenɯŋgʌ ʌlmana tɕonne?

지끔은 아 : 길레는거 얼마나 좋네?

▶ 지금은 애 키우는 것이 얼마나 좋니?

제 그거 머 척 채와 노쿠 지버 팡가티 머 다 아니가?
kɯgʌ mʌ tɕʌk tɕʰɛwa nokʰu tɕibʌ pʰaŋgatʰi mʌ ta aniga?

그거 머 척 채와 놓구 집어 팡가티 머 다 아니가?

▶ 그것을 뭐 척 채워 놓고 집어 던지면 뭐 다 아니니?

제 기지게는 어니메? 걸레두 머, 지끔 아이들 얼마 돈네?

kidʑigenɯn ʌnime? kʌlledu mʌ, tɕik'ɯm aidɯl ʌlma tonne?

기직에는 어니메? 걸레두 머, 지끔 아이들 얼마 둏네?

▶ 그때는 어디에? 기저귀도 뭐, 지금 아이들은 얼마나 좋니?

[제] 우리 손네딸네 호따이[85](護帶)루 다 걸레 핻딴네?

uɾi sonnet'alne hot'aiɾu ta kʌlle hett'anne?

우리 손네딸네 호따이루 다 걸레 햇닪네?

▶ 우리 손녀딸은 거즈로 다 기저귀를 했잖니?

[제] 이걷뜰 호따이루 걸레 한번 몯 창가바서.

igʌtt'ɯl hot'aiɾu kʌlle hanbʌn mot tɕʰaŋgabasʌ.

이것들 호따이루 걸레 한번 못 창가밧어.

▶ 우리 애들은 거즈로 기저귀 한번 못 채워 봤어.

[조] 그러쵸? 시대가 시대잉 걷망큼 마니 다를 쑤바께 업쬬?

kɯɾʌtɕʰjo? ɕidega ɕideiŋ gʌtmaŋkʰɯm mani taɾɯl s'ubak'e ʌptɕ'jo?

▶ 그렇죠? 시대가 시대인 것만큼 많이 다를 수밖에 없죠?

[제] 골란하니까니 또 저 아바지 아파서 긴낭 약 쓰디 기니까니.

kollanɦanik'ani t'o tɕʌ abadʑi apʰasʌ kinnaŋ jak s'ɯdi kinik'ani.

곤란하니까니 또 저 아바지 아파서 긴낭 약 쓰디 기니까니.

▶ 곤란하니까 또 저 아버지가 아파서 그냥 약을 쓰지 그러니까.

[제] 머 벵 걸레개지구두 마니 고생허다가, 야 니살 재페서 주거서.

mʌ peŋ kʌllegedʑigudu mani kosɛŋɦʌdaga, ja nisal tɕɛpʰesʌ tɕugʌsʌ.

머 벵 걸레개지구두 많이 고생허다가, 야 니살 잽헤서 죽엇어.

▶ 뭐 병에 걸려서도 많이 고생하다가, 아들이 네 살이 되어서 돌아갔어.

[조] 한 일련쯤 고생하셔써요?

han illjʌntɕ'ɯm kosɛŋɦaɕʌs'ʌjo?

---

85 '호따이'(護帶)는 기저귀로 쓰던 붕대와 같이 성긴 천을 말함.

▷ 한 일 년쯤 고생하셨어요?

제 일려니 머이야? 한 오륭넌 아라서.

illjʌni mʌija? han oɾjuŋnʌn aɾasʌ.

일년이 머이야? 한 오육넌 앓앗어.

▷ 일 년이 뭐야? 한 오륙년을 앓았어.

조 망내 나키 전부터 아라써요?

maŋnɛ nakʰi tɕʌnbutʰʌ aɾas'ʌjo?

▷ 막내 낳기 전부터 앓았어요?

제 고:롬, 우리 그 둘채 둘채 개질찌게두 만날 아파서 기랟따우.

koːɾom, uɾi kɯ tultɕʰɛ tultɕʰɛ kɛdzíltɕ'igedu mannal apʰasʌ kiɾett'au.

고:롬, 우리 그 둘 채 둘 채 개질직에두 만날 아파서 기랟다우.

▷ 그럼, 우리 그 둘째를 가졌을 때에도 자꾸 아파서 그랬다오.

제 만날 위 아푸다구 벵워네 만날 댕긷따우.

mannal ü apʰudagu peŋwʌne mannal teŋgitt'au.

만날 위 아푸다구 벵원에 만날 댕깃다우.

▷ 자꾸 위가 아프다고 병원에 자꾸 다녔다오.

가슴 아픈 추억

조 셋째는요?

setͭɕ'ɛnɯnjo?

▶ 셋째는요?

제 야:레 셋채디 머. 한나 나응거는 무레 빠데 죽꾸.

ja:ɾe setͭɕʰedi mʌ. hanna naɯŋgʌnɯn muɾe p'ade ͭɕukk'u.

야:레 셋채디 머. 한나 낳은 거는 물에 빠데 죽구.

▶ 이 애가 셋째지 뭐. 하나 낳은 애는 물에 빠져 죽고.

제 농새 진는데, 세살 재페서.

noŋsɛ ͭɕinnɯnde, sesal ͭɕɛpʰesʌ.

농새 짓는데, 세살 잽헤서.

▶ 농사 짓는데, 세 살이 되어서.

조 그 애가 첟째예요?

kɯ ɛga ͭɕʰʌtͭɕ'ɛjejo?

▶ 그 애가 첫째예요?

제 고 둘채디.

ko tulͭɕʰedi.

고 둘채디.

▶ 그 둘째지.

조 아, 그럼 지금 아드니믄 넫째예요?

a, kɯɾʌm ͭɕigɯm adɯnimɯn netͭɕ'ɛjejo?

▶ 아, 그럼 지금 아드님은 넷째예요?

제 오, 기니까 이거 넫채디 머. 걷 : 뚜 따리다우.

o, kinik'a igʌ nettɕʰedi mʌ. kʌ : tt'u t'aridau.

오, 기니까 이거 넷채디 머. 것 : 두 딸이다우.

▶ 오, 그러니까 아들이 넷째지 뭐. 그 애도 딸이라오.

제 주긍걷뚜 따리야. 딸 서이개마네 이거 낟 : 따우.

tɕugɯŋgʌtt'u t'arija. t'al sʌigɛmane igʌ na : tt'au.

죽은 것두 딸이야. 딸 서이개만에 이거 낳앗다우.

▶ 죽은 애도 딸이야. 딸 셋 만에 이 아들을 낳았다오.

조 아, 세살 때 하늘나라로 갇따고요?

a, sesal t'ɛ hanɯlnararo katt'agojo?

▶ 아, 세 살 때 하늘나라로 갔다고요?

제 모 허레 나간는데 이걷뜔 무레 나가서,

mo hʌre nagannɯnde igʌtt'ɯl mure nagasʌ,

모 허레 나갓는데 이것들 물에 나가서,

▶ 모를 하러 나갔는데 이 애들이 물에 나가서,

제 만날 그 노네 나가능거 아랃따우.

mannal kɯ none naganɯŋgʌ aratt'au.

만날 그 논에 나가는거 알앗다우.

▶ 자꾸 그 논에 나가는 것을 알았다오.

제 사방 물또린데 거기 디리가서.

sabaŋ mult'orinde kʌgi tirigasʌ.

사방 물돌인데 거기 딜이가서.

▶ 사방이 도랑인데 거기에 들어가서.

제 우리 이거 큰 딸, 자근 딸, 또, 그 근체에 인는 아이들 너이서 멕 까므니까니.

uri igʌ kʰɯn t'al, tɕagɯn t'al, t'o, kɯ kɯntɕʰee innɯn aidɯl nʌisʌ mek

k'amɯnik'ani.

우리 이 큰 딸, 작은 딸, 또, 그 근체에 잇는 아이들 너이서 멕 까므니까니.

▶ 우리 이 큰 딸, 작은 딸, 또, 그 근처에 있는 아이들 이렇게 넷이서 미역 감으니까.

제 이거, 저두 무레 디리가서 무레 빠데 중능거.

igʌ, tɕʌdu muɾe tiɾigasʌ muɾe pʼade tɕuŋnɯŋgʌ.

이거, 저두 물에 딜이가서 물에 빠데 죽는거.

▶ 이 애가 자기도 물에 들어가서 물에 빠져 죽는 것.

제 기쎄, 물 멍느라구, 주굴라구 헤매능걸 개지구 이걷뜨리 다 구경허구 이섣때.

kisʼe, mul mʌŋnɯɾagu, tɕugullagu hemenɯŋgʌl kɛdzigu igʌttʼɯɾi ta kugʌɲɦʌgu isʌttʼɛ.

기쎄. 물 먹느라구, 죽울라구 헤매는걸 개지구 이것들이 다 구경허구 잇엇대.

▶ 글쎄, 물 먹느라고, 죽느라고 헤매는 걸 가지고 이 애들이 다 구경하고 있었대.

제 지레 말 해. 주근대메, 그대메 메칠 읻따가

tɕiɾe mal hɛ. tɕugɯndɛme, kɯdɛme metɕʰil ittʼaga

지레 말 해. 죽은댐에, 그댐에 메칠 잇다가

▶ 큰딸이 말 해. 죽은 다음에, 그 다음에 며칠 있다가

제 무러보니까니 자꾸 이리더라 길단네?

muɾʌbonikʼani tɕakʼu iɾidʌɾa kildanne?

물어보니까니 자꾸 이리더라 길닪네?

▶ 물어 보니까 자꾸 이러더라고 그러잖니?

제 기능 걷뚜 몰랃띠 머. 고저게는 사람드리 일 한창 허니까니.

kinɯŋ gʌttʼu mollattʼi mʌ. kodzʌgenɯn saɾamdɯɾi il hantɕʰaŋ hʌnikʼani.

기는 것두 몰랏디 머. 고적에는 사람들이 일 한창 허니까니.

▶ 그러는 것도 몰랐지 뭐. 그때는 사람들이 일을 한창 하니까.

조 어른들만 봐써도 괜차나쓸껀데요?
ʌɾɯndɯlman pwas'ʌdo kwɛntɕʰanas'ɯlk'ʌndejo?

▶ 어른들만 봤어도 괜찮았을 건데요?

제 기지게 사람만 바스먼 구해낻띠 머.
kidzige saɾamman pasɯmʌn kuɦɛnɛtt'i mʌ.

기직에 사람만 밧으면 구해냇디 머.

▶ 그때 사람만 봤으면 구해냈지 뭐.

제 기 우리 모 꼬지레 나가 인는데 쉬는데,
ki uɾi mo k'odzire naga innɯnde süɯnde,

기 우리 모 꼬지레 나가 잇는데 쉬는데,

▶ 그 우리가 모를 꽂으러 나갔다가 쉬는데,

제 복짝허먼서 노친네레 소리 테. 얼릉 오라구.
poktɕ'akʰʌmʌnsʌ notɕʰinnere soɾi tʰe. ʌllɯŋ oɾagu.

복작허먼서 노친네레 소리 테. 얼릉 오라구.

▶ 북적하면서 한 노친이 소리 쳐. 얼른 오라고.

제 기래서 기대메 저 아바지레 올타 이거 무슨 일 낟꾸나.
kiɾɛsʌ kidɛme tɕʌ abadzire oltʰa igʌ musɯn il natk'una.

기래서 기댐에 저 아바지레 옳다 이거 무슨 일 낫구나.

▶ 그래서 그 다음에 저 아버지가 옳다 이것 무슨 일이 났구나.

제 언 : 나 어더러덩가 무르니까니 '이리, 이리더니 눈 가마.' 길단네? 무러보니까니.
ʌ : nna ʌdʌɾʌdʌŋga muɾɯnik'ani 'iɾi, iɾidʌni nun kama.' kildanne? muɾʌbonik'ani.

언 : 나 어더러던가 물으니까니 '이리, 이리더니 눈 감아.' 길닯네? 물어보니까니.

▶ 애가 어떻게 됐는가 물으니까 '이래, 이래더니 눈을 감아.' 그러잖니? 물어보니까.

제 기구 골라루 댕기던 사람드리 보구 아 : 빠데 주걷따구. 우리 안 : 줄 알구.
kigu kollʌɾu tɛŋgidʌn saɾamdɯɾi pogu a : pʼade tɕugʌttʼagu. uɾi aːn tɕul algu.

기구 골라루 댕기던 사람들이 보구 아 : 빠데 죽엇다구. 우리 안 : 줄 알구.

▶ 그리고 그쪽으로 다니던 사람들이 보고 아이가 빠져 죽었다고. 우리 아이인 줄 알고.

제 우리 또 고 모리 넙꾸리서 모 꼬잗따우. 모 꼳꾸 둔 : 누어서 쉬는데.
uɾi tʼo ko moɾi nʌpkʼuɾisʌ mo kʼodzattʼau. mo kʼotkʼu tuː nnuʌsʌ sünɯnde.

우리 또 고 모리 넗구리서 모 꽂앗다우. 모 꽂구 둔 : 누어서 쉬는데.

▶ 우리 또 그 옆, 옆에서 모를 꽂았다오. 모를 꽂고 들어 누워서 쉬는데.

제 막 이 까마구레 요 모리 디내가면서 '까욱, 까욱' 허단네?
mak i kʼamaguɾe jo moɾi tinɛgamʌnsʌ 'kʼauk, kʼauk' hʌdanne?

막 이 까마구레 요 모리 디내가면서 '까욱, 까욱' 하닪네?

▶ 막 이 까마귀가 그 옆에 지내가면서 '까욱, 까욱' 하잖니?

제 기래서 내레 읻따가 '난데업씨 까마구레 와 이 : 케 고 : 네? 와기네?'
kiɾesʌ nɛɾe ittʼaga 'nandeʌpɕʼi kʼamaguɾe wa iː kʰe koː ne? wakine?'

기래서 내레 잇다가 '난데없이 까마구레 와 이 : 케 고 : 네? 와기네?'

▶ 그래서 내가 있다가 '난데없이 까마귀가 왜 이렇게 우니? 왜 그러니?'

제 기니까니 저 아바지레 읻따가 '까마구레 머 제 소리 안 허간네?'
kinikʼani tɕʌ abadzire ittʼaga 'kʼamaguɾe mʌ tɕe soɾi an hʌganne?'

기니까니 저 아바지레 잇다가 '까마구레 머 제 소리 안 허갓네?'

▶ 그러니까 저 아버지가 있다가 '까마귀가 뭐 제 소리를 안 내겠니?'

제 고 말 허구 쪼끔 인는데 오라구 손질허단네?

ko mal hʌgu tɕ'ok'ɯm innɯnde oɾagu sondʑilfiʌdanne?

고 말 허구 쪼끔 잇는데 오라구 손질허닪네?

▶ 그 말을 하고 조금 있는데 오라고 손질하잖니?

제 기 : 서 올타 이거 무슨 일 낟꾸나.

ki : sʌ oltʰa igʌ musɯn il natk'una.

기 : 서 옳다 이거 무슨 일 낫구나.

▶ 그래서 옳다 이거 무슨 일이 났구나.

제 머, 어리케 지비 뛰디러간는지 몰라.

mʌ, ʌɾikʰe tɕibi t'üdiɾʌgannɯndʑi molla.

머, 어리케 집이 뛰딜어갓는지 몰라.

▶ 뭐, 어떻게 집에 뛰어 들어 갔는지 몰라.

제 가니까니 건데다 낟 : 따나 머 근체에서.

kanik'ani kʌndeda na : t'utt'ana mʌ kɯntɕʰeesʌ.

가니까니 건데다 낳앗닪아 머 근체에서.

▶ 가니까 건져 놓았잖아 뭐 근처에서.

제 그지게는 타가수두 업 : 써. 그저 그 지버 팡가티구.

kɯdʑigenɯn tʰagasudu ʌ : ps'ʌ. kɯdʑʌ kɯ tɕibʌ pʰaŋgatʰigu.

그직에는 탁아수두 없 : 어. 그저 그 집어 팡가티구.

▶ 그때는 탁아소도 없어. 그저 그 내버려두고.

제 모 할찌게 시기 너무문 안 댄다멘서 모 할찌게 좀 딸라댇띠,

mo haltɕ'ige ɕigi nʌmuɯmun an tɛndamensʌ mo haltɕ'ige tɕom t'allatɛtt'i,

모 할 직에 시기 넘으문 안 댄다멘서 모 할직에 좀 딸라댓디,

▶ 모 할 때에는 시기 넘으면 안 된다고 해서 모를 할 때에만 좀 따라다 녔지,

제 너느때는 몯 딸라대구.

nʌnɯt'ɛnɯn mot t'alladɛgu.

너느때는 못 딸라대구.

▶ 여느 때는 못 따라다니고.

제 기케서 아 : 한나 쥐긷딴네?

kikʰesʌ a : hanna tɕügitt'anne?

기케서 아 : 한나 쥑잇닳네?

▶ 그렇게 해서 아이를 하나 죽였잖니?

제 기커구 젠창 머 둘채 생게서 천대 바닫딴네?

kikʰʌgu tɕentɕʰaŋ mʌ tultɕʰe sɛŋgesʌ tɕʰʌdɛ padatt'anne?

기커구 젠창 머 둘채 생게서 천대 받앗닳네?

▶ 그리고 바로 뭐 둘째가 생겨서 천대 받았잖니?

제 기커구 요고 네번마네 요고 낟 : 띠. 기리케 고생해서.

kikʰʌgu jogo nebʌnmane jogo na : tt'i. kirikʰe kosɛɲɦesʌ.

기커구 요고 네번만에 요고 낳앗디. 기리게 고생햇어.

▶ 그렇게 하고 이 애를 네 번째 만에 낳았지. 그렇게 고생했어.

조 자시글 먼저 보내고 마음 고생 마느셛께써요?

tɕaɕigɯl mʌndʑʌ ponego maɯm kosɛŋ manɯɕjʌtk'es'ʌjo?

▶ 자식을 먼저 보내고 마음 고생이 많으셨겠어요?

제 기리게 마리야. 오, 고 : 롬, 언제나 소기 아푸디 머.

kirige marija. o, ko : rom, ʌndʑena sogi apʰudi mʌ.

기리게 말이야. 오, 고 : 롬, 언제나 속이 아푸디 머.

▶ 그러게 말이야. 오, 그럼, 언제나 속이 아프지 뭐.

제 오, 이젠 이제는 다 이저뻐련띠.⁸⁶ 이제는 이 : 케 살구 기니까니 이저뻐리구.

o, idʑen idʑenɯn ta idʑʌp'ʌrjʌtt'i. idʑenɯn i : kʰe salgu kinik'ani idʑʌp'ʌrigu.

---

86 앞에서는 모두 '닞어뻐리다'라고 하였는데 여기에서는 '잊어뻐리다'로 하였음.

오, 이젠 이제는 다 잊어뻐렷디. 이제는 이 : 케 살구 기니까니 잊어뻐리구.

▶ 오, 이제는, 이제는 다 잊어버렸지. 이제는 이렇게 오래 사니까 잊어버리고.

조 할머님께서 아드님 키우시면서 가장 조앋떵 거슨 머예요?

halmʌnimk'esʌ aduɯnim kʰiuɕimjʌnsʌ kadzaŋ tɕoatt'ʌŋ gʌsɯn mwʌjejo?

▶ 할머님께서 아드님을 키우시면서 가장 좋았던 것은 뭐예요?

제 고 : 롬, 데 : 일 조앋띠.

ko:ɾom, te : il tɕoatt'i.

고:롬, 데 : 일 좋앗디.

▶ 그럼, 제일 좋았지.

조 무어시 가장 조아써요? 공부를 잘 해써요?

muʌɕi kadzaŋ tɕoas'ʌjo? koŋbuɾɯl tɕal hɛs'ʌjo?

▶ 무엇이 가장 좋았어요? 공부를 잘 했어요?

제 공부두 공부거니와 고저겐 곱 : 띠. 데거 사진두 마니 배케서, 저 아바지레.

koŋbudu koŋbugʌniwa kodzʌgen ko : pt'i. tegʌ sadzindu mani pɛkʰesʌ, tɕʌ abadzire.

공부두 공부거니와 고적엔 곱 : 디. 데거 사진두 많이 백헷어, 저 아바지레.

▶ 공부도 공부거니와 그때는 곱지. 저 애는 사진도 많이 찍었어, 저 아버지가.

남편을 먼저 보내고……

제 고거 아푸먼서두 고 사진 배키는데는 댕기구 갇따우.
koɡʌ apʰumʌnsʌdu ko sadʑin pɛkʰinɯndenɯn teŋgigu katt'au.
고거 아푸먼서두 고 사진 백히는데는 댕기구 갓다우.
▶ 저 아바지가 아프면서도 그 사진 찍는 데는 데리고 갔다오.

제 간는데 기대메 머 네살 재페니까니
kannɯnde kidɛme mʌ nesal tɕɛpʰenik'ani
갓는데 기댐에 머 네살 잽헤니까니
▶ 갔는데 그 다음에 뭐 네 살이 되니까

제 기대멘 병이 더 대개지구 암짝 몯허구.
kidɛmen pjʌɲi tʌ tɛgɛdʑigu amtɕ'ak mothʌgu.
기댐엔 병이 더 대개지구 암짝 못허구.
▶ 그 다음에는 병이 더 심해져서 옴짝 못하고.

제 게우레, 그지게는 머 나두 아 : 너이개 기 : 케 나 : 서두 멀 몰랃띠 머.
keure, kɯdʑigenɯn mʌ nadu a : nʌige ki : kʰe na : sʌdu mʌl mollatt'i
mʌ.
게울에, 그직에는 머 나두 아 : 너이개 기 : 케 낳앗어두 멀 몰랏디 머.
▶ 겨울에, 그때는 뭐 나도 아이 넷을 그렇게 낳았어도 뭘 몰랐지 뭐.

제 기래 날짜두 몰라, 주근 날짜. 게우레 눈 마니 온 대메 주걷따우.
kirɛ naltɕ'adu moll,a tɕugɯn naltɕ'a. keure nun mani on tɛme tɕugʌtt'au.
기래 날짜두 몰라, 죽은 날짜. 게울에 눈 많이 온 댐에 죽엇다우.
▶ 그래 날짜도 몰라, 돌아간 날짜. 겨울에 눈이 많이 온 다음에 돌아갔
다오.

제 기니까니 지끔 이거 교회 나가면서 이름두 알구 기랟띠.

kinik'ani tɕik'ɯm igʌ kjoɦö nagamʌnsʌ irɯmdu algu kirɛtt'i.

기니까니 지끔 이거 교회 나가면서 이름두 알구 기랫디.

▶ 그러니까 지금 이거 교회로 나가면서 이름도 알고 그랬지.

제 소대 나가문 내 이르미 어는건디 몰라서. 날짜 가능걷뚜 모르구.

sodɛ nagamun nɛ irɯmi ʌnɯŋgʌndi mollasʌ. naltɕ'a kanɯŋgʌtt'u morɯgu.

소대 나가문 내 이름이 어는건디 몰랏어. 날짜 가는것두 모르구.

▶ 소대에 나가면 내 이름이 어느 건지 몰랐어. 날짜 가는 것도 모르고.

제 아주 믹째기루 사랃띠 머. 믹째기루 사라서.

adzu miktɕ'ɛgiru sarɑtt'i mʌ. miktɕ'ɛgiru sarasʌ.

아주 믹재기루 살앗디 머. 믹재기루 살앗어.

▶ 아주 머저리로 살았지 뭐, 머저리로 살았어.

제 저 아바지 주근대메, 저 아바지레 기래.

tɕʌ abadzi tɕugɯndɛme, tɕʌ abadzire kirɛ.

저 아바지 죽은 댐에, 저 아바지레 기래.

▶ 아이 아버지가 돌아가기 전에 아이 아버지가 그래.

제 나 주그먼 어, 어니메다, 그지게는 공부 머리 이섣따우.

na tɕugɯmʌn ʌ, ʌnimeda, kɯdzigenɯn koŋbu mʌri isʌtt'au.

나 죽으먼 어, 어니메다, 그직에는 공부 머리 잇엇다우.

▶ 나 죽으면 어, 어디에다, 그때는 공부 머리가 있었다오.

제 홍기태에 고기 어니메, 어니메 고기 파무더 달래. 화장 허디 말구.

hoŋgitʰɛe kogi ʌnime, ʌnime kogi pʰamudʌ dallɛ. hwadzaŋ hʌdi malgu.

홍기태에 고기 어니메, 어니메 고기 파문어 달래. 화장 허디 말구.

▶ 홍기태에 거기 어디, 어디에 거기 파묻어 달래. 화장을 하지 말고.

조 월래 도라가신 하라버지께서 그러셛씀니까?

wʌllɛ toɾagaein haɾabʌdzik'esʌ kɯɾʌɕjʌts'ɯmnik'a?

▶ 원래 돌아가신 할아버지께서 그러셨습니까?

제 오, 고:롬, 야: 아바지, 어니메, 어니메 모래 사네 고기 딱 파무더 달라우.

o, ko:ɾom, ja: abadzi, ʌnime, ʌnime moɾɛ sane kogi t'ak pʰamudʌ tallau.

오, 고:롬, 야: 아바지, 어니메, 어니메 모래 산에 고기 딱 파묻어 달라우.

▶ 오, 그럼, 얘 아버지, 어디, 어디의 모래 산에 거기 딱 묻어 달라.

제 기래서 고기 저 원대루 파무더 줃:띠 머. 기지게 머 벵 아푸구 기니까니.

kiɾesʌ kogi tɕʌ wʌndeɾu pʰamudʌ tɕu:tt'i mʌ. kidzige mʌ peŋ apʰugu kinik'ani.

기래서 고기 저 원대루 파묻어 줃:디 머. 기직에 머 벵 아푸구 기니까니.

▶ 그래서 거기에 저 원대로 묻어 줬지 뭐. 그때 뭐 아프고 그러니까.

제 골란허니까니 대대에서 널: 사주더라, 사줘.

kollanɦʌnik'ani tɛdɛesʌ nʌ:l sadzudʌɾa, sadzwʌ.

곤란허니까니 대대에서 널: 사주더라, 사줘.

▶ 곤란하니까 대대에서 관을 사주더라, 사줘.

제 그미서 거기서 널: 사줘. 삼이리 머이가? 이틀마네 나완는데.

kɯmisʌ kʌgisʌ nʌ:l sadzwʌ. samiɾi mʌiga? itʰɯlmane nawannɯnde.

그미서 거기서 널: 사줘. 삼일이 머이가? 이틀만에 나왔는데.

▶ 그러면서 거기서 관을 사줬어. 삼일이 뭐니? 이틀 만에 나갔는데.

제 기댐엔 대대라 앙 길구 공사라 길대 공사.

kidzɛmen tɛdɛɾa aŋ gilgu koŋsaɾa kildɛ koŋsa.

기댐엔 대대라 안 길구 공사라 길대 공사.

▶ 그전에는 대대라고 안 그러고 공사라 그러대 공사.

제 눈 마니 와서 막 눈바트루 가능거.

nun mani wasʌ mak nunbatʰɯɾu kanɯŋgʌ.

눈 많이 왔어 막 눈밭으루 가는거.

▶ 눈 많이 왔어 막 눈밭으로 가는 것.

조 누가 다 해주셔써요?

nuga ta hɛdzueʝʌs'ʌjo?

▶ 누가 다 해주셨어요?

제 동네,동네싸람드리 다 해줟띠.

toŋnes'aɾamdɯɾi ta hɛdzwʌtt'i.

동네싸람들이 다 해줫디.

▶ 마을사람들이 다 해줬지.

제 동네싸람들, 또 동무들, 저 동무들뚜 와서, 그저 다 와서 해 주구.

toŋnes'aɾamdɯl, t'o toŋmudɯl, tɕʌ toŋmudɯlt'u wasʌ, kɯdzʌ ta wasʌ hɛ

tɕugu.

동네사람들, 또 동무들, 저 동무들두 와서, 그저 다 와서 해 주구.

▶ 마을사람들, 또 동무들, 자기 동무들도 와서, 그저 다 와서 해 주고.

의주(심양)지역어	표준어 대역
어려운 나의 동년	**어려운 나의 동년**
조 할머님, 할머님께서 사시던 마을에 대해 좀 이야기 해주세요.	조 할머님, 할머님께서 사시던 마을에 대해 좀 이야기 해주세요.
제 조선서? 여기서 살던 거는 그 오가왕, 오가왕에서 살앗디요 머. 살아개지구 나 여기 야듧살 대어개지구 여 오가왕에 왓거던요. 오가왕에 왓는데 친척들두 없다. 기니깐 곤란했디머요. 곤란해개지구 머 친척들 잇는데 찾아왓어두 우리가 잘 쌀아야 다 친척들두 좋아허디. 친척들두 우리가 못쌀구 오니가니 머. 정말 보따리만 개구 왓디요 머. 우리 남동생허구, 남동생 고거 네 살 나구, 나는 야덜쌀 낫어두 아주 머얼 몰랏디요 머. 기 : 고 오가왕에서 살아개지구, 집은 또 얻어개구 살앗지요 머. 긴데 우리 아바지가 또 여기 와개지구. 중국에 온 그 이듬해가 그 이티 댄 댐에. 이티 댄 댐에 우리 아바지가 또 벵중에 앓앗다오. 벵두 또 더러운 벵이라오. 그거 정신 좀 나빠개지구 그런 벵 걸리개지구 고생 많이 햇이요 기린거 그 벵 걸레개지구 또 머 정말 굿두 허구, 구맇게 해개지구 고텟이요 우리 아바지. 고테개지구 기댐엔 농업에 드러개지구 농새했디요 머 내내. 내가 열 살 나서보탐 밥 햇이요. 우리 엄마, 아바지, 나.	제 조선에서? 여기에서 살던 곳은 그 오가왕, 오가왕에서 살았지요 뭐. 살다가 내가 여덟 살이 되어서 여기 오가왕에 왔거던요. 오가왕에 왔는데 친척들도 없지. 그러니까 곤란했지요. 곤란해서 뭐 친척들이 있는 곳에 찾아왔어도 우리가 잘 살아야 다 친척들도 좋아하지. 친척들도 우리가 못살고 오니까 뭐. 정말 보따리만 갖고 왔지요 뭐. 우리 남동생하고, 남동생 그 애 네 살 나고, 나는 여덟 살 났어도 너무 뭘 몰랐지요 뭐. 그리고 오가왕에서 살고, 집은 또 얻어서 살았지요 뭐. 그런데 우리 아버지가 또 여기 와서. 중국에 온 그 이듬해인가 그 이태 된 다음에. 이태 된 다음에 우리 아버지가 또 병으로 앓았다오. 병도 또 더러운 병이라오. 그거 정신이 좀 나빠서, 그런 병에 걸려서 고생 많이 했어요 그런 거 그 병에 걸려서 또 뭐 정말 굿도 하고, 그렇게 해서 고쳤어요 우리 아버지. 고친 후 그 다음에는 농업에 들어가서 농사했지요 뭐 계속. 제가 열 살 되면서부터 밥을 했어요 우리 엄마, 아버지, 나.
밑반찬 만드는 비법	**밑반찬 만드는 비법**
조 할머님, 밑반찬은 어떤 것을 해 드셨고 어떻게 하시는지에 대해 이야기 좀 해주세요.	조 할머님, 밑반찬은 어떤 것을 해 드셨고 어떻게 하시는지에 대해 이야기 좀 해주세요.
제 그 젓 땅 : 거는 그 미돌, 미돌 고거 쌘 : 마르게 씻어서 썰어개지구. 거기에다가 꼬치까루, 마늘, 아지노모도, 사탕까루, 팡이,	제 그 젓 담그는 것은 그 오징어, 오징어 그것을 깨끗하게 씻은 후 썰어. 거기에다 고춧가루, 마늘, 미음, 사탕가루, 파, 무를 넣

무우 넣구…… 와? 그것두 안 덮었던 거 대서 축축허갓다.

조 괜찮습니다. 정말 괜찮습니다.

제 그리개지구 양념으루 이 : 케 잘 : 버물러개지구. 단데기에다 착 담아낫다가 먹으머 그거, 또 우리 아들 그거 잘 먹어.

조 여기 있는 아들 말이에요?

제 우리 이거 아들 잘 먹어. 엄매, 쩍허먼 엄매, 그거 좀 해달라, 해달라 길디 머.

조 미돌위요?

제 미돌, 미돌, 미돌 잇닿아? 고 다리개레 이런 거 오중어. 오중어다 기래두 대구 미돌위다 기래두 대. 기 : 케서 젓 땅구먼 맛잇어 그 : 뚜.

조 지금도 그것을 하세요?

제 지끔 야 : 레 없으니까니 못해 먹디 머. 야레 잇이야 해먹디. 그것두 비싸. 한 근에 칠 원이야. 해먹게 안 대.

조 할머님은 그것 좋아하세요?

제 나, 나는 머 잇으면 먹구 없으면 마는데, 우리 아 : 는 그 이때마담 그 안 해주면 좀 해달라 길디 머. 해달라 해서 기 : 케 먹구 해서 해주디. 새우두 새우, 띠거 물에서 건디는 새우 요막씩 헌 거, 고곳두 쌘 : 마르게 싫어서 잘 : 골라개구 쌘 : 마르게 싫어서 소곰에다 절켜 낳앗다 먹으무 그것두 맛잇어.

조 그리고 다른 것은 없었어요?

제 그것두 맛잇구 머 거이두 젓 땅 : 가 먹구.

조 '거이'요?

제 '거이', '거이'보구 머이가? 이거 발 이 : 케 기 : 가는 거.

조 게를 말하시는가요?

제 우리는 거이라 기래, 그 보구 거이. 그것두 젓 땅 : 가서 먹구 그저 기래.

조 그것은 여기에 많아요?

제 없 : 어, 그거 한 마리에, 한 근에 얼만가 허먼, 한 근에 몇 개 오르네? 한 근에 십칠 원이야. 못 싸먹어, 못 싸먹어.

고…… 왜? 그것도 덮지 않던 것이어서 축축하겠다.

조 괜찮습니다. 정말 괜찮습니다.

제 그런 후 양념으로 이렇게 잘 버무려서. 단지에다 착 담아 놓았다가 먹으면 그거, 또 우리 아들이 그것을 잘 먹어.

조 여기 있는 아들 말이에요?

제 우리 아들이 잘 먹어. 엄마, 걸핏하면 엄마, 그거 좀 해달라고, 해달라고 그러지 뭐.

조 미돌위요?

제 오징어, 오징어, 오징어 있잖니? 그 다리가 이런 오징어. 오징어라고 그래도 되고 미돌위라 그래도 돼. 그렇게 해서 젓을 담그면 맛있어 그것도.

조 지금도 그것을 하세요?

제 지금 얘가(=아들) 없으니까 못해 먹지 뭐. 얘가 있어야 해 먹지. 그것도 비싸. 한 근에 칠 원이야. 해먹게 되지 않아.

조 할머님은 그것 좋아하세요?

제 나, 나는 뭐 있으면 먹고 없으면 마는데, 우리 얘(아들)는 가끔 그것을 안 해주면 좀 해달라고 그러지 뭐. 해달라고 하고 그렇게 잘 먹고 하여 해주지. 새우도 새우, 저거 물에서 건지는 새우 이만큼 한 것, 그것도 깨끗하게 씻어서 잘 골라서 깨끗하게 씻어서 소금에다 절여 놓았다가 먹으면 그것도 맛있어.

조 그리고 다른 것은 없었어요?

제 그것도 맛있고 뭐 게도 젓 담가서 먹고.

조 '거이'요?

제 '게', '게'보고 뭐라던가? 이거 발 이렇게 기어가는 것.

조 게를 말하시는가요?

제 우리는 '게'라 그래, 그거 보고 '게'. 그것도 젓 담가서 먹고 그저 그래.

조 그것은 여기에 많아요?

제 없어, 그거 한 마리에 한 근에 얼만가 하면, 한 근에 몇 개 오르니? 한 근에 십칠 원이야. 못 사먹어, 못 사먹어.

그 간장에 담가 먹는 것을 간장게장이라고 그래요. 중국에서도 많이 먹어요?

제 많이 먹어, 맛잇다. 저 딴동에 유람 갓다가 오멘서 유람 가면 고거 머이야? 바다 섬:에두 가보구 다 가밧디 머. 가보구 올직에 거기 팔더라. 긴데 거기서 오 원이야 한 근에, 그거 한 열 근 사다가 젓 땅:가 먹어보구.

잊을 수 없는 여행

제 작년에두 우리 유람 갓던거야. 저 판진루루 해서 머이야 판진루루 해서 그 섬 무슨 섬이가? 아이구, 판진루루 해서 그 섬 잇는데 그거?

조 대련쪽으로 나가셨어요?

제 대련 건너문 못 나가디. 판진, 판진루루 해서 나갓디.

조 산해관이나 진황도로요?

제 오, 글루 맞아. 그러커구 천진이가? 거기에 그거 잇디? 만리성성 잇어. 만리성성, 북경 가기 전에.

조 그럼 산해관에 가신 거예요?

제 오, 산해관, 만리성성 거기에 우리 올라갓던 거야.

조 아, 그곳까지 올라가셨어요?

제 사람들 한 사십 명 갓는데, 늙은 사람들 한 사십 명 갓는데 만리성성 올라가는건 나허구 노친네 딱 둘이야. 젊은 사람들이야 다 올라갓다. 긴데 나허구 노친네 딱 둘이 올라 갓던 거야. 기게 기껏 구경 잘 햇어. 그러커구 머이야? 머슨 산이라 길더라? 그 바다, 무슨 허이도라 길던가? 거기서두 하루 자면서 그 바다, 섬 그 섬 건너갓디 머.

여행 중 발생한 사고

제 아이구, 거기서들 임석들 잘못 먹어서 또 설사해서 뼁원에 가구. 긴데 난 이 먹을래니까 말이야 첫 입에 막 벤한 냄새가 나더라우. 그 이:케 찔게 한:상 해 낳앗는데

조 그 간장에 담가 먹는 것을 간장게장이라고 그래요. 중국에서도 많이 먹어요?

제 많이 먹어, 맛있지. 저 단동에 유람 갓다가 오면서 유람 가면 그 것이 뭐던가? 바다 섬에도 가보고 다 가봤지 뭐. 가보고 돌아올 적에 게 팔더라. 그런데 그곳에서 오 원이야 한 근에, 그것을 한 열 근 사다가 젓 담가서 먹어보고

잊을 수 없는 여행

제 작년에도 우리 유람을 갔던거야. 저 판진으로 해서 무엇이던가 판진으로 해서 그 섬 무슨 섬이더라? 아이고, 판진으로 해서 그 섬이 있는데 그것?

조 대련쪽으로 나가셨어요?

제 대련 건너면 못 나가지. 판진, 판진으로 해서 나갔지.

조 산해관이나 진황도로요?

제 오, 그곳으로 맞아. 그리고 천진이던가? 그곳에 그것이 있지? 만리장성이 있어. 만리장성, 북경(베이징) 가기 전에.

조 그럼 산해관에 가신 거예요?

제 오, 산해관, 만리장성 거기에 우리 올라갓던 거야.

조 아, 그곳까지 올라가셨어요?

제 사람들이 한 사십 명 갔는데, 늙은 사람들이 한 사십 명 갔는데 만리장성에 올라간 건 나하고 다른 노친 딱 둘이야. 젊은 사람들이야 다 올라갔지. 그런데 나와 다른 노친 하나 딱 둘이 올라갔던 것이야. 그래 기껏 구경 잘 햇어. 그리고 뭐야? 뭔 산이라 하던가? 그 바다, 무슨 허이도라 하던가? 그곳에서도 하루 자면서 그 바다, 섬 그 섬으로 건너갔지 뭐.

여행 중 발생한 사고

제 아이고, 그곳에서 음식들을 잘못 먹고 설사해서 병원에 가고. 그런데 나는 먹으려고 하니까 말이야 첫 입에 막 변한 냄새가 나더라오. 그 이렇게 반찬을 한 상 해놓았는

머, 머야간 바다고긴 다 낳앗디 머. 긴데 첫 숟갈에 막 못 먹갓더라우 어케? 기 : 서 안 먹엇디 머. 안 먹구 멀 먹엇나 하면 달걀국 고고 먹엇디. 고고 해서 밥 한 공기 먹구 물러앉엇디. 너네 사람들은 머 정신없이 먹더니, 그 사람들 다 설사허구 병원에 가서 띠류 맞구 그러커구 왓어.

조 나쁜 사람들이네요, 노인들만 가셨다고 안 좋은 걸로 해드렸는가 봐요?

제 아마 그런 모냥이야, 그거 이 생센 끓에두 벽에 가서 검사허구 끓이야 댄대.

조 네, 그렇습니다.

제 긴데 우리 겉은 것들이야 머 머이가 노인 회장두 갓어두 머. 그 사람들두 그저 좋은 것 해주갓거니 하구 가마이 잇엇디 머, 노인 회장.

조 회장은 연세가 어떻게 되셨어요?

제 칠십, 한 칠십 넘엇어.

조 그럼 연세가 모두 많네요?

제 기니까 다 깔밧갓디 머. 기 : 케 먹구서 한 여라문 사람 펜안, 펜안해서 왓는데. 그 사람들 또 와서, 집에 와서 또 단렌 받앗디 머.

조 할머님은 괜찮으셨어요?

제 난 아무치두 안앗. 안 먹엇이니까. 첫 숟갈에 기세 베라게 냄새가 나더라우.

조 그럼 할머님께서 말씀하실거죠? 이상한 냄새가 난다고요?

제 머 맛잇게들 먹으몜서 맛잇다, 맛잇다 하는데 멀 똥벨나게 머야 괜히 맛이 머쌴하다 길간네? 기래서 내 잇다가, 그 노친네 하나가 기래. '민이 할 : 매, 요거 좀 잡사보라요' 기 : 서 '야, 그걸 먹을레니까니 와 이 : 케 냄새레 베래다.' '딱 벤핸거 겉디 않네? 너네?' 기니까 '기세, 맛은 벤핸거 몰라두 머 맛은 잇이요' 기래.

조 처음 드셔보니까 원래 다 이 맛이겠다고 생각하셨겠죠?

제 '기래? 기세 난 와긴디 딴데 쩨까치레 안 간다.' 기래면서 그저 밥 한 공기하구, 그

데 하여간 바다고기는 다 놓았지 뭐. 그런데 첫 숟가락에 막 먹지 못하겠더라고 어쩐지? 그래서 안 먹었지 뭐. 안 먹고 뭘 먹었나 하면 달걀국 그거 먹었지. 그거 해서 밥을 한 공기 먹고 물러앉았지. 다른 사람들은 뭐 정신없이 먹더니, 그 사람들 다 설사하고 병원에 가서 링거 주사 맞고 그렇게 하고 왔어.

조 나쁜 사람들이네요, 노인들만 가셨다고 안 좋은 걸로 해드렸는가 봐요?

제 아마 그런 모양이야, 그거 이 생선을 끓여도 부엌에 가서 검사하고 끓여야 된대.

조 네, 그렇습니다.

제 그런데 우리 같은 사람들이야 뭐 노인 회장들도 갔어도 뭐. 그 사람들도 그저 좋은 것을 해주겠거니 하고 가만히 있었지 뭐, 노인 회장도.

조 회장은 연세가 어떻게 되셨어요?

제 칠십, 한 칠십 넘었어.

조 그럼 연세가 모두 많네요?

제 그러니까 다 깔봤겠지 뭐. 그렇게 먹고 한 여럿 사람들은 괜찮아서 왔는데. 그 사람들 또 와서, 집에 와서 또 아팠지 뭐.

조 할머님은 괜찮으셨어요?

제 나는 아무렇지도 않았어. 안 먹었으니까. 첫 숟가락에 글쎄 별나게 냄새가 나더라오.

조 그럼 할머님께서 말씀하실거죠? 이상한 냄새가 난다고요?

제 뭐 맛있게 먹으면서 맛있다, 맛있다고 하는데 유별나게 뭐 괜히 맛이 이상하다고 그러겠니? 그래서 내 있는데, 그 노친 하나가 그래. '민이 할머니, 요것 좀 드셔보세요' 그래서 '이봐, 그걸 먹으려니까 왜 이렇게 냄새가 이상하다.' '딱 변한 것 같지 않니? 너희들은?' 그러니까 '글쎄, 맛은 변 한 것은 몰라도 뭐 맛은 있어요.' 그래.

조 처음 드셔보니까 원래 다 이 맛이겠다고 생각하셨겠죠?

제 '그래? 글쎄 나는 왜 그러는지 다른 곳에

달걀국, 팡이 두구 끓인거 이만한 사발에
딜이왔더라. 기래서 그거 해서 그저 머 밥
한 공기 먹구 왔디 머. 긴데 쪼끔 잇으니까
니, 머 오후에 자니까니 머 여기서 '야, 너
무슨 약 없네? 약 없네, 없네?' 기래. 으사
두 딸라갓는데 또 약을 안 개구 갓디, 싸즈
겉은 아새끼들.

조 그럼 의사가 같이 갔다는 것이 뭐예요?

제 으사 갓으면 멀 허네? 약두 안 개구 가구.
기래개주구 또 으사보구 머이라 또 꾸지람
허더라, 꾸지람 허것으면 허구.

조 같이 간 의사는 젊습니까?

제 청년이디 머. 댕기는게 또 얼마나 힘드네?
그 차 한번 타는 거 얼마나 불펜하구. 기 :
케 거기 가개지구 막 임석들 먹구 따류 맞
구 기 : 케 지랄들 허구. 여기 와개지구두
기 : 케 아파서들 기랬어.

조 젊은 사람은 한 분도 안 따라 갔어요?

제 젊은 사람들, 기래야 오십, 한 오십 넘은 사
람들 몇 사람 딸라갓다.

조 그분들이 젊은 사람들이에요?

제 그거이 젊은 사람들이야.

조 한 삼, 사십대인 분들은 없었어요?

제 없 : 어, 그런 사람들 안 갓어.

조 대대의 책임자분이 한 사람이라도 따라
가야지 않는가요?

제 그 으사 하나 기리게 찾어 왔디.

조 어디에서 찾았어요?

제 으사, 요 여기 우리 대대 으사 하나 갓디.
그것두 진짜 으사 아니구 호사레 딸라 갓
디. 호사 갓는데 기세 또 약을 안 개구 와
개지구 어이구? 난 거 : 가서 먹을라구, 설
사 혹시 그 머 설사하나 해서 약을 사갓다
우. 개인으루 기침약에 설사약 사 간거 다
줏 : 디 머. 다 줏어. 안 대더라 그것두 쎄니
까니. 임석 먹구 기 : 케, 너는 설사 아니구
그 임석 먹구 설사하니까니 그거 말 안 듣
더라. 가서 따류 맞으니까 젠창 말 듣는거.

조 그래서 원래 계획보다 일정이 하루 늦어

젓가락이 안 간다.' 그러면서 그저 밥 한
공기하고, 그 달걀국, 파 넣고 끓인 것을
이만한 사발에 들여왔더라. 그래서 그거
해서 그저 뭐 밥 한 공기를 먹고 왔지 뭐.
그런데 조금 있으니까, 뭐 오후에 자다나
니 뭐 여기서 '야, 너 무슨 약이 없니? 약이
없니, 없니?' 그래. 의사도 따라갔는데 또
약을 안 갖고 갔지, 머저리 같은 자식들.

조 그럼 의사가 같이 갔다는 것이 뭐예요?

제 의사가 갔으면 뭘 하니? 약도 안 가져가고.
그래서 또 의사보고 뭐라고 또 꾸지람 하
더라, 꾸지람을 하겠으면 하고.

조 같이 간 의사는 젊습니까?

제 청년이지 뭐. 다니는 것이 또 얼마나 힘드
니? 그 차 한번 타는 것 또한 얼마나 불편
하고. 그렇게 거기 가서 막 음식을 (잘못)
먹고 링거를 맞고 그렇게 야단을 하고 여
기 와서도 그렇게 아파하고 그랬어.

조 젊은 사람은 한 분도 안 따라 갔어요?

제 젊은 사람들, 그래 봤자 오십, 한 오십 넘은
사람들이 몇 사람 따라 갔지.

조 그분들이 젊은 사람들이에요?

제 그분들이 젊은 사람들이야.

조 한 삼, 사십대인 분들은 없었어요?

제 없어, 그런 사람들은 안 갔어.

조 대대의 책임자분이 한 사람이라도 따라 가
야지 않는가요?

제 그 의사 한 분 그래서 찾아 왔지.

조 어디에서 찾았어요?

제 의사, 여기 우리 대대의 의사 한 분이 갔지.
그것도 진짜 의사가 아니고 간호사가 따라
갔지. 간호사가 갔는데 글쎄 또 약을 안 가
지고 가서 아이고? 나는 그곳에 가서 먹으
려고, 설사 혹시 뭐 설사라도 할까봐 약을
사갔었다오. 개인으로 기침약에 설사약을
사 간 것 다 줬어 뭐. 다 줬어. 안 되더라
그것도 심하니까 음식을 먹고 그렇게, 여느
설사가 아니고 그 음식을 먹고 설사하니까
그거 말 안 듣더라. 가서 링거 맞으니까 바

져서 왔어요? 그후 구경은 잘 하지 못하셨겠네요?

제 구경허구 오는 길에 기 : 케 댓디. 가개지구 젠창 그러면 구경두 못하디. 기리게 만리성 성꺼지 올라갔던 거 아니야? 노친네 한나 하구 나하구 딱 둘이라우. 너느 사람들은 올라가다 다 내레갓대. 우리는 그저 우리 그 머인가 하면 그거 타구 올라갓다우. 그 차, 그 던기루 쭉 올라가는거. 고고 타구두 꼭두마리에까지 올라가는 거 수 : 타 멀 : 어. 고고 타구 절반이야, 고고 타구 가는 거는 절반이야. 그러커구도 얼마나 올라간네? 호 : 지해서 막 마즈막에 할락할락 허멘서두 꼭두마리꺼지 올라갓어. 거기 가서 사진, 젊은 사람들이 또 사진 백헤 주데. 기 : 서 기넴사진이라구. 여기꺼지 올라온거 얼마나 혼난나 하멘서 사진 떠어주서 사진꺼지 다 잇어.

조 누가 찍어주셨어요?

제 그 청년들이, 좀 젊은 사람들이 개구 간 거 잇닪아. 우리 간 사람들 중 젊은 사람들이 사징기 개간 거 떡어줏어. 저네들두 같이 기래서 그 떡구, 그러커구 그 머야? 그 전람관, 그거 막 정말 막 끔찍허디. 정말 진 : 째걷이 사람이구, 진 : 째걷이 쌈 : 해. 그것두 딜이다보구.

조 할머님, 구경 잘 하셨네요?

제 음, 잘 했어. 기렇거구 왓디 머. 나흘, 사흘 만에 오는 거 머.

부담스러운 경비

조 올해는 또 어디에 가신대요?

제 올핸 간대는 소리 없 : 어. 올핸 머 여기 간다 길더니 안 딸라갓어. 그것두 돈이 얼마나 많이 나가네?

조 한번 가면 얼마씩 나갑니까?

제 몇 백 원 나가, 기래서 안 갓어. 이번에는 어데 갓나 하면 그 머야 딴동에 머 어니메

로 말을 듣는 것.

조 그래서 원래 계획보다 일정이 하루 늦어져서 왔어요? 그후 구경은 잘 하지 못하셨겠네요?

제 구경하고 오는 길에 그렇게 됐지. 가서 바로 그랬으면 구경도 못하지. 그랬기에 만리장성까지 올라갔던 것이 아니니? 노친 한명 하고 나하고 딱 둘이라오. 여느 사람들은 올라가다가 다 내려갔다고 해. 우리는 그저 우리 그 뭔가 하면 그것 타고 올라갔다오. 그 차, 그 전기로 죽 올라가는 것. 그것을 타고도 꼭대기까지 올라가는 것이 아주 멀어. 그거타고 절반이야, 그거 타고 가는 것은 절반이야. 그리고 나서도 얼마나 올라갔니? 힘들어서 막 마지막에 할딱할딱 하면서도 꼭대기까지 올라갔어. 거기에 가서 사진, 젊은 사람들이 또 사진 찍어 주데. 거기 기념사진이라고 여기까지 올라온 것이 얼마나 힘들었나 하면서 사진 찍어줘서 사진까지 다 있어.

조 누가 찍어주셨어요?

제 그 청년들이, 좀 젊은 사람들이 가지고 간 것이 있잖아. 우리 간 사람들 중 젊은 사람들이 사진기 가지고 간 것으로 찍어 줬어. 저네들도 같이 그래서 그 찍고, 그리고 그 뭐야? 그 전시관, 그것이 막 정말 막 끔찍하지. 정말 진짜 사람 같고, 진짜 같이 싸움을 해. 그것도 들여다보고.

조 할머님, 구경 잘 하셨네요?

제 음, 잘 했어. 그렇게 하고 왔지 뭐. 나흘, 사흘 만에 오는 것 뭐.

부담스러운 경비

조 올해는 또 어디에 가신대요?

제 올해는 간다는 말이 없어. 올해는 뭐 여기 간다고 그러던데 안 따라갔어. 그것도 돈이 얼마나 많이 나가니?

조 한번 가면 얼마씩 나갑니까?

제 몇 백 원 나가, 그래서 안 갔어. 이번에는 어디에 갔는가 하면 그 뭐야 단동에 뭐 어느

야? 그 금강산, 어니메 금강산 잇대.

조 아, 봉황산? 봉성에 있는 산을 말하시는 가요?

제 오, 고기 머 간다 기는거 나는 안 갔어.

조 가시지 그러셨어요?

제 아니 돈두 막 얼마나 달어나네? 그거 막 한번 가는 것두. 안 쓴다 안 쓴다 해두 많이 써.

조 한번 가시면 얼마씩 써요?

제 아니, 집이서야 멀 쓰네? 구경 가개지구 말이야. 그적에 가개지구 한 육 백 원 썻:디.

조 물건 좀 사오셨어요?

제 먹을 거 좀 사오구, 그 또 아이들이 간다구 또 돈 줏:닪네? 기니까니 그 또 바닷가에 가면 또 생물밖은 더 잇네? 기:서 고기 한 마리씩 사줏:디. 앞의 집난이 한나, 우리 손네 딸 그거 한나, 기:케 그것두 한 마리씩 사다 주엇:디 머. 갈직에 또 머 사먹어라구 돈 줫어. 긴데 어떻게 기낭 오네?

조 아, 괜찮아요. 딸들인데 무슨 그렇게 사양하십니까?

제 기래두 안 기래. 기래두 그것들 좀……

조 손녀딸은 누구예요?

제 우리 미령이 외손네 딸, 3중에 선생노릇 허는 거. 그거 잇구 머 없:디 머. 우리 남동생 한나 잇구. 기래 고기 우리 한나 먹으니 그렇게 네 마리. 네 마리 비싸. 그 한 근에 얼만가 하면 팔십, 팔원인가 한 근에 팔 원.

조 네 마리에 얼마 주고 사오셨어요?

제 한 근에 기니까니 팔 원인데 그 네 마리에 닷:근이야 닷:근. 기두 얼마 커지두 않아. 기래 닷 근이야 네 마리에.

조 그러지 마시라고 안 그래요?

제 기래기 이 작아두 그저 이거 기념루 먹으라 그래먼서 갯다줏디. 엄매 왓다구들 와서 기래서 기념으루 먹으라면서 한나씩 주면 또 맛잇다구 기래.

조 그런데 뭐 하시는데 육백 원씩 썼어요?

제 가는거 차삐, 차삐두 다 잇다.

조 여기 노인협회에서 다 주는 것이 아니에요?

곳이야? 그 금강산, 어디에 금강산이 있대.

조 아, 봉황산? 봉성에 있는 산을 말하시는 가요?

제 오, 거기 뭐 간다고 그러는 것을 나는 안 갔어.

조 가시지 그러셨어요?

제 아니 돈도 막 얼마나 달아나니? 그것 막 한번 가는 것도 안 쓴다 안 쓴다고 해도 많이 써.

조 한번 가시면 얼마씩 써요?

제 아니, 집에서야 뭘 쓰니? 구경 가서 말이야. 그때 가서 한 육 백 원 썼지.

조 물건 좀 사오셨어요?

제 먹을 것 좀 사오고, 그 또 아이들이 간다고 또 돈을 주었잖니? 그러니까 그 또 바닷가에 가면 또 생물밖에 더 있니? 그래서 고기 한 마리씩 사주었지. 앞의 딸 한 마리, 우리 손녀 딸 그애 한 마리, 그렇게 그것도 한 마리씩 사다 주었지 뭐. 갈 때 또 뭐 사먹어라고 돈을 줬어. 그런데 어떻게 그냥 오니?

조 아, 괜찮아요. 딸들인데 무슨 그렇게 사양하십니까?

제 그래도 안 그래. 그래도 그네들 좀……

조 손녀딸은 누구예요?

제 우리 미령이 외손녀 딸, 3중에서 선생 하는 것. 그 애 있고 뭐 없지 뭐. 우리 남동생이 하나 더 있고. 그래 고기 우리도 하나 먹으니 그렇게 네 마리. 네 마리 비싸. 그 한 근에 얼마인가 하면 팔십, 팔원인가 한 근에 팔 원.

조 네 마리에 얼마 주고 사오셨어요?

제 한 근에 그러니까 팔 원인데 그 네 마리에 닷 근 이야 닷 근. 그래도 얼마 크지도 않아. 그래 닷 근이야 네 마리에.

조 그러지 마시라고 안 그래요?

제 그래서 이것 작지만 그저 이것 기념으로 먹으라고 그러면서 갔다 줬지. 엄마 왔다고 와서 그래서 기념으로 먹으라면서 하나씩 주면 또 맛있다고 그래.

조 그런데 뭐 하시는데 육백 원씩 썼어요?

제 가는 것 차비, 차비도 다 있지.

<table>
<tr>
<td>

제 주는거 그저 고거 머야? 고 갱비 얼마씩 쪼꼼씩 주디 안 주. 기 : 케 많이 안 주. 사람들 많이 가니까니. 기커구 또 멀 좀 사먹구 그저. 나가서 또 개인으루 사먹엇어. 식당에 딜어가닌깐 막 임석이 막 먹구퍼디 않아, 기 : 서 나가서 먹엇어. 나가서야 한번 먹는거, 한번 먹는거 팔십 원이더라.

조 혼자서 말이요?

제 함자서 팔십 원씩 먹엇어. 꼬지루 먹으니까니, 좀 온 김에, 다들 기래, 동무들끼리. 동무들이 기래. '온 김에 좀 맛잇는거 먹자.' 이런거 머 맛잇는 거 집에 가머 사먹네? 못 사먹는대. 기 : 서 한번 먹는데 팔십 원씩 딜이가더라야. 그 다 한사람 내. 다 집테루 안 먹구 집테루 안 먹어두 돈은 다 고거 풀어야대닪네?

조 그렇게 드셨어요?

박해진 인심

제 먼데 가니까니 막 박 : 해, 막 사람들이 박 : 해. 박해개지구 정말 뺑골 한고치 사서 노나 먹게 안 대더라. 아무 사람이나 다 기래. 나 또 사서 놈 줄레머 그 한 사람만 주간? 그 사람들두 또 머 나 사줄레머 또 한 사람만 주네? 기나까느 아야 그저 머 없 : 어. 사탕두 하나 못 노나 먹어. 찻간에서 물 사 먹는 것두 다 안 줄라 그래. 다 지가끔 사먹디. 아, 박 : 해. 그거보면 정말 누구 물 한 순갈두 안 믹이갓더라. 참 박 : 해. 그런데 : 가서 인씸 쓰는거 없 : 어.

조 모두 자식들이 주신 용돈이다 보니 갖고 가신 돈이 한정되어서 그렇겠죠?

제 그러게, 기니까니 아야 안 주.

조 그러시는 것이 어떻게 보면 더 좋을 수도 있어요.

제 오, 그거이 동긴 동아. 그 보라, 하나 얻어 먹는데 그 사람 사주야대구 또 그 사람만 주게 대간? 기니깐 더 동더라 머, 허긴 동아. 그거 갲다 마시라.

</td>
<td>

조 여기 노인협회에서 다 주는 것이 아니에요?

제 주는 것이 그저 그거 뭐야? 그 경비 얼마씩 조금씩 주지 안 줘. 그렇게 많이 안 줘. 사람들이 많이 가니까. 그리고 또 뭘 좀 사먹고 그저. 나가서 또 개인으로 사먹었어. 식당에 들어가니까 막 음식이 막 먹고 싶지 않아, 그래서 나가서 먹었어. 나가서 한번 먹는 것이, 한번 먹는 것이 팔십 원이더라.

조 혼자서 말이요?

제 혼자서 팔십 원씩 먹었어. 고급으로 먹으니까, 좀 온 김에, 다들 그래, 동무들끼리. 동무들이 그래. '온 김에 좀 맛있는 것을 먹자.' 이런 것 뭐 맛있는 것을 집에 가면 사먹게 되니? 못 사먹는대. 그래서 한번 먹는데 팔십 원씩 들어가더라. 그 다 혼자서 내. 다 집단으로 안 먹고 집단으로 안 먹어도 돈은 다 그것을 분담해야하니?

조 그렇게 드셨어요?

박해진 인심

제 먼 곳에 가니 막 인심이 박해져, 막 사람들이 박해져. 박해서 정말 아이스케이크 하나도 사서 나누어 먹게 안 되더라. 아무 사람이나 다 그래. 나도 또 사서 남 주려면 그 한 사람만 주겠니? 그 사람들도 또 뭐 나를 사주려면 또 한사람만 줄 수 있니? 그러니까 아예 그저 뭐 없어. 사탕도 하나 못 나누어 먹어. 찻간에서 물을 사 먹는 것도 다 안 주려고 그래. 다 제각기 사 먹지. 아, 박해. 그거 보면 정말 누구 물 한 순가락도 안 먹이겠더라. 참 박해. 그런 곳에 가서 인심 쓰는 것이 없어.

조 모두 자식들이 주신 용돈이다 보니 갖고 가신 돈이 한정되어서 그렇겠죠?

제 그래, 그러니까 아예 안 줘.

조 그러시는 것이 어떻게 보면 더 좋을 수도 있어요.

제 오, 그것이 좋긴 좋아. 그 봐라, 하나 얻어 먹는데 그 사람 사줘야 하고 또 그 사람만 줄 수 있겠니? 그러니깐 더 좋더라 뭐, 하

</td>
</tr>
</table>

조 아니요. 이 물을 마시면 됩니다. 물이 몸에
가장 좋습니다.
제 이거 끓인 물이야. 박 : 해, 놀레 가면 너나
할 것 없이 박 : 해.
조 그러니 한 열 명가량씩 가면 가장 좋아요
제 기니까니 노인조서 머 한나씩 사서 주먼
먹는데. 노인조서두 안 사조, 안 사조.
조 공짜로 사주시면 드시겠는데?
제 오, 공꺼로 사주먼 먹디, 먹는 것두 머 저 먹
는 것두 기쎄 바들바들 떨면서 먹는데 머.
조 할머님도 그러셨어요?
제 놈 그리니까니 같이 다 그래 대디.
조 할머님도 그럼 같이 그러셨어요?
제 고럼, 같이 딸라가디.

여행 경비 내역

조 할머님이 육백 원 쓰셨으면 다른 할머님들
도 거의 그렇게 쓰셨겠네요?
제 젊은 사람들 더 썼다. 젊은 사람들 술 먹디,
머, 멀 먹디 허니까.
조 이박 삼일인데 그래도 꽤 쓰셨네요?
제 기구 그 또 머 입성두 그저 반반한거 입게
대면 놈 안 입는거 입게 대면 고곳도 사고
파 한나씩 사입구 기니까니 돈 퍽해. 딴똥
에 가서는 안 썼어, 누구나 다 안 써. 긴데
그거 이번에 거기 가게지구 그저 시당에랑
가니까 머이 눈에 드는 것들이 많디 머,
기니깐 돈 더 썼다.
조 할머님도 눈에 드시는 것이 많으셨어요?
제 오, 많아. 안 사서 길디 많아.

여행경비 후원

조 할머님 여행 가실 때 누가 돈을 주셨어요?
제 앞의 집난이도 이백원 주구, 또 우리 손네
딸두 이백원이구. 그러커구 우리 아들이
또 이백원 주구.
조 다 쓰고 오셨어요?
제 좀 냄겨 왔디, 기케구 와서 다 썼다 기랫디.

긴 좋아. 그것 가져다 마시라.
조 아니요. 이 물을 마시면 됩니다. 물이 몸에
가장 좋습니다.
제 이것은 끓인 물이야. 박해, 놀러 가면 너나
할 것 없이 박해.
조 그러니 한 열 명가량씩 가면 가장 좋아요.
제 그러니까 노인협회에서 뭐 하나씩 사주면
먹는데. 노인협회에서도 안 사줘, 안 사줘.
조 공짜로 사주시면 드시겠는데?
제 오, 공짜로 사주면 먹지, 먹는 것도 뭐 자신이
먹는 것도 글쎄 바들바들 떨면서 먹는데 뭐.
조 할머님도 그러셨어요?
제 남이 그러니까 같이 다 그렇게 되지.
조 할머님도 그럼 같이 그러셨어요?
제 그럼, 같이 따라가지.

여행 경비 내역

조 할머님이 육백 원 쓰셨으면 다른 할머님들
도 거의 그렇게 쓰셨겠네요?
제 젊은 사람들은 더 썼다. 젊은 사람들은 술
먹지, 뭐, 뭘 먹지 하니까.
조 이박 삼일인데 그래도 꽤 쓰셨네요?
제 그리고 그 또 뭐 옷도 그저 괜찮은 것을 입
게 되면 남이 안 입는 것 입게 되면 그것도
사고 싶어 하나씩 사 입고 그러니까 돈이
헤퍼. 단동에 가서는 안 썼어, 누구나 다 안
써. 그런데 그거 이번에 거기 가서 그저 시
장에 가니까 뭐가 눈에 드는 것들이 많지
뭐, 그러니까 돈을 더 썼지.
조 할머님도 눈에 드시는 것이 많으셨어요?
제 오, 많아. 안 사서 그렇지 많아.

여행경비 후원

조 할머님 여행 가실 때 누가 돈을 주셨어요?
제 앞의 딸도 이백 원 주고, 또 우리 손녀딸도
이백 원이고. 그리고 우리 아들이 또 이백
원 주고.
조 다 쓰고 오셨어요?
제 좀 남겨 왔지, 그리고 와서는 다 썼다고 그

남아 왔어. 좀.

조 작은 딸은 안 주셨어요?

제 작은 딸은 한국 나가 잇이니까니 못 줏다.

조 아, 한국 나가셨다가 지금 들어와 계시는 거예요?

제 고:롬, 지끔 왓다.

조 또 나가신대요?

제 또 나가갓다 길데. 또 가.

자식들의 생활

조 작은 딸은 뭐 하셨어요?

제 작은 딸, 명넝가 그 농업사에 잇엇던거디.

조 거기 농장에는 어떻게 들어가셨어요?

제 농업사, 본래 농업사 잇던건데 머. 잇던건데 다 벌판에 집들 짓구 거기서 농새랑 허구 기랫는데 땅이 다 이거 그 머이가 국가에로 다 넘어 갓닪네. 공장 짓구 멀 짓구 허니 땅이 없:어서 농새 못허디 머. 농새 못허구 작은 딸 한국에 시집 갓닪네. 기:서 한국에 나가서 사 년만에 왓나?

조 그럼 사위는 뭘 하십니까? 작은 사위요?

제 작은 사우는 내내 한국 갓다 왓디 머. 것: 두 다 농업이디 머 농업사람이디 머.

조 아, 같이 갔다 같이 오신 거예요?

제 고:롬, 같이 갓다 같이 왓어.

조 작은 딸은 한국 어디에 시집갔대요?

제 손네딸? 난 몰라. 한국 어디멘디?

조 또 나가신대요?

제 우리 집난이? 또 한번, 한번 또 갓다오야 일없대문. 고:롬 맘:대루 댕긴대문, 한번 더 갓다 오먼. 불법으루 가 잇엇다오.

조 그럼, 이제 시내에다 집을 사셨어요?

제 집 샷어, 가서 벌어개지구 층집 좋은거 사서 짱씨 잘 허구 잇닪네?

조 새 집에 들어가셨어요?

제 오, 딜이 갓어. 우리 사우는 멘제 왓디 머 멘제.

조 언제쯤 오셨어요?

제 기직에 머 누월 쪼순 왓을거다. 누월. 와개

지구 집 짱씨허구. 우리 집난이는 다 같이 왔는데 상해 가구, 막 일이랑 너무 해서 힘드니까니 상해의 큰 딸네 집이, 저네 큰 딸네 상해 잇댆아.

조 큰 딸이 상하이에 있어요?

제 오, 상해 잇으니까니 상해에서 몇달 놀다 왔어. 딸네 집에서, 딸두 잘 산다우. 일본에 가서 잘 : 벌어서. 한족싸람 아니가 사우레? 또 기 : 케 잘 살아, 둘이서. 돈 많이 벌어 개와서 상해 집 좋은 거 사개구 짱씨 잘 허구 잘 살댆? 기 : 서 딸네 집에 내내 잇엇어. 기커구 딸네 집에 잇다가 집이 이거 짱씨 다 허구 가 : 레 왓디 머.

할머님의 자식 사랑

조 할머님, 어느 따님이 가장 좋으세요?

제 같애, 딸들은 우리 딸들은 다 마음이 그저 다.

조 둘 다 엄마를 많이 생각하십까?

제 긴데 우리 큰 딸은 암 : 만 엄매 줄레두 돈 어니메, 아무데나 안 갓다 왓다우. 외국에 안 갓다 왓다우, 둘이 다. 기니까니 머 암 : 만 주구파두 그, 그저…… 기래두 그저 어니메, 어니메 간대문 안 빠데, 더 주.

조 그래도 큰 따님이 곁에 있어서 자주 왔다 갔다 해서 좋으시죠?

제 고:롬, 거기 왓다 갓다, 또 안 오면 전화 허디 머. 그 야네 그 삼층이디 머, 삼층 올라 갈레먼 막 좀 쉬엇다 올라가야데. 올라가기 힘들어. 기래서 내가 층으루 안 갈라 기래. 힘들어, 올라가기. 기래두 그 손네딸이 잇일 직에는, 고손네디 머. 고고 와 잇일 직에는 고고 보구파서 하루 힘들어두 하루 한번씩 가군 했는데 그거 간댐에보탐 안 가. 가게 대디 않아. 고고 또 전화 오면 한 : 매 기래. 우리 고 마당에 깡내이 심것다우. 한 : 매 깡내이, 깡내이 기래서 또 깡내이 따개구 올라가구 그저 그거 먹어라구. 깡내이 한 대이삭씩 따다주먼 그저 맛잇다구 깡내이를 잘 먹어 고고. 요즘에는 그거

집 실내 장식을 하고. 우리 딸은 같이 왔는데 상하이로 가고, 막 일을 너무 하여 힘들어서 상하이의 큰 딸네 집에, 자기 큰 딸이 상하이에 있잖아.

조 큰 딸이 상하이에 있어요?

제 오, 상하이에 있으니까 상하이에서 몇 달 놀다 왔어. 딸네 집에서, 딸도 잘 산다오. 일본에 가서 잘 벌어서. 한족사람이 아니니 사위가? 또 그렇게 잘 살아, 둘이서. 돈 많이 벌어 가져 와서 상하이에 좋은 집을 사서 실내 장식을 잘 하고 잘 살잖? 그래서 딸네 집에 계속 있었어. 그리고 딸네 집에 있다가 이 집의 실내 장식이 다 끝나고 개(딸)가 왔지 뭐.

할머님의 자식 사랑

조 할머님, 어느 따님이 가장 좋으세요?

제 같아, 딸들은 우리 딸들은 다 마음이 그저 다.

조 둘 다 엄마를 많이 생각하십까?

제 그런데 우리 큰 딸은 아무리 엄마 주려고 해도 돈이 어디에, 아무 곳도 안 갔다 왔다오. 외국에 안 갔다 왔다오. 둘이 다. 그러니까 뭐 아무리 주고 싶어도 그, 그저…… 그래도 그저 어디에, 어디에 간다면 안 빠져, 더 줘.

조 그래도 큰 따님이 곁에 있어서 자주 왔다 갔다 해서 좋으시죠?

제 그럼, 거기에 왔다 갔다 하고 또 안 오면 전화 하지 뭐. 그 야네 집이 삼층인데, 삼층까지 올라가려면 막 좀 쉬었다 올라가야 해. 올라가기 힘들어. 그래서 내가 층집으로 안 가려고 그래. 힘들어, 올라가기. 그래도 그 손녀딸이 있을 때는, 증손녀지 뭐. 그 애가 와 있을 때는 그 애가 보고 싶어서 힘들어도 하루에 한 번씩 가곤 했는데 그 애가 간 다음부터는 안 가. 가게 되지 않아. 그 애가 또 전화 오면 할머니 그래. 우리 그 마당에 강냉이 심었다오. 할머니 강냉이, 강냉이 그래서 또 강냉이 따서 올라가고 그저 그 애가 먹어라고. 강냉이 한

없으니까 가기 안 대.

조 그 애는 올해 갔어요? 언제 갔어요?

제 이제 머 몇달 안 댓어.

조 엄마가 와서 데리고 갔어요?

제 저 엄매레 와서 데리구 갓어. 저 엄매레 막 보구파개지구. 사진 백헤 왓는데, 가개지구 사진 백헨는데. 막 얼마나 더 고와디간? 아 : 레.

조 손녀가 그렇게 예뻐요?

제 오, 기 : 케 고와. 제 새끼 낳어서 길러문 머 한번 고와서 안 기랫는데 이제 이댐에 지내보라요. 손주겉이 고운거 없 : 이요.

조 모두 그렇다고 하시더라고요.

제 제 새끼 낳어서 길러문 이것들 머 한번, 생활 곤란허니까니 곱다구 한번 안구 못허디. 곱다구 한번 안아보지두 못하구 기 : 케 길럿이요, 이것들. 곤란허니까니 기린 거, 그저 에이구…… 기래두 그저 다 절루 길러나서 시집, 당게 다 갓닪네?

할머님의 성공적인 삶

조 할머님 인생은 그래도 성공인 셈입니다.

제 고:롬, 성공이다. 나 딴 사람 얻어갓으면 머 어더린디 알간? 어리케 댓는디 모르디, 아이들 다 어리케 댓는디 모르디 머. 아무래두 그 아 : 서이가나 달아간 거 페난허간? 못 페난허디 안 기래?

조 할머님은 비록 좀 고생하셨어도 오래 계시니까 늦게라도 이런 복, 자식들이 잘 사는 모습을 볼 수 있네요.

제 오, 복은 복이야. 보니까니 내께는 복이야. 그 혹시 정말 젊어개지구 남자한테 정말 빠데개지구 아새끼들 머 생각두 안 허구 얻어가면 이것들 다 어리케 댓는디 몰라? 안 기래요? 암 : 만 저 머 예펜네 얻어갈라구 각서 스리 다 해두 어리케 댈디 모른다구, 아이들 많이 데리구 가문. 펜안허디 않

댓 이삭씩 따다 주면 그저 맛있다고 강냉이를 잘 먹어 그 애. 요즘에는 그 애 없으니까 안 가게 돼.

조 그 애는 올해 갔어요? 언제 갔어요?

제 이제 뭐 몇 달이 안 됐어.

조 엄마가 와서 데리고 갔어요?

제 애기 엄마가 와서 데리고 갔어. 애기 엄마가 막 보고 싶어 해서. 사진 찍어 왔는데, 가서 사진 찍었는데. 막 얼마나 더 예뻐졌는지? 애가.

조 손녀가 그렇게 예뻐요?

제 오, 그렇게 예뻐. 자기 아이 낳아서 키울 때는 뭐 한번 예뻐서 안 그랬는데 이후에 지내보세요. 손자같이 예쁜 것이 없어요.

조 모두 그렇다고 하시더라고요.

제 자기 새끼를 낳아서 키울 때는 이 애들을 뭐 한번, 생활이 곤란하니까 예쁘다고 한번 안아주고 못했지. 예쁘다고 한번 안아보지도 못하고 그렇게 키웠어요 아이들을. 곤란하니까 그런 거, 그저 아이고…… 그래도 그저 다 스스로 커서 시집, 장가 다 갔잖니?

할머님의 성공적인 삶

조 할머님 인생은 그래도 성공인 셈입니다.

제 그럼, 성공이지. 내가 다른 사람 얻어 갔으면 뭐 어떤지 알겠니? 어떻게 됐는지 모르지, 아이들이 다 어떻게 됐는지 모르지 뭐. 아무래도 그 애 셋이나 데리고 간 것이 편안하겠니? 못하지 편안하지 안 그래?

조 할머님은 비록 좀 고생하셨어도 오래 계시니까 늦게라도 이런 복, 자식들이 잘 사는 모습을 볼 수 있네요.

제 오, 복은 복이야. 보니까 나에게는 복이야. 그 만약 정말 젊어서 남자한테 정말 빠져서 아이들을 뭐 생각도 안 하고 얻어 갔으면 이 아이들이 다 어떻게 됐는지 모르지? 그렇지 않아요? 아무리 저 뭐 여자 얻어 가려고 각서 쓰고 다 해도 어떻게 될지 모른다고, 아이들을 많이 데리고 가면. 편안하

디. 함자 몸 간 거가 안 같디 머.

조 자식들이 좀 힘들게는 컸지만 심적으로는 상처 받지 않고 엄마 믿고 잘 클 수 있었죠?

제 고:롬, 어디케 대엇건 암:만 먹을거 없다 해두 내 입에 안 달이가구두 이것들 배부리 멕이니까니.

지독한 가난

제 어이구, 고 죽 먹는 해, 정말 소대서 탈곡허면서 베 안 채는 사람이 없더라우. 난 또 식당에서 밥 햇다우. 밥 허니까니 도적질 못허디 머. 놈들은 다 도적질해서 아이들 밥 많이 멕이는데 막 속이 상해.

조 왜 도둑질을 못했어요? 밥 하시는데?

제 식당에서 밥 허니. 식당에 우리 집테루 허니까니 집테식당이라우. 거기서 밥 허니까니, 나가서 탈곡허는 사람은 베들 다 채다 먹닪네? 기 : 가 난 식당 벅 : 에서 밥 허니까니 못 채 먹디.

조 훔칠 기회가 없으셨네요?

제 없 : 디, 기래서 하루는 콩 뛰던다 기래. 사람들이 다 못 먹어서, 아이들이 얼굴이 다 부성부성 햇어요. 콩 먹으면 또 이 부운거이 다 내레 앉는다오 기래.

조 콩을 어떻게 먹으면 되죠?

제 삶아 먹디요. 삶아 먹으문 붓는거 내레란다 길데. 아이들두 다 하루에, 하루에 한 근을 먹는데 한근에 빠량인데 서이서 빠량개지구 대우?

조 그때 배급 내주었어요?

제 고:롬, 양식 그거 죽 먹는 거 포지 준다구 포지. 일 량이면 일 량, 두 군이면 두 군. 이 : 케 두 군이면 두 군 주구 어느날꺼지 먹으라구 긴다우. 기니까니 한 끼에 일 량, 죽 일 량밖은 안 돌아가요 얼마나 곤란햇나 보라우. 기런데 나는 식당에서 암:만 안 먹는다 해두 그저 바까이 겉은 거 그 물에 풀어개지구, 화식원들이 또 너이라우. 사람들이 많으니까니, 화식원들이 너인데 그저 너이씩, 바까이 그것두 또 낭표 주구

지 않지. 혼자 간 것과 안 같지 뭐.

조 자식들이 좀 힘들게는 컸지만 심적으로는 상처 받지 않고 엄마 믿고 잘 클 수 있었죠?

제 그럼, 어떻게 되었건 아무리 먹을 것이 없다 해도 내 입에 안 들어가고도 이 애들 배불리 먹이니까.

지독한 가난

제 어이구, 그 죽 먹는 해, 정말 조합에서 탈곡하면서 벼를 훔치지 않는 사람이 없더라오. 나는 또 식당에서 밥을 했다오. 밥을 하니까 도둑질을 못하지 뭐. 남들은 다 도둑질해서 아이들을 밥 많이 먹이는데 막 속이 상해.

조 왜 도둑질을 못했어요? 밥 하시는데?

제 식당에서 밥을 하니. 식당에서 우리 집단으로 하니까 집체식당이라오. 거기에서 밥을 하니까, 나가서 탈곡하는 사람은 벼를 다 훔쳐 먹잖아? 그런데 나는 식당 부엌에서 밥을 하니까 못 훔쳐 먹지.

조 훔칠 기회가 없으셨네요?

제 없지, 그래서 하루는 콩을 두드린다고 그래. 사람들이 다 못 먹어서, 아이들의 얼굴이 다 부석부석 했어요. 콩을 먹으면 또 이 부은 것이 다 내려간다고 그래.

조 콩을 어떻게 먹으면 되죠?

제 삶아 먹지요. 삶아 먹으면 부은 것이 내려 간다고 그러데. 아이들도 다 하루에, 하루에 한 근을 먹는데 한 근에 여덟 냥인데 셋이서 여덟 냥으로 되오?

조 그때 배급 내주었어요?

제 그럼, 양식 그거 죽을 먹는 표를 준다고 표. 한 냥이면 한 냥, 두 근이면 두 근. 이렇게 두 근이면 두 근 주고 어느날까지 먹으라고 그런다오. 그러니 한 끼에 한 냥, 죽 한 냥밖에 안 돌아가요. 얼마나 곤란했나 보오. 그런데 나는 식당에서 아무리 안 먹는다 해도 그저 누룽지 같은 것, 그 물에 불려서, 식당 종업원들이 또 넷이라오. 사람들이 많으니까, 식당 종업원들이 넷인데 그

야 먹엇이요. 머, 그저 얻어먹네? 기리도 또 식당에 안 들어와 잇는 사람들은 '식당에 잇는 이미네들 밥 채 먹어서 살이 번번허게 진다' 머 이따 소리 다 듣디 머. 채 먹디두 못하는데.

조 식당에서 더 드시는 것은 사실이 아닌가요?

제 많이 먹긴? 그저 밥 짝으면 까말티밖은 못 먹는다우.

조 아, 그래요?

제 어리케 되면 그저 이 그 숫자 맞차서 허게 대면 머 더 구에서 머이 내레오던가, 공사서 또 내레오던가 허면 조선싸람네 식당에 다 와서 먹어요.

조 깨끗하다고요?

제 응, 기케 다 먹으니까니 사람숫자 더 붙게 대면 밥이 모자라디 머. 기렇게 막 그러구 집이 와 보면 막 아이들 굶게 죽이는 거 겉구, 막 그저 다 부성부성 해.

서투른 도둑질 솜씨

제 기 : 서 하루는 콩을 뛰딘다 기래서 머이 이거 콩 뛰딜면 나가서 콩을 좀 채야대갓다허구. 나두 버버리장갑 크게 기윘디 머. 버버리장갑 그거 크게 허구 모가지에 떡 걸구 나가니깐. 딱 공사, 그 공사 쓰짠장이래는거 그거 맞다 들럿어. 나보구 '너 안에 밥 허는데 어리케 나왓디?' 나보구 기래. 기래서 '밥 허레 나왓으면 머 못허네 머?' '밥 다 허구 시간외루 나왓다' 기니까. '너 멀 채레 나왓구나.' 알디 머 그것들이, '멀 채레 나왓디?' 기래서 '채긴 머이 잇게 채갓네? 보라우'. 아이구, 정말 보면 어케네? 기니까 그 사람들이 우야 눈을 감아줫디. 버버리 장갑에 콩을 잔뜩 두개 다 씰이넣구 모가지에 떡 걸구.

조 목에 뭐 어떻게 걸어셨어요?

제 이 : 케, 그 장갑 버버리 장갑 그 끈 잇닪아.

조 아, 끈을 목에 걸어셨어요?

제 오, 목에 걸엇디 머. 콩은 지갑, 그 장갑 아

저 넷이서, 누룽지 그것도 또 양표를 주고서야 먹었어요. 뭐, 그저 얻어먹니? 그래도 또 식당에 안 들어와 있는 사람들은 '식당에 있는 여자들은 밥을 훔쳐 먹어서 살이 유들유들하게 진다' 뭐 이러한 소리를 다 듣지 뭐. 훔쳐 먹지도 못하는데.

조 식당에서 더 드시는 것은 사실이 아닌가요?

제 많이 먹긴? 그저 밥이 적으면 누룽지밖에 못 먹는다오.

조 아, 그래요?

제 어떻게 되어 그저 이 그 숫자에 맞추어서 하게 되면 뭐 저 구에서 누가 내려오던가, 공사에서 또 내려오던가 하면 조선족사람의 식당에 다 와서 먹어요.

조 깨끗하다고요?

제 응, 그렇게 다 먹으니까 사람 숫자 더 붙게 되면 밥이 모자라지 뭐. 그렇게 막 하고 집에 와 보면 막 아이들을 굶겨 죽이는 것 같고, 막 그저 다 부석부석 해.

서투른 도둑질 솜씨

제 그래서 하루는 콩을 두드린다고 그래서 뭐 이거 콩을 두드리면 나가서 콩을 좀 훔쳐야겠다하고 나도 벙어리장갑 크게 기웠지 뭐. 벙어리장갑을 그거 크게 하고 목에 떡 걸고 나가니까. 딱 공사, 그 공사 시서기라는 그 사람과 맞다 들렸어. 나보고 '너 안에 밥을 하는데 어떻게 나왔나?' 나보고 그래. 그래서 '밥을 하러 나왔으면 뭐 못하는가 뭐?' '밥을 다 하고 시간 외에 나왔다' 그러니까. '너 뭘 훔치러 나왔구나.' 알지 뭐 그분들이, '뭘 훔치러 나왔지?' 그래서 '훔치긴 뭘 있게 훔치겠는가? 보라오'. 아이고, 정말 보면 어떻게 하니? 그러니까 그 사람들이 일부러 눈을 감아줬지. 벙어리장갑 양쪽 두 개에 다 콩을 잔뜩 쓸어 넣고 목에 떡 걸고.

조 목에 뭐 어떻게 걸으셨어요?

제 이렇게, 그 장갑 벙어리장갑에 그 끈이 있잖니?

낙에 콩들은 가뜩허게 썰이넣구. 긴데 떡 만냈디 머. 아이, 가슴이 덜러렁 해. 야단낫구나 햇더니 눈 감아 조, 그 사람들이. 그면서 '멀 해레 나왓네?' 나보구 기래서 '멀 해레 나오긴 멀 해레 나와?' '설거지 다 허구 일없어서, 머이유쓸디 꿔라이라' 기니까니 아, 쓰마? 기리멘서 보써 그 지갑, 지갑에 콩 넣은거 다 알리디 머. 와 모르갓네? '집에 가네?' 기래서 '어, 집 간다' 기랫디. 그거 갯다가 아이들 저네들, 우리 이거 집 난니가 쪼꼬마해서두 멀 잘 햇이요.

조 일찍 철이 들어서 그렇겠지요?

제 오, '야, 너 멀 해 먹을레먼 이걸루 멀 해 먹어라' 길면서 '비지 해 먹구파' 허면 '오, 비지 해 먹으라' 해구. 콩 당가개지구 그것들이 우리 작은 딸하구 우리 아들하구 서이 아니가? 난 식당에서 밥 허니까. 그것들 서서 비지, 비지 해먹으니까 그저 젠창 내려가요. 부은거, 부성부성헌 거 젠창 내려가.

조 너무 못 먹어서 그런가요?

제 못 먹어서 길디 머. 고 쪼꼬마씩 헌 것들 한참 먹을건데 죽 일량개지구 대요? 죽 일량 쪼꼬만 사발에 한 사발.

조 그것으로 너무 배를 곯다가 콩비지 먹으니 죽 내려갔겠어요?

제 고:롬, 쭉 내리갓디. 말두 못해요.

흉년의 기억

제 기직엔 막 다 쥑이는 거 겉은데 아이들 다 쥑이는 거 겉애. 기래서 나두 막 그저 식당에서 밥 허구 그저, 그 식당 화식원들 서이 아니야? 어 너이, 우리두 막 베 채레 나갓던거야. 아이들 굶게 쥑이갓다구. 식당에서 머 허게 대면 놈들 막 기 : 케 채다 먹어두 못 채다 먹엇어. 기 : 서 '야, 우리야 여기 잇다간 아이들 다 굶게 쥑이갓다.' '우리두 나가서 채야디 안 대갓다.' 허구 간거디.

조 아, 끈을 목에 걸리셨어요?

제 오, 목에 걸렸지 뭐. 콩은 장갑, 그 장갑 안에 콩은 가득 쓸어 넣고. 그런데 떡 만났지 뭐. 아이고, 가슴이 덜컥 해. 큰일 났구나 했더니 눈 감아 줘, 그 사람들이. 그러면서 '뭘 하러 나왔니?' 나보고 그래서 '뭘 하러 나오긴 뭘 하러 나와?' '설거지 다 하고 일이 없어서, 일이 없어서 나왔다'고 하니까 아, 그래요? 그러면서 벌써 그 장갑, 장갑에 콩 넣은 것이 다 알리지 뭐. 왜 모르겠어? '집에 가니?' 그래서 '오, 집으로 간다'고 그랬지. 그것을 가져다가 아이들 저 애들, 우리 이 딸이 어려서도 뭘 잘 했어요.

조 일찍 철이 들어서 그렇겠지요?

제 오, '야, 너 뭘 해서 먹으려면 이것으로 뭘 해서 먹어라' 하면서 '콩비지를 해 먹고 싶어'하면 '오, 콩비지를 해 먹으라' 하고 콩 담가서 그 애들이 우리 작은 딸하고 우리 아들하고 셋이 아니? 나는 식당에서 밥을 하니까. 그 애들 셋이서 콩비지, 콩비지 해먹으니까 그저 바로 내려가요. 부은 것, 부석부석한 것이 바로 내려가.

조 너무 못 먹어서 그런가요?

제 못 먹어서 그렇지 뭐. 그 어린 것들이 한참 먹을 나이인데 죽 한 냥으로 돼요? 죽 한 냥이면 자그마한 사발에 한 사발.

조 그것으로 너무 배를 곯다가 콩비지 먹으니 죽 내려갔겠어요?

제 그럼, 죽 내려갔지. 말도 못해요.

흉년의 기억

제 그때는 막 다 죽이는 것 같은데, 아이들을 다 죽이는 것 같아. 그래서 나도 막 그저 식당에서 밥 하고 그저, 그 식당 종업원들이 셋 아니? 어 넷, 우리도 막 벼 훔치러 나갔던 거예요. 아이들을 굶겨 죽이겠다고. 식당에서 하게 되면 남들은 그렇게 훔쳐 먹어도 못 훔쳐 먹었어. 그래서 '야, 우리야 여기에 있다가는 아이들을 다 굶겨 죽이겠다.' '우리도 나가서 훔쳐야지 안 되겠다.'

조 식당에서 남들에게 밥을 좀 조금씩 주고 조금씩 갖고 가지 못해요?

제 못 채가. 그거 밥 담을'직에 막 눈들이 시뻘해서 다 보구 가매레 비야대요. 그 딱딱 머 얼마먼 얼마, 얼마씩 그 사닳네? 먹는 사람들이. 그저 막 우리들 먹는 거 겉애서 막 무서워. 막 사람 잡아먹을 거 겉애.

조 그래요, 사람이 가난하고 그러면 더 살벌해지는 법이에요?

제 기리개지구 머 우리 안 채먹어두 막 채먹엇다는 소리 듣구두 그저 가마이 잇이야디 머 어커네? 안 채먹어두 안 채먹는데 : 머 그 사람들이 곧이 듣네? 우리 그 화식원 노친네 한나 긴 : 다. '야, 너네 머 안 먹구 암 : 만허먼 가네들이, 가 : 들이 안 먹엇다 기네?' '먹자. 먹구나 욕 스 : 컨 얻어먹자.' 정말 그렇게 말허디 머. '아야, 우리만 배부르게? 나는 이 또 우리만 배부르게 먹으머 어커갓네?' '일 허러 나가서 일 꽝꽝 무겁게 일허는 사람들 배 곯는데' 기 : 서. 그 무장 하나 언제나 그 집이 그 사람 식구레 많으니까 못 얻어먹디 머. 못 얻어먹어서 우리 언제나 바꽈이 긁어서 몰 : 래 주군 햇어. 그 사람 무장. 소대 와서 이거 무장 일 하는 거 목수 일 하는 거 말이다. 기 : 서 그 사람 오라구 기리문 그 사람 막 좋아서 길디 머. 막 바꽈이 이렇게 벌떡가 매라니까 바꽈이두 많이 붙어. 기 : 서 이 : 케 긁어서 '이거락도 좀 잡수라요' 기니까 '아이구, 이 : 케 주니까 얼마나 고맙소, 얼마나 고맙소.' 길더라.

조 그게 몇 년도예요? 그렇게 흉년일 때가 몇 년도예요?

제 그제가 몇넨도? 집테화 대엇을 직이야.

조 그럼 저도 태어난 후인데요?

제 오, 뗀펀떡, 깡낭쐬기루 뗀펀떡두 다 해먹엇이요? 뗀펀떡 우리 그직엔 식당이 다 황댓디 머. 먹을거 바르니까 다 쌀 쪼꼼이락두 쌀 타서 쌀 타개구 갓어. 집이서 죽 끓에 먹갓다구. 시래기랑 두구 끓에 먹갓

조 식당에서 남들에게 밥을 좀 조금씩 주고 조금씩 갖고 가지 못해요?

제 못 훔쳐 가. 그거 밥을 담을 때 막 눈들이 벌게서 다 보고 가마솥이 비어야 해요. 그 딱 뛸 얼마먼 얼마, 얼마씩 그 사잖니? 먹는 사람들이. 그저 막 우리들이 먹는 것 같아서 막 무서워. 막 사람 잡아먹을 것 같아.

조 그래요, 사람이 가난하고 그러면 더 살벌해지는 법이에요?

제 그래서 뭐 우리가 안 훔쳐 먹어도 막 훔쳐 먹었다는 소리 듣고도 그저 가만히 있어야지 뭐 어떠하니? 안 훔쳐 먹어도 안 훔쳐 먹는다 하면 그 사람들이 뭐 곧이 듣니? 우리 그 종업원 노친 한명이 그런다. '야, 너희들이 뭐 안 먹고 아무리 해도 그 사람들이 안 먹었다고 하니?' '먹자. 먹고나 욕 실컷 얻어먹자.' 정말 그렇게 말하지 뭐. '아야, 우리만 배부르게? 나는 또 우리만 배부르게 먹으면 어떻게 되겠니?' '일을 하러 나가서 일을 꽝꽝 힘들게 하는 사람들이 배를 곯는데' 그래서 그 목수 한 명이, 언제나 그 집이 그 사람은 식구가 많으니까 못 얻어먹지 뭐. 못 얻어먹어서 우리가 언제나 누룽지를 긁어서 몰래 주곤 했어. 그 사람 목수. 소대에 와서 이거 목수 일을 하는 것, 목수 일을 하는 것 말이다. 그래서 그 사람 보고 오라고 그러면 그 사람이 막 좋아서 그러지 뭐. 막 누룽지 이렇게 큰 가마솥에 하니까 누룽지도 많이 붙어. 그래서 이렇게 '긁어서 이것이라도 좀 잡수세요' 그러니까 '아이고, 이렇게 주니까 얼마나 고맙소, 얼마나 고맙소.' 그러더라.

조 그게 몇 년도예요? 그렇게 흉년일 때가 몇 년도예요?

제 그때가 몇 년도인가? 집단화 되었을 때야.

조 그럼 저도 태어난 후인데요?

제 오, 강냉이떡, 강냉이 송이로 강냉이떡도 다 해먹었어요. 강냉이떡 우리 그때는 식당이 다 문 닫았지 뭐. 먹을 것이 긴장하니

다구. 쌀두 다 타가니까니 식당이 황 댓디. 기댐엔 깡낭쐬기 밯아개지구 뗀펀떡, 그것두 없:어서 못 먹갓이요.

조 뗀펀떡이 어떤 거예요? 혹시 강냉이떡을 말씀하시는가요?

제 다뺑즈, 그거 깡낭쐬기 밯아개지구

조 가마솥에다 딱 부치면 그 누룽지 붙는 걸 말씀하시는가요?

제 누러허디 머, 누러허구 기니까니 뗀펀이래는 거이 낟알 안 딜이가구 깡낭쐬기 밯아개지구 떡 헌거라우. 잿물루 쌔:해게 해개지구, 그것두요 얼마씩 돌아가는줄 알아? 한 사람에 요막씩밖에 안 돌아요. 그것두 또 일 해는 사람 부해주는거야. 일 해러 안 나가문 그것두 못 얻어먹이요 기:케 곤란햇이요, 여기. 기:서 하루 저낙 막 베 채레 나가서 우리 화식원들 베 채갯구.

식당 종업원 선발 절차

조 식당 종업원들은 어떻게 정해졌어요? 어떻게 정해서 할머님이 종업원이 되셨어요?

제 오, 이제 회:허면서 누구누구 밥 허라구 뽑디 머. 군중에서 뽑는다우.

조 일을 잘하시는 분들로요?

제 오, 다 임석 좀 허는 사람들 이:케 뽑는다우. 군중에서 대회 열어개지구 군중에서 뽑는다우. 기렇게개지구 식당에 디가 밥 햇다우.

가슴 철렁이었던 도둑질

제 기래개지구 베 채레 밤:에 나갓닪네? 어느거이 알곡석인디 머 시꺼면 거 아네? 마당에 불이야 쎗디. 쎗는데 그 머 그 볫낟가리 잇는데나 불 잇디 데케네야 잇네? 볫낟가리 없는데는 불 없:어. 기:서 살금

까 다 쌀을 조금이라도 쌀을 타서 쌀을 타갔어. 집에서 죽을 끓여 먹겠다고 시래기랑 두고 끓여 먹겠다고 쌀도 다 타가니까 식당이 문을 닫았지. 그 다음에는 강냉이 송이를 빻아서 강냉이 떡, 그것도 없어서 못 먹었어요.

조 뗀펀떡이 어떤 거예요? 혹시 강냉이떡을 말씀하시는가요?

제 강냉이떡, 그것 강냉이 송이를 빻아서

조 가마솥에다 딱 부치면 그 누룽지 붙는 걸 말씀하시는가요?

제 누룽지 뭐, 누렇고 그러니까 뗀펀이라는 것은 낟알이 안 들어가고 강냉이 송이를 빻아서 떡을 한 것이라오. 잿물로 새하얗게 하고, 그것도요 얼마씩 돌아가는 줄 알아? 한 사람에 요만큼밖에 안 돌아가요 그것도 또 일 하는 사람에게 보충해주는 것이야. 일 하러 안 나가면 그것도 못 얻어먹어요. 그렇게 곤란했어요, 여기. 그래서 하루 저녁 막 벼를 훔치러 나가서 우리 식당 종업원들이 벼 훔쳤어.

식당 종업원 선발 절차

조 식당 종업원들은 어떻게 정해졌어요? 어떻게 정해서 할머님이 종업원이 되셨어요?

제 오, 이제 회의하면서 누구누구 밥을 하라고 뽑지 뭐. 군중에서 뽑는다오.

조 일을 잘하시는 분들로요?

제 오, 다 음식을 좀 하는 사람들을 이렇게 뽑는다오. 군중에서 대회를 열어서 군중들이 뽑는다오. 그렇게 되어서 식당에 들어가 밥 했다오.

가슴 철렁이었던 도둑질

제 그래서 벼 훔치러 밤에 나갔잖니? 어느 것이 알곡식인지 뭐 시커먼 것이 아니? 마당에 불이야 켰지. 켰는데 그 뭐 그 볏 낟가리가 있는 데나 불이 있지 저쪽에야 있니? 벼 낟가리 없는 데는 불이 없어. 그래서 살

살금 너이서 막 숨두 크게 못 쉬구 살금살금 갓다. 갓는데 마대 베 한 반 마대 담앗는데, 깐청보는 사람이 나왓어. 나와개지구 '아주마니들 이거 이러면 대갓소?' '야, 안 이러면 어덕하네?' '아이들 다 굶어죽갓다, 굶어 쥑기갓다.' '넌 안 채다 먹네 머?' '넌 더 잘 채다 먹갓구나, 머 깐칭 보면서' 기니까나 아무 쏘리 못해더라. '예, 아주마니들 개가면서 무슨 쏘리 말라요.' '무슨 쏘리? 머 채 먹는 놈이 무슨 쏘리 허갓어? 그건 넘 매라우.' 기 : 서 너이써, 그적에 너이들 다 이미네들 다 기운들 쓸직이라우. 기댐에 베 청줄마대, 청줄마대 큰거 더 크닪네? 그 청줄마대. 거기 절반허구, 이걸 또 질레니까니 지간네? 기 : 서 깐청 보는 사람보구 또 '여보, 우리들 이거 다 좀 짊어 지워주.' 기니까니 '예!' 기래. 기 : 서 그저 닝큼 체들구 지구 그저 집으루 달아왓디 머.

조 그때 도중에 누구 만나면 어떡해요?

제 제 밤둥인데 누구레 나와? 한나두 나오는 사람두 없 : 어. 기댐에 나왓는디 어딘디 몰라. 집에 갲다 놓으니까 한심이 나와. 기렇게 해개지구 그걸 또 베 채다가 건새 헐 때레 또 어니메다 헐래? 기래서 기직에 그 우리 헌 농 잇엇다우. 빼람 잇는 딴스, 딴스 뒤에다가. 그 뒤에다가 마대 홀군홀군 해개지구 그 뒤에다 놓구. 우리 그 큰 딸 보구 그저 이 베 쪼꼼씩 꺼내서 망에다 갈라. 망에다 갈먼 대. 망에다 갈먼 이 베 깍대기 쭉쭉, 쭉쭉 벗기디디 머.

조 아, 그래요?

제 기렇게 개주구락두 해 먹어라 기랫디. 기렇게라두 밥 해 먹으문 쌀 낟알 아니가? 일없디 머, 그저 밥이 푸러디디 않디, 씨꺼머디 머. 씨꺼머구 새구 배고파 죽는거보다 나아. 내가 기레먼서 '기러커구 식당 문 앞에는 절대 오디 말라.' '오면 나 너네들 멀 채 믹인다는 소리 듣는다' 허니까니 이것들 집이서 그렇게 콩 채온거 기케서 죽두 끓에

금살금 넷이서 막 숨도 크게 못 쉬고 살금살금 갔지. 갔는데 마대에 벼를 한 반 마대 담았는데, 망을 보는 사람이 나왔어. 나와서 '아주머님들이 이것 이러면 되겠소?' '야, 이러지 않으면 어떡하니?' '아이들 다 굶어죽겠다, 굶겨 죽이겠다.' '너는 안 훔쳐 먹니 뭐?' '너는 더 잘 훔쳐 먹겠구나, 뭐 망을 보면서' 그러니 아무 말을 못하더라. '예, 아주머님들 가져가면서 아무 말 마세요.' '무슨 말? 뭘 훔쳐 먹는 사람이 무슨 말을 하겠어? 그건 걱정 말라.' 그래서 넷이서, 그때 넷이 다 여자들이지만 다 힘을 쓸 때라오. 그 다음에 벼 청줄마대, 청줄마대로 된 것이 더 크잖니? 그 청줄마대. 거기에 절반을 채우고, 이것을 또 지려고 하니 질 수 있겠니? 그래서 망을 보는 사람보고 또 '여보, 이것을 우리에게 다 좀 짊어 줘.' 그러니까 '예!' 그래. 그래서 그저 냉큼 쳐들어 지고 그저 집으로 달아 왔지 뭐.

조 그때 도중에 누구 만나면 어떡해요?

제 한밤중인데 누가 나와? 하나도 나오는 사람도 없어. 그 다음에 나왔는지 어떤지 몰라. 집에 갖다 놓으니까 한숨이 나와. 그렇게 해서 그걸 또 벼 훔쳐서 건사 할 때는 또 어디에다 할래? 그래서 그때 그 우리 헌 농이 있었다오. 서랍이 있는 옷장, 옷장 뒤에다가. 그 뒤에다가 마대를 헐렁헐렁하게 해서 그 뒤에다 놓고. 우리 그 큰 딸을 보고 그저 이 벼를 조금씩 꺼내서 망에다 갈라. 망에다 갈면 돼. 망에다 갈면 이 벼 깍지가 쭉쭉, 쭉쭉 벗겨지지 뭐.

조 아, 그래요?

제 그렇게 해서라도 해 먹어라 그랬지. 그렇게라도 밥 해먹으면 쌀 낟알 아니니? 괜찮지 뭐, 그저 밥이 윤기나지 않고 시꺼멓지 뭐. 시꺼멓고 말고 배고파 죽는 것보다 나아. 내가 그러면서 '그리고 식당 문 앞에는 절대 오지 말라.' '오면 내가 너희들에게 뭘 훔쳐 먹인다는 말을 듣는다'고 하니까 이 애들이 집에서 그렇게 콩 훔쳐 온 거로 그

먹구 그것들이. 죽 식당에서 타가기야 타가디, 고고 타가개지구 대네? 거기에다가 쌀 쫌 보태서 끓이다가, 그 식당에서 죽 타온 거. 어떤쩍엔 또 그거 국 쌈아 죽이 멀뚝헌 거 머. 국 쌈아 먹구 그저 기뤃게 해서 아이들 다 살켓어. 에이구, 도적질 다 햇이요 안 허먼 어커나? 안 허먼 아이들 다 쥑이갓는데?

조 다른 사람들도 다 그러하셨겠죠?

제 너나 할거 없다구 다. 야경 보는 사람 내가 기:케 말허니까니 찍소리두 못해.

조 그 사람은 더 많이 훔쳤을 건데요?

제 고:롬, 더 많이 채다 먹디, 고:롬.

조 할머님, 물 좀 더 드릴까요?

제 아니, 나 안 먹어. 기뤃게 아이들 길럿이요.

조 그러니까 할머님이 대단하세요

제 어이구, 고생두 말헐거 없:어. 기리게 도적질 다 해 밧대니까.

조 하하, 그건 도적질이 아니에요. 생존을 위해 할 수 없이 선택한 수단이에요.

무서운 가난-손자를 개로 착각한 한 할머님

제 그직에는 다 막 살아. 그직엔 머 데기, 여기에서 그 이젠 그것들 다 늙어서 죽엇어. 그직에 나:많아개지구 그 어데, 범 엄마라구 기랫는데. 고 앞에 집자리 잇는 거 우리, 노친 성은 몰라. 긴데 기 노친네가 말이야 불을 들엇다 때터래요. 기래서 대식교에서 '아니 이 노친네 불을 와 자꾸 땐노?' '개 잡을라 기래, 개 잡을라'. '아이, 개레 어니메 잇네?' 기니까니 '데 마당에 뛰돌아 가는 거 잇닪네?' 손주, 손주 손주 잡갓다구 그 개라 그레면서 나:많아개지구 기랫다 기래면서 소문들이 나개지구. 야, 누구네 어니메선 머 할:매레 손주 잡아먹갓다구 개 삶는다구 물 끓엣대, 머 어더렛대. 그레면서 말이 많이 돌아갓어.

조 왜요? 너무 배고파서 그렇게 되신 거예요?

제 고:롬, 너무 배고파서 손주레 개루 보엿디,

렇게 해서 죽도 끓어 먹고 그 애들이. 죽은 식당에서 타가기야 타가지, 그것만 타가서 되니? 거기에다가 쌀을 좀 보태서 끓이다가, 그 식당에서 죽 타온 것으로 어떤 때는 또 그것을 국 삼아 죽이 묽은 것이니 뭐. 국 삼아 먹고 그저 그렇게 해서 아이들을 다 살렸어. 아이고, 도둑질을 다 했어요 안 하면 어떻게 하니? 안 하면 아이들을 다 죽이겠는데?

조 다른 사람들도 다 그러하셨겠죠?

제 너나 할 것이 없다구 다. 망을 보는 사람 내가 그렇게 말하니까 찍소리도 못해.

조 그 사람은 더 많이 훔쳤을 건데요?

제 그럼, 더 많이 훔치다 먹지, 그럼.

조 할머님, 물 좀 더 드릴까요?

제 아니, 난 안 먹어. 그렇게 아이들을 길렀어요.

조 그러니까 할머님이 대단하세요

제 아이고, 고생도 말할 것이 없어. 그러게 도둑질을 다 해 봤다니까.

조 하하, 그건 도적질이 아니에요. 생존을 위해 할 수 없이 선택한 수단이에요.

무서운 가난-손자를 개로 착각한 한 할머님

제 그때는 다 막 살아. 그때는 뭐 저기, 여기에서 그 이제는 그 분들이 다 늙어서 죽었어. 그때 나이 많아서 그 어디에, 호랑이 엄마라고 그랬는데. 그 앞의 우리 집 자리에 있었는데, 할머니 성은 몰라. 그런데 그 할머니가 불을 기껏 때더래요. 그래서 대석교란 곳에서 '아니 이 할머니가 왜 불을 자꾸 때는가?' 물었더니 '개 잡으려고 그래, 개 잡으려고'. '아니, 개가 어디에 있나요?' 그러니까 '저 마당에서 뛰어 돌아다니는 것이 있잖아?' 손자, 손자 손자 잡겠다고 그 개라고 그러면서 나이 많아서 그랬다 그러면서 소문들이 나서. 야, 누구네 어디에선 뭐 할머니가 손자를 잡아먹겠다고 개 삶는다고 물을 끓였대, 뭐 어땠대. 그러면서 말이 많이 돌아갔어.

조 왜요? 너무 배고파서 그렇게 되신 거예요?

나 : 많으니까너.

조 얼마 전에 **에서도 사람이 사람을 잡아먹는
다는 소리를 들었는데 너무 배가 고프면 사
람으로 보이지 않고 그렇게 보이는가 봐요

제 오, 그런 모낭이야. 그레면서 그 근체 노친
네 그날 거기 갔으니까니 그 손주레 안 죽
엇디. 길디 않으면 손주 더운 물 까매에 딜
이갈뻔 햇디 머. 기릏게 기랫다 길면서, 굉
장햇어. 기직엔 머 부모두 모르구, 자석두
모르구 기랫다 소문들이 굉장햇어. 배고푸
니까니 환장허니까니 그리게 대갓이요.

조 **에서도 약 십년 전에 그런 기아가 있었
잖아요?

초롱에 담긴 죽

제 우리 동삼이랑은 나 가니까니 이 : 케 저네
뉘이들이 길더라. 에이구야, 이 : 케 우리가
이거 배고푼 소리들이 이 : 케 나오게 댓디
머. 고 죽 먹는 해 말 나오게 댓다우. 죽을
이제 빠께쯔다 식구레 많으니까니 빠께쯔
에다 타오디 머. 오가왕 잇일직에 우리 동
삼이네 저 엄매레 죽 타다가 막 이 : 케 그
릇에 두면 빠께쯔에 그 걸쭉헌 거 붙디
않간? 이 : 케 훑으면 걸쭉헌 거 나오디 않
네? 동삼이는 머 배가 뺑뺑 기래두 그 아들
이라구 할배레 아이들, 손주들 다 배부르게
먹인는데두. 배가 똥똥허구두 고거 엄매레
먹을가바 엄매 먹는거, 고거 달라허구 홀르
륵 홀르륵 햇대는데 머.

오랜 인연

조 그럼 원래 여기 오가왕에서 살다가 다시
싸토자로 갔어요?

제 고롬, 싸토자 갓디, 살 : 다가.

조 왜 싸토자로 가셨어요?

제 기리게 고 문화대혁명 때문에 할배가, 할배
가 곤란헌 사람들 잘 도와주구 중국사람
또 본래 본태배기구, 또 할배가 사람을 잘

제 그럼, 너무 배고파서 손자가 개로 보였지,
나이 많으니까.

조 얼마 전에 **에서도 사람이 사람을 잡아먹
는다는 소리를 들었는데 너무 배가 고프면
사람으로 보이지 않고 그렇게 보이는가 봐요

제 오, 그런 모양이야. 그러면서 그 근처 할머니
가 그날 그곳에 갔으니까 그 손자가 안 죽었
지. 그렇지 않았으면 손자가 더운 물 가마솥
에 들어갈 뻔 했지 뭐. 그렇게 그랬다 하면
서, 굉장했어. 그때는 뭐 부모도 모르고, 자
식도 모르고 그랬다며 소문들이 굉장했어.
배고프니까 환장하니까 그렇게 되겠어요

조 **에서도 약 십년 전에 그런 기아가 있었
잖아요?

초롱에 담긴 죽

제 우리 동삼이랑은 내가 가니까 이렇게 저 누
이들이 그러더라. 어이구, 이렇게 우리가 이
것 배 고픈 말들이 이렇게 나오게 됐지 뭐.
그 죽 먹던 해 말이 나오게 됐다오 죽을 이
제 초롱에다 식구가 많으니까 초롱에다 타
오지 뭐. 오가왕에 있을 때 우리 동삼이네
저 엄마가 죽을 타다가 막 이렇게 그릇에
두면 초롱에 그 걸쭉한 것이 붙었지 않겠니?
이렇게 훑으면 걸쭉한 것이 나오지 않니?
동삼이는 뭐 배가 똥똥 불러도 그 아들이라
고 할아버지께서 아이들, 손자들을 다 배부
르게 먹였는데도 배가 똥똥하고도 그것을
엄마가 먹을까바 엄마 먹는 것, 그것을 달라
하고 홀짝홀짝 다 먹었다는데 뭐.

오랜 인연

조 그럼 원래 여기 오가왕에서 살다가 다시
싸토자로 갔어요?

제 그럼, 싸토자로 갔지, 살다가.

조 왜 싸토자로 가셨어요?

제 그러게 그 문화대혁명 때문에 할아버지께
서 곤란한 사람들을 잘 도와주고 한족사람
들은 또 본래 본토박이고, 할아버지께서

326

모시니까니. 이 : 케 너느 사람은 돈 못 꾸
두 이 할배는 돈을 잘 꿧다우. 잘 꿔서 없
는 사람 구해주군 햇다우. 안 구해주머 다
굶어 죽디 머. 기먼서 중국사람들 제내 고
리대, 고리대 잇댢아? 그거 돈 테 내서 얻
어먹디두 못허구. 건 : 내서 곤란헌 사람
자꾸만 와개지구 사정해서 좀 안 해주먼
우리 식구 다 굶어죽갓다구 기니까니 그걸
내주댢네? 내주니까니 문화대혁명 일어나
니까니 고리대 내 : 먹엇다구 이 : 케 뒤집
어 잡아개지구 뚜쩡시킷댢네, 할배를.

조 아, 그래서 싸토자로 가신 거예요?

제 기 할배, 할배 기 : 케 기리니까니 아들까지
다 머산허댢네? 이거 우리 넝감. 아바지 그
런거 아들까지 다 뒤집어 씌웃댢네? 선생
노릇 헌거 선생 다 띠 : 구. 기릫게 대니까
니 할배레 잇다가 '이넘이 곧이서 못살갓
다.' 문화대혁명 끝난 댐에 '이넘이 곧이서
못살갓다 딴데루 이새 가자.' 기래서 싸토
자 갓다우, 달레 간 거이 아니구.

조 오가왕에 있을 때는 한 마을에 살아서 서
로 잘 아시겠네요?

제 고:롬, 우리 앞뒷집에서 살앗다우.

조 아, 그러셨어요? 그러다가 다시 여기로 오
신 거예요?

제 고 : 롬, 고 : 롬 기 : 케 댓지.

조 오가왕에 계속 계셨으면 더 잘 사셨을지도
모르는데 가서 정말 많이 고생하셨죠?

제 고 : 롬, 싸토자 가서 많은 고생 햇디 머.
우리는 몰라라. 그 염에 잇는 사람들이 기
래. 식구 많디 또 한해 농새 넴기윗디, 기
니까니 고통 많이 받앗다 기래.

조 원래 할머님도 정말 좋았다 했었죠? 그 할
머님도 아시겠네요?

제 알디 않구, 잘 알아. 우리 엄매가 전주니가
다우. 우리 본가집 엄매레 전주니가구 동국
이네두 전주니가 아니가? 기니까니 우리
엄매레 동국이 아바지, 아니 동국이 할배디
머, 노할배. 노할배보구 기니까니 '아바지,
아버님, 아버님' 허멘서 댕깃다우. 기커구

사람을 잘 모시니까. 이렇게 여느 사람은
돈을 못 꿔도 이 할아버지는 돈을 잘 꿨다
오. 잘 꿔서 없는 사람을 구해주곤 했다오.
안 구해주었다면 다 굶어 죽지 뭐. 그러면
서 한족사람들 일부러 고리대, 고리대가
있잖아? 그거 돈 고리대를 내서 얻어먹지
도 못하고 그건 내서 곤란한 사람들이 자
꾸만 와서 사정해서 좀 안 해주면 우리 식
구가 다 굶어죽는다고 그러니까 그걸 대신
내주잖아? 내주었는데 문화대혁명 일어나
니까 고리대를 내먹었다고 이렇게 거꾸로
잡아가 투쟁시켰잖니, 할아버지를.

조 아, 그래서 싸토자로 가신 거예요?

제 그래 할아버지, 할아버지가 그렇게 그러니
까 아들까지 다 영향 받잖니? 이 우리 영
감. 아버지께서 그러신 것을 아들까지 다
뒤집어 씌웠잖니? 선생 했던 것 선생직업
도 다 띠우고 그렇게 되니 할아버지께서
'이놈의 곳에서 못살겠다.' 문화대혁명이
끝난 다음에 '이놈의 곳에서 못살겠다. 다
른 곳으로 이사 가자.' 그래서 싸토자에 갔
다오, 달리 간 것이 아니고

조 오가왕에 있을 때는 한 마을에 살아서 서
로 잘 아시겠네요?

제 그럼, 우리 앞뒷집에서 살았다오.

조 아, 그러셨어요? 그러다가 다시 여기로 오
신 거예요?

제 그럼, 그럼 그렇게 됐지.

조 오가왕에 계속 계셨으면 더 잘 사셨을지도
모르는데 가서 정말 많이 고생하셨죠?

제 그럼, 싸토자에 가서 많은 고생을 했지 뭐.
우리는 모르는데 그 옆에 있는 사람들이
그래. 식구는 많고 또 한해 농사를 넘겼지,
그러니까 고통을 많이 받았다 그래.

조 원래 할머님도 정말 좋았다 했었죠? 그 할
머님도 아시겠네요?

제 알지 않고, 잘 알아. 우리 엄마가 전주'이씨'
라오. 우리 친정 엄마가 전주'이씨'이고 동
국이네도 전주이씨 아니? 그러니까 우리
엄마가 동국이 아버지, 아니 동국이 할아버

또 머인가머 그 할배는 또 우리 엄매보구 딸이라구 햇다우.

뒤늦게 이루어진 사랑

조 그럼 좀 더 일찍 만나서 사셨으면 얼마나 좋아요?

제 그래머 체네, 총각 때 무어줄 걸 기랫다. 길 닳아 기래두 기 : 케 맬햇다우.

조 그래요? 그렇게 맺어질 수도 있었어요?

제 맺으면 고적에 내가 두 살 우인데 머 어 케 맺네? 못 맺디?

조 그때는 나이 더 많은 것이 그렇게 흠이였 어요?

제 그적에는 머 몰라, 기 : 케 다 나 : 많은거 안 햇닪네? 그적에는 여자 나 : 많은거는 안 햇닪네?

조 근데 후에는 할머님께서 년세 더 많으신데 도 괜찮으셨어요?

제 우리 지끔 동국이 아바지 만낼직에? 고:롬 저 알구 햇든 머. 기 : 고 나 : 많다구 내 레 나. 많다구 안 허것다 기니까니 기래두 허갓다 기는데 머 어러케? 동국이 아바지레.

조 그것 뭐 나이가 많고 적은 것이 큰 상관이 없 죠? 원래 할머님이 일찍 돌아가셨다고 했죠?

제 고:롬, 기니까니 기 : 케 나 : 안 많아서 세 상 떳디 머.

조 쉰도 안 돼서 돌아가셨다 하시더라고요.

제 기랫갓나? 봉옥이, 봉옥이레?

조 할아버지께서 할머님하고 만나실 때가 쉰 셋이고 할머님은 쉰다섯이라고 하셨죠?

제 오, 맞아. 기니까니 내 아래다우. 기니까니 젊어서 세상 떳디 머.

조 그래도 할아버지께서는 할머님을 만나서 복이 있었어요. 마지막까지 그렇게 잘 모 셔주시는 분은 없을 거예요.

제 정말 입성두 깨끗시리 허구 어니메 가두 놈보담 어지리 안 내셋웃다우. 언제나 깨

지지 뭐. 증조할아버지. 증조할아버지보고 그러니까 '아버지, 아버님, 아버님' 하면서 다녔다오. 그리고 또 뭔가 하면 그 할아버 지는 또 우리 어머니보고 딸이라고 했다오.

뒤늦게 이루어진 사랑

조 그럼 좀 더 일찍 만나서 사셨으면 얼마나 좋아요?

제 그럼 처녀, 총각 때 묶어 줄 걸 그랬다. 그 러잖아도 그렇게 말을 했다오.

조 그래요? 그렇게 맺어질 수도 있었어요?

제 맺으면 그때는 내가 두 살 이상인데 뭐 어 떻게 맺니? 못 맺지?

조 그때는 나이 더 많은 것이 그렇게 흠이였 어요?

제 그때는 뭐 몰라, 그렇게 다 나이 많은 것은 안 했잖니? 그때는 여자가 나이 많은 사람 하고는 결혼 안 했잖니?

조 근데 후에는 할머님께서 년세 더 많으신데 도 괜찮으셨어요?

제 우리 지금 동국이 아버지 만날 때에? 그럼 자기도 알고 했다는 뭐. 그래서 나이가 많 다고 내가 나이 많다고 안 하겠다 그러니 까 그래도 하겠다고 그러는데 뭐 어떻게? 동국이 아버지가.

조 그것 뭐 나이가 많고 적은 것이 큰 상관이 없 죠? 원래 할머님이 일찍 돌아가셨다고 했죠?

제 그럼, 그러니까 그렇게 나이가 많지 않아서 세상을 떴지 뭐.

조 쉰도 안 돼서 돌아가셨다 하시더라고요.

제 그랬겠나? 봉옥이, 봉옥이가?

조 할아버지께서 할머님하고 만나실 때가 쉰 셋이고 할머님은 쉰다섯이라고 하셨죠?

제 오, 맞아. 그러니 내 아래라오. 그러니 젊어 서 세상을 떴지 뭐.

조 그래도 할아버지께서는 할머님을 만나서 복이 있었어요. 마지막까지 그렇게 잘 모 셔주시는 분은 없을 거예요.

제 정말 옷도 깨끗하게 하고 어디에 가도 남

328

끗시레 내세윗디. 펭생에 잇어두 입성 턱
너저줄게 안 입혜 내보넷어. 언제나 깨
끗시 내세윗디. 기리게 싸토자서 다 기랫
어. 데 넝감은 노친네 얻더니 그저 하늘겉
이 모시구 하늘겉이 내세운다 기랫다우.

조 그러세요? 할아버지께서 할머님 복이 따로
있으신가 봐요

제 아이구, 기랫어두 또 머 멘저 척 없: 어지
닪네?

조 그러니까 먼저 간 사람이 복이죠? 노인들
은 같이 늙고 같이 계셔야 하는데요?

의지 없던 노인의 이야기

제 기리게 언젠가 우리 목사님 설교허면서 말
하는게 팔십에 난 노인이 '나는 으지레 없
다.' 자석들 다 잇는데두 으지 없다 길더래.
아, 기래서 무슨 말씀을 기: 케 하나? 으지
레 와 없갓어? 자석들 다 수북헌데, 와 으
지레 없어? 기래두 으지 없다 긴다 길더니
기세, 머 칠십 몇에 난 노친네 얻더니 으지
레 댄다 긴다 안 기래? 기니까니 늙어서두
그저 부부간에가 으지인 모낭이라. 그렇다
그러면서 집 잡구 잘: 산대. 으지 얻엇다,
으지 댓다 기면서. 그러케 허는 말 듣엇다
그러면서 설교하면서 기: 케 말해. 팔십에
난 노인들 으지 없다 길더니 짝을 무어서
노친네 얻으니까 으지레 잇다구. 기: 케
그런 말 듣엇다구 그러면서 설교허면서 마
지막에 그런 말 허더라.

조 그러니까 부부간은 꼭 같이 오래오래 계셔
야 해요

인생 말년의 동반자

제 여기서두 이제야 머 칠십? 넝감이 지끔 칠
십 몇이가? 칠십 너이가? 노친네 칠십이야.

보다 어지럽게는 안 나서게 했다오. 언제
나 깨끗하게 나서게 했지. 평생에 있어도
옷 한번도 너절하게 안 입히어 내보냈어.
언제나 깨끗하게 나서게 했지. 그러게 싸
토자에서 다 그랬어. 저 영감은 노친을 얻
더니 (노친이) 그저 하늘같이 모시고 하늘
같이 나세운다고 그랬다오.

조 그러세요? 할아버지께서 할머님 복이 따로
있으신가 봐요

제 아이고, 그랬어도 또 뭐 먼저 척 없어지잖니?

조 그러니까 먼저 간 사람이 복이죠? 노인들
은 같이 늙고 같이 계셔야 하는데요?

의지 없던 노인의 이야기

제 그래 언젠가 우리 목사님이 설교허면서 말
하는 것이 팔십에 난 노인이 '나는 의지가
되는 사람이 없다.' 자식들이 다 있는데도
의지가 되는 사람이 없다 그러더래. 아, 그
래서 무슨 말씀을 그렇게 하는가? 의지가
되는 사람이 왜 없겠나? 자식들이 많은데,
왜 의지가 되는 사람이 없는가? 그래도 의
지가 되는 사람이 없다 그런다고 하더니 글
쎄, 뭐 칠십 몇이 된 노친을 얻더니 의지가
된다 그런다고 안 그래? 그러니 늙어서도
그저 부부간이 의지가 되는 모양이야. 그렇
다 그러면서 집 잡고 잘 산대. 의지가 되는
사람을 얻었다, 의지가 됐다 그러면서. 그
렇게 하는 말 들었다 그러면서 설교하면서
그렇게 말해. 팔십에 난 노인들이 의지가
되는 사람이 없다고 하더니 짝을 묶어서 노
친을 얻으니까 의지가 되는 사람이 있다고
그렇게 그런 말을 들었다고 그러면서 설교
하면서 마지막에 그런 말을 하더라.

조 그러니까 부부간은 꼭 같이 오래오래 계셔
야 해요

인생 말년의 동반자

제 여기에서도 이제 뭐 칠십? 영감이 지금 칠
십 몇이던가 칠십 넷인가? 노친은 칠십이

긴데 짝 무어서 살아. 아들들 수북헌데 살아. 재미나게 산다.

조 아, 그래요?

제 기니까니 난 그적에 오십 다섯쌀 낫어두 흥축헌데. 넝감 얻은 거이 흥축헌데 아이구 팔십에 다 대어오는데 어떻게 데리구 살아?

조 괜찮아요 잘 사시는 모습을 보면 보기 좋은데요?

제 아들들두 둏대, 저네 시중 안 해주니까니.

조 서로가 좋죠.

제 기래, 우리 부락에 잇어. 재미나게 살아, 아들들두 둏아서 기래. 노친네 안 얻구 그러면 저네레 시중해주야 대닪네?

조 그리고 생활비 좀 드리고 하면 되죠?

제 또 넝감 생활두 좋다, 돈두 잇다.

조 어떻게 해서 생활이 그렇게 좋죠?

제 기게 넝감 머 쫌 사방 댕기면서 벌ː어 돈 잇디 머.

조 그래서 새할머님이 오신 거예요.

제 아이구, 기ː케 짝 묶어 우리 마을서 살아, 긴데 다 좋아서 길더라. 기ː케 짝 무어서 살아, 재미나게 살아.

조 인생의 후반에 그렇게라도 재미 있게 살면 되죠? 저도 그런 것 찬성이에요.

제 기니까 지끔 반대두 안 해. 지끔 세월이 그리니까니. 여기서 넝감허구 노친네허구 십이 년 차야. 십이년 찬데 그 딸겉디 않네? 딸겉디 머, 십이년 찬데. 긴데두 머 살ː다가 넝감이 멘저 죽엇어. 재미나게 잘 살아, 아들들두 수북허게 많이 낳구. 십이 년 찬데두.

조 그러니 할머님이 열두살 적어요?

제 고ː롬, 넝감 멘저 갓어.

조 보통 할머님들이 더 오래 사시는 것 같아요?

백살 인생

제 몰라, 뗀쓰에 나오는거야. 백공두살 나온

고 그런데 짝을 묶어서 살아. 아들들이 많은데 같이 살아. 재미나게 산다.

조 아, 그래요?

제 그러니까 나는 그때 오십 다섯 살 낳어도 부끄럽던데 영감 얻은 것이 부끄러운데 아이고, 팔십이 다 되어오는데 어떻게 데리고 살아?

조 괜찮아요 잘 사시는 모습을 보면 보기 좋은데요?

제 아들들도 좋대, 자기들이 시중을 안 해줘도 되니까.

조 서로가 좋죠.

제 그래, 우리 마을에 있어. 재미나게 살아, 아들들도 좋아서 그래. 노친을 안 얻고 그러면 자기들이 시중해주어야 되잖니?

조 그리고 생활비 좀 드리고 하면 되죠?

제 또 영감 생활도 좋다, 돈도 있다.

조 어떻게 해서 생활이 그렇게 좋죠?

제 그건 영감이 뭐 좀 사방에 다니면서 벌어서 돈 있지 뭐.

조 그래서 새할머님이 오신 거예요.

제 아이고, 그렇게 짝을 묶어서 우리 마을에서 살아, 그런데 다 좋아서 그러더라. 그렇게 짝을 묶어서 살아, 재미나게 살아.

조 인생의 후반에 그렇게라도 재미 있게 살면 되죠? 저도 그런 것 찬성이에요.

제 그러니까 지금 반대도 안 해. 지금 세월이 그러니까. 여기에 한 영감하고 노친이 십이 년 차야. 십이 년 차이인데 그 딸과 같지 않니? 딸과 같지 뭐, 십이 년 차이인데. 그런데도 뭐 살다가 영감이 먼저 죽었어. 재미나게 잘 살아, 아들들도 아주 많이 낳고. 십이 년 차이인데도.

조 그러니 할머님이 열두살 적어요?

제 그럼, 영감이 먼저 갔어.

조 보통 할머님들이 더 오래 사시는 것 같아요?

백살 인생

제 몰라, 텔레비전에 나오는 것이야. 백두 살

것도 잇더라. 고런 사람 내레 밧다. 기니까니 백공두 살이 머야, 백공 다섯 살 난 것 두 잇대.

조 백 열 몇 살도 있고 백 스물 몇 살도 있어요

제 오, 고래.

조 제가 해남도 산야에 가봤는데요 그 한 마을에는 백 세 넘으신 분이 아주 많더라고요

제 기리게, 사네 그 무슨 나물 겉은거, 그 다 사람께 둏은거다우.

조 그래요, 그곳은 야채랑 모두 무공해인데다가 공기도 좋고 하니깐요

제 이거 니두 막 쌔:한 니 나온대. 백 살 넘으문 그렇다 기래.

조 그건 잘 모르겠습니다. 이가 다시 또 나신대요?

제 오, 다시 다 나오구 머리깔두 새까만거 나온대. 몰라 정말인디. 그 말들 해.

조 그렇게 특수한 사람도 있겠지만 백 살을 넘었다고 다 그렇지는 않을 거예요 할머님, 건강은 아직 아주 좋으신거죠? 그렇지 않으시면 장성까지 어떻게 올라 갈 수 있으셨겠어요?

제 지끔 생각허면 그거 장성에 올라가는거는 노망 아닌가 기:케 생각 해.

조 그것이 무슨 노망이에요?

제 그 놈들 다 안 올라가는데 그 늙어개지구 올라가는거 그 얼마나 머싼하네?

조 연세가 드실수록 운동을 많이 하면 좋으시죠

제 길두 젊은 사람들이 사진 떡어줏댾네? 더기 잇을 거다, 더기 안에.

조 할머님, 손을 좀 보여 주세요 일을 많이 하셨는데.

제 기래두 일 햇다구 손 머산티는 않아. 손이 만하면 머 곱디 머.

조 여기는 왜 이러세요?

제 뻬 나와서 길디 머, 이:케 뻬 나온다우.

조 그래도 손이 아주 고우시네요 어떤 할머님들은 손이 정말 거친데요?

나온 것도 있더라. 그런 사람 내가 봤다. 그러니 백두 살이 뭐야, 백 다섯 살 난 것도 있다.

조 백 열 몇 살도 있고 백 스물 몇 살도 있어요

제 오, 그래.

조 제가 해남도 산야에 가봤는데요 그 한 마을에는 백 세 넘으신 분이 아주 많더라고요

제 그래, 산에 그 무슨 나물 같은 것, 그 다 사람에게 좋은 거라오.

조 그래요, 그곳은 야채랑 모두 무공해인데다가 공기도 좋고 하니깐요

제 이거 이도 막 새하얀 이가 나온다고 해. 백 살 넘으면 그렇다고 그래.

조 그건 잘 모르겠습니다. 이가 다시 또 나신대요?

제 오, 다시 다 나오고 머리카락도 새까만 것이 나온다고 해. 몰라 정말인지. 그런 말들을 해.

조 그렇게 특수한 사람도 있겠지만 백 살을 넘었다고 다 그렇지는 않을 거예요 할머님, 건강은 아직 아주 좋으신거죠? 그렇지 않으시면 장성까지 어떻게 올라 갈 수 있으셨겠어요?

제 지금 생각하면 그것 장성에 올라갔던 것은 노망이 아닌가라고 그렇게 생각 돼.

조 그것이 무슨 노망이에요?

제 그 남들이 다 안 올라가는데 그 늙어서 올라가는 것이 그 얼마나 이상하니?

조 연세가 드실수록 운동을 많이 하면 좋으시죠

제 그래도 젊은 사람들이 사진 찍어줬잖니? 저기 있을 것이다, 저기 안에.

조 할머님, 손을 좀 보여 주세요 일을 많이 하셨는데.

제 그래도 일 했다고 손 밉지는 않아. 손이 이만하면 뭐 곱지 뭐.

조 여기는 왜 이러세요?

제 뼈가 나와서 그러지 뭐, 이렇게 뼈가 나온다오.

조 그래도 손이 아주 고우시네요 어떤 할머님들은 손이 정말 거친데요?

탈곡과 볏단 묶기

제 난 또 탈곡허면 탈곡은 못 해, 베는 못 훑어요 머야 볏딮 묶느라구, 볏딮 묶구 난 또 그따위 일 시키디 머. 난 또 볏딮 또 잘 묶는다구 탈곡 다 허더룩 볏딮 묶엇어.

조 볏짚을 묶는 것이 더 힘들잖아요?

제 힘들디, 그 풀수 남자들과 똑 같이 조. 볏딮 묶는거.

조 아, 탈곡은 조금 적게 주시는가요?

제 탈곡 허는 사람은 풀수 적어. 볏딮 묶는 사람 풀수 데일 많구.

조 아, 그러세요?

제 기래 마즈막까지, 탈곡 한 보름허는 거 그저 보름꺼지 볏딮 묶어야대.

조 볏짚을 묶으면 힘들잖아요?

제 힘들디 않구? 고:롬, 볏딮 내내 묶구 나면 바디 물꽉이 그저 막 누데기 대디 머.

조 아, 그 볏짚에 쓰려서요?

제 그 볏딮 이거 꾹 잡아대구 묶는거이.

조 그럼 누더기처럼 돼요?

제 고:롬, 처디디 머 바디레 기 : 케 처딘다구 물파기.

조 지금 바지면 괜찮지 않을까요? 그런데 지금은 볏짚을 묶는 사람이 거의 없죠?

제 지끔은 머 농새 허는 사람 없는데 머.

농사를 짓지 않는 지금의 농촌

조 이 주위에 농사를 하는 사람이 하나도 없어요?

제 없 : 어, 논밭에다 집 다 짓구 나무 다 옮기구 없 : 어, 여기 논 없 : 어. 양식 사 먹어야대.

조 저기 따싱으로 가면요?

제 건너루 가면 쪼끔씩 잇디 머. 그 저 집 안 짓구 나무 안 옮겟으면 그런데는 쪼끔씩 잇다우. 요 아래켄에 요 구가자 앞에 좀 잇구 또 시초 아래켄에 좀 잇구 기커구 다 들판 나무 옮기구 다 그따우 햇어. 깡내이

탈곡과 볏단 묶기

제 나는 또 탈곡하면 탈곡은 못 해, 벼는 못 훑어요 뭐야 볏짚을 묶으라고, 볏짚을 묶고 나는 또 그런 일을 시키지 뭐. 나는 또 볏짚을 또 잘 묶는다고 탈곡 다 하도록 볏짚을 묶었어.

조 볏짚을 묶는 것이 더 힘들잖아요?

제 힘들지, 그 공수를 남자들과 똑 같이 줘. 볏짚을 묶는 것.

조 아, 탈곡은 조금 적게 주시는가요?

제 탈곡을 하는 사람은 공수가 적어. 볏짚을 묶는 사람이 공수가 제일 많고.

조 아, 그러세요?

제 그래서 마지막까지, 탈곡을 한 보름동안 하는 것 그저 보름까지 볏짚을 묶어야 해.

조 볏짚을 묶으면 힘들잖아요?

제 힘들지 않고? 그럼, 볏짚을 계속 묶고 나면 바지 무릎이 그저 막 누더기로 되지 뭐.

조 아, 그 볏짚에 쓰려서요?

제 그 볏짚, 이거 꾹 잡아대고 묶는 것.

조 그럼 누더기처럼 돼요?

제 그럼, 해어지지 뭐 바지가 그렇게 해어진다고 무릎이.

조 지금 바지면 괜찮지 않을까요? 그런데 지금은 볏짚을 묶는 사람이 거의 없죠?

제 지금은 뭐 농사를 하는 사람이 없는데 뭐.

농사를 짓지 않는 지금의 농촌

조 이 주위에 농사를 하는 사람이 하나도 없어요?

제 없어, 논밭에다 집을 다 짓고 나무를 다 옮기고 없어, 여기에 논이 없어. 양식을 사 먹어야 해.

조 저기 따싱으로 가면요?

제 그곳으로 가면 조금씩 있지 뭐. 그 저 집 안 짓고 나무 안 옮겼으면 그런데는 조금씩 있다오. 이 아래쪽에 이 구가자 앞에 좀 있고 또 시초 아래쪽에 좀 있고 그리고 들판에 다 나무를 옮기고 다 그런 것을 했어.

싱기구. | 강냉이 심고.

행정구역의 변화

조 원래 우흥구 우흥향이라고 있었죠?
제 고:롬, 위흥취레 우리 여기구 위흥쌍은 더 아래켄에 거기라우. 그 싸깡자 그 아래 시외레 그렇다우.
조 그 쪽이 우흥향이에요? 대흥향보다 더 멀어요?
제 한 머산이라우 오가왕하구 따씽쌍하구 한 공사라우.
조 우흥향은요?
제 위흥은 우리 훙기태레 위흥취야.
조 우흥구 우흥향이라고 없었어요?
제 없 : 어, 위흥취야.
조 오가왕도 우흥구가 아니에요?
제 아니야, 쌍짜 딜이가디 머. 위흥쌍이야 더 아래켄이가?
조 우흥구가 아니고 우흥향이라고 그래요?
제 모르갓다. 더 써 붙인거 잇는데.
조 80년대에 저의 집이 그곳으로 이사 갈 뻔해서 물어보는 거예요.
제 이제 여기 시내루 들구. 요 틸뚝 잇닪네. 요 틸뚝 고 아래는 머인가 시외야 열루는 시내 들구.
조 그런데 시내하고 너무 머네요?
제 시내 갈레면 멀디 않구.

변화된 시가지 모습

조 할머님은 심양시내를 다 찾아 가실 수 있어요?
제 차타구 댕기디 머. 젠에는 활동해서 막 돌아 댕깄는데 지금은 다 벤햇어. 벤해서 막 어니메, 서탑에 가두 막 어니메 어니멘디 잘 못 알아보갓어. 전부 집들 다 새루 짓구 까이해서 잘 못 알아보갓어.
조 전에는 서탑이랑 다 잘 아셨어요?
제 그러머, 나 이거 서탑, 난짠 그 다 활동햇디, 긴 : 데 그 다 벤햇어. 벤해서 잘 못 알

행정구역의 변화

조 원래 우흥구 우흥향이라고 있었죠?
제 그럼, 우흥구는 우리 이곳이고 우흥향은 저 아래쪽의 그곳이야. 그 사강자의 그 아래 시외가 그렇다오.
조 그 쪽이 우흥향이에요? 대흥향보다 더 멀어요?
제 한 곳이야. 오가왕하고 대흥향하고 한 공사라오.
조 우흥향은요?
제 우흥은 우리 훙기태가 우흥구야.
조 우흥구 우흥향이라고 없었어요?
제 없어, 우흥구야.
조 오가왕도 우흥구가 아니에요?
제 아니야, 향(鄕)자가 들어가지 뭐. 우흥향은 저 아래쪽이가?
조 우흥구가 아니고 우흥향이라고 그래요?
제 모르겠다. 저 써 붙인 것이 있는데.
조 80년대에 저의 집이 그곳으로 이사 갈 뻔해서 물어보는 거예요.
제 이제 여기는 시내로 들어 가고. 이 철길이 있잖니, 이 철길 그 아래는 그 시외이고 여기는 시내로 들어 가고
조 그런데 시내하고 너무 머네요?
제 시내에 갈려면 멀지 않고.

변화된 시가지 모습

조 할머님은 심양시내를 다 찾아 가실 수 있어요?
제 차타고 다니지 뭐. 전에는 활동해서 막 돌아 다녔는데 지금은 다 변했어. 변해서 막 어디, 서탑에 가도 막 어디가 어디인지 잘 못 알아보겠어. 전부 집들을 다 새로 짓고 해서 잘 못 알아보겠어.
조 전에는 서탑이랑 다 잘 아셨어요?
제 그럼, 나 이거 서탑, 남역 그 다 활동했지, 그런데 그 다 변했어. 변해서 잘 못 알아보

아보갓어, 이자는.

조 서탑하고 남역이 좀 먼 것이 아니에요?

제 쫌 난짠허구 서탑허구 떨어디 잇디 머.

조 여기에서 남역으로 가려면 차가 있어요?

제 고:롬, 잇어. 뽀발창에서 갈아타야대.

조 뽀발창이 뭐예요?

제 뽀발창이래는 거는 이거 공장 이름이디. 거기서 다 차 갈아탄다우, 명령가 갈레문 땅쌍에서 갈아타야대구. 또 난짠 갈레문 그 뽀발창에서 갈아타야댄다구.

조 할머님께서 그래도 다 아시네요?

제 오, 그거는 알아. 긴데 심양에 가문 어느 지방 어느 지방 다 알아야댄데 다 그거이 벤했다 말이야.

조 그럼 태원가 찾으라면 못 찾으세요?

제 타이웬제 찾기야 찾디, 머 오래 찾디 머. 어니메루 가나 궁리를 허디 머, 가문 이 길은 다 알레. 길은 다 알리는데 막 층집 많이

제 : 서 어러벙벙해.

조 심양 사시기는 좋죠?

제 고:롬, 심앙 살기야 좋디.

따뜻한 아랫목

조 할머님, 여기로 조금 더 오세요

제 아니 더워, 여기 더워.

조 내일 아침이 되면 추워실텐데요.

제 일없어, 안 추워.

조 이 요가 축축했던 것이 괜찮아지네요, 처음에는 정말 축축했는데요?

제 그 깔디를 않아서 기래. 씿어서 꾸매 놓구 누구레 안 덮어 기래.

조 할머님, 그 이불이 짧지 않으세요?

제 난 이:케, 언제나 이:케 자. 머야 또 더우문 잠이 안 들린다우, 더우문.

조 그래도 이불 다른 것이 또 있잖아요. 제일 좋은 것으로 덮으세요

제 니불이야 얼마나 많다구.

조 지금부터 제일 좋은 것으로 덮으시고 제일 맛있는 것으로 드세요

겠어, 지금은.

조 서탑하고 남역이 좀 먼 것이 아니에요?

제 남역하고 서탑하고 좀 떨어져 있지 뭐.

조 여기에서 남역으로 가려면 차가 있어요?

제 그럼, 있어. 목재가공회사에서 갈아타야 해.

조 뽀발창이 뭐예요?

제 뽀발창(목재 가공 회사)이라는 것은 회사 이름이지. 거기에서 다 차 갈아탄다오. 명렴가 가려면 정향에서 갈아타야 하고 또 남역에 가려면 그 뽀발창에서 갈아타야 하고

조 할머님께서 그래도 다 아시네요?

제 오, 그것은 알아. 그런데 심양에 가면 어디가, 어디인지 다 알아야 하는데 그것이 다 변했다 말이야.

조 그럼 태원가 찾으라면 못 찾으세요?

제 태원가 찾기야 찾지, 뭐 오래 찾지 뭐. 어디로 갈까? 생각 하지 뭐. 가다보면 이 길은 다 알려. 길은 다 알리는데 막 층집을 많이 지어서 어리둥절해.

조 심양 사시기는 좋죠?

제 그럼, 심양 살기야 좋지.

따뜻한 아랫목

조 할머님, 여기로 조금 더 오세요

제 아니 더워, 여기 더워.

조 내일 아침이 되면 추워실텐데요.

제 괜찮아. 안 추워.

조 이 요가 축축했던 것이 괜찮아지네요, 처음에는 정말 축축했는데요?

제 그 깔지 않아서 그래. 씻어서 꿰매 놓고 누구도 안 덮어서 그래.

조 할머님, 그 이불이 짧지 않으세요?

제 나는 이렇게, 언제나 이렇게 자. 뭐야 또 더우면 잠이 안 와, 더우면.

조 그래도 이불 다른 것이 또 있잖아요. 제일 좋은 것으로 덮으세요

제 이불이야 얼마나 많다고.

조 지금부터 제일 좋은 것으로 덮으시고 제일 맛있는 것으로 드세요

제 제일 좋은거, 머 이젠 데거 이거 니불 다 심앙 가문 다 집어 팡가틴대. 니불 다 심앙에 다 사낫:다구, 젊은이레. 한국 갓다 오먼서 또 니불 멫갠디 머 수:타 사:왔어. 그거 꿍제 기 여기 잔득 잇던거 전뻔에 와 개지구 다 실어갓어.

조 여기의 물건 일부는 다 가져갔어요?

제 그 머인가 저 한국에 가서 사온거 부친 짐이 열루로 왓대. 기래서 내레 잇다 그 짐이 잇구 그래서. 요거 이거 지끔 잇는 것도 이거 이제 심앙에 갈거라우 니불. 머이야 손님들두 이제 이댐에 우리 손주 곌혼식 허게 되면 손님들 많이 오면 바닥에서, 침대는 한나 아니면 두개밖은 더 잇서? 기니깐 바닥에서 잔다면서 나보구 니불 그 뜯어서 소캐 좋은거 잇으먼. 포대기 좀 머이야 꾸매노라 햇어. 내가 너이개, 소캐 좋은 거루 너이 개 천 사서 꾸매써라미 이거 싸낳앗닪네? 그거 좀 해노라 기랫어, 헐 만허먼 허라 기래. 그걸 멀 못허건네? 기:서 내가 다 꾸매서 싸낳앗디 않네? 그러구 한국에서 저 쓸 한국 니불 보구 좋은 것들 멫 개 사온거 어떻게 그 어떻게 부텟는디 우리 대대루 왓디 머 그 물건이. 기래서 더 구석에 잔뜩 싸나앗던 거, 요 엊그지께 실어갓어.

조 그 이불을 절반 깔고 절반 덮으면 얼마나 불편하세요?

제 나, 이거 펜안해. 내내 아래끝에서 더워서 또 못 덥구 자, 또 덥구 잘레두. 머이야 우리 아들이 잇게 되면 우리 아들은 더 우꿑에서 이리케 자구. 나는 여기, 석탄뿔이 이제 게울에 추우문 자꾸 때면. 막 구둘에 막 불 올라오는 거 겉애. 기래서 나는 또 이:케 몸 열루 두구, 이:케 둘루 자 이:케. 여긴 다 베:놓구 자. 더워서.

며느님 사랑

조 할머니, 이 옷은 다 누가 사주셨어요?

제 이거, 이거 우리 젊은이레 입다가 벗어놓은

제 제일 좋은 것, 뭐 이제는 저 이불들을 심양으로 가면 다 집어 던진대. 이불을 심양에 다 사놓았다고, 며느리가. 한국 갔다 오면서 또 이불을 몇 채인지 뭐 많이 사왔어. 그것을 꾸려서 여기 가득 놓아두었던 것을 지난번에 와서 다 실어갔어.

조 여기의 물건 일부는 다 가져갔어요?

제 그 뭔가 자기가 한국에가서 사서 부친 짐이 다 여기로 왔더라. 그래서 내가 있다 그 짐이 있고 그래서. 이것 지금 있는 것도 이제 심양에 가져갈 것이라오 이불. 뭐야 손님들도 이제 이다음에 우리 손자 결혼식을 하게 되면 손님들이 많이 오면 바닥에서, 침대는 하나 아니면 두 개밖에 더 있니? 그러니까 바닥에서 잔다면서 나보고 이불 그 뜯어서 솜이 좋은 것이 있으면 요를 좀 꿰매 놓으라고 했어. 내가 네 개, 솜이 좋은 거로 천을 사서 네 개 꿰매서 이거 싸놓았잖니? 그것을 좀 해 놓으라고 그래서, 할 만하면 해라 그래. 그 뭘 못하겠니? 그래서 내가 다 꿰매서 싸놓았지 않니? 그리고 한국에서 자기가 쓸 한국 이불 보고 좋은 것들을 몇 개 사온 것 어떻게 그 어떻게 부쳤는지 우리 대대로 왔지 뭐 그 물건이. 그래서 저 구석에 잔뜩 싸놓았던 것을 요 엊그제 실어갔어.

조 그 이불을 절반 깔고 절반 덮으면 얼마나 불편하세요?

제 나, 이거 편안해. 자꾸 아랫목에서 더워서 못 덥고 자, 또 덮고 자려고 해도 뭐야 우리 아들이 있게 되면 우리 아들은 저 윗목에서 이렇게 자고 나는 여기, 석탄불을 이제 겨울에 추우면 계속 때면. 막 방구들에 막 불이 올라오는 것 같애. 그래서 나는 또 이렇게 몸을 여기로 하고, 이렇게 뒤로 하고 자 이렇게. 여기는 다 비워 놓고 자. 더워서.

며느님 사랑

조 할머니, 이 옷은 다 누가 사주셨어요?

제 이것, 이것은 우리 며느리가 입다가 벗어

거 누구레 입간? 기 : 서 내가 이거 주어 입엇어, 우리 젊은이꺼.

조 입으라고 그러셨어요?

제 우리 그 한국에 잇는 젊은이레 양발, 송구두 요거 하나 잇어. 내가 주일날에 씐을라구 새파란 거. 그 한국 젊은이레 그 한국 가면서 한국 양발이라 그러면서. 고 미색허구 데거허구 두 커리 사주구 갓다 머. 긴데 미색은 다 처데서 내티구 고고 새파란 거 고 하나 남앗어. 사람은 없 : 는데 이거 젊은이레 양발 사준 거 요거 하나 남앗구나. 그러면서 신구, 딱 주일날에만 고거 신구 가닪네?

조 가서 자랑하시려고요? 우리 젊은이가 사줬다고 자랑하시려고요?

제 고:롬, 우리 동삼이 색시말이야.

조 양말 좀 많이 사서 보내라고 할게요.

제 젊은이레 양발 많이 사주구 갓어. 넝감이 양발 두 커리, 내 양발 두 커리. 멩길날마다 고케 두 커리씩 사온다우.

조 큰 것을 못해 드리고 양말만 해 드리면 어떻게 해요?

제 와? 입성두 해주구, 갸레 입성두 많이 해줏어. 입성두 잇어.

조 그간 경제가 넉넉하지 못해서 어떻게 많이 해주셨겠습니까?

제 해줏어, 게짜께두 하나 떠서 보내주서 잇구 게자께. 에이구, 이젠 죽으먼 보지두 못허갓다.

조 무슨 말씀이세요? 아직 십년은 더 사실텐데요?

제 에이구, 십년? 그건 몰라.

조 이제 한국 국적이 되면 자유롭게 올 수 있을 텐데요 뭐?

제 그거 넛디 말구 대주라, 그 동숙이레 개갓다구. 그거 머야 그 글쓰는 거라 길데. 난 그거 모르는데? '야, 너……' 작년에 왓더라니. '야, 너, 그 동삼이 멀 팔아달라구 긴 거 너 어리케 댓네?' 기니까니 '아이구 그

놓은 것인데 누가 입겠니? 그래서 내가 이것을 주어 입었어. 우리 며느리 꺼.

조 입으라고 그러셨어요?

제 우리 그 한국에 있는 며느리가 양말, 아직도 이것은 하나 있어. 내가 주말에 신으려고 새파란 거. 그 한국 며느리가 그 한국 가면서 한국 양말이라고 그러면서 그 미색하고 저것하고 두 켤레 사주고 갔지 뭐. 그런데 미색은 다 떨어져서 던지고 그것 새파란 것 그 하나 남았어. 사람은 없는데 이것 며느리가 양말 사준 것 이것이 하나 남았구나. 그러면서 신고, 딱 주말에만 그것을 신고 가잖니?

조 가서 자랑하시려고요? 우리 젊은이가 사줬다고 자랑하시려고요?

제 그럼, 우리 동삼이 아내 말이다.

조 양말 좀 많이 사서 보내라고 할게요.

제 며느리가 양말 많이 사주고 갔어. 영감 양말 두 켤레, 내 양말 두 켤레. 명절마다 그렇게 두 켤레씩 사온다오.

조 큰 것을 못해 드리고 양말만 해 드리면 어떻게 해요?

제 왜? 옷도 해주고, 며느리가 옷도 많이 해줬어. 옷도 있어.

조 그간 경제가 넉넉하지 못해서 어떻게 많이 해주셨겠습니까?

제 해줬어, 털실조끼도 하나 떠서 보내줘서 있고 털실조끼. 아이고, 이제는 죽으면 보지도 못하겠다.

조 무슨 말씀이세요? 아직 십년은 더 사실텐데요?

제 아이고, 십년? 그것은 몰라.

조 이제 한국 국적이 되면 자유롭게 올 수 있을 텐데요 뭐?

제 그거 잊지 말고 알려줘라, 그것은 동숙이가 가져갔다고 그것이 뭐야 그 글을 쓰는 것이라고 그러데. 난 그것을 모르는데? '야, 너……' 작년에 왔기에 '야, 너, 그 동삼이 뭘 팔아달라고 그런 것을 너 어떻게 됐니?' 그

동숙이레 젠창 찾아갓는데요.' 기래. 갯다 팔아먹구 말두 안 햇구나.

조 그 일에 대해선 잘 모르겠습니다.

제 기리, 한번 나한테 전화 왓다우. 동삼이레. '아주마니 그거 머 그직에 그 내해두 아닌데 그 장인이 보낸 건데.' '팔아주갓다구 개가더니 무슨 소식이 없 : 어?' 전화루 한국에서 전화루 나한테 기랫다우. '몰라, 그 머 너 머 그, 고:롬 판거 모르네?' '나두 그거 모르는데 나 한번 물어볼라우?' 그랫더니 머 전화 통해대네? 어니메? 우리 그 젊은이하구 그 물건 때문에 한번 통핼레두 어니메 통해대네? 기래서 작년에 와서, 또 통하면 너느 말 허다간 또 그 말을 닞이뻐리디 머. 기래서 작년에 온댐에, '아니 너 그직에 정말.' '전화 오게 되면 너느 말 헐래기 닞이뻐리구 말 못햇다.' '그직에 그 동삼이레 머 장인이 멀 보냈다는 것, 글 쓴 대는 거 그 머이가?' '그거 머 팔아서 돈 줏네 안 줏네?' 기니까 '아니요, 팔긴 내가 어케 팔아요? 동숙이레 젠창 개 갓는데.' '기래? 아니 그 개갓으면 개갓다 길다.' 그 우리 가 : 한테 머산티 안네?

조 할머님께는 전화를 자주 해요?

제 누구레? 동숙이? 이티치 안 와, 이티치 안 와. 사우는 왓다 가군 해.

조 안산에 있는 사위요?

제 안산에 잇는 사우레 왓다 가군 해. 마음씨 고와. 긴데 그 노쇄싼 걸렛던 거 아니가? 그날두 그 전화 와서 내가 말해 밧어. 젊은이허구 '야, 어더러네?' 기니까 '일없다.' 기래, 일없다 길긴. 기 : 서 '야, 넌 머 일없다 해두' '여기서는 막 그 일없는디 어더런디 보디 못해서 막 걱정이다.' 기니까니. '걱정 놓으시라요 일없어요.' 기래. 기 : 서 동삼이한테 또 물어밧다. 고 무크리 동삼이 잇다 기래서 동삼이한테 전화 넴기게 주구. '야, 정말 일없네?' 기니까 '예, 일없어요.' 길데.

조 할머님, 이 집을 지은 지 이십년이 됐어요?

러니 '아이고 그 동숙이가 바로 찾아 갔는데요.' 그래. 가져다 팔아먹고 말도 안 했구나.

조 그 일에 대해선 잘 모르겠습니다.

제 그래, 나한테 한번 전화 왔다오. 동삼이가. '아주머니 그것 뭐 그때 그 내 것도 아니고 그 장인이 보낸 건데.' '팔아주겠다고 가져 가더니 무슨 소식이 없어?' 전화로 한국에서 전화로 나한테 그랬다오. '몰라, 그것 뭐 너는 뭐 그, 그럼 판 것을 모르니?' '나도 그것을 모르는데 내가 한번 물어볼까?' 그랬더니 뭐 전화가 통하니? 어데? 우리 그 며느리하고 그것 때문에 한번 통화하려고 해도 어데 통화가 되니? 그래서 작년에 와서, 또 통화하면 다른 말을 하다가 또 그 말을 잊어버리지 뭐. 그래서 작년에 온 다음에, '아니 너 그때 정말.' '전화 오게 되면 다른 말 하다가 잊어버리고 말 못했다.' '그때 그 동삼이가 뭐 장인이 뭘 보냈다는 것, 글 쓴다는 것이 그 뭐니?' '그거 뭐 팔아서 돈을 줬니 안 줬니?' 그러니까 '아니요, 팔기는 내가 어떻게 팔아요? 동숙이가 바로 가져갔는데.' '그래? 아니 그 가져갔으면 가져갔다고 그러지.' 그 우리 며느리한테 무연하지 않니?

조 할머님께는 전화를 자주 해요?

제 누구? 동숙이? 2년째 안 와, 2년째 안 와. 사위는 왔다 가곤 해.

조 안산에 있는 사위요?

제 안산에 있는 사위가 왔다 가곤 해. 마음씨 고와. 그런데 그 뇌색전에 걸렸던 것이 아니니? 그날도 그 전화가 와서 내가 말해 봤어. 며느리하고 '야, 어떻니?' 그러니까 '괜찮다.' 그래, 괜찮다고 그러긴 해. 그래서 '야, 너는 뭐 괜찮다 해도' '여기서는 막 그 괜찮은지 어떤지 보지 못해서 막 걱정이다.' 그러니까 '걱정 마세요, 괜찮아요' 그래. 그래서 동삼이한테 또 물어봤지. 그 옆에 동삼이가 있다고 해서 동삼이한테 전화 넘기게 해서 '야, 정말 괜찮니?' 그러니까 '예, 괜찮아요.' 그러데.

제 이십년 넘엇디, 고:롬, 기래 막 낡은 집 아니가? 네적 집이디 머 이거.

조 괜찮은데요 터도 아주 넓고. 노인회에 나오시는 분들도 할머님처럼 자식들이 다 잘 됐어요?

제 잘 댄 사람두 잇구 못 댄 사람두 잇구 기래.

조 못 된 사람들은 자식들이 애 먹여요?

제 아니, 자석들이 다 못대먹구 긴 거이 아니구. 잘 풀린 자석들두 잇구 잘 못 풀린 자석들두 잇다말이야.

조 못 풀린 자식들은 애 먹이기도 하고 그래요?

제 그런 거는 없:어, 애 멕이는거는 없:어.

유학중인 손자를 그리며

조 할머님, 손자는 나이가 얼마예요?

제 쑤물, 쑤물야덟이야. 이젠 쑤물야덟 이제 쇠 쇠면 아홉이야. 빨리 가.

조 여기에서 어느 학교에 다녔어요?

제 3중에 댕깃디. 3중에 댕기구 기댐에 몰라. 심앙에 중국 하이꾜, 나 오니까니 나 싸토자서 오니까니 중하이꾜 대니는 거 겉데. 거기서 필업, 필업 채 못 햇디 머. 채 못 햇는데 일본 가게 댓닪아?

조 그래요? 여자 친구는 있어요?

제 기리게, 체네 자꾸 얻으라 기니까니 공부 끝나구야 얻는데. 기래두 지끔 얻어야 대는데는데두 말 안 들어.

조 할머님께 전화 자주 오고 합니까?

제 고:롬, 와. 기:서 '야, 나 죽기 전에 날래 색시 하나 얻으라마' 길면 '머이 바뿌?' 할:매' 안 바뿌데, 와 자꾸.

조 할머님, 지금은 그 나이가 괜찮아요 안 바빠요.

제 안 바뿌데, '이제 공부 다 끝맞구야 이제 얻어.' 길디 머. '야, 그러머 나 언제 너 색시 얻는 거 보구 죽갓네?' 내가 길면 '할:매, 머 기:케 죽간? 죽디 말라우.' 기래.

조 손자를 다 키워주셨죠?

조 할머님, 이 집을 지은 지 이십년이 됐어요?

제 이십년이 넘었지, 그럼, 그래서 막 낡은 집이 아니니? 옛날 집이지 뭐 이것.

조 괜찮은데요 터도 아주 넓고. 노인회에 나오시는 분들도 할머님처럼 자식들이 다 잘 됐어요?

제 잘 된 사람도 있고 못 된 사람도 있고 그래.

조 못 된 사람들은 자식들이 애 먹여요?

제 아니, 자식들이 다 못돼먹고 그런 것이 아니고. 잘 풀린 자식들도 있고 잘 못 풀린 자식들도 있다는 말이야.

조 못 풀린 자식들은 애 먹이기도 하고 그래요?

제 그런 자식은 없어, 애 먹이는 자식은 없어.

유학중인 손자를 그리며

조 할머님, 손자는 나이가 얼마예요?

제 스물, 스물여덟이야. 이제는 스물여덟인데 이제 설 쇠면 아홉이야. (세월이) 빨리 흘러.

조 여기에서 어느 학교에 다녔어요?

제 3중에 다녔지. 3중에 다니고 그 다음에 몰라. 심양에서 한족 학교, 내가 오니까 내가 싸토자에서 오니까 중학교에 다니는 것 같아. 거기에서 졸업, 졸업하지 못했지 뭐. 졸업하지 못했는데 일본 가게 됐잖아?

조 그래요? 여자 친구는 있어요?

제 그러게, 여자 친구 얻으라고 하니까 공부를 다 끝내고 얻는다고 그래. 그래도 지금 얻어야 한다는데도 말을 안 들어.

조 할머님께 전화 자주 오고 합니까?

제 그럼, 와. 그래서 '야, 나 죽기 전에 빨리 색시 하나 얻으라고' 하면 '뭐 바빠? 할머니' 안 바쁘다고 그래, 왜 자꾸.

조 할머님, 지금은 그 나이가 괜찮아요 안 바빠요.

제 안 바쁘다고 그래, '이제 공부를 다 끝내고 얻어.' 그러지 뭐. '야, 그럼 내가 언제 네 색시 얻는 것을 보고 죽겠니?' 내가 그러면 '할머니, 뭐 그렇게 돌아가겠어? 돌아가지 말라.' 그래.

제 고 네살 잽헤자 갓다 머. 타가소 갯다놓구.

조 아드님이 결혼 하자마자 바로 손자 있은 거예요?

제 일 넌 넘어가서 잇엇을거다.

조 그때 벌써 이 집에 살았어요?

제 아니, 초가집이서 낳앗디. 납작한 집이서.

조 원래 할머님께서 사시던 집에서요? 며느님도 원래 이 마을의 사람이에요?

제 홍가푸, 더 아래켄에 홍가푸.

조 중매로 한 거예요? 아드님과 나이는 몇 살 차이예요?

제 고:롬, 중매서서 댄거야. 한 살 차야. 아니 두 살 차라우. 우리 젊은이 말띠야 서른둘이디.

조 예? 쉰둘 아니에요?

제 아니, 쉰둘. 서른둘이머 둏갓다. 쉰둘, 쉰서이 뱀띠라.

조 그런데 며느님 일본, 한국 해서 나가신지 벌써 십년 되셨지요?

제 고:롬, 기 : 케 댓디.

조 손자를 다 키워주셨죠?

제 그 네 살이 나면서 갔지 뭐. 탁아소에 갖다놓고

조 아드님이 결혼 하자마자 바로 손자 있은 거예요?

제 일 년 지나 있었을 거야.

조 그때 벌써 이 집에 살았어요?

제 아니, 초가집에서 낳았지. 납작한 집에서.

조 원래 할머님께서 사시던 집에서요? 며느님도 원래 이 마을의 사람이에요?

제 홍기보, 저 아래쪽의 홍가푸

조 중매로 한 거예요? 아드님과 나이는 몇 살 차이예요?

제 그럼, 중매를 서서 된 거야. 한 살 차이야. 아니 두 살 차이라오. 우리 며느리 말띠야 서른둘이지.

조 예? 쉰둘 아니에요?

제 아니, 쉰둘. 서른둘이면 좋겠다. 쉰둘, 쉰셋 뱀띠야.

조 그런데 며느님 일본, 한국 해서 나가신지 벌써 십년 되셨지요?

제 그럼, 그렇게 됐지.

아드님과의 싸움

조 할머님 밥 해주신다고 고생 많으셨겠네요? 할머님은 아드님이랑 전혀 안 싸우시죠?

제 쌈 : , 싸움을 와 안 해? 어 쌈 : 해, 우리 쌈 : 잘해.

조 무슨 일로 싸우시죠?

제 그저 말을 허다가 말 허디, 그저 살아나갈 말 허다가 쌈 : 이 닐어나구 허디 머. 쌈 : 해, 쌈 : 와 안 해.

조 할머님, 할아버지하고는 전혀 싸우시지 않으셨다 하셔서 저는 싸우지 않는가 했어요?

제 아들하구는 쌈 : 잘 해. 전 저 말 옳다 길구 난 내 말 옳다 기리구 그러다가 쌈 : 대지 머.

조 그럼 마지막에 누가 이기세요?

제 지레 아무래두 지디 머. 나헌테 이기네?

아드님과의 싸움

조 할머님 밥 해주신다고 고생 많으셨겠네요? 할머님은 아드님이랑 전혀 안 싸우시죠?

제 싸움, 싸움을 왜 안 해? 어 싸움을 해, 우리 싸움을 잘 해.

조 무슨 일로 싸우시죠?

제 그저 말을 하다가 말 하다, 그저 살아나갈 말을 하다가 싸움이 일어나고 하지 뭐. 싸움을 해, 싸움을 왜 안 해.

조 할머님, 할아버지하고는 전혀 싸우시지 않으셨다 하셔서 저는 싸우지 않는가 했어요?

제 아들하고는 싸움을 잘 해. 자기는 자기 말이 옳다 하고 나는 내 말이 옳다 하고 그러다가 싸움이 일어나지 뭐.

조 그럼 마지막에 누가 이기세요?

제 아들이 아무래도 지지 뭐, 나한테 이기니?

조 아직도 할머님이 더 셉니까?	조 아직도 할머님이 더 셉니까?
제 고:롬, 쎈 탁이다. 내가 이게. 말해다, 말해다가 내레 큰 소리 티면 아야 훌뚝 나가니까니 쌈 : 크게는 못허디 머.	제 그럼, 쎈 축이지. 내가 이겨. 말하다, 말하다가 내가 큰 소리 치면 아예 훌쩍 나가니까 싸움 크게는 못하지 뭐.
조 할머님, 아직 큰 소리 치세요?	조 할머님, 아직 큰 소리 치세요?
제 고:롬, 빵 티지 않구.	제 그럼, 큰 소리 빵 치지 않고.

행복한 추억

조 그런데 할아버지께는 큰 소리 한마디도 안 하시고 사셨어요?	조 그런데 할아버지께는 큰 소리 한마디도 안 하시고 사셨어요?
제 머이라 기리게, 아무 말두 안 허는데. 머 나보구 머이라 기리야 쌈 : 허디 머. 나보구 머이라 안 긴데 무슨 쌈 : 허네? 할배하구야.	제 뭐라 그러게, 아무 말도 안 하는데. 뭐 나보고 뭐라고 그래야 싸움을 하지 뭐. 나보고 뭐라 안 그러는데 무슨 싸움을 하니? 할아버지하고는.
조 사시면서 한 번도 크게 소리 친 적이 없으세요?	조 사시면서 한 번도 크게 소리 친 적이 없으세요?
제 아니, 한번 우리 다타보지두 않앗어. 다툴 일이 잇네?	제 아니, 우리는 한 번도 다퉈보지도 않았어. 다툴 일이 있니?
조 후에는 농사일도 계속 못하시고 하셨잖아요?	조 후에는 농사일도 계속 못하시고 하셨잖아요?
제 농새, 농새 일 해두 그저 머. 어리케 댄디 농새 지멘서두 그저 힘 드는것 하나 힘 안 들어, 재미나는 거루 햇어. 넝감하구 일 하는 거 재미나게 일 햇어 하나 머 일이 힘들어서 짜증 쓰거나 한번 안 기래밧어.	제 농사, 농사 일을 해도 그저 뭐. 무슨 영문인지 농사 지으면서도 그저 힘든 것도 하나 힘이 안 들고, 재미나게 했어. 영감하고 일 하는 것을 재미나게 일 했어. 뭐 하나 일이 힘들어서 짜증 쓰거나 한 번도 안 그래봤어.
조 그러니까 할머님이 후에 할아버지랑 사시면서 정말 행복하셨던가 봐요?	조 그러니까 할머님이 후에 할아버지랑 사시면서 정말 행복하셨던가 봐요?
제 그랫디, 젠에는 기 : 케 재미나게 못 살앗다우. 가정 곤란허디, 쩍 허면 쌈 : 허디. 그러니까 무슨 정이가? 기커구 또 아파서 길디 머? 기니깐 생활 옳게 못햇디.	제 그랬지, 전에는 그렇게 재미나게 못 살았다오. 가정이 곤란하지, 쩍 하면 싸움을 하지. 그러니까 무슨 정이 있겠니? 그리고 또 아파서 그러지 뭐? 그러니까 생활을 옳게 못했지.
조 그렇게 혼자 이십 년가량 계시다가 다시 할아버지 만나셨으니까 더욱 좋아셨던가 봐요.	조 그렇게 혼자 이십 년가량 계시다가 다시 할아버지 만나셨으니까 더욱 좋아셨던가 봐요
제 오, 기니까니 세간살이 재미나게 살앗디 머. 돔배 일 해두 힘 안 들디. 기리구 싸토자서 농새 허는 것두 논뚜렁 머 깎을 거 머 잇네 기래두 내가 멘저 선발대서 나갓어두 하나 짜증 안 쎳다우. 일 해두 재미나게 일 햇다우, 언제나 일을 해두.	제 오, 그러니까 살림살이를 재미나게 살았지 뭐. 일 해도 전혀 힘이 안 들지. 그리고 싸토자에서 농사 하는 것도 논두둑 뭐 깎을 것이 있니? 그래도 내가 먼저 앞장서서 나갔어도 하나 짜증을 안 썼다오. 일을 해도 재미나게 일을 했다오, 언제나 일을 해도.
조 그렇게 재미가 나시면 힘드신 줄 모르시죠?	

340

제 오, 힘든 줄 모루구 디내왓다우.

조 할아버지께서는 일을 하실 때 언제나 뒤에서 따라오셨어요?

제 고:롬, 언제나 기리게 내가 언제나 앞당 세면 거기서 '데거 노친 보라 데거.' 하메 노친네들이 농허느라구. '데거 보라, 데거 넝감태기 멀라 기 : 케 애끼네?' '넝감태기 애께서 멀 할래?' 이 따 쏘리 허구. 기래두 머 그저 아무 쏘리두 안 허구 히물히물 허멘서 논에 나가디 머. 나오문 나오구 안 나오문 안 나오구 쩽쩽 허디 않아.

특별한 자식 교육

제 난 또 힘들게 일 해두 야네들 일 허라구 앙앙 안 해밧어.

조 아이들요?

제 오, 어떤 집에는 '야, 이 쌔끼야 일 안 하네?' ' 머 어더러네?', 한:번 나 그래보디 않앗어. 저 허구푸먼, 나오 갓으면 나오구 말갓으면 말구 그저 기 : 케 생각햇디. 일 허라, 일 안 헌다구 앙앙 안 해밧어. 나 본래 기래 성질이. 기 : 케 아 : 들 시케먹디 않아. 기리게 돔배 일 안 시케. 그저 너느, 그저 못 댄 장난 할가바 그거 걱정햇디. 일 안 한다구 걱정은 안 햇어. 긴데 이것들두 또 나가서 머 일 저질거나 그 따우 짓은 또 안 햇어 또 어떤 집은 막 일 안 한다구 막 앙앙 해. 막 쌈 : 허구 기래. 난 머 까짓 데거 아바지레 일찌가니들 다 없으디구. 머 내가 일 씨게먹갓다 앙앙 허갓네? 너 허구푸먼 허라 난 그저 기러커구. 나 함자 나가서 일 햇디 머. 아 : 들 일 씨게 먹을라구 앙앙 안 햇어.

조 혼자면 너무 늦잖아요?

제 늦어두 머 그저 이 데거 애비두 없이 길러구 데거. 놈한테 그저 막 이 욕 얻어먹을가바 그거 걱정이디 머. 데거 애비두 없는 아 쌔끼 기따우 쏘리 들을가바 그거 걱정이다.

조 그렇게 재미가 나시면 힘드신 줄 모르시죠?

제 오, 힘든 줄을 모르고 지내왔다오.

조 할아버지께서는 일을 하실 때 언제나 뒤에서 따라오셨어요?

제 그럼, 언제나 그래서 내가 언제나 앞장 서면 거기에서 '저 노친을 보라 저.' 하며 노친들이 농담을 하느라고. '저 보라, 저 영감을 뭘 하려고 그렇게 아끼니?' '영감 아껴서 뭘 하려니?' 이런 말을 하고 했어. 그래도 뭐 그저 아무 말도 하지 않고 히쭉 웃으면서 논에 나가지 뭐. 나오면 나오고 안 나오면 안 나오고 쫑알쫑알 하지 않아.

특별한 자식 교육

제 나는 또 힘들게 일을 해도 아이들은 일 하라고 꽥꽥 안 해봤어.

조 아이들요?

제 오, 어떤 집에는 '야, 이 새끼야 일 안 하니?' ' 뭐 어떻니?', 하고 한 번도 나는 그래보지 않았어. 자기가 하고 싶으면, 나오겠으면 나오고 말겠으면 말고 그저 그렇게 생각했지. 일 해라, 일 안 한다고 꽥꽥 안 해봤어. 나는 본래 성격이 그래. 그렇게 아이들을 시켜먹지 않아. 그래 전혀 일을 시키지 않아. 그저 다른, 그저 못된 장난을 할까봐 그것을 걱정했지. 일을 안 한다고 걱정은 안 했어. 그런데 아이들도 또 나가서 무슨 일을 저지르거나 그런 짓은 안 했어 또 어떤 집은 막 일을 안 한다고 막 꽥꽥거리고 막 싸움도 하고 그래. 난 뭐 그까짓 저 아이들이 아버지를 일찍 다 여의고 뭐 내가 일을 시켜먹겠다고 꽥꽥 하겠니? 네가 하고 싶으면 해라 나는 그저 그렇게 하고 나 혼자 나가서 일을 했지 뭐. 아이들을 일 시켜 먹으려고 꽥꽥 안 했어.

조 혼자면 너무 늦잖아요?

제 늦어도 뭐 그저 이 저거 아버지도 없이 키워서 저 애들. 남한테 그저 막 이 욕을 얻어먹을까봐 그것만 걱정이지 뭐. 저 애비도

일 안 헌다구 걱정 한나토 안 햇어. 기구
우리 그 체네들 그 둘이 길르는거. 한나 나
헌테 욕두 기 : 케 안 먹구 길럿어 그저. 일
두 기 : 케 안 허구. 기리게 허구푸먼 허구
야네두. 우리 작은 아 : 는 그 일 쫌 욕심이
많아서 건 : 일 쫌 더 많이 햇어, 언니보담.

조 둘째 따님이 더 커요 아드님이 더 커요?

제 딸이 더 크다. 아들이 왠 막내디 머 그저.

조 그럼 둘째 따님도 이제는 예순이 다 돼 가
시는가요?

제 그 범띠야, 쉰여섯이야. 오, 기 : 케 댓어.
기리게 일 안 헌다구 앙앙 안 해밧어. 우리
그 작은거랑은 막 일 헐라 애 쓰구. 우리
이 큰거는 그저 저 허구푸먼 허구 허기 싫
에먼 일해다가두 들어올 아 : 야. 큰 거 일
기 : 케 쎄게 안 햇어.

조 어느 따님이 지금 엄마를 더 생각하세요?

제 같애, 생각허는 거는 다 같애.

조 그래도 더 쏠리는 자식이 있잖아요? 아들
이 가장 쏠리시겠죠?

제 고 : 롬, 이거 아들은 나헌테 욕두 많이 먹구
기랫어.

조 딸들은 오히려 욕 안 먹었어요?

제 오, 외려 안 먹구, 그저 나가 선불 티기레
나가 돌아대면서 그저 못댄 장난 헐가바.
기리게 만날 나보구 범, 범 햇닪네? 아들이
엄마 '범, 범'이라 기래. 와기나 허먼 무섭
게, 어러케 와 안 기러네? 사람들이 다 머
무슨 결나서 쌈 : 허구 아이들이 과부쌔끼
라는 소리 들을가바. 기래서 그저 주의 주
는 거 그거디 머 안 기네? 애비두 없이 기
른 아 : 버릇찌기 없다구. 쩍허먼 조선싸
람들 욕허게 되먼 과부쌔끼 팔리데.

조 말하다가 안 되면 그 말을 쉽게 하는가 봐요

제 오, 그말 나온다우. 기래개지구 그 말 안 들
갓다구 그저 우리 아이들이 나한테 정말
일은 기 : 케 안 쎄게 씨게두 그저 교육은
쎄우.

조 지금은 그것이 아무 것도 아니에요?

없는 애라는 그따위 소리를 들을까봐 그것
이 걱정이지. 일을 안 한다고는 걱정을 하
나도 안 했어. 그리고 우리 그 여자 아이들
그 둘이 키우는 것. 나한테 하나 욕도 그렇
게 안 먹고 키웠어 그저. 일도 그렇게 안 하
고 그래서 하고 싶으면 하고 이 애들도 우
리 작은 아이는 그 일 욕심이 좀 많아서 그
앤 일을 좀 더 많이 했어, 언니보다.

조 둘째 따님이 더 커요 아드님이 더 커요?

제 딸이 더 크지. 아들이 가장 막내지 뭐 그저.

조 그럼 둘째 따님도 이제는 예순이 다 돼 가
시는가요?

제 그 범띠야, 쉰여섯이야. 오, 그렇게 됐어.
그러게 일을 하지 않는다고 꽥꽥 안 해봤
어. 우리 그 작은 애는 막 일을 하려고 애
쓰고. 우리 큰 애는 그저 자기 하고 싶으면
하고 하기 싫으면 일을 하다가도 들어 올
애야. 큰 애는 일을 그렇게 세게 안 했어.

조 어느 따님이 지금 엄마를 더 생각하세요?

제 같아, 생각하는 것은 다 같아.

조 그래도 더 쏠리는 자식이 있잖아요? 아들
이 가장 쏠리시겠죠?

제 그럼, 이 아들은 나한테 욕도 많이 먹고 그
랬어.

조 딸들은 오히려 욕 안 먹었어요?

제 오, 오히려 안 먹고, 그저 나가 설쳐대기에
나가 돌아다니면서 그저 못된 장난 할까봐.
그래서 매일 나보고 호랑이, 호랑이 했잖
니? 아들이 엄마는 '호랑이, 호랑이'라 그
래. 왜 그런가 하면 무섭게, 어떻게 안 그
러니? 사람들이 다 뭐 무슨 화나서 싸움하
고 아이들이 과부새끼라는 소리 들을까봐.
그래서 그저 주의 주는 것이 그것이지 뭐
안 그러니? 아버지도 없이 키운 애가 버릇
이 없다고 쩍하면 조선족사람들은 욕하게
되면 과부새끼 팔리더라.

조 말하다가 안 되면 그 말을 쉽게 하는가 봐요

제 오, 그 말이 나온다오. 그래서 그 말을 안
들겠다고 그저 나는 우리 아이들한테 정말

342

제 지끔은 기래, 그직에만 말해두 녯적이라우. 그저 놈한테 그저 과부쌔끼 팔릴까봐 안 팔리게 허느라구. 그저 씨꺼머게 나가구 씨꺼머게 들어와서 그저. 무슨 일 안 저절란나 해개지구 그저 아이들헌테 무섭게 긴다우. 일 안 헌다구 욕 안 허구 사람질 허라구 욕질허디.

조 한국에는 '장한 어머님상' 같은 게 있는 것 같은데요 할머님이 그 상을 받으셔야겠어요?

제 아이구, 그 누구레 주게? 누구레 그걸 주나?

조 대대에서요.

제 대대에서? 대대두 머 가마이 잇어보멘 그저 먹구 하루 쓰구 디내가구 그저 이거라. 이것들 다 조선싸람 없으니까니 저네 맘대루야 다.

조 젊은 조선족 사람들이 있어야 어쩌죠? 모두 외지로, 외국으로 많이 나가서 없으니깐요?

제 보라, 대대 갈 싸람 어데 잇네? 전부 한국, 일본 다 나가구.

조 간부 가운데 젊은 사람이 한 분도 없어요?

제 조선 사람 없 : 어. 한나 머 그것두 이젠 투이쓔헌다구. 회계원, 회계 조선싸람 하나 잇는데. 그것두 인젠 투이쓔해서 멩년에 나와. 투이쓔헌다우, 이제 한갑 넘엇다.

조 자신 스스로 나오는 거예요? 아님 내보내시는 거예요?

제 자기레 나오디 머, 나와.

조 할머님, 피곤하세요? 이제 주무실래요?

제 아니, 피곤허디 않아. 자자, 이젠 시간 댓어?

여유로운 아침 시간

조 아직 조금 시간 더 있어요? 할머님, 내일 아침 몇 시에 일어나실 거예요?

일은 그렇게 안 세게 시켜도 그저 교육은 세게 시켰다오.

조 지금은 그것이 아무 것도 아니에요?

제 지금은 그래, 그때만해도 옛적이라오. 그저 남한테 그저 과부새끼 팔릴까봐 안 팔리게 하느라고 그저 까매서 나가고 까매서 들어와서 그저. 무슨 일 저지르지 않았나 해서 그저 아이들한테 무섭게 그랬다오. 일을 안 한다고 욕을 안 하고 사람 되라고는 욕질하지.

조 한국에는 '장한 어머님상' 같은 게 있는 것 같은데요 할머님이 그 상을 받으셔야겠어요?

제 아이고, 그 누가 주니? 누가 그것을 주니?

조 대대에서요.

제 대대에서? 대대도 뭐 가만히 있어 보면 그저 먹고 하루 쓰고 지내 가고 그저 이것이라. 이 사람들 다 조선족 사람이 없으니까 자기네 마음대로야 다.

조 젊은 조선족 사람들이 있어야 어쩌죠? 모두 외지로, 외국으로 많이 나가서 없으니깐요?

제 봐라, 대대에 갈 사람이 어디에 있니? 전부 한국, 일본으로 다 나가고.

조 간부 가운데 젊은 사람이 한 분도 없어요?

제 조선족 사람이 없어. 한 분이 있는데 그 사람도 이제는 퇴직한다고. 회계원, 회계 조선족이 한 분이 있는데. 그 사람도 이제는 퇴직해서 명년에 나와. 퇴직한다오. 이제는 환갑 나이를 넘었지.

조 자신 스스로 나오는 거예요? 아님 내보내시는 거예요?

제 자기가 나오지 뭐, 자기가 나와.

조 할머님, 피곤하세요? 이제 주무실래요?

제 아니, 피곤하지 않아. 자자, 이제는 시간이 다 됐어?

여유로운 아침 시간

조 아직 조금 시간 더 있어요? 할머님, 내일 아침 몇 시에 일어나실 거예요?

제 나, 나는 머 시간 없 : 어. 그저 난 언제나 그 아침에는 그 닐곱시 반 뗀쓰쮜. 그거 보구 그거 보구야 넌 : 나서 밥 허군 해.

조 그래요? 일곱 시 바네 무슨 드라마를 해요?

제 그거 '고향연, 고향연.'

조 '고향연'요? KBS1에서 하는 거예요? 한 번 도 보지 않아서 잘 몰라요.

제 '고향연', 긴데 그저 이 그저 보멘 다 그거 야. 여자 하나 남자 두 개구. 서루 또 놈 뗑 해 낳았는데 또 그거 체네 얼을라 글구. 이 제 마즈막은 어리케 대갓는디 모르갓어.

조 그 '아침마당'은 안 보세요?

제 '아침마당'? 그거 끝나야 '아침마당' 나오디.

조 그럼 그 드라마는 일곱 시부터 일곱 시 반 까지 하는 거예요?

제 야덟시까지야, 야덟시는 또 그 또 한나 하 는거 잇어.

조 일곱 시 반부터는 '아침마당'이 아니에요?

제 아니, 건 : 이퓐또우에서 헌다우.

조 그럼 할머님 보시는 거는요?

제 '아침마당'은 그거 사람 찾구 그거 아니가?

조 사람도 찾고 여러 가지예요?

제 기래, 그거야. 아직두 사람 기 : 케 못 찾앗 네?

조 이금희 아나운서가 하는 것이에요?

제 아이구, '아침마당' 그거야, 사람 찾는거.

조 아닙니다. 요일마다 다 달라요 사람을 찾는 거는 수요일만 해요.

제 그러네? 난 그저 다 그건줄 알구 안 바. 그 저 뗀쓰쮜 고거 두개 보먼 야덟시에 끝나 거딩.

조 일곱 시부터 일곱 시 반까지 하나 보고 일곱 시 반부터 여덟 시까지 해서 두 개 보세요?

제 오, 고러케 허구, 고러케 허구 밥 허디 머.

조 할머님이 가장 좋으시네요? 할머님 하시고 싶은 대로 하시면 되시네요.

제 함자니까니 그저 함자니까니 기 : 케 늦추 해먹으면 해 먹구. 또 밥허기 싫에먼 또 찬 밥 잇으면 찬밥 한술 먹구. 노인조 나가먼

제 나, 나는 뭐 시간이 없어. 그저 나는 언제나 그 아침에는 그 일곱 시 반 드라마. 그것을 보고 그것을 보고야 일어나서 밥 하곤 해.

조 그래요? 일곱 시 바네 무슨 드라마를 해요?

제 그거 '고향연, 고향연.'

조 '고향연'요? KBS1에서 하는 거예요? 한 번 도 보지 않아서 잘 몰라요.

제 '고향연', 그런데 그저 보면 다 그것에 그것 이야. 여자 하나에 남자 두 명. 서로 또 남 이 정해 놓았는데 또 그 아가씨를 얼으려 고 하고. 이제 마지막은 어떻게 되겠는지 모르겠어.

조 그 '아침마당'은 안 보세요?

제 '아침마당'? 그것이 끝나야 '아침마당'이 나 오지.

조 그럼 그 드라마는 일곱 시부터 일곱 시 반 까지 하는 거예요?

제 여덟 시까지야, 여덟시에는 또 그 또 다른 하나 하는 것이 있어.

조 일곱 시 반부터는 '아침마당'이 아니에요?

제 아니, 그것은 채널2에서 한다오.

조 그럼 할머님 보시는 거는요?

제 '아침마당'은 그것 사람 찾고 하는 것이 아니니?

조 사람도 찾고 여러 가지예요?

제 그래, 그것이야. 아직도 사람을 그렇게 못 찾았니?

조 이금희 아나운서가 하는 것이에요?

제 아이고, '아침마당'이 그것이야, 사람을 찾 는 것.

조 아닙니다. 요일마다 다 달라요 사람을 찾는 거는 수요일만 해요.

제 그러니? 나는 그저 그것인 줄 알고 안 봐. 그저 드라마 그것 두 개 보면 여덟 시에 끝 나 거던.

조 일곱 시부터 일곱 시 반까지 하나 보고 일곱 시 반부터 여덟 시까지 해서 두 개 보세요?

제 오, 그렇게 하고, 그렇게 하고 밥을 하지 뭐.

조 할머님이 가장 좋으시네요? 할머님 하시고

344

덩심 얻어먹닪네? 돈 일원 내구. 허기 싫에
면 또 그따우 짓 허구 기래.
조 그러니 혼자 사시면 안 된다고 그래요. 여
성들은 계속 대충 먹고 해서요.
제 오, 함자 잇으니까니 또 쩔게두 머 그저 대
는대루 먹어. 간장이머 간장, 그저 한 술 넘
어가면 댄다우, 목구녕에.
조 기실 그러면 안 되시는데요. 할아버지 계셨
으면 이것저것 계속 해 드리실 텐데요
제 우리 아들두 잇으머 안 대. 기 : 케 먹어머
안 대. 아들만 잇어두 기 : 케 먹으면 안 대.
조 아드님이 계시면 오히려 불편하시고 힘드
시겠네요?
제 애비 또 멀 쩔게라두 해 주다이. 가 : 야 또
나겉이 간장이머 간장 먹어? 기니까니 허
기 싫에두 허야 대구. 허기 둏아두 허야대.
야, 잇으면 안 대.
조 그래서 혼자 계시면 건강에는 더 안 좋을
수 있어요.
제 어, 맞아. 그 말이 맞아. 함자 잇으면 그저
기니까니 함자 잇으니까니 사람 배 : 래. 해
먹을 것두 안 해 먹구. 대강대강 해 먹으니
까니 사람 배린다우.
조 빨리 일어나서도 이렇게 누워 계실 수 있고?
제 그리게, 아들 잇으면 기 : 케 둔 : 누네? 야
덟시까지 머 눕나? 밥 안 하구 대네?
조 아드님이 있으면 몇 시까지 일어나야 하십
니까?
제 가 : 는 그저 밝으면 닌나. 밥 다 해 가면
벌써 닌나. 나 또 주일날에먼 안 대.

주일 예배
제 주일날에 지끔 밤이 기니까니 야뎗시, 아홉
시 시작한다우. 주일날에, 예배 보는 거. 기

싶은 대로 하시면 되시네요.
제 혼자니까 그저 혼자니까 그렇게 늦게 해
먹으면 해 먹고 또 밥하기 싫으면 또 찬밥
있으면 찬밥 한 술 먹고 노인협회 나가면
점심을 얻어먹잖니? 돈을 일원 내고, 하기
싫으면 또 그렇게 하고 그래.
조 그러니 혼자 사시면 안 된다고 그래요 여
성들은 계속 대충 먹고 해서요
제 오, 혼자 있으니까 또 반찬도 뭐 그저 되는
대로 먹어. 간장이면 간장, 그저 한 술 넘어
가면 된다고 생각돼, 목구멍에.
조 기실 그러면 안 되시는데요. 할아버지 계셨
으면 이것저것 계속 해 드리실 텐데요
제 우리 아들도 있으면 안 돼, 그렇게 먹으면
안 돼. 아들만 있어도 그렇게 먹으면 안 돼.
조 아드님이 계시면 오히려 불편하시고 힘드
시겠네요?
제 아들(손자 아버지) 또 뭐 반찬이라도 해 줘
야지. 그 애야 또 나처럼 간장이면 간장을
먹니? 그러니까 하기 싫어도 해야 되고 하
기 좋아도 해야 돼. 야, 있으면 안 돼.
조 그래서 혼자 계시면 건강에는 더 안 좋을
수 있어요.
제 어, 맞아. 그 말이 맞아. 혼자 있으면 그저
그러니까 혼자 있으니까 사람 못 쓰게 돼.
해 먹을 것도 안 해 먹고 대충 해 먹으니
까 사람 못쓰게 된다오.
조 빨리 일어나서도 이렇게 누워 계실 수 있고?
제 그래, 아들 있으면 그렇게 누워 있을 수 있
니? 여덟시까지 뭐 누워 있니? 밥을 안 하
고 되니?
조 아드님이 있으면 몇 시까지 일어나야 하십
니까?
제 그 애는 그저 밝으면 일어나. 밥을 다 해 가
면 벌써 일어나. 나도 또 주일날이면 안 돼.

주일 예배
제 주일날에 지금 밤이 기니까 여덟 시, 아홉
시에 시작한다오. 주일날에, 예배 보는 것.

니까니 여기서 일쩍하니 밥 해 먹구 가야 대.

조 그러면 밥을 몇 시에 해 드세요?

제 기니까니 여기서 닐굽시면 떠나야디 머, 떠나야대. 차가 젠창 또 고 시간에 안 오니까니. 차 기두는 거 어떤직에 한 반시간씩 기둘러.

조 할머님, 추울 때는 택시 타세요.

제 아이구, 택시 거기 가는 거 칠 원이야 칠 원.

조 버스 타면 일원입니까?

제 뻐스 타면 오십 전이구. 긴데 그 어케 택시 타구 대니네?

조 이 마을에 다른 할머님은 가시는 분이 없어요?

제 딴 사람들두 다 그 알루치 타구 간다우.

조 할머님 여러 분이시면 같이 택시 타고 한 사람에 얼마씩 내고 가면 좋을텐데요.

제 오, 긴데 그러케 안 댄다우. 그러케 한꺼베 가게 안 댄다우.

조 서로 약속을 해 두면 되지 않을까요?

제 약속해두 안 대, 기 : 케 안 대. 그 세바꾸차 댈 직에는 삼원, 삼원 주야대. 이원에두 대긴 대디 머. 억지질 허면 어리케 이 원두 갈 수 잇디. 긴데 요곳들이 딱 알게 대면 삼원이락두 꽤 받는다 해개지구. 삼원 달라고 찍디기 해, 그것들이.

조 그럼 할머님은 또 더 억지를 부리시죠?

제 어, 긴데 우리레 기리야 대갓는데, 가네들이 더 기런다우. 기래개주고 그 세바꾸차 잇일직에는 아야 땅해놓디 머. 몇 시에 가구 몇 시에 오구, 긴데 이제 고따우들 댕기디 못하게 허니까니 없디 머.

조 저 앞에까지 좀 걸어가시고 그 다음 그 차를 타면 되지 않으신가요?

제 오, 기렇게라두 또 오디 안울라 긴다우. 안 올라 기래. 잽히면 저네 빠콴헌다구 안 올라 기래.

조 저기 다리까지는 오게 한다면서요 그럼 다리까지만 걸어가면 괜찮지 않습니까?

제 오, 기래두 것 : 들이 기렇게라두 안 올라

그러니까 여기서 일찍이 밥을 해 먹고 가야 해.

조 그러면 밥을 몇 시에 해 드세요?

제 그러니 여기서 일곱 시면 떠나야지 뭐, 떠나야 해. 차가 바로 또 그 시간에 안 오니까. 차 기다리는 것 어떤 때는 한 반시간씩 기다려.

조 할머님, 추울 때는 택시 타세요.

제 아이고, 택시 거기에 가는 것이 칠 원이야 칠 원.

조 버스 타면 일원입니까?

제 버스 타면 오십 전이고. 그런데 그 어떻게 택시를 타고 다니니?

조 이 마을에 다른 할머님은 가시는 분이 없어요?

제 다른 사람들도 다 그 267번 버스를 타고 간다오.

조 할머님 여러 분이시면 같이 택시 타고 한 사람에 얼마씩 내고 가면 좋을텐데요.

제 오, 그런데 그렇게 안 된다오. 그렇게 한꺼번에 가게 안 된다오.

조 서로 약속을 해 두면 되지 않을까요?

제 약속해도 안 돼, 그렇게 안 돼. 그 삼륜차가 될 때에는 3원, 3원 주면 돼. 2원에도 되긴 되지 뭐. 억지부리면 어떻게 2 원에도 갈 수 있지. 그런데 그 사람들이 딱 알게 되면 3원이라도 꽤 받을 수 있다고 해서 3원을 달라고 억지를 부려, 그 사람들이.

조 그럼 할머님은 또 더 억지를 부리시죠?

제 어, 그런데 우리가 그래야 되겠는데, 그 사람들이 더 그런다오. 그래서 그 삼륜차가 있을 때에는 아예 정해놓지 뭐. 몇 시에 가고 몇 시에 오고, 그런데 이제 그 삼륜차들을 다니지 못하게 하니까 없지 뭐.

조 저 앞에까지 좀 걸어가시고 그 다음 그 차를 타면 되지 않으신가요?

제 오, 그렇게라도 또 오지 않으려고 한다오. 안 오려고 그래. 잡히면 자기들이 벌금을 한다고 안 오려고 그래.

기래. 것 : 들 기렇게 대면 또 거기서 빈 차
루 가니까니 아야 안 길라 긴다우. 여기 왓
다갓다 할 직에는 사람. 뎃 : 다 주구두 또
갈 직에 빈 차루 안 가. 또 사람 태와개구
가야는데, 긴다구 아야 안 갈라 기래. 기리
게 홍기태 쏘리만 해두 '부.' 보 : 써 이리
는데 머.

조 저희도 어제 여기로 올 때 안 온다고 해서
택시 타고 왔어요.

제 기리게 안 온다 기래. 기니까니 머 저 안
오갓대면 단 대 머. 안 와, 못 타. 여기 그
러디 않을직에 여기 나가면 전수 그 차야.
시뻘허게 많이 나와, 세.

조 그 빨간 차들 말이에요?

제 어, 머 퍼래이, 뻘개이 기랫는데 없 : 어, 이
제는. 기리게 요 딱 알루치 버스 고고 기둘
거, 긴데 요것들이 제 시간에 안 와.

조 버스가 얼마 만에 한 번씩 오죠?

제 본 : 래 반시간에 한번이디. 긴데 한시간두
어떤직에 안 와. 와기나 하문 오다가 더 띵
쌍에 기차 거기 맥히게 되믄. 두시간두 기
두리랴데. 기차가 가루 막히니까니 오디
못해닪네?

조 기차가 왜 그렇게 오래 가로 막히지요?

제 몰 : 라, 기 : 케 어떤 찍엔 한 사십분, 한시
간 기래. 기 : 케 거기서 많 : 이 텅한다우.

조 그러면 택시는 기다릴 때도 요금이 올라가
나요?

제 아니, 건 : 안 올라가. 택시는 떠나야 오르디,
세 잇는데는 안 올라.

조 한국에는 택시가 서 있어도 시간에 따라
요금이 나옵니다.

제 오, 우리 여기는 안 그래. 여기는 이 가야
글재레 올라가디, 안 가면 글재 안 올라가.
어떤직엔 한 사십분, 어떤직엔 한 한시간.

조 그럼 출근하는 사람은 다 안 되겠네요? 자
칫 지각하겠어요.

제 그러며. 그 할 수 없디, 차 시간이 그러니까
니. 이것들이 그 '땡땡' 허게 되믄 그저 내

조 저기 다리까지는 오게 한다면서요. 그럼 다
리까지만 걸어가면 괜찮지 않습니까?

제 오, 그래도 그 사람들이 그렇게 하여도 안
오려고 그래. 그 사람들이 그렇게 되면 또
거기에서 빈 차로 가니까 아예 안 그러려
고 그런다오. 기 왔다갔다 할 때에는 사람.
데려다 주고도 또 갈 때에는 빈 차로 안
가. 또 사람 태워서 가야 하는데, 그런다고
아예 안 가려고 그래. 그러게 홍기태란 말
만 해도 '안가.' 벌써 이러는데 뭐.

조 저희도 어제 여기로 올 때 안 온다고 해서
택시 타고 왔어요.

제 그러게 안 온다고 그래. 그러니까 뭐 자기
네 안 오겠다면 다야 뭐. 안 와, 못 타. 여
기 그러지 않을 때는 여기 나가면 전부 그
차야. 벌겋게 많이 나와, 서.

조 그 빨간 차들 말이에요?

제 어, 머 파랑, 빨강 그랬는데 없어, 이제는.
그러게 이 딱 267번 버스 그것만을 기다려,
그런데 그 버스가 제시간에 안 와.

조 버스가 얼마 만에 한 번씩 오죠?

제 본래 반시간에 한번이지. 그런데 한 시간이
걸려도 어떤 때는 안 와. 왜냐하면 오다가
저 정향에서 기차가 거기에 막히게 되면.
두 시간도 기다려야 해. 기차가 가로 막히
니까 오지 못하잖니?

조 기차가 왜 그렇게 오래 가로 막히지요?

제 몰라, 그렇게 어떤 때에는 한 사십분, 한 시
간 그래. 그렇게 거기서 많이 서 있는 다오

조 그러면 택시는 기다릴 때도 요금이 올라가
나요?

제 아니, 그건 안 올라가. 택시는 떠나야 오르
지. 서 있을 때는 안 올라.

조 한국에는 택시가 서 있어도 시간에 따라
요금이 나옵니다.

제 오, 우리 여기는 안 그래. 여기는 택시가 가
야 글자가 올라가지, 안 가면 글자가 안 올
라가. 어떤 때에는 한 사십분, 어떤 때에는
한 한 시간.

리놓으니까니 기 : 케 착 걸리데. 어떨 직에
는 오구 가구 하는데 한나, 또 가구, 가면
또 젠창 오는 거 잇다우. 어떤 직에는 막
안타와, 기리게. 기리게. 그러니까니 뻐스
레 가야 또 사람 태우레 온다우. 기니까 거
기서 많이 세 잇게 대면 차레 없 : 어서 안
온다우.

조 267번 버스는 종점이 어디예요?

제 알루치레? 뻐이짠일거다. 뻐이짠에서 따씽,
따씽까지야.

조 할머님, 아침에는 보통 몇 시쯤 일어나세요?

제 나, 나 야듧시면 닌 : 나서 밥 해 먹디 머.

조 일찍 일어나셨어도 이렇게 누워 계십니까?

제 고:롬, 나서서 돌아댕기기두 하구. 배켄에
또 한바쿠 돌구, 그저 또 두루 와서 잇구.
기댐엔 그 뗀쓰쮀 본다우, 그거 보구.

조 평상시 이맘때면 이 집 주위를 왔다 갔다
하시겠네요?

제 고:롬, 왓다갓다하구 또 추우면 또 들어와
잇구 그저.

조 일반적으로 집 주위를 돕니까?

제 그저, 더기 데 모케 이거 머이야 그 중국싸
람들이 그 집 짓느라구 그 모케 헐었디 머.
그 담장 헐엇다우. 거기 그저 머 드나대디
나 허구 또 한번 넘기다보구 그저 기리케
들어오구. 벤소 보구 기리구 들어와서 뗀쓰
쮀 보디 머. 고:럼 닐곱 시다우. 닐곱 시에
시작헌다우 뗀쓰쮀. 일펜또우서 나오 : 무
그것 또 보문 야듧시에 끝난다우.

할머님의 못 말리는 걱정

제 긴데 동천이는 머 함자 나가서 돈이 막 안
벌어 대개지구 막 짜증 쓴다 길더라.

조 정말 열히 일하시고 돈을 모으시는데 자
식들에게 계속 보내줘야 하는가 봐요?

제 오, 둘채 한나 일본에 갓닪네? 공부허레.

조 그 많은 학비를 다 대주고 뒷바라질 하시

조 그럼 출근하는 사람은 다 안 되겠네요? 자
칫 지각하겠어요.

제 그럼. 그 할 수 없지, 차 시간이 그러니까.
이 사람들이 그 '땡땡' 하게 되면 그저 내려
놓으니까 그렇게 착 걸리더라. 어떤 때에는
오고 가고 하는데 하나, 또 가고, 가면 또 바
로 오는 것이 있다오 어떤 때에는 막 안타
까워, 그러게. 그러게, 그러니까 버스가 가야
또 사람 태우러 온다오 그러니까 거기서 많
이 서 있게 되면 차가 없어서 안 온다오.

조 267번 버스는 종점이 어디예요?

제 267번 버스? 기차 북역일 것이다. 기차 북
역에서 대흥까지야.

조 할머님, 아침에는 보통 몇 시쯤 일어나세요?

제 나, 나 여덟시면 일어나서 밥을 해 먹지 뭐.

조 일찍 일어나셨어도 이렇게 누워 계십니까?

제 그럼, 나가서 돌아다니기도 하고 바깥에
가서 또 한 바퀴 돌고, 그저 또 들어 와서
있고 그 다음에 그 드라마 본다오, 그것을
보고 평상시 이맘때면 이 집 주위를 왔다
갔다 하시겠네요? 그럼, 왔다갔다하고 또
추우면 또 들어와 있고 그저.

조 일반적으로 집 주위를 돕니까?

제 그저, 저기 저 구석에 이거 뭐 그 한족 사람
들이 그 집을 짓느라고 그 담장 구석을 헐
었지 뭐. 그 담장을 헐었다오. 거기 그저 뭐
들어다니나 하고 또 한 번 넘겨다보고 그저
그렇게 들어오고 변소 보고 그리고 들어와
서 드라마 보지 뭐. 그럼 일곱 시라오. 일곱
시에 시작한다오 드라마. 채널1에서 나오면
그것을 또 보면 여덟시에 끝난다오.

할머님의 못 말리는 걱정

제 그런데 동천이는 머 혼자 나가서 돈이 막
안 모여서 막 짜증을 쓴다고 그러더라.

조 정말 열심히 일하시고 돈을 모으시는데 자
식들에게 계속 보내줘야 하는가 봐요?

제 오, 둘째 아이 하나가 일본에 갔잖니? 공부
하러.

려니 얼마나 힘드시겠어요?

제 그넝거 겉애, 함자 벌디 머, 여기 머 새:시 머 둘채 젊은이 머 엄마레 노쇄싼 걸레개 지구. 내내 거기 가 잇다가 오마니 세상 뜨 구 지금 싸토자 와 잇닪네?

조 혼자 정말 열심히 버신다고 들었어요.

제 긴데 그 돈, 처음에 좀 번거 처가집에한테 다 잘리운 모낭이더라. 처제 나가구 처남 나가개지구 벌디 못허니까니 잘리우디. 돈 대줏으니까니 잘리우디.

조 지금은 중국에 들어오셨죠?

제 안 두루왓어, 송구 안 두루왓어. 그 아들 한 나 잇는 거 일본에 가 공부허갓다구 또 기 :서 일본에 갓닪네? 쪼꼬마하디 머, 가루 퍼딘 거. 길더니 머 더 우리 막낭아들이 저 막낭삼촌이 오라구, 오라 기래서 한번 왓더 래. 와서 머 임석 잘 해멕잇대. 식당에 데루 가서 머 못 먹던 거 다 멕이구 기랫대. 긴데 두 머 전화두 없다 길데. 전화두 없다 기래.

조 졸업하고 나면 성격이 좀 변해질 거예요.

제 기니까니 이거 송구 일본에서 야레 이 필 업 송구 헐레먼. 필업 헐레먼 송구 맹년, 내맹년꺼지 허야 대. 사넌이라우, 사넌 후 에 필업이다우.

조 그럼, 그 뒤를 어떻게 대주시죠?

제 기리게 고고 당해줄레머 힘들 거다. 우리도 바라, 우리. 우리두 우리 젊은이 내내 그 아 : 나간거 다 뒤밟아 주야디. 저두 또 만날 나가 잇으니까니 몸두 아프디. 약두 사먹어 야디, 집이 또 돈두 좀 보내주야디.

조 그래도 집을 두 채나 사셨잖아요?

제 오, 집은 두 개 삿디.

조 아파트 두 채 다 큰 것이에요?

제 고:롬, 큰 거야. 더 심앙엔 집 작은 거 없: 어, 다 커.

조 며느님은 언제 한국에 나가셨어요?

제 할아바지 금년에 돌아갓다문 맹년에 나갓 디 머. 그 후넌이가? 오, 기:케 나갓디 머.

조 그 많은 학비를 다 대주고 뒷바라질 하시 려니 얼마나 힘드시겠어요?

제 그런 거 같아, 혼자 벌지 뭐, 여기 뭐 아내 뭐 둘째 며느리는 뭐 어머니가 뇌전색 걸 려서. 자꾸 거기 가 있다가 어머니가 세상 뜨고 지금은 싸토자에 와 있니?

조 혼자 정말 열심히 버신다고 들었어요.

제 그런데 그 돈, 처음에 좀 번 것은 처갓집에 다 떼인 모양이더라. 체제 나가고 처남 나 가서 벌지 못하니까 떼이지. 돈을 대줬으니 까 떼이지.

조 지금은 중국에 들어오셨죠?

제 안 들어왔어, 아직 안 들어왔어. 그 아들 하 나 있는 것이 일본에 가서 공부하겠다고 또 그래서 일본에 갔잖니? 자그마하지 뭐, 가로 퍼진 것이. 그러더니 뭐 저 우리 막내 아들이 저 막내삼촌이 오라고, 오라 그래서 한번 왔더래. 와서 뭐 음식을 잘 해먹였다. 식당에 데리고 가서 뭐 못 먹던 것을 다 먹 이고 그랬대. 그런데도 뭐 전화도 없다 그 러더라. 전화도 없다고 그래.

조 졸업하고 나면 성격이 좀 변해질 거예요.

제 그러니까 이거 아직 일본에서 이 애가 이 졸업을 아직 하려면. 졸업을 하려면 아직 명년, 내명년까지 해야 돼. 사넌이라오, 사 넌 후에 졸업이라오.

조 그럼, 그 뒤를 어떻게 대주시죠?

제 그러기에 그 애 뒷바라지 해 주려면 힘들 거다. 우리도 봐라, 우리. 우리도 우리 젊은 이가 계속 그 아이 나간 것을 다 뒷바라지 해 줘야지. 자기도 또 매일 나가 있으니까 몸도 아프지. 약도 사먹어야지, 집에 또 돈 도 좀 보내줘야지.

조 그래도 집을 두 채나 사셨잖아요?

제 오, 집은 두 개 샀지.

조 아파트 두 채 다 큰 것이에요?

제 그럼, 큰 것이야. 저 심양에는 집이 작은 것 이 없어, 다 커.

조 며느님은 언제 한국에 나가셨어요?

할아버지에 대한 그리움

조 할아버지께서 언제 돌아가셨어요?

제 구십 구년, 구구년도.

조 구십구년도 가을이에요?

제 시월달이야, 시월 달.

조 며느님이 집에 계시지 않으셨을 때죠?

제 내일이, 내일이 없는 날이야. 십일월, 십일월 이십삼일.

조 이십삼일이 아직 안 됐습니다.

제 아니, 그적에, 그적에. 이십삼, 십일월 이십삼.

조 십이월 이십삼일이면 다음 주입니다.

제 아니, 음녁으루 시월 열여샛 날 세상 떳다우.

조 아, 시월 열엿샛날? 그럼 내일이에요? 음력으로 지내시는 거예요?

제 응, 음녁으루 쌋헌단 말이야.

조 그럼 내일 제사는 하지 않습니까?

제 안 해, 안 해, 돔배 안 해. 넝감, 넝감이 믿는 대루 허갓다 해서 믿는 대루 햇닪네? 아풀직에 다 교회에서 와서 해주구 기랬어. 아풀직에.

조 네, 그러셨어요?

제 자기 어, 기 : 케 하갓다구, 자기가 원이 그건데 머. 기리케서 믿는대루 햇다우. 행상 할직에두 믿는대루 행상허구.

조 네, 그러셨어요? 잘 하셨어요.

제 다 와서, 목사님이랑 다 와서 햇어.

조 언니가 저의 집에 있을 때 돌아가셨다는 전화를 받았던 걸로 기억됩니다.

제 맞아, 거기 잇을적일거다. 기래두 행상 헌 댐에 왓을 거다. 행상헌댐에 왔어.

조 그렇게 애를 먹이시고 힘드셔도 곁에 계시면 더 좋으시죠?

제 고로머, 잇이야디. 밥을 삼시 다 내가 멕잇어. 제 손으루 못 먹엇어.

조 그렇게 고생하셔도 계셨으면 좋겠어요?

제 오, 기래두 없으니까너 과부 소리 듣닪네?

제 할아버지 금년에 돌아갔다면 명년에 나갔지 뭐. 그 후년인가? 오, 그때 나갔지 뭐.

할아버지에 대한 그리움

조 할아버지께서 언제 돌아가셨어요?

제 구십 구년, 구구년도.

조 구십구년도 가을이에요?

제 시월달이야, 시월 달.

조 며느님이 집에 계시지 않으셨을 때죠?

제 내일이, 내일이 돌아가신 날이야. 십일월, 십일월 이십삼일.

조 이십삼일이 아직 안 됐습니다.

제 아니, 그때, 그때, 이십삼, 십일월 이십삼일.

조 십이월 이십삼일이면 다음 주입니다.

제 아니. 음력으로 시월 열엿샛 날에 세상 떴다오.

조 아, 시월 열엿샛날? 그럼 내일이에요? 음력으로 지내시는 거예요?

제 응, 음력으로 계산한단 말이야.

조 그럼 내일 제사는 하지 않습니까?

제 안 해, 안 해. 전혀 안 해. 영감, 영감이 믿는 대로 하겠다고 해서 믿는 대로 했잖니? 아플 적에 다 교회에서 와서 해주고 그랬어. 아플 적에.

조 네, 그러셨어요?

제 자기가 그렇게 하겠다고, 자기의 원이 그것인데 뭐. 그렇게 해서 믿는대로 했다오. 행상 할 적에도 믿는대로 행상하고.

조 네, 그러셨어요? 잘 하셨어요.

제 다 와서, 목사님이랑 다 와서 했어.

조 언니가 저의 집에 있을 때 돌아가셨다는 전화를 받았던 걸로 기억됩니다.

제 맞아, 거기 있을 적일 것이다. 그래도 행상 한 다음에 왔을 것이다. 행상한 다음에 왔어.

조 그렇게 애를 먹이시고 힘드셔도 곁에 계시면 더 좋으시죠?

제 그럼, 있어야지. 밥을 삼시 다 내가 먹였어, 제 손으로는 못 먹었어.

조 그렇게 고생하셔도 계셨으면 좋겠어요?

350

잇으면 과부 소리는 안 듣닪네?

조 그 말은 그래도 괜찮은데 할머님 혼자 너무 고독해서서 걱정입니다.

제 아이구, 고 말이 듣기 싫다. 기래두 이 또기 : 케 아파서 누워서두 짜증 하나 안 쓰구 고 : 매 기랫다우. 나한테.

조 워낙 잘 해주시니까 그렇겠지요?

제 보라, 채수 사레 나갈라구 밑창에 거재기, 수지 말이야. 다 깔아주구 글커구 나가디 않네? 채수 사레 나가야 거기 나가디 머. 거기 나가서 그저 불이 닐어서, 넝감 고길 좋아 한다우 언제나. 고기 또 사개지구 쬬쎌해개지구 오니까니 시간이 쪼끔 걸리디 머. 기 : 케 해개구 오문, 벡문 오문 보 : 써 뚱내가 팡 나. 아이구, 이거 와 뚱내? '여보, 여보 뚱 쌌어?' '나, 몰라.' 모른데. 집이 둘우오니까니 거재긴, 그거 수지 깔아둔건 다 뽑아서 집어 팡가티구. 뚱은 말이야, 온 구둘바닥에 뿌레 내텃디 머.

조 왜요?

제 몰라, 기 : 케, 여기 한 덩지기, 저기 한 덩지기 바람뚝에 발라 놓구 그렇게 했다우.

이국땅에서의 결혼

조 할머님, 결혼식에 대해서 말씀 좀 해주세요

제 겔혼식에서 기래서 말을 다 타 밧어. 그직에 색시 타는 말 잇어. 쪼꼬마한거. 기 : 케 내래개지구 머 큰 상, 큰 상 해줘서 받구. 기커구 그저 기 : 케 하루 디내갓닪아. 첫날, 디내가구 그 이튿날, 삼일만에 나오닪아. 그 이튿날, 기댐에 또 밥 다 해 딜다 주서 먹엇닪아. 삼일만에, 삼일만에 기니까니 시할매디 머. 시할매레 '일감 내주라.' 기래. 누데기 보선 기우라구 보선을 내주라 기래. 기니까니 우리 시오마니가 잇다아, 바느질은 무슨 바느질 내주구 말구 허갓네? 난 머 일감두 없거니와 난 그런거 안 내주요. 기래서 좋 : 다 햇디 머. 그 보쌈

조 오, 그래도 없으니까 과부 소리 듣잖니? 잇으면 과부 소리는 안 듣잖니?

조 그 말은 그래도 괜찮은데 할머님 혼자 너무 고독해서서 걱정입니다.

제 아이고, 그 말이 듣기 싫지. 그래도 이 또 그렇게 아파서 누워서도 짜증을 하나 안 쓰고 고마워서 그랬다오. 나한테.

조 워낙 잘 해주시니까 그렇겠지요?

제 봐라, 야채 사러 나가려고 밑에 기저귀, 휴지 말이야. 다 깔아주고 그렇게 하고 나가지 않니? 야채 사러 나가야 거기에 나가지 뭐. 거기에 나가서도 그저 부리나케, 영감이 고기를 좋아 한다오 언제나. 고기를 또 사서 갈아서 오다나니 시간이 조금 걸리지 뭐. 그렇게 해 가지고 오면, 부엌문에만 오면 벌써 뚱내가 확 나. 아이고, 이거 왜 뚱내? '여보, 여보 뚱 쌌어?' '나, 몰라.' 모른데. 집에 들어오니까 기저귀는, 그것 휴지 깔아 준 것은 다 뽑아서 집어 던지고 뚱은 말이야, 온 구들 바닥에 뿌려서 던졌지 뭐.

조 왜요?

제 몰라, 그렇게, 여기 한 덩지, 저기 한 덩지 바람벽에 발라 놓고 그렇게 했다오.

이국땅에서의 결혼

조 할머님, 결혼식에 대해서 말씀 좀 해주세요.

제 결혼식에서 그래서 말을 다 타 봤어. 그 때 색시 타는 말이 있어. 자그마한 것. 그렇게 내려서 뭐 큰 상, 큰 상을 해줘서 받고 그리고 그저 그렇게 하루를 지내갔잖아. 첫날, 지내가고 그 이튿날, 삼일만에 나오잖아. 그 이튿날, 그 다음에 또 밥을 다 해서 들여다 줘서 먹었잖아. 삼일만에, 삼일만에 그러니까 시할머니지 뭐. 시할머님께서 일감을 내어 주라고 그래. 누더기 버선 기우라고 버선을 내주라고 그래. 그러니까 우리 시어머님이 있다가 아, 바느질은 무슨 바느질을 내주고 말고 하겠니? 나는 뭐 일감도 없거니와 나는 그런 것을 안 내주오 그래

누데기, 보쌈 깁는 거. 오ː리 마차서 기우
니까니 그 깁기 힘들다우. 야 그 내주면 어
커누 속우루 걱정 햇더니 우리 씨오마니가
안 내조. 이제 얼마 안 잇다가 저 헐 거 다
하갓디 멀 보쌈 깁는 거 내놓간네? 안 내나
줘. 기댐에 그저 나가서 밥을 햇디. 밥은
더 만동세허구 함께 햇디 머. 집에서 밥 해
먹구 촌이니까 그 삼 삼는다우. 천 짜는
거 삼 그거, 삼 일감을 내 놓는데 삼을 언
제 당대 삼아 밧네? 여기서, 머 이 중국에
야 그따우레 잇네? 기ː서 삼을, 머 우리
씨오마니랑 잘 삶아. 삼는데 난 그 헐 줄
몰라서 가만 앉어 잇엇디. '물레질 헐 줄
아나?' 또 기래. 내레 언제 머 당대 물레질
해 밧네? '나 것ː 또 못해요.' 긴데 만동세
부체끼리 가마니 짜. '나 가마니 짤 줄 알
아요.' 나 자질허는 거, 이거 자질허는거.
가마니 짜갓다 기랫디 머. 기니까니 '가마
니를 멀 짜ː 갓네? 얼마 잇다가 가갓게 가
마니를 짜간?' '아니요, 나 가마니 짤래요.'
시형하구 둘에서 가마니 짯댢네? 만동세는
삼을 잘 삼는다구 이거 삼. 삼 삼구 난 시
형허구 가마니 짯디. 시형허구 가마니 짜
다가 기세 막 탁 쏘는 거걸이 막 자례 여
길루 오닶네? 기래두 기리 다티디는 않앗
어. 아이구, 어떠나 혼ː이 낫간?

[조] 할머님이 잘못 하신 거예요?

[제] 고ː롬, 내가 잘못 하니까니 이거 헛나갓다
우, 자질하는데. 일없다구 일없다구 시형이
기래. 기래서 기리커구 또 짯디 머. 짜는데
기댐에 막 떨리개지구 더 못 짜갓구나. 아
이구, 막 얼른 하루레, 얼른 저낙에 다티면
둏갓다 허구 기두는데. 저낙에 대ː서 기
댐엔 걷어치우더나 머. 기래서 밥 허레 나
왓디. 밥 허레 나왓는데, 조선 사발이 막
얇ː아. 그거 이ː케, 이ː케 철띠기레 없
ː어 길디 머. 열아옵살 나서 갓는데. 그륵
이 이거 부세는데, 기쎄 칼도매 우에다. 구
막에다 낫ː으먼 일없는데 칼도매 우에다
나ː니 그 김치 싸ː는거 칼도매 우에 거

서 좋다고 했지 뭐. 그 버선 누더기, 버선
을 깁는 것. 헝겊 오리를 맞추어서 기우니
까 그 깁기 힘들다오. 야 그 내주면 어떻게
하나 속으로 걱정 했더니 우리 시어머님이
안 내어 줘. 이제 얼마 안 지나면 자기 할
것을 다 하겠지 뭘 버선 깁는 것을 내놓겠
니? 안 내어 줘. 그 다음에 그저 나가서 밥
을 했지. 밥은 저 만동서하고 같이 했지 뭐.
집에서 밥을 해 먹고 시골이니까 그 삼을
삼는다오. 천 짜는 것 삼 그것, 삼 일감을
내 놓는데 삼을 언제 당초 삼아 봤니? 여기
서, 뭐 이 중국에야 그따위가 있니? 그래서
삼을, 뭐 우리 시어머님이랑 잘 삼아. 삼는
데 난 그걸 할 줄 몰라서 가만히 앉아서 있
었지. '물레질을 할 줄 아나?' 또 그래. 내
가 언제 뭐 당초 물레질을 해 봤니? '저는
그것도 못해요' 그런데 만동서 부처끼리
가마니를 짜. '저는 가마니를 짤 줄 알아
요' 나 자질하는 것, 이거 자질하는 것. 가
마니를 짜겠다고 그랬지 뭐. 그러니까 '가
마니 뭘 짜겠니? 얼마 있다가 가겠다고 가
마니 짜겠니?' '아니요, 저는 가마니 짤래요'
시형하고 둘이서 가마니를 짰잖니? 만동서
는 삼을 잘 삼는다고 이거 삼. 삼을 삼고 난
시형하고 가마니를 짰지. 시형하고 가마니
를 짜다가 글쎄 막 탁 쏘는 것같이 막 자가
여기로 오잖니? 그래도 그렇게 다치지는 않
았어. 아이고, 어쩌나 혼이 났겠니?

[조] 할머님이 잘못 하신 거예요?

[제] 그럼, 내가 잘못 하니까 이거 헛나갔다오,
자질하는데. 괜찮다고 괜찮다고 시형이 그
래. 그래서 그렇게 하고 다 짰지 뭐. 짜는
데 그 다음에 막 떨려서 더 못 짜겠더구나.
아이고, 막 얼른 하루가, 얼른 저녁에 닥치
면 좋겠다 하고 기다리는데. 저녁에 돼서
그 다음에는 걷어치우더구나 뭐. 그래서
밥을 하러 나왔지. 밥을 하러 나왔는데, 조
선 사발이 막 얇아. 그거 이렇게, 이렇게
철이 없어서 그러지 뭐. 열아홉 살이 나서
갔는데. 그릇을 이거 씻는데, 글쎄 칼도마

352

기다 올레 낫더니 그 띠뚜룽허면서 사발 야닯개나 깨틧닿네? 아이구, 막 어커갓네? 긴데 우리 씨오마니레 '일없다, 그륵 많은 데 머 깨뎃으면 깨뎃디, 머 일없어.'

조 그 날이 가서 첫날이에요?

제 고로며, 한 주일만에 한 주일에. 기 : 케 사발 야닯개 깨디니까 막 얼마나 안타깝 갓네? 아이구, 막 밥맛이 다 없구, 막 밥 안 먹엇어, 그날. 기니까니 씨오마니 잇다 '야, 밥 먹어라. 사발이 머이게? 일없어 밥 먹어라.' 긴데두 밥이 안 넘어가서 안 먹구 잣어. 기니까니 새시방이디 '머, 사발 깨틧으면 깨틧디 밥이야 와 안 먹갓니?' 기래. 긴데 밥 못 먹갓어. 기 : 서 한 끼 굶엇어. 굶구 잣디 머. 아이구, 낼 아침에 또 어러커갓네? 또 깨틸가바 걱정댓디 머. 그직에 열아옵이라두 철이 없엇어. 벌떠럭, 벌떠럭헌거 멀 몰랏디 머. 기래 또 밥 햇더니 그륵 안 깨티구 밥 잘 해 먹구 또 가마니 쫫디 머.

조 그럼 만나시지도 못하고 결혼하신 거예요?

제 누가? 내 새시방허구? 와 만내디 않아? 겔혼, 잔체 우리 집에 멘제 당개 왓는데, 와 만내디 않아?

조 아니요, 그 전에는 한 번도 못 만나신 것이 죠?

제 아니, 안 만냇어. 그직에는 서루 머.

조 한 번도 만나지 못해도 결혼해요?

제 고로롬, 자유겔혼 못해. 소개해주구 기리야 겔혼하디 자유루 못해. 자유루 허먼 머 우리 아바지 때리쥑이갓다 긴 : 다. 기 머이 가 야학에 가서 야학반에 나가서 글 보이 는거두. 돌떠구펜지 쓴다구 막 테 쥑이갓다구 지게 디팡이 끌구 나오는 넝감인데. 머 겔혼, 머 약혼햇다구, 머 함께 댕기 보 디두 못했어. 기 : 케 그 한국에 씨집가개 지구, 북한에 씨집가개지구 두 달만에 왓 닿? 야 아바지레 심앙에 쌍발허니까 두달만에 오는거 머. 그러커구 한번 못 가 밧다우. 두달만에 오고.

조 그리고 계속 오가왕에서 사셨어요?

위에다. 부뚜막에다 놓았으면 괜찮은데 칼 도마 위에다 놓으니 그 김치를 써는 칼도 마 위에 거기에다가 올려 놓았더니 그 되 뚱거리면서 사발을 여덟 개나 깼잖니? 아 이고, 막 어떻게 하겠니? 그런데 우리 시어 머님이 '괜찮다, 그릇이 많은데 뭐 깨졌으 면 깨지지, 뭐 괜찮아.'

조 그 날이 가서 첫날이에요?

제 그럼, 한 주 만에 한 주 만에. 그렇게 사발 이 여덟 개 깨지니까 막 얼마나 안타깝겠 니? 아이고, 막 밥맛이 다 없고, 막 밥을 안 먹었어, 그날. 그러니까 시어머님이 있다가 '야 밥 먹어라. 사발이 무엇이게? 괜찮아 밥을 먹어라.' 그런데도 밥이 안 넘어가서 안 먹고 잤어. 그러니 새 서방이지 '뭐, 사 발 깼으면 깼지 밥은 왜 안 먹니?' 그래. 그 런데 밥을 못 먹겠어. 그래서 한 끼 굶었어. 굶고 잤지 뭐. 아이고, 내일 아침에 또 어 떻게 하겠니? 또 깰까봐 걱정댓지 뭐. 그때 열아홉이라도 철이 없었어. 덜렁, 덜렁한 것이 뭘 몰랐지 뭐. 그래 또 밥을 했더니 그릇을 안 깨고 밥을 잘 해 먹고 또 가마니 를 쫬지 뭐.

조 그럼 만나시지도 못하고 결혼하신 거예요?

제 누가? 내 새 서방고? 왜 만나지 않았겠 니? 결혼, 잔치를 우리 집에 먼저 장가 왔 는데, 왜 만나지 않니?

조 아니요, 그 전에는 한 번도 못 만나신 것이죠?

제 아니, 안 만났어. 그때는 서로 뭐.

조 한 번도 만나지 못해도 결혼해요?

제 그럼, 자유 결혼을 못해. 소개해주고 그래 야 결혼하지 자유로 못해. 자유로 하면 뭐 우리 아버지가 때려죽이겠다고 그런다. 그 뭐 야학에 가서 야학 반에 나가서 글을 배 우는 것도 연애편지를 쓴다고 막 쳐죽이 겠다고 지게 지팡이를 끌고 나오는 영감인 데. 뭐 결혼, 뭐 약혼했다고, 뭐 함께 다녀 보지도 못했어. 그렇게 그 한국에 시집가 서, 북한에 시집가서 두 달 만에 왔잖니? 애 아버지가 심양에서 출근하니까 두 달만

<table>
<tr><td>

제 오가왕에서 살 : 구 기댐엔 일본 손 들엇닪아? 일본 손 드니까니 국민당시대디 머. 국민당시대에 머 놈 사랑방에 잇엇닪아? 길다보면 우리 넝감, 이번에 이거 동국이 아바지 뉘이네 사랑에 가 잇어. 거기서 살앗어.

조 어떤 것을 사랑방이라고 하죠?

제 이거 사랑방이먼 이거 원방 아니가? 기니까니 이거 앞에 텅깐같이 지은거 잇닪네? 거기서 살앗디 머. 거기서 살다가 막 기댐에 막 해방군하구 국민당하구 막 쌈 : 일어나개지구. 베켄에 맘대루 못 나왓어. 기리개지구 국민당이 또 지니까니 해방군대 아니가? 기리개지구 홍기태루 씨삼춘이 홍기태에 잇엇다우. 홍기태루 이새 왓디 머.

</td><td>

에 오는 거 뭐. 그리고 한번 못 가봤다오. 두 달 만에 오고.

조 그리고 계속 오가왕에서 사셨어요?

제 오가왕에서 살고 그 다음에는 일본이 손을 들었잖아? 일본이 손을 드니까 국민당 시대지 뭐. 국민당시대에는 뭐 남의 사랑방에 있었잖아? 그러다보니 우리 영감, 이번에 이 동국이 아버지 누이네 사랑방에 가 있었어. 거기서 살았어.

조 어떤 것을 사랑방이라고 하죠?

제 이것이 사랑방이면 이것이 안채가 아니니? 그러니까 이거 앞에 창고같이 지은 것이 있잖나? 거기서 살았지 뭐. 거기에서 살다가 막 그 다음에 막 해방군하고 국민당하고 막 싸움이 일어나서. 바깥에 맘대로 못 나왔어. 그리고 국민당이 또 지니까 해방군이 아니니? 그래서 홍기태로 시삼촌이 홍기태에 있었다오. 홍기태로 이사 왔지 뭐.

</td></tr>
<tr><td colspan="2">

결혼식 혼수

</td></tr>
<tr><td>

조 혹시 결혼 예물 같은 것은 없어요?

제 선물 겉은 것두 젠에는 없 : 어. 젠에는 선물이 머인가 하며 그저 그 머이야 선물 없구. 그 앤 처음에 그 약혼허구 머산할 직에는 그 펜지밖은 없 : 어. 무슨 물건두 없구 펜지만 주워. 펜지지 그저 뺄건 천에다 싸서 허리 둘러띠구 왓대. 잔첸날 받아개구 오는거. 잔첸날 받을직에, 이거 그러먼 순서레 바까디닪네? 네물 없 : 어, 네물 그직에는 네물 안 주대 머.

조 할머님은 결혼하실 때 집에서 뭐 해가셨어요?

제 나, 해가는 거 니불장, 양복장 다 돈우루 개 갓디 머. 돈으로 개간 거 그 씨오마니레 길데. 여기서 살 거 겉으면 허디 멀 사놓갓나? 너네 또 갈건데? 그 돈 가만 나둣다가 도루 중국에 개구 가라 길데. 기래서 도루 개구와서 우리 살림햇디. 살림살이래야 머 가지 만냇는데 돈이 어니메서 나서 집을 사네? 기 : 서 그저 놈 머인가 셋방으루 잇

</td><td>

조 혹시 결혼 예물 같은 것은 없어요?

제 선물 같은 것도 전에는 없어. 전에는 선물이 무엇인가 하면 그저 그 뭐야 선물은 따로 없고. 그 맨 처음에 그 약혼하고 결혼할 때에는 그 편지밖에 없어. 무슨 물건도 없고 편지만 줬어. 편지지 그저 빨간 천에다 싸서 허리에 둘러매고 왔대. 결혼 날을 받아갖고 오는 것. 결혼 날 받을 적에, 이거 그러면 순서가 바뀌지잖니? 예물 없어, 예물 그때는 예물을 안 주더라 뭐.

조 할머님은 결혼하실 때 집에서 뭐 해가셨어요?

제 나, 해가는 것은 이불장, 옷장 다 돈으로 가져갔지 뭐. 돈으로 가져간 것을 그 시어머님이 그러데. 여기서 살 것 같으면 사지 뭘 사놓겠니? 너희들은 다시 갈 건데? 그 돈을 가만 나뒀다가 도로 중국에 가지고 가라 그러데. 그래서 도로 갖고 와서 우리 살림했지. 살림살이야 뭐 금방 만났는데 돈이 어디에서 나서 집을 사니? 그래서 그저 남

</td></tr>
</table>

354

다가 집 기댐에 쪼꼬만 거 한나 사개구 잇
다가. 기댐에 야 아바지 뱅 걸레서 죽엇닪
아? 기 : 케 살앗디 머.

조 혹시 결혼식때 음식은 뭘 하셨어요?

제 음석은 잘 핻다우. 탁주두 허구 차떡 티구
머 다해, 음석은. 그적에는 그렇게 음석 잘
채레두 머이 말 내는 사람 없다우. 우리 또
본가집에서 괜탆게 사니까 상두 얼마나
잘 핻다우. 그저 밥은 먹구 살멘서두 무슨
디주걸은 거는 아니구 그저 농새 해니까.
집에서 돼지 길른거 한나 잡구. 그저 기 :
케 잔체 햇다우. 앤 멘제 겔혼 잔체핸다구.
기래두 돼지 한나 멕이개지구, 농새는 지
: 니까니 양식은 잇닪네? 기 : 케개지구 잔
첸 잘 햇어.

할머님의 자랑-서른여섯 반살미

제 잘 허구 그 북한에, 북한에서두 나 시집가
서두 상 잘 받앗어. 큰 : 상.

조 할아버지 댁도 괜찮게 사셨나 봐요?

제 고 : 롬, 거기는 니촌, 니가네 포둥이니까니.
전주니가네 포둥이니까니 나 반살기, 반살
기 알디?

조 몰라요.

제 반살기, 시집가서 친척들이 밥 허는거, 그
거보구 반살기라 기래. 서른여섯 집 받구
왓는데, 서른여섯 집.

조 그러니까 새 색시가 가면 신랑 집의 일갓
집에서 다 청하시는 것을 말하는 거예요?

제 오, 친척들이 밥 햇디 머. 그저 보구 반살기
라 기래.

조 네, 그래요? 서른여섯 집이나 받으셨어요?

제 오, 서른여섯 집 받구 더 잇엇으면 더 받아.
우리 맏동세는 예순 한집 받앗댓는데, 기게
니가네 포둥이니까니.

조 마을이라고요?

제 니가네 친척이다말이. 친척이 많으니까니
이 : 케 밥 허는 사람이 많다우.

의 뭐 셋방으로 있다가 집 그 다음에 자그
마한 것을 하나 사서 있다가. 그 다음에 야
아버지가 병에 걸려서 돌아갔잖니? 그렇게
살았지 뭐.

조 혹시 결혼식때 음식은 뭘 하셨어요?

제 음식은 잘 한다오. 탁주도 하고 찰떡도 치
고 뭐 다해, 음식은. 그때는 그렇게 음식을
잘 차려도 뭐 말을 내는 사람이 없다오. 우
리 또 친정집이 괜찮게 사니까 큰상도 정
말 잘 했다오. 그저 밥은 먹고 살면서도 무
슨 지주 같은 거는 아니고 그저 농사 지으
니까. 집에서 돼지 기른 것을 하나 잡고.
그저 그렇게 잔치를 했다오. 맨 먼저 결혼
잔치한다고. 그래도 돼지 하나를 먹여서,
농사는 지으니까 양식은 있잖니? 그렇게
해서 잔치는 잘 했어.

할머님의 자랑-서른여섯 반살미

제 잘 하고 그 북한에, 북한에서도 나 시집가
서도 상을 잘 받았어. 큰 상.

조 할아버지 댁도 괜찮게 사셨나 봐요?

제 그럼, 거기는 이촌, 이 씨네 마을이니까. 전주
이씨네 마을이니까 나 반살미, 반살미 알지?

조 몰라요.

제 반살미, 시집가서 친척들이 밥 하는 것, 그
것을 보고 반살미라 그래. 서른여섯 집 받
고 왔는데, 서른여섯 집.

조 그러니까 새 색시가 가면 신랑 집의 일갓
집에서 다 청하시는 것을 말하는 거예요?

제 오, 친척들이 밥을 하지 뭐. 그거보고 반살
미라 그래.

조 네, 그래요? 서른여섯 집이나 받으셨어요?

제 오, 서른여섯 집을 받고 더 있었으면 더 받
아. 우리 맏동서는 예순 한집이나 받았었는
데, 그게 이씨네 마을이니까.

조 마을이라고요?

제 이씨네 친척이다말이. 친척이 많으니까 이
렇게 밥을 하는 사람이 많다오.

조 그것을 보고 마을이라 그래요?

조 그것을 보고 마을이라 그래요?

제 그 포둥이래는 거 머인가머 고요메, 고요메 친척이면 포둥이라우 니가네 포둥.

조 예, 이 씨네 마을, 할머님은 서른여섯 집을 받으시고 오셨군요?

제 오, 서른여섯 집 받구 왔어 난. 나는 두 달 만에 간대니까니. 하루 세 집두 받구 두 집 두 받구 기랫어. 그러면서 고렇게 받구 오는것두 서른여섯 집 받구 왔어.

조 그럼 그 때는 잘 드셨겠네요?

제 그저 이 반살기라는 거 멀허게 머? 밥 허구 그저 차떡 티구. 메 : 꾹 끓이구 그러면 단대 머 그직에는.

조 그래도 그 몇 십 집이면 잘 드시죠?

제 오, 서른여섯 집두 그저 잘 받앗닪네?

조 결혼식에는 사람들이 많이 참석하시고 그래요?

제 고:롬, 곌혼식에는 사람 많이 와. 고 부락사람들, 여기가 같대 머. 지끔가 같다우, 손님들 많다우. 다 한 부락에서 살앗으니카니.

조 그 마을에 혹시 다른 전통 혼례 같은 것은 별도로 없으세요? 다른 집도 다 그렇게 결혼하세요?

제 고:롬, 다 기렇게 곌혼 해.

조 발바닥을 때리고 그런 것은 없어요?

제 아이구, 와 안 해? 우리 진털이 아바지 막 까꾸리 매달렛던건대. 돈 내노:라구, 막 까꾸리 매달아 그저. 그저 때레주구 그거 보면 막 불쌍하더라.

조 보면 막 가슴이 아파요?

제 고로머, 가슴 와 안 아푸네? 막 죽는다 고는데 때레주먼 막. 때레주먼 막 죽는다 고 : 는거, 엄 : 살 허느라구 고 : 디 머. 안 아푸두 아푸다 고 : 디 머. 그러면 단렌 덜 받닪네?

조 그때 신부가 말리면 안 되세요?

제 와, 말리문 또 안 때리디 머. 그러면 돈 얼마 내놓간나? 그러면 얼마 내놓으면 마즈막에 돈 내놓으면. 그저 그 돈으루 술 사다

조 그 마을이라는 것이 뭔가 하면 그 옆에, 그 옆에 다 친척이면 '포둥'이라오 이 씨네 마을.

조 예, 이 씨네 마을, 할머님은 서른여섯 집을 받으시고 오셨군요?

제 오, 서른여섯 집을 받고 왔어 난. 나는 두 달 만에 간다니까. 하루에 세 집도 받고 두 집도 받고 그랬어. 그러면서 그렇게 받고 오는 것도 서른여섯 집이나 받고 왔어.

조 그럼 그 때는 잘 드셨겠네요?

제 그저 이 반살미라는 것이 뭘 하게 뭐? 밥을 하고 그저 찰떡을 치고. 미역국이나 끓이고 그러면 전부야 뭐 그때는.

조 그래도 그 몇 십 집이면 잘 드시죠?

제 오, 서른여섯 집도 그저 잘 받았잖니?

조 결혼식에는 사람들이 많이 참석하시고 그래요?

제 그럼, 결혼식에는 사람들이 많이 와. 그 마을사람들, 여기랑 같지 뭐. 지금과 같다오, 손님들이 많다오. 다 한 마을에 살았으니까.

조 그 마을에 혹시 다른 전통 혼례 같은 것은 별도로 없으세요? 다른 집도 다 그렇게 결혼하세요?

제 그럼, 다 그렇게 결혼 해.

조 발바닥을 때리고 그런 것은 없어요?

제 아이고, 왜 안 해? 우리 진칠이 아버지가 막 거꾸로 매달렸댔었는데. 돈 내놓으라고, 막 거꾸로 매달아 그저. 그저 때려주고 그거 보니 막 불쌍하더라.

조 보면 막 가슴이 아파요?

제 그럼, 가슴이 왜 안 아프니? 막 죽는다고 고함치는데 때려주면 막. 때려주면 막 죽는다고 고함치는 것, 엄살을 부리느라고 고함치지 뭐. 안 아파도 아프다고 고함치지 뭐. 그러면 시달림 덜 받잖니?

조 그때 신부가 말리면 안 되세요?

제 왜, 말리면 또 안 때리지 뭐. 그러면 돈을 얼마 내놓겠니? 그러면 얼마 내놓으면 마지막에 돈을 내놓으면. 그저 그 돈으로 술을 사다가 고기를 사다가 끓여 먹고야 다

가 고기 사다가 끓에 먹구야 다 간다우.

조 누가 돈을 내 놓아요?

제 돈 내는 거 새시방이 내놓야디.

조 혹시 음식은 뭐 별도로 하는 것이 없어요?

제 음석은 머 다 헌다우. 차떡, 젤펜, 기렇게 다해. 탁주두 허구.

조 그 다음에는요?

제 탁주 잇구 기댐엔, 그적에는 머 피쥬겉은거 몰라. 기땐 그저 빼주, 기 : 케 잇디.

조 재봉침 같은 것은 안 해가졌어요?

제 자방침? 그따는 안 해갓어. 그저 니불장, 양복장은 다 해갈 돈 개구 갓다우. 여기서 조선꺼지 물건을 못 개구 가니까니 돈을 개구 갓다우. 기래서 그 돈을 내노니까니 우리 씨오마니랑 우리 시형이랑 기래. 여기서 살 거 겉으문 해낳디. 살디 않구 또 중국에 갈 건데 멀 사낳간나? 길면서 그 돈을 도루 줘. 도루 줘서 우리 여기 와서 사낳구 잇엇디 머, 그 돈으루. 긴데 집은 못 싸구 돈이 많다우, 집 쌀레먼. 앤 첨 : 엔, 앤 첨 : 엔 놈 사랑에 잇다가. 기댐엔 집 하나 쪼꼬만 거 나서 삿디 머. 기 : 케 살아왔어.

조 신혼살림을 남의 셋방에서 사신 거예요?

제 고 : 롬, 앤 첨 : 에는 놈 셋방에서 살앗어.

힘든 임신과 출산 및 산후조리

조 할머님, 첫 애를 가졌을 때 어떠셨어요?

제 첫 아 : , 우리 큰 딸, 큰 딸 어릴직에 머 곤란허니까니. 놈과 같이 멕이디 못하구 입히디 못 했어.

조 입덧도 심하게 하셨어요?

제 고 : 롬, 나는 열달을 입덧 했어. 열 달을. 아 : 한번 개지면 열 달 드 : 누어 잇는다우. 먹디 못허구 빼빼 말라. 언 : 나 낳구는 또 들엇다 먹어대.

조 그럼 둘째도 그러셨어요?

제 고 : 롬, 아 : 마당 그래. 나는 기 : 케 고생 많이 헌다우.

간다오.

조 누가 돈을 내 놓아요?

제 돈을 내는 것은 새신랑이 내놓아야지.

조 혹시 음식은 뭐 별도로 하는 것이 없어요?

제 음식은 뭐 다 한다오. 찰떡, 절편, 그렇게 다해. 탁주도 하고

조 그 다음에는요?

제 탁주 있고 그 다음에는, 그때는 뭐 맥주 같은 것을 몰라. 그때는 그저 백주, 그렇게 있지.

조 재봉침 같은 것은 안 해가졌어요?

제 재봉침? 그런 것은 안 해갔어. 그저 이불장, 옷장은 다 해갈 돈을 갖고 갔다오. 여기서 조선까지 물건을 못 갖고 가니까 돈을 갖고 갔다오. 그래서 그 돈을 내놓으니까 우리 시어머님이랑 우리 시형이랑 그래. 여기서 살 것 같으면 해놓지. 살지 않고 또 중국에 갈 건데 뭘 사놓겠니? 그러면서 그 돈을 도로 줘. 도로 줘서 우리가 여기 와서 사놓고 있었지 뭐. 그 돈으로. 그런데 집은 못 사고 돈이 많이 든다오, 집 사려면. 맨 처음엔, 맨 처음엔 남의 사랑에 있다가. 그 다음에는 집 하나를 자그마한 거 나와서 샀지 뭐. 그렇게 살아 왔어.

조 신혼살림을 남의 셋방에서 사신 거예요?

제 그럼, 맨 처음에는 남의 셋방에서 살았어.

힘든 임신과 출산 및 산후조리

조 할머님, 첫 애를 가졌을 때 어떠셨어요?

제 첫 아이, 우리 큰 딸, 큰 딸이 어릴 적에 뭐 곤란하니까. 남과 같이 먹이지도 못하고 입히지도 못 했어.

조 입덧도 심하게 하셨어요?

제 그럼, 나는 열 달을 입덧 했어. 열 달을. 아이 한번 가지면 열 달을 드러누워 있는다오. 먹지 못하고 빼빼 말라. 아기 낳고는 또 실컷 먹어대.

조 그럼 둘째도 그러셨어요?

제 그럼, 아이마다 그래. 나는 그렇게 고생을 많이 한다오.

조 아이 난 후에 산후조리 같은 거 혹시 해보
셨어요?

제 아이구, 우리 큰 딸 낳구는 우리 엄매레 농
새 지 : 니까니 해주네? 씨오마니 또 머 더
조선 잇이니까니. 와서 밥 못해주구, 우리
엄매가 한 열흘 해줫나? 한 열흘 해줘서 먹
구. 또 우리 둘채 딸, 우리 둘채 개진댐에
또 날직에는. 아들 날까하구 긴낭 저 아바
지레 긴낭 기둘다가 아들 못나 : 니까니,
딸 낳앗닪네? 딸 낳았다구, 우리 씨삼춘이
홍기태, 다 이 : 케 한 부락에서 살앗닪네?
기 : 멘서 기직에 청년대장노릇 햇다우. 청
년대장, 해방 댓이니까니. 청년대장노릇 해
먼서 와서 보디두 않앗어. 사월 이십팔일날
낳앗는데, 우리 모 착 헌 이튿날 낳앗 더.
기래 나흘만에 나왓어. 누구레 모 한창 허
니까니 누구레 와서 밥 해주네? 우리 엄매
두 또 오가왕 잇구, 난 홍기태 잇이니까니.
또 농새 지 : 니까니 모 시기니까니 밥 못
해줫다.

조 그럼 어떻게 하셨어요?

제 나흘만에, 옆집 노친네레 나흘 해줫다우 밥을.

조 그럼 셋째 때는요?

제 셋채, 셋채레 우리 야 : 다우.

조 아, 셋째예요? 물을 드세요

제 안 먹어, 난 물 언 : 만해선 잘 안 먹어. 야
: 난댐에, 야 이월 초여샛 날 낳다우.
그직에는 한가한 때 아니가? 이월 초여샛
날 낳앗는데 아들 낳앗닪네? 아들 나 : 니
까니 막 봉창을 햇다 머. 우리 둘채 낳구
천대 받은 생각허구, 나흘만에 놈 해준 거
밥 얻어먹구. 딸 낳앗다구 삼춘네 집에서
두루오디두 않앗어. 청년대장 해개지구 회
: 핸다구 그따 핑게 허구 오지두 않앗다
구. 우리 집 올레면 또 한참 오야 대. 기니
까니 오지두 않구 삼춘네 집에서 밥 먹구.
글군 해먼서 한 열흘 잇다 두루오니까니.
좀 눈깔 뜨구 반들반들거니까니 곱다 말이
야. 기댐엔 곱 : 다구 길더라. 기댐에 이거
우리 셋채 만에 이거 개제서 낳앗닪네? 아

조 아이 난 후에 산후조리 같은 거 혹시 해보
셨어요?

제 아이고, 우리 큰 딸을 낳고는 우리 엄마가
농사를 지으니까 해주니? 시어머니는 또
뭐 저 조선에 있으니까 와서 밥을 못해주
고, 우리 엄마가 한 열흘을 해 줬나? 한 열
흘을 해줘서 먹고 또 우리 둘째 딸, 우리
둘째를 가진 후 또 날 적에는. 아들을 날까
하고 그냥 저 아버지가 그냥 기다리다가
아들을 못 낳으니까, 딸을 낳았닪니? 딸을
낳았다고, 우리 시삼촌이 홍기태, 다 이렇
게 한 마을에서 살았닪니? 그러면서 그때
청년대장을 했다오. 청년대장, 해방이 됐으
니까. 청년대장노릇을 하면서 와서 보지도
않았어. 사월 이십팔일 날에 낳았는데. 우
리 모를 금방 한 이튿날에 낳았지 뭐. 그래
서 나흘 만에 (일하러) 나갔어. 누가? 모를
한창 하니까 누가 와서 밥을 해주니? 우리
엄마도 또 오가왕에 있고, 난 홍기태에 있
으니까. 또 농사를 지으니까 모내기 철이
니까 밥을 못해 줬지.

조 그럼 어떻게 하셨어요?

제 나흘 만에, 옆집의 노친이 나흘을 해줬다오
밥을.

조 그럼 셋째 때는요?

제 셋째, 셋째가 우리 아들이라오.

조 아, 셋째예요? 물을 드세요

제 안 먹어, 나는 물을 웬만해서 잘 안 먹어.
얘 난 다음에, 야 이월 초엿샛날 낳았다오.
그때는 한가한 때가 아니니? 이월 초엿샛
날 낳았는데 아들 낳았닪니? 아들을 낳으
니까 막 봉창을 했지 뭐. 우리 둘째를 낳고
천대를 받은 생각하고 나흘만 남이 해준
밥을 얻어먹고. 딸을 낳았다고 삼촌네 집
에서 들어오지도 않았어. 청년대장을 해서
회의 한다는 그런 핑계를 하고 오지도 않
았다고. 우리 집에 오려면 또 한참 와야
해. 그러니까 오지도 않고 삼촌네 집에서
밥을 먹고 그러곤 하면서 한 열흘을 있다
가 들어오니까. 좀 눈을 뜨고 깜빡깜빡거

들 나 : 니까니 막 좋아개지구. 막 이거 개 질직에두 막 먹구푼거 얼 : 마나 많 : 간? 먹구푼 거 많아두 기래. '넌 암 : 만 멕이야 또 딸 날걸 멀 사다 멕이간네?' 길두 이 멀 사다 주면, 이 사과두 고운거 사다주디 머. 사다 주구, 나 막 달코기 먹구파 죽갓다 기 니까니 달 사다가 해줘. 기댐에 열달 채와 개지구 아들 낳앗닪네. 아들 난댐에 내가 막 안 아픈것두 아프다 고우구. 그 얼마나 너무 서러워서. 아들이 머인디 그 아들 낳 앗다구 기댐엔 막 좋아개지구 삼일만에 또 칠 일만에 달 사다가 해 멕이더라. 기커구 또 안 아픈 것두 막 아푸다구 나 막 배 아 푸다구 또 배 아푸다 기면 약 사오면. 또 무슨 약, 안 아푼거 어리케 약 먹갓네?

조 대추가 몸에 아주 좋잖아요?

제 기래서 그저 배 아푸다 고우니까니 어, '배 아파?' 기 : 먼서. 대추 막 서 : 근인가 사다 가 그거 또 지레 때레. 때레개지구 주는데 막 깔쭉허두나. 그거 먹으니까니 정말 또 배 안 아파. 기리게, '배 안 아파? 또 머이 아푸네?' '오늘 나 또 달 먹을래.' 기래 달 네마리 먹엇어, 야 : 낳구.

조 둘째 때 못 드신 것을 다 드셨네요?

제 못 먹은거 값을 하느라구.

조 첫째 때는 잘 드셨어요?

제 첫채는 그직에는 아무 쏘리 안 해.

조 그때도 닭 드셨어요?

제 고 : 롬, 그직에는 해 주서 다 먹엇다우. 긴데 우리 둘채 낳구 못 얻어 먹엇디 머. 와서 보지두 못 허구. 바라 나흘만에, 그직엔 상 수도가 이거 수도 팟는거다우. 파문, 이거 힘 주서 물 푸문 그저 막 피가 쑥쑥 쏟아던 다구, 나흘만이니까니. 기리케 고생햇어, 긴데두 그거 매 : 러면 뼝 없 : 어, 그렇디?

조 아, 정말 대단하셨네요?

제 어이구, 기래 그 매 : 런허면 뼝이 없다우. 막 나흘 만에, 막 수도는 좀 가찹다 해두 그 물 많이 개오면 또 머. 가지 언 : 나 난 댐에 무거운거 체들면 머 밑이 빠진다 기

리니까 곱다 말이야. 그 다음에는 곱다고 그러더라. 그 다음에 이 우리 셋째 만에 이 애를 가져서 낳았잖? 아들을 낳으니까 막 좋아서. 막 이 애 임신 할 적에도 막 먹고 싶은 것이 얼마나 많겠니? 먹고 싶은 것이 많아도 그래. '너는 아무리 사 먹어야 또 딸 을 날 걸 뭘 사다 먹이겠니?' 그래도 이 뭘 사다 주면, 이 사과도 고운 것을 사다 주지 뭐. 사다 주고, 내가 막 닭고기를 먹고 싶어 죽겠다 그러니까 닭을 사다가 해줘. 그 다 음에 열 달을 채워서 아들을 낳았잖니. 아 들을 난 다음에 내가 막 안 아픈 것도 아프 다고 고함치고 그 얼마나 너무 서러워서. 아들이 뭔지 그 아들을 낳았다고 그 다음 에는 막 좋아서 삼 일 만에 또 칠 일만에 닭 사다가 해 먹이더라. 그리고 또 안 아픈 것 도 막 아프다고 나 막 배가 아프다고 또 배가 아프다고 하면 약을 사오면. 또 무슨 약, 안 아픈 걸 어떻게 약을 먹겠니?

조 대추가 몸에 아주 좋잖아요?

제 그래서 그저 배가 아프다고 고함치니까 어, '배 아파?' 그러면서. 대추를 막 서 근인가 사다가 그거 또 자기가 달여. 달여서 주는 데 막 걸쭉하더구나. 그것을 먹으니까 정말 또 배가 안 아파. 그러게, '배가 안 아파? 또 어디 아프니?' '오늘 나 또 닭을 먹을래.' 그래서 닭 네 마리를 먹었어, 이 애를 낳고.

조 둘째 때 못 드신 것을 다 드셨네요?

제 못 먹은 것 값을 하느라고.

조 첫째 때는 잘 드셨어요?

제 첫째는 그때는 아무 말을 안 해.

조 그때도 닭 드셨어요?

제 그럼, 그때는 해 줘서 다 먹었다오 그런데 우리 둘째를 낳고 못 얻어먹었지 뭐. 와서 보지도 않고 봐라 나흘 만에, 그때는 상수 도가 이거 수도를 푸는 것이라오 푸면, 이 거 힘을 줘서 물 푸면 그저 막 피가 쑥쑥 쏟 아진다고, 나흘만이니까. 그렇게 고생했어, 그런데도 그것에 비하면 병이 없어, 그렇지?

조 아, 정말 대단하셨네요?

래서. 쪼끔씩 한 서너 바가지씩 개구 둘우 온데두. 그저 막 피가 후뚜룩 나오구 후뚜룩 나오구 기래, 나흘만이니까니. 기 : 케 밥 해 먹엇어. 사 : 방 모들 허니까니 누구레 해주네? 다 저네들 농새 지 : 느라 길디.

조 그런데 시어머님이 안 계셨어요?

제 우리 본가집 엄매 잇다. 본가집 엄매 잇어두 머이야 농새들 허구 사람들 그직에 다 품 대서 허니까니. 사람 많이 대서 밥 해 멕이느라구 언제 와서 아 : 에미 시중해주간? 시삼춘 엄매두 고대 잇다. 잇는데두 머 와서 해 줄 수 잇네? 논들 많이 부치구 농새들 허니까니.

조 곁에 계셔도 못 도와주시겠네요?

제 안 도와줘. 고:롬, 다 저 먹구 저 살갓다구 도와주는거 머이가? 기리게 우리 그 둘채 딸 놓구 많이 울엇다. 같이 곱다구 기러면서 기댐에 후회허더라. 아들 나 : 노니까니 후회 해. 아들 날직에 낳는 걸 개지구. 내가 이 : 케 천대해줫다 길면서 후회 해.

조 그래 미안하다고 하셨어요?

제 오, 후회허구 요거 네살 잽헤개지구 저 아바지 세상 떳닪네?

조 아드님을 특별히 예뻐하셨어요?

제 고:롬, 요거 말 잘 듣구 인물두 고왓다우.

조 지금도 아주 멋있는데요.

제 기먼서 저 아푸면서두 저 약 사 먹을 돈우루. 그 아이들 총 잇닪아? 어깨 둘러메는 총. 기래두 그저 사다가 다 어깨 둘러메 주구 총. 군대모자 아이들 잇닪아? 군관 모자 아니가? 해방군 모자 그따구 또 사다 씌우구 길더니 네 살 잽해서 죽엇어.

조 할아버지께서 무슨 병이셨죠?

제 위병이야, 그직에 위병이라 긴데두 머 무슨 위병인디 알기나 알앗나? 위 아파서 죽엇어.

조 할머님, 아드님의 백일 잔치는 해주었어요?

제 백 일 잔체, 와 안 해?

조 둘째도 해주었어요?

제 고:롬, 없 : 어. 것 : 들은 다 생일법 몰라.

조 아이고, 그래 그것에 비하면 병이 없다오 막 나흘 만에, 막 수도는 좀 가깝다 해도 그 물을 많이 가져오면 또 뭐. 금방 애기 난 다음에 무거운 것을 들면 뭐 밑이 빠진다고 그래서. 조금씩 한 서너 바가지씩 갖고 들어오는데도 그저 막 피가 주르륵 나오고 주르륵 나오고 그래, 나흘 만이니까. 그렇게 밥을 해 먹었어. 모두 다 모를 심으니까 누가 해주니? 다 자기네 농사를 짓느라고 그러지.

조 그런데 시어머님이 안 계셨어요?

제 우리 친정 엄마가 있지. 친정 엄마가 있어도 뭐야 농사를 하고 사람들을 그때 다 품을 사서 하니까. 사람을 많이 대서 밥을 해 먹이느라고 언제 와서 애기 엄마를 시중해 주겠니? 시삼촌어머니도 옆에 있지. 있는데도 뭐 와서 해 줄 수 있니? 논을 많이 부치고 농사를 하니까.

조 곁에 계셔도 못 도와주시겠네요?

제 안 도와줘. 그럼, 다 자기네 먹고 자기네 살겠다고 도와주는 것이 뭐니? 그러게 우리 그 둘째 딸을 놓고 많이 울었어. 정말 섭섭하고, 막 그런데도 그렇게 곱겠니? 같이 곱다고 그러면서 그 다음에는 후회하더라. 아들을 낳아 놓으니까 후회를 해. 아들을 날 때에는 낳는 걸 가지고. 내가 그렇게 천대해줬다고 그러면서 후회를 해.

조 그래 미안하다고 하셨어요?

제 오, 후회하고 이 애 네 살이 잡혀서 저 아버지가 세상을 떴잖니?

조 아드님을 특별히 예뻐하셨어요?

제 그럼, 이 애가 말을 잘 듣고 인물도 고왔다오.

조 지금도 아주 멋있는데요.

제 그러면서 자기가 아프면서도 자기 약 사 먹을 돈으로. 그 애들 총이 있잖아? 어깨에 둘러메는 총. 그래도 그것을 사다가 다 어깨에 둘러메어 주고 총. 군대모자도 아이들 것이 있잖아? 장교 모자 아니니? 해방군 모자 그런 것을 또 사다가 씌우고 그러더니 네 살이 잡혀서 돌아갔어.

우리 이거는 백일 사진두 직어주구, 백 일 잔체두 해주구 기랬다우.

조 돌잔치도 해주었어요?

제 돌잔체는 안 했어. 그직에 아이들 돌잔체 안 해주데. 백일잔체만 해주구, 백일잔체레는 거 그저 사진만 직어주구. 사진 직으면 다야 그직에. 머 무슨 떡 허구 그따꾸 없: 어. 다 그저 백일사진 직어준 댐엔 다야.

조 할머님, 애를 낳은 후 모두 미역국 드시잖 아요? 미역국은 많이 드셨습니까?

제 나 아: 낳으먼 이 멕: 이 발라서 한근 먹 구 못 먹어, 없: 어. 긴데두 지끔은 달걀, 달걀국 해먹닪? 달걀두 한 알 못 먹어밧 어. 와 그직에는 아: 낳아두 달걀두 안 사 다가 해주데. 그저 멕: 한근 개지구 그저 냉국겉이 오이 냉국겉이. 그저 고렇게 끓에 서 한사발씩 먹군 했어. 고고또 메칠 먹는 거. 멕: 한 근에 얼마 대네?

조 그럼 모유도 하지 못하셨겠네요?

제 기래두 젓은 많아. 기: 케 먹어두, 기커구 댄장국 끓에 먹구 그저 기랬디 머. 그, 그 직에는 머 우리 야 낳구는 내가 한달 잇엇 어. 여기 아푸다 더기 아푸다 길면서. 기직 에는 한가할 때 아니가? 이월달이니. 한달 둔: 누워 잇엇어.

조 애 기저귀랑은 누가 다 씻어줬어요?

제 어떤직에는 저 아바지두 빨구. 우리 엄매레 와 잇엇다우. 엄매레 다 허구. 장모 힘들다 기러면서 걸레 또 지레 빨구. 지끔은 아: 길레는거 얼마나 좋네? 그거 머 척 채와 놓 구 집어 팡가티 머 다 아니가? 기직에는 어 니메? 걸레두 머, 지끔 아이들 얼마 동네? 우리 손네딸네 호따이루 다 걸레 햇닪? 이것들 호따이루 걸레 한번 못 창가밧어.

조 그렇죠? 시대가 시대인 것만큼 많이 다를 수밖에 없죠?

제 곤란하니까니 또 저 아바 아파서 긴낭 약 쓰디 기니까니. 머 뼁 걸레개지구두 많 이 고생허다가, 야 니살 잽혀서 죽엇어.

조 할아버지께서 무슨 병이셨죠?

제 위병이야, 그때 위병이라 그러는데도 뭐 무 슨 위병인지 알기나 알았니? 위 아퍼서 돌 아갔어.

조 할머님, 아드님의 백일 잔치는 해주었어요?

제 백 일 잔치, 왜 안 해줘?

조 둘째도 해주었어요?

제 그럼 없어. 그 애들은 다 생일 법을 몰라. 우리 아들은 백일 사진도 찍어주고, 백 일 잔치도 해주고 그랬다오.

조 돌잔치도 해주었어요?

제 돌잔치는 안 했어. 그때 아이들은 돌잔치를 안 해주더라. 백일잔치만 해주고, 백일잔치 라는 것도 그저 사진만 찍어주고 사진 찍 으면 다야 그때에. 뭐 무슨 떡을 하고 그런 것이 없어. 다 그저 백일사진을 찍어준 다 음에는 다야.

조 할머님, 애를 낳은 후 모두 미역국 드시잖 아요? 미역국은 많이 드셨습니까?

제 나 아이 낳을 때 이 미역이 긴장해서 한 근 만 먹고 못 먹었어, 없어. 그런데도 지금은 달걀, 달걀 국을 해먹잖니? 달걀도 한 알 못 먹어봤어 왜 그때는 애 낳아도 달걀도 안 사다가 해주더라. 그저 미역 한 근을 가 지고 그저 냉국같이 오이 냉국같이. 그저 그렇게 끓여서 한 사발씩 먹곤 했어. 그것 도 며칠 먹는 것. 미역 한 근에 얼마 되니?

조 그럼 모유도 하지 못하셨겠네요?

제 그래도 젖은 많아. 그렇게 먹어도, 그리고 된장국을 끓여 먹고 그저 그랬지 뭐. 그, 그 때는 뭐 우리 이 애를 낳고 내가 한 달이 나 있었어. 여기 아프다 저기 아프다 그러 면서. 그때는 한가할 때 아니니? 이월 달이 니. 한 달을 드러누워 있었어.

조 애 기저귀랑은 누가 다 씻어줬어요?

제 어떤 때에는 저 아버지도 빨고 우리 엄마 가 와 있었다오. 엄마가 다 하고 장모님 힘 들다고 그러면서 기저귀는 또 자기가 빨고 지금은 애 키우는 것이 얼마나 좋니? 그것

제 일년이 머이야? 한 오육넌 앓았어.

조 막내 낳기 전부터 앓았어요?

제 고:롬, 우리 그 둘 채 둘 채 개질직에두 만 날 아파서 기랬다우. 만날 위 아푸다구 뼝 원에 만날 댕깃다우.

을 뭐 척 채워 놓고 집어 던지면 뭐 다 아 니니? 그때는 어디에? 기저귀도 뭐, 지금 아이들은 얼마나 좋니? 우리 손녀딸은 거 즈로 다 기저귀를 했잖니? 우리 애들은 거 즈로 기저귀 한번 못 채워 봤어.

조 그렇죠? 시대가 시대인 것만큼 많이 다를 수밖에 없죠?

제 곤란하니까 또 저 아버지가 아파서 그냥 약 을 쓰지 그러니까. 뭐 병에 걸려서도 많이 고 생하다가, 아들이 네 살이 되어서 돌아갔어.

조 한 일 년쯤 고생하셨어요?

제 일 년이 뭐야? 한 오륙년을 앓았어. 막내 낳기 전부터 앓았어요? 그럼, 우리 그 둘째 를 가졌을 때에도 자꾸 아파서 그랬다오. 자꾸 위가 아프다고 병원에 자꾸 다녔다오.

가슴 아픈 추억

조 셋째는요?

제 야:레 셋채디 머. 하나 낳은 거는 물에 빠 데 죽구. 농새 짓는데, 세살 잽헤서.

조 그 애가 첫째예요?

제 고 둘채디.

조 아, 그럼 지금 아드님은 넷째예요?

제 오, 기니까 이거 넷채디 머. 것 : 두 딸이다 우. 죽은 것두 딸이야. 딸 서이개만에 이거 낳앗다우.

조 아, 세 살 때 하늘나라로 갔다고요?

제 모 허레 나갓는데 이것들 물에 나가서, 만 날 그 논에 나가는거 알앗다우. 사방 물돌 인데 거기 딜이가서. 우리 이 큰 딸, 작은 딸, 또, 그 근체에 잇는 아이들 너이서 멕 까므니까. 이거, 저두 물에 딜이가서 물 에 빠데 죽는거. 기쎄. 물 먹느라구, 죽울라 구 헤매는걸 개지구 이것들이 다 구경허구 잇엇다. 지레 말 해. 죽은댐에, 그댐에 메칠 잇다가 물어보니까 자꾸 이리더라 길닪 네? 기는 것두 몰랏디 머. 고적에는 사람들 이 일 한창 허니까.

조 어른들만 봤어도 괜찮았을 건데요?

가슴 아픈 추억

조 셋째는요?

제 이 애가 셋째지 뭐. 하나 낳은 애는 물에 빠져 죽고. 농사 짓는데, 세 살이 되어서.

조 그 애가 첫째예요?

제 그 둘째지.

조 아, 그럼 지금 아드님은 넷째예요?

제 오, 그러니까 아들이 넷째지 뭐. 그 애도 딸 이라오. 죽은 애도 딸이야. 딸 셋 만에 이 아들을 낳았다오

조 아, 세 살 때 하늘나라로 갔다고요?

제 모를 하러 나갔는데 이 애들이 물에 나가 서, 자꾸 그 논에 나가는 것을 알았다오. 사방이 도랑인데 거기에 들어가서. 우리 이 큰 딸, 작은 딸, 또, 그 근처에 있는 아 이들 이렇게 넷이서 미역 감으니까. 이 애 가 자기도 물에 들어가서 물에 빠져 죽는 것. 글쎄, 물 먹느라고, 죽느라고 헤매는 걸 가지고 이 애들이 다 구경하고 있었대. 큰 딸이 말 해. 죽은 다음에, 그 다음에 며칠 있다가 물어 보니까 자꾸 이러더라고 그러 잖니? 그러는 것도 몰랐지 뭐. 그때는 사람 들이 일을 한창 하니까.

제 기직에 사람만 밧으면 구해냇디 머. 기 우리 모 꼬지레 나가 잇는데 쉬는데, 복작허면서 노친네레 소리 테. 얼릉 오라구. 기래서 기맴에 저 아바지레 옳다 이거 무슨 일 낫구나. 언 : 나 어더러던가 물으니까니 '이리, 이리더니 눈 감아.' 길닪네? 물어보니까니. 기구 골라루 댕기던 사람들이 보구 아 : 빠데 죽엇다구. 우리 안 : 줄 알구. 우리 또 고 모리 넎구리서 모 꼿앗다우. 모 꼿구 둔 : 누어서 쉬는데. 막 이 까마구레요 모리 디내가면서 '까욱, 까욱' 하닪네? 기래서 내레 잇다가 '난데없이 까마구레 와 이 : 케 고 : 네? 와기네?' 기니까니 저 아바지레 잇다가 '까마구레 머 제 소리 안 허갓냐?' 고 말 허구 쪼끔 잇는데 오라구 손질허닪네? 기 : 서 옳다 이거 무슨 일 낫구나. 머, 어리케 집이 뛰딜어갓는지 몰라. 가니까니 건데다 낳앗닪아 머 근체에서. 그직에는 탁아수두 없 : 어. 그저 그 집어 팡가티구. 모 할 직에 시기 넘으문 안 댄다멘서 모 할직에 좀 딸라댓디, 너느때는 못 딸라대구. 기케서 아 : 한나 쥑잇닪아? 기커구 쳇창 머 둘채 생기서 천대 받앗닪네? 기커구 요고 네번만에 요고 낳앗다. 기리게 고생햇어.

조 자식을 먼저 보내고 마음 고생이 많으셨어요?

제 기리게 말이야. 오, 고:롬, 언제나 속이 아푸디 머. 오, 이젠 이제는 다 잊어뻐렷디. 이제는 이 : 케 살구 기니까니 잊어뻐리구.

조 할머님께서 아드님을 키우시면서 가장 좋았던 것은 뭐예요?

제 고:롬, 데 : 일 좋앗디.

조 무엇이 가장 좋았어요? 공부를 잘 했어요?

제 공부두 공부거니와 고적엔 곱 : 디. 데거 사진두 많이 백헷어, 저 아바지레.

조 어른들만 봤어도 괜찮았을 건데요?

제 그때 사람만 봤으면 구해냈지 뭐. 그 우리가 모를 꽂으러 나갔다가 쉬는데, 북적하면서 한 노친이 소리 쳐. 얼른 오라고 그래서 그 다음에 저 아버지가 옳다 이것 무슨 일이 났구나. 애가 어떻게 됐는가 물으니까 '이래, 이래더니 눈을 감아.' 그렇잖니? 물어보니까. 그리고 그쪽으로 다니던 사람들이 보고 아이가 빠져 죽었다고. 우리 아이인 줄 알고. 우리 또 그 옆, 옆에서 모를 꽂고 들어 누워서 쉬는데. 막 이 까마귀가 그 옆에 지내가면서 '까욱, 까욱' 하잖니? 그래서 내가 있다가 '난데없이 까마귀가 왜 이렇게 우니? 왜 그러니?' 그러니까 저 아버지가 있다가 '까마귀가 뭐 제 소리를 안 내겠니?' 그 말을 하고 조금 있는데 오라고 손질하잖니? 그래서 옳다 이거 무슨 일이 났구나. 뭐, 어떻게 집에 뛰어 들어 갔는지 몰라. 가니까 건져 놓았잖아 뭐 근처에서. 그때는 탁아소도 없어. 그저 그 내버려두고. 모 할 때에는 시기 넘으면 안 된다고 해서 모를 할 때에만 좀 따라다녔지, 여느 때는 못 따라다니고. 그렇게 해서 아이를 하나 죽였잖니? 그리고 바로 뭐 둘째가 생겨서 천대 받았잖니? 그렇게 하고 이 애를 네 번째 만에 낳았지. 그렇게 고생했어.

조 자식을 먼저 보내고 마음 고생이 많으셨겠어요?

제 그러게 말이야. 오, 그럼, 언제나 속이 아프지 뭐. 오, 이제는, 이제는 다 잊어버렸지. 이제는 이렇게 오래 사니까 잊어버리고.

조 할머님께서 아드님을 키우시면서 가장 좋았던 것은 뭐예요?

제 그럼, 제일 좋았지.

조 무엇이 가장 좋았어요? 공부를 잘 했어요?

제 공부도 공부거니와 그때는 곱지. 저 애는 사진도 많이 찍었어, 저 아버지가.

제 고거 아푸먼서두 고 사진 백히는데는 댕기구 갓다우. 갓는데 기댐에 머 네살 잽헤니까니 기댐엔 병이 더 대개지구 암짝 못허구. 게울에, 그직에는 머 나두 아 : 너이개기 : 케 낳앗어두 멀 몰랏디 머. 기래 날짜두 몰라, 죽은 날짜. 게울에 눈 많이 온 댐에 죽엇다우. 기니까니 지금 이거 교회 나가면서 이름두 알구 기랫디. 소대 나가문 내 이름이 어는건디 몰랏어. 날짜 가는것두 모르구. 아주 믹재기루 살앗디 머. 믹재기루 살앗어. 저 아바 죽은 댐에, 저 아바지레 기래. 나 죽으면 어, 어니메다, 그직에는 공부 머리 잇엇다우. 홍기태에 고기 어니메, 어니메 파묻어 달래. 화장 허디 말구.

조 원래 돌아가신 할아버지께서 그러셨습니까?

제 오, 고:롬, 야: 아바지, 어니메, 어니메 모래 산에 고기 딱 파묻어 달라우. 기래서 고기 저 원대루 파묻어 줏:디 머. 기직에 머 벵 아푸구 기니까니. 곤란허니까니 대대에서 널: 사주더라, 사줘. 그미서 거기서 널: 사줘. 삼일이 머이가? 이틀만에 나왓는데. 기댐엔 대대라 안 길구 공사라 길대 공사. 눈 많이 와서 막 눈밭으루 가는거.

조 누가 다 해주셨어요?

제 동네싸람들이 다 해줫다. 동네사람들, 또 동무들, 저 동무들두 와서, 그저 다 와서 해 주구.

남편을 먼저 보내고……

제 저 아바지가 아프면서도 그 사진 찍는 데는 데리고 갔다오. 갔는데 그 다음에 뭐 네 살이 되니까 그 다음에는 병이 더 심해져서 옴짝 못하고. 겨울에, 그때는 뭐 나도 아이 넷을 그렇게 낳았어도 뭘 몰랐지 뭐. 그래 날짜도 몰라, 돌아간 날짜. 겨울에 눈이 많이 온 다음에 돌아갔다오. 그러니까 지금 이거 교회로 나가면서 이름도 알고 그랬지. 소대에 나가면 내 이름이 어느 건지 몰랐어. 날짜 가는 것도 모르고 아주 머저리로 살았지 뭐, 머저리로 살았어. 아이 아버지가 돌아가기 전에 아이 아버지가 그래. 나 죽으면 어, 어디에다, 그때는 공부 머리가 있었다오. 홍기태에 거기 어디, 어디에 거기 파묻어 달래. 화장을 하지 말고

조 원래 돌아가신 할아버지께서 그러셨습니까?

제 오, 그럼, 애 아버지, 어디, 어디의 모래 산에 거기 딱 묻어 달라. 그래서 거기에 저 원대로 묻어 줬지 뭐. 그때 뭐 아프고 그러니까. 곤란하니까 대대에서 관을 사주더라, 사줘. 그러면서 거기서 관을 사줬어. 삼일이 뭐니? 이틀 만에 나갔는데. 그전에는 대대라고 안 그러고 공사라 그러대 공사. 눈 많이 와서 막 눈밭으로 가는 것.

조 누가 다 해주셨어요?

제 마을사람들이 다 해줬지. 마을사람들, 또 동무들, 자기 동무들도 와서, 그저 다 와서 해 주고.

‖ 찾아보기 ‖

씨게먹다	시켜 먹다
192	
씨꺼머다	새까맣다
198	
씨오마니	시어머님
254	
씰이넣다	쓸어 넣다
91	
씿다	씻다
160	
아래끝	아랫목
164	
아래켄	아래쪽
151	
아무치두	아무렇지도
37	
아바지	아버지
21	
아야	아예
58, 60, 184	
아주마니	아주머니
171	
아푸다	아프다
276	
알곡석	알곡식
107	
암 : 만	아무리
85, 99	
암짝	옴짝
300	
앙앙	꽥꽥
190	
앞당서다	앞장서다
189	
애께다	아끼다
189	

애비	아버지
197	
앤	맨
253	
야겅	망
114	
양넘	양념
24	
양발	양말
166	
어니메	어디에
50, 74, 118, 155	
어더러다	어떻다
79, 174	
-어두	-어도
36	
어디케	어떻게
81	
어떤직에	어떤 때는
212	
어띠나	어찌나
243	
어러벙벙하다	어리둥절하다
158	
어러케	어떻게
129	
어리케	어떻게
79, 203	
어커나	어떻게 하나
113	
어케	어떻게
173	
억지질	억지
214	
언 : 나	아기
269	

저자 이금화

길림성 장춘 출생
연변대학 조선언어문학학과 졸업(1995)
연변대학 조선언어문학학과 문학석사(2003)
서울대학교 대학원 국어국문학과 문학박사(2007)
현재 중국 남경대학교 한국어문학과 부교수(2007~)

저서
『평양지역어의 음운론』(2007)

논문
「평양지역어 활용어간의 공시형태론」(2006)
「구개음화에 대한 고찰」(2006)
「정주지역어의 자음소동화」(2007)
「경음화에 대한 고찰」(2008)
「한중음운체계 비교 및 교수법」(2010)
「한중회상어미 비교 및 교수법」(2011)
「중국 조선어 방언 및 북한 방언 연구」(2012)
「평북 방언 친족어 연구」(2014)
「경북 방언 친족어 연구」(2014)
외 다수

중국 조선어 방언 텍스트 총서 ①

평안북도 ①
의주(심양)지역어 텍스트

초판1쇄 인쇄 2014년 12월 22일
초판1쇄 발행 2014년 12월 31일

저 자 이금화
발행인 이대현
편 집 이소희
발행처 도서출판 역락
      서울 서초구 동광로 46길 6-6 문창빌딩 2층
      전화 02-3409-2058(영업부), 2060(편집부)
      팩시밀리 02-3409-2059
      이메일 youkrack@hanmail.net
      등록 1999년 4월 19일 제303-2002-000014호
      역락 블로그 http://blog.naver.com/youkrack3888
ISBN 979-11-5686-156-0 94710
      979-11-5686-155-3 (세트)
정 가 26,000원

* 파본은 구입처에서 교환해 드립니다.